Meinald T. Thielsch

Ästhetik von Websites

Wahrnehmung von Ästhetik und deren Beziehung zu Inhalt, Usability und Persönlichkeitsmerkmalen

MV WISSENSCHAFT

Meinald T. Thielsch, »Ästhetik von Websites«

Verlagshaus Monsenstein und Vannerdat OHG Münster
www.mv-wissenschaft.com

Lektorat: Mihrican Özdem
Satz: Meinald Thielsch & Thorsten Rasch
Umschlag: MV-Verlag
Umschlagmotiv: Timo Dinkler
Druck und Bindung: MV-Verlag

ISBN: 978-3-86582-660-2

All jenen gewidmet, die mich auf diesem Weg begleitet haben,
und besonders meinem Großvater Günter Thielsch.

Inhaltsverzeichnis

Tabellenverzeichnis

Abbildungsverzeichnis

Vorwort

Rund 22 Milliarden Seiten gibt es schätzungsweise im World Wide Web – eine immens große Menge an Informationen, Bildern und multimedialen Inhalten. Das World Wide Web hat Arbeit und Leben vieler Menschen verändert und rückt zunehmend in den Blick der Forschung. Nachdem lange Zeit neben spezifischen Inhaltsbereichen vor allem die Benutzbarkeit – die Usability – von Websites im Fokus der Forschung stand, zeigt sich in den letzten Jahren ein zunehmender Trend, auch andere Konstrukte zu betrachten. Eines davon ist die *Ästhetik*.

Bei manchem Leser[1] werden bei dem Begriff Ästhetik zunächst womöglich Assoziationen zu Kunst oder Philosophie geweckt. In der Erforschung von Websites stellt Ästhetik ein relativ neues Konstrukt dar. Ästhetik ist hier ein Sammelbegriff für eine Reihe von emotionalen und kognitiven Assoziationen, die ein Rezipient in Bezug auf eine Website haben kann. Dabei wird die Subjektivität der Wahrnehmung und die Bedeutung des Wohlgefallens betont. Es geht darum, den Nutzer einer Website nicht nur von negativen, belastenden Erfahrungen zu bewahren (also eine hohe Usability zu gewährleisten), sondern ihm auch positive Erlebnisse bei der Benutzung zu verschaffen.

Diese Idee, nicht nur eine reine „Störungsfreiheit" in der Interaktion zwischen Mensch und Maschine zu schaffen, wird nicht nur in Hinblick auf Websites verfolgt. Es finden sich beispielsweise auch Arbeiten zu Software- und Produktdesign (für eine Übersicht siehe Norman, 2004), zur Gestaltung von Fahrzeuginnenräumen (z. B. Leder & Carbon, 2005) oder auch zum Design von Handys (Cyr, Head & Ivanov, 2006). In der vorliegenden Arbeit soll die Website-Ästhetik, insbesondere die der Websites von Institutionen und Unternehmen betrachtet werden.

Der erste Teil dieser Arbeit beinhaltet die relevanten theoretischen Grundlagen und eine Hinführung zur Fragestellung. In diesem Teil wird der Leser in die aktuelle Forschung zur Ästhetik von Websites und den damit zusammenhängenden wichtigen Faktoren und Konstrukten eingeführt. Zu Beginn findet sich eine kurze Darstellung der Geschichte des World Wide Web und eine Heranführung an des Medium Website. Ausgehend von der Website-Wahrnehmung wird zunächst die inhaltliche und benutzerfreundliche Gestaltung von Websites, danach deren Ästhetik betrachtet. Die Darstellung der Ästhetik erfolgt in zwei Teilen: Zunächst werden wichtige Aspekte der Ästhetik-Forschung im Allgemeinen, dann die Ästhetik von Websites im Speziellen erörtert. Eine Ableitung von Fragestellungen und Hypothesen der vorliegenden Arbeit erfolgt auf Basis einer Zusammenfassung der Grundannahmen und Forschungsergebnisse sowie einer Definition von Website-Ästhetik.

[1] Aus Gründen der Lesbarkeit beschränke ich mich in der vorliegenden Arbeit auf die Nennung der männlichen Geschlechtsform. Die weibliche Leserschaft mag mir dies verzeihen und sich stets gleichermaßen angesprochen fühlen.

Im zweiten Teil der Arbeit finden sich allgemeine methodische Hinweise. Es werden Websites als Untersuchungsgegenstand empirischer Forschung sowie grundlegende Aspekte von Online-Untersuchungen dargestellt. Zudem erfolgen allgemeine Betrachtungen zum Thema Repräsentativität sowie einzelne spezielle Hinweise zum statistischen Verfahren der Faktorenanalyse.

Der dritte Teil besteht aus drei Vorstudien ($n_{ges} = 842$), die durchgeführt werden, um einzelne Befragungsinstrumente auf ihre Tauglichkeit für eine spätere experimentelle Untersuchung zu prüfen. Hier erfolgen Itemanalysen eines Fragebogens zur Erfassung der ästhetischen Sensitivität sowie einer Skala zur Erfassung wahrgenommener Usability. Ein Fragebogen zur Erfassung der Bewertung von Website-Inhalten wird gänzlich neu konstruiert.

Der vierte Teil der Arbeit stellt eine qualitative Untersuchung der Ästhetik von Websites dar. Hier werden $N = 11$ Webnutzer mittels zweier umfangreicher Gruppendiskussionen und zusätzlicher Einzelinterviews befragt. Diese Daten werden inhaltsanalytisch ausgewertet und zentrale Gestaltungsmerkmale von Website-Ästhetik identifiziert.

Der fünften Teil der Arbeit baut auf der qualitativen Studie auf. Hier werden drei Gestaltungsmerkmale, Farb-, Schrift- und Bildgestaltung, experimentell in einem vollständig gekreuzten $2 \times 2 \times 2$-Experimentaldesign untersucht. Zusätzlich erfolgen Analysen bezüglich des Zusammenhangs von ästhetischen Bewertungen und Personenmerkmalen. Auch die Beeinflussung der Wahrnehmung von Inhalt und Usability durch die Ästhetik wird betrachtet. Für dieses Experiment wird eine umfangreiche und für die deutsche Online-Bevölkerung repräsentative Stichprobe von $N = 364$ Probanden herangezogen.

Im sechsten Teil wird die gesamte Arbeit abschließend diskutiert. Neben einem ergebnisorientierten und methodenkritischen Fazit werden hier auch Implikationen für Forschung und Praxis genannt. Dabei wird die Bedeutung der vorliegenden Arbeit für die Erforschung der Ästhetik von Websites herausgestellt.

Danksagung

Die vorliegende Arbeit wurde der Philosophischen Fakultät der Westfälischen Wilhelms-Universität Münster als Dissertation vorgelegt und von der Fakultät angenommen. Zum Gelingen der Arbeit haben eine Reihe von Personen maßgeblich beigetragen, denen Dank gebührt. An erster Stelle nenne ich hier meinen Doktorvater Prof. Dr. Hanko Bommert; ohne ihn wäre diese Dissertation gar nicht möglich gewesen. Ebenso danke ich meinem Zweitgutachter Prof. Dr. Stefan Klein für die Unterstützung meiner Arbeit. Für viele Anregungen möchte ich mich bei den Teilnehmern des Forschungskolloquiums von Prof. Dr. Bommert und hier insbesondere für die beständige Unterstützung bei meinem Kollegen Timm Hüttemann bedanken. Wertvolle Anregungen und einen spannenden Austausch zwischen Wirtschaftsinformatik und Psychologie verdanke ich dem Forschungskolloquium Wirtschaftsinformatik von Prof. Dr. Klein, hier möchte ich besonders Dr. Claas Müller-Lankenau und Dr. Kai Wehmeyer danken. Wertvolle Ideen und Impulse für die vorliegende Arbeit entstanden in den Diskussionen mit Prof.

Dr. Günther Kebeck, Morten Moshagen und Sascha Serwe innerhalb (und außerhalb) des Forschungskolloquiums von Prof. Dr. Kebeck.

Diese Dissertation umfasst insgesamt fünf größere empirische Studien, in deren Rahmen mir eine Reihe von Personen unterstützend zur Seite standen. Sie alle haben zum Gelingen der Arbeit beigetragen und Ihnen soll hier explizit gedankt werden. Bei der Studie zum CVPA-g sind hier Anett Gerisch, Kathleen Leim, Dr. Hans Gerd Lüesse, Frank Müller, Kirsten Nagel, Caroline Rohlmann und Anna Roth zu nennen. Für Unterstützung bei der WWI-Studie danke ich Holger Geißler und den Experten, die an der Vorstudie teilgenommen haben. Die qualitative Studie wäre in der vorliegenden Form gar nicht möglich gewesen ohne Gabriele Brinkmann, Sylvia Marschke, Katharina Schildheuer und Birte Uhlig; Dank gilt hier auch Ruth von Brachel und für methodische Anregungen Prof. Dr. Franz Breuer.

Mein Dank gilt besonders Timo Dinkler, der die professionellen Gestaltungs- und Programmierarbeiten im Rahmen der experimentellen Untersuchung übernommen hat. Für die Unterstützung beim Experiment soll auch Bodo Griehl und Dr. Beatrice Rammstedt gedankt werden. Dank ebenso an Kirsten Nagel, Katharina Schildheuer und Flora Spannagel, die die Arbeit mit Literaturbeschaffungen unterstützt haben. Zudem danke ich den vielen, vielen Befragten, die an Studien dieser Arbeit teilgenommen haben, für ihr Engagement.

Für ihre Fähigkeit, auch komplizierte statistische Verfahren einfach zu vermitteln, verdienen Maximilian Bruchmann, Angela Buchholz und Gerrit Hirschfeld meinen Respekt. Für inhaltliche Korrekturen am Manuskript danke ich Kathleen Leim und Morten Moshagen. Mithilfe von Sabine Bürmann-Klinke, Dr. Thorsten Rasch und besonders dem Lektorat von Mihrican Özdem ist diese Arbeit viel lesbarer geworden, auch ihnen sage ich Danke.

Abschließend muss besonders den Personen gedankt werden, die mich während der letzten zweieinhalb Jahren und besonders in der aktiven „Schreibzeit" seit Ende 2006 unterstützt und stets an das Gelingen der Arbeit geglaubt haben. Dieser Dank gilt insbesondere meiner Familie und Kathleen, meinen Freunden sowie den Aktiven des Bewegungskunst Raesfeld e. V. – die mich alle in nächster Zeit hoffentlich wieder öfter zu Gesicht bekommen. Nur dank euch konnte ich die Kraft finden, die Arbeit in dieser Form fertigzustellen!

Mein Dank gilt auch Ihnen, den Lesern dieser Arbeit, für Ihr Interesse am Thema Ästhetik von Websites. Ich wünsche Ihnen viel Freude bei der Lektüre und hoffe, dass sich aus meinen Ausführungen, Annahmen und Ergebnissen das ein oder andere sowohl für die Forschung als auch für die Praxis mitnehmen lässt.

Münster, im September 2007

Teil I

Theoretische Grundlagen

1 Das World Wide Web

1.1 Entstehung und Entwicklung des World Wide Web

Als eine von vielen Reaktionen auf den Sputnik-Schock gründete das amerikanische Verteidigungsministerium 1958 eine Forschungsbehörde namens Advanced Research Projects Agency (ARPA). Diese schuf 1969 mit der Vernetzung von vier Computerzentren das ARPANET – den Vorläufer des Internets. So war der Grundstein für ein globales Netzwerk von Computern und Computernetzwerken gelegt. Das Internetprogramm zur Schaffung eines „Netz der Netze" wurde 1973 gestartet, doch erst die Entstehung des World Wide Web führte Anfang der 1990er Jahre zu einem weltweiten Boom von Internettechnologien. Das World Wide Web (auch WWW) ist ein über das Internet abrufbares Hypertextsystem. Im allgemeinen Sprachgebrauch wird es oft fälschlicherweise mit dem Internet gleichgesetzt, das Internet selbst bezeichnet aber nur den Verbund verschiedener Computernetzwerke. Das World Wide Web ist ein so genannter Dienst, der über das Internet läuft – ein anderer sehr bekannter Dienst ist beispielsweise die E-Mail.

Das World Wide Web entstand ab 1989 am Europäischen Labor für Teilchenphysik (CERN) in Genf. Dort hatte der Physiker Tim Berners-Lee die Idee, das schon seit längerem bekannte Konzept nichtlinearer Hypertexte für das Internet zu nutzen (Berners-Lee, 1989). Ihm schwebte ein globales Hypertextsystem vor, das die Nachteile der bis dahin eher umständlichen Datenaustauschprogramme und die Fluidität von E-Mail-Nachrichten ausglich: durch ein Netz, das permanent abrufbare Informationen bot (Berners-Lee, 1999). Im Jahr 1991 stellte Berners-Lee ein Hypertextsystem namens HTML und eine einfach zu bedienende graphische Benutzeroberfläche vor: Der erste Browser war erfunden. 1993 gab das CERN bekannt, das World Wide Web sei frei zugänglich, und das CERN selber würde keinerlei Ansprüche auf Lizenzgebühren oder andere Gebühren geltend machen (Organisation Européenne pour la Recherche Nucléaire, 1993). Mit dem Erscheinen des Browsers Mosaic im selben Jahr begann das World Wide Web explosionsartig zu wachsen. Auch die technischen Möglichkeiten nahmen zu: Webseiten konnten bald in Farbe dargestellt, multimediale Elemente oder Datenbanken eingebunden werden.

1.2 Entwicklung des Webdesigns

Entscheidend für die Entwicklung des World Wide Web war nicht nur der Verzicht des CERN auf jede Form von Lizenzgebühren, sondern auch die kostenlose Herausgabe des Mosaic-Browsers. Damit waren die Inhalte des World Wide Web frei verfügbar und für eine breite Nutzergruppe interessant. Zudem war es auch vergleichsweise einfach, selber Webseiten zu gestalten. Eine kommerzielle Nutzung der Technologie entstand hingegen vergleichsweise nur langsam. Die Anzahl von Webseiten im World Wide Web hingegen stieg ab 1993 rasant an. So umfasst das World Wide Web heutzutage (Stand September 2007) nach Schätzungen der Betreiber der Website www.worldwidewebsize.com insgesamt 22.47 Milliarden Webseiten. Hierbei ist allerdings zu beachten: Als Webseite wird dabei eine einzelne HTML-Seite im World Wide Web bezeichnet, während die gesamte Internetpräsenz einer Person oder Organisation als Website bezeichnet wird. Eine Website kann somit nur einige wenige, aber auch mehrere Tausend Webseiten umfassen. Eine Website bildet einen hierarchisch zusammenhängenden Teilbereich des World Wide Web bestehend aus einer oder (meist) mehreren Webseiten, die unter einer Webadresse (URL) erreichbar sind. Dieser Teilbereich unter einer Webadresse wird auch als Domain bezeichnet. Der Begriff Homepage benennt lediglich die Startseite einer Website[1]. Somit ist die Zahl der Websites oder Domains deutlich geringer als die der Webseiten; in Deutschland waren z. B. im September 2007 insgesamt 11.31 Millionen Domains vergeben (http://www.denic.de/de/domains/statistiken).

Mit der steigenden Anzahl von Websites entwickelte sich auch deren Gestaltung, das Webdesign. Die erste Generation von Websites war rein funktional, Ziel der Seiten war lediglich eine Verlinkung von Informationen. Es kamen jedoch schon bald zunehmend auch gestaltende Elemente auf; Siegel (1996) skizziert hier bereits wenige Jahre nach dem ersten Boom des World Wide Web drei zentrale Entwicklungsschritte im Webdesign. Engholm (2002) greift diese Stufung teilweise auf und benennt folgende drei Entwicklungsschritte:

- *Funktionalismus:* Im Jahr 1993 erinnern die Websites stark an Bücher oder Zeitungsartikel, einziger Unterschied zu diesen Medien ist das Vorhandensein von Hyperlinks. Kleine Logos oder Banner finden sich noch selten.
- *Hyper-Funktionalismus:* Ab 1994 entstehen zunehmend private und organisationelle Websites. Es werden kleinere Graphiken eingebaut, Stylesheets erlauben gestalterische Anpassungen, und die Usability (Benutzerfreundlichkeit) nimmt, besonders für die ersten kommerziellen Anwendungen, eine zentrale Rolle ein.
- *Avantgarde:* Erst gegen Ende der 1990er Jahre wird das World Wide Web verstärkt für E-Commerce und Marketing genutzt. In Webseiten werden umfangreiche graphische Elemente eingebunden, das Design entwickelt sich deutlich weiter, was auch durch das Aufkommen neuer technischer Möglichkeiten weiter gestützt wird.

Auch wenn diese Einteilung aus einer bestimmten Perspektive erfolgt und mit Sicherheit Einschränkungen unterliegt (siehe P. O'Connor, 2004), so zeigt sie jedoch eines auf: Die Gestaltung von Websites ergibt sich aus dem Zusammenspiel der technischen Möglichkeiten, der

[1] Während sich im täglichen Sprachgebrauch oft keine klare Trennung der Begrifflichkeiten findet, ist diese in der Forschung eindeutig. Daher werden in der vorliegenden Arbeit die Begriffe Website, Webseite und Homepage entsprechend der dargestellten unterschiedlichen Bedeutung verwendet.

Umsetzung in der Darstellung durch Browser sowie den Ideen, Trends und Standards im Webdesign. Mit der fortschreitenden technischen Entwicklung findet somit auch eine stetige Weiterentwicklung des Webdesigns statt (Ivory & Megraw, 2005). Die zunehmenden technischen Möglichkeiten führen beispielsweise seit dem Jahr 2004 auch zu einem Trend, der unter dem Begriff Web 2.0 diskutiert wird: ein Aufkommen so genannter *social software* und damit eine Entwicklung weg von einem rein darstellenden hin zu einem stärker interaktiven Medium. Als bekanntes Beispiel sind hier die stark wachsenden und zahlreichen Online-Communities zu nennen. Ein Zusammenkommen von World Wide Web und Software-Anwendungen wie im Web 2.0 weist auf eine mögliche zukünftige Entwicklung des Mediums hin.

1.3 Wahrnehmen und Erleben von Websites

Webseiten können aus Texten, Bildern und eingebundenen multimedialen Elementen bestehen; ein wesentliches Merkmal sind die Hyperlinks zu anderen Seiten. Die Darstellungsmöglichkeiten sind vielfältig und lediglich durch technische Komponenten eingeschränkt. Die Darstellung ist durch die Hardware (Bildschirmtyp, -größe, -qualität usw.) und Software (Darstellungsfähigkeiten des jeweiligen Browsers) begrenzt. Websites werden zweidimensional dargestellt auf Bildschirmen oder mobilen Endgeräten. Die Erkenntnisse der Forschung zur Wahrnehmung zweidimensionaler Abbildungen mögen so in Teilbereichen auf dieses Medium übertragbar sein. Hierbei müssen aber technische Besonderheiten der Darstellung, bedingt durch die verwendete Hard- und Software, berücksichtigt werden.

In der vorliegenden Arbeit steht das Erleben der verschiedenen Aspekte einer Website durch den Rezipienten im Vordergrund. Ich nähere mich der Wahrnehmung von Websites nicht technisch, beispielsweise aus einer Perspektive der Informatik, oder physiologisch aus Sicht des Ergonomen, sondern aus einer rezipientenorientierten Perspektive: Dem Rezipienten bieten sich vor allem mannigfaltige *Inhalte* im World Wide Web, die dieser angetrieben von einer Vielzahl an denkbaren Interessen und Motiven betrachten kann. Bei der Darbietung der Inhalte spielen zwei weitere Aspekte eine Rolle: Zum einen ist dies die Gebrauchstauglichkeit einer Website, bezeichnet als *Usability*. Zum anderen werden in der Forschung zunehmend Aspekte des gestalterischen Designs von Websites untersucht, diese werden hier als *Ästhetik* bezeichnet. Ästhetik stellt hierbei die zentrale Untersuchungsvariable der vorliegenden Arbeit dar. Da das World Wide Web im Moment ein vorrangig visuelles Medium ist, wird hierbei lediglich auf die visuelle Ästhetik eingegangen.

Eine Betrachtung allein der Ästhetik ist ohne Beachtung von Inhalts- und Usability-Aspekten nicht sinnvoll umsetzbar. Daher wird auf alle drei Konstrukte im Folgenden einzeln eingegangen, in einer umfangreichen Darstellung der Ästhetik wird auch in Kapitel 7 (ab S. 59) der Zusammenhang zwischen Ästhetik auf der einen sowie Inhalt und Usability auf der anderen Seite betrachtet. In der Forschung finden sich derzeit verschiedene Definitionen der Konstrukte. Die in der vorliegenden Arbeit gewählte Definition ist dem nachfolgenden Kasten zu entnehmen; weitere Erläuterungen finden sich in den jeweiligen Abschnitten.

Inhalt:	Zusammenstellung von inhaltlichen Objekten einer Web-Benutzungsschnittstelle. Inhaltliches Objekt: Interaktives oder nicht interaktives Informationsobjekt, das in Form von Text, Video, Ton oder anderer Medien dargestellt wird. (Definition gemäß dem Entwurf der DIN EN ISO 9241-151; ISO, 2006b.)
Usability:	Gebrauchstauglichkeit ist das Maß der Effektivität, Effizienz und Zufriedenheit, mit der Benutzer mit diesem System vorgegebene Ziele erreichen können. (Definition gemäß DIN EN ISO 9241-11; ISO, 1998b.)
Visuelle Ästhetik:	Das subjektiv empfundene Wohlgefallen an einer Website. Die ästhetische Wahrnehmung einer Website zeichnet sich durch einen positiven emotionalen Eindruck sowie eine positive kognitive Bewertung aus. Die affektiven und kognitiven Prozesse werden durch die Gestaltungsmerkmale einer Website ausgelöst. (Arbeitsdefinition, siehe S. 74.)

Die Wahrnehmung von Inhalt, Usability und Ästhetik kann durch weitere Variablen beeinflusst werden. Derartige Einflussfaktoren stellen zum einen Eigenschaften des Benutzers und zum anderen Kontextvariablen wie beispielsweise die technische Ausstattung dar. In Abbildung 1.1 findet sich ein Überblick über die genannten zentralen Variablen.

Bei der Untersuchung von Websites und deren Wahrnehmung werden oft auch weitere Konstrukte wie beispielsweise Interaktionsqualität (siehe z. B. Palmer, 2002) oder Glaubwürdigkeit (siehe z. B. Fogg, Kameda et al., 2002) untersucht, diese sind nicht in Abbildung 1.1 zu finden. Es wird an dieser Stelle davon ausgegangen, dass derartige Konstrukte auf einer anderen, eher handlungsorientierteren Ebene liegen als die stark visuell beeinflussten Konstrukte Inhalt, Usability und Ästhetik. Zwar besitzt für diese weiteren Konstrukte das Zusammenspiel von Inhalt, Usability und Ästhetik eine gewisse Relevanz, aber Faktoren wie z. B. Persönlichkeitseigenschaften, Erfahrung oder die (kognitive) Verarbeitung von Informationen erlangen

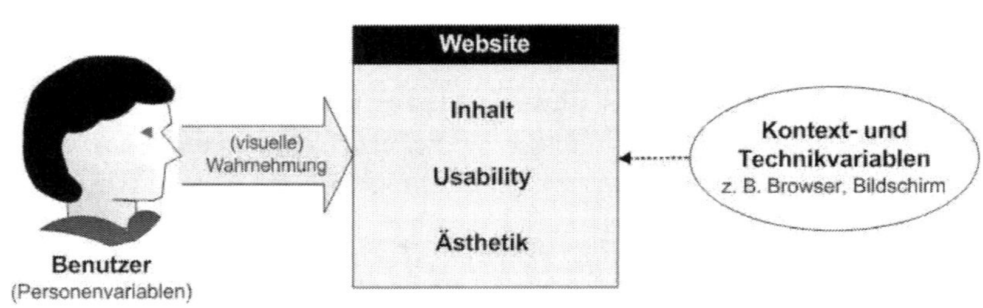

Abbildung 1.1: Übersicht über die zentralen Variablen der Rezeption von Websites

eine vergleichsweise wesentlich größere Bedeutung (siehe z. B. Cheung & Lee, 2006; McKnight, Choudhury & Kacmar, 2002; Wathen & Burkell, 2002).

Bevor nun auf die theoretischen Grundlagen zur Ästhetik eingegangen wird, erfolgt eine kurze theoretische Betrachtung der Konstrukte Inhalt und Usability. Hierdurch soll beim Leser die notwendige Grundlage für die spätere Abgrenzung von Ästhetik zu diesen beiden Konstrukten gelegt werden.

2 Inhalt

Im Entwurf der DIN EN ISO 9241-151 (ISO, 2006b) sind Leitlinien für die Gestaltung von Benutzerschnittstellen für das World Wide Web festgelegt, dabei wird besonders auf den Inhaltsaspekt eingegangen. Laut der Norm können Inhalte als interaktive oder nichtinteraktive Informationsobjekte in Form von Text, Video, Ton oder anderer Medien dargestellt werden. Eine Website ist folglich ein Trägermedium für verschiedene Inhaltsobjekte, diese bestimmen zentral die Gestaltung mit. Die Angebote und Inhalte des World Wide Web sind dabei so vielfältig, unterschiedlich und facettenreich wie die verschiedenen Nutzer selbst.
Was ist den Rezipienten wichtig? In vielen Reichweitenstudien wird nach Nutzungsmotiven für Online-Angebote gefragt, dabei landen stets inhaltsbezogene Äußerungen auf den ersten Rängen; im Folgenden nur einige exemplarische Ergebnisse:

- Laut der „ARD/ZDF Langzeitstudie Massenkommunikation" im Jahr 2005 (Gerhards & Klingler, 2006) waren die beiden häufigsten Nutzungsmotive Information (91 Prozent der Befragten) und Spaß (78 Prozent).
- In einer Studie von Dehm, Storll und Beeske (2006) sagten 86 Prozent der Nutzer in Bezug auf das Internet: „Ich bekomme neue Informationen", 71 Prozent stellten fest: „Ich kann etwas lernen."
- In einer Studie der Arbeitsgemeinschaft Online-Forschung e. V. (AGOF, 2006) zeigte sich, dass 85.6 Prozent der Internetnutzer Web-Kataloge und Suchmaschinen zu Recherchezwecken nutzen.
- Oehmichen und Schröter (2006) stellten fest, dass 50 Prozent der Nutzer einmal wöchentlich bestimmte Angebote online suchen. Für 37 Prozent ist das Internet ein „täglicher Begleiter für alle möglichen Fragen und Themen geworden".
- 87.5 Prozent der Onliner beantworteten die Frage „Was ist der wichtigste Grund, das Internet zu nutzen?" mit „Sich informieren" (TNS Infratest & Initiative D21, 2006). Als Informationsmedium liegt das Internet in dieser Studie vor Hörfunk und Fernsehen.

Internet und World Wide Web stellen somit für viele Nutzer Informationsmedien dar. Es finden sich aber auch zunehmend weitere Nutzungsintentionen: So erweist sich auch das World Wide Web mit einer Vielzahl an Foren und Angeboten aus dem Bereich der *social software* zunehmend als Kommunikationsmedium; eine Funktion, die bisher vor allem mit dem E-Mail-Dienst des Internets verbunden war.

Ob die Nutzungsmotive dabei klar nach Information, Kommunikation, Unterhaltung oder anderen Faktoren zu trennen sind, ist zu bezweifeln. Nimmt man beispielsweise die klassische, forscherseitige Einteilung von Medienangeboten (seien es in Printmedien, Hörfunk, Fernsehen oder Online-Medien) in Informations- und Unterhaltungsangebote, so schlägt eine derartige Einteilung fehl: Empirisch zeigt sich, dass die Rezipienten eine derartige Trennung gar nicht wahrnehmen. Für diese sind Information und Unterhaltung zwar zwei verschiedene, aber nebeneinanderstehende Dimensionen eines Medienangebotes – was sich auch in Begriffen wie Infotainment oder Edutainment wiederfindet (für eine Übersicht siehe Mangold, 2004). Auch in dem Forschungsfeld der Wahrnehmung von Websites sind ähnliche Vermischungen denkbar, bisher aber empirisch nur wenig untersucht.

An dieser Stelle bleibt festzuhalten, dass für die Rezipienten inhaltsbezogene Aspekte einen sehr wichtigen Aspekt, wahrscheinlich die zentrale Eigenschaft in der Wahrnehmung von Online-Angeboten darstellen. Dies gilt offenbar interessenunabhängig: So stellen beispielsweise Agarwal und Venkatesh (2002) basierend auf $N = 1475$ Befragten fest, dass der Inhalt unabhängig von verschiedenen untersuchten Branchen (Fluggesellschaften, Buchhändler, Autohersteller und Autoverleihe) als wichtigste Dimension einer Website angesehen wird. Zudem erweist sich der Inhalt auch aus einer organisationalen Perspektive als zentrale Dimension einer Website (siehe z. B. Huizingh, 2000; Ranganathan & Ganapathy, 2002). Nielsen und Loranger (2006) behandeln in drei Kapiteln ihres Buches, das eigentlich der Web-Usability gewidmet ist, Aspekte des Inhalts – hier finden sich eine Reihe praktisch nützlicher Empfehlungen (siehe auch Puscher, 2001; Wirth, 2004).

Die Bedeutung inhaltlicher Aspekte spiegelt sich auch im Entwurf der DIN EN ISO 9241-151 wider: In dieser internationalen Norm nimmt der Inhalt eine zentrale Rolle ein, darüber hinaus werden eine Reihe von Leitlinien insbesondere für Gestaltung und Darstellung gegeben (ISO, 2006b). Diese Empfehlungen umfassen Aspekte wie Aktualität und Vollständigkeit, Layoutvorgaben, Druckversionen oder Hardware-Unabhängigkeit.

2.1 Rahmenmodell zur Erforschung des Inhalts von Websites

Huizingh (2000) schlägt im Rahmen seiner Untersuchung ein Modell zur Erforschung von Websites vor (siehe Abb. 2.1). Er unterscheidet die Aspekte Inhalt und Design, diese teilt er ein in objektiv messbare *features* und subjektive Wahrnehmung des jeweiligen Konstrukts. Dieses Modell bezieht der Autor dabei auf Websites von Unternehmen und stellt dar, wie die Aspekte zu operationalisieren sind. Laut Huizingh ist dabei *information* der zentrale Aspekt einer Website, mit *transaction* werden Aspekte des E-Commerce zusammengefasst, *entertainment* bezieht sich auf verschiedene Aspekte des Infotainments. Je mehr der aufgeführten Funktionen auf seiner Website zu finden sind, desto mehr handelt es sich um eine *advanced site.* Für die Messung der subjektiven Inhaltswahrnehmung schlägt Huizingh (2000, S. 125) eine globale Messung über ein Item vor, das angibt, inwieweit eine Website als informativ eingeschätzt wird. Der Designaspekt umfasst bei Huizingh nur Navigation, Suchfunktionen und geschützte Website-Bereiche. Die Messung der subjektiven Designwahrnehmung umfasst neben der Einschätzung der Navigationsstruktur auch die Balance zwischen attraktivem Design und Information sowie die einheitliche Gestaltung von Unterseiten.

Der Designaspekt könnte in einem revidierten Modell deutlich umfangreicher gefasst werden, zudem sind einzelne Aspekte, die Huizingh dem Designaspekt zuteilt, in der DIN EN ISO 9241-151 dem Aspekt Inhalt zugeordnet. Wenn auch dieses Modell den Designaspekt nur sehr grundlegend und lückenhaft umreißt, so ist es jedoch geeignet, um sich verschiedene mögliche Inhaltsbereiche von Unternehmens-Websites vor Augen zu führen. Weiterhin ist der Ansatz, zwischen objektiv messbaren Inhaltsfeatures und der Wahrnehmung von Nutzern zu unterscheiden, positiv hervorzuheben. In der vorliegenden Arbeit soll neben anderen Konstrukten auch diese Wahrnehmung des Inhalts betrachtet werden (siehe Kap. 19, ab S. 131). Eine weitergehende, an Huizingh (2000) anschließende Analyse von Inhalts- und Designmerkmalen anhand objektiver Kriterien findet sich beispielsweise bei Robbins und Stylianou (2003). Diese stellen fest, dass im Vergleich verschiedener Kulturräume die Inhalte von Websites global agierender Unternehmen weitgehend unterschiedlich ausfallen, das Design jedoch vergleichbar ausgestaltet ist.

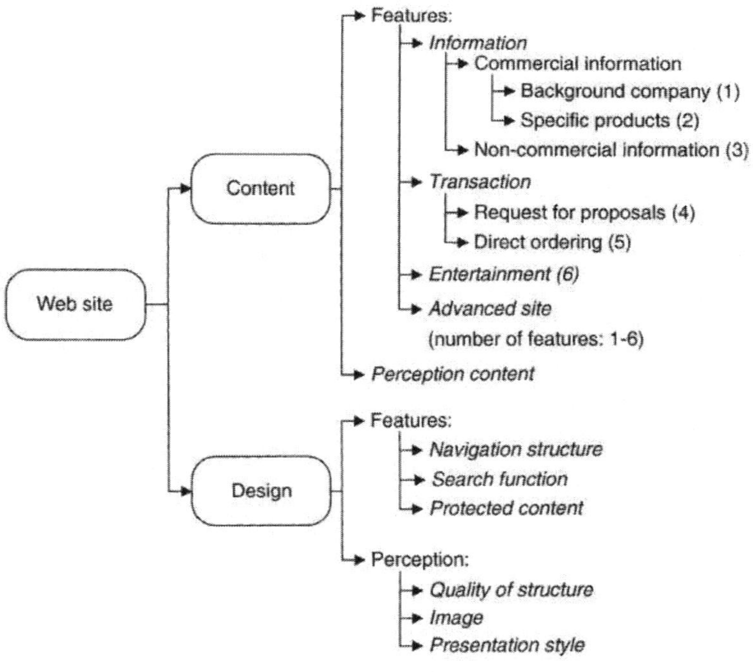

Abbildung 2.1: Rahmenmodell zur Erforschung von Inhalt und Design von Websites (Huizingh, 2000)

2.2 Empirische Analysen des wahrgenommenen Website-Inhalts

Entsprechend dem Modell von Huizingh (2000) ergeben sich zwei unterschiedliche Ansätze, den Inhalt von Websites zu vermessen: eine Auswertung bezogen auf die objektiv ersichtlichen Features einer Website oder eine Messung der subjektiven Wahrnehmung der Nutzer. Im Folgenden soll entsprechend der rezipientenorientierten Perspektive der vorliegenden Arbeit lediglich auf die Analyse und Messung der subjektiven Wahrnehmung eingegangen werden.

Empirisch nähern sich hier die meisten Forschungen der Wahrnehmung der Inhalte von Websites aus einer bestimmten bereichsspezifischen Domäne an (siehe z. B. Beck, Schweiger & Wirth, 2004). So werden von verschiedenen Forschern beispielsweise die Inhalte von Recruiting-Sites im Web hinsichtlich deren Wirkung auf potentielle Stellenbewerber und deren Wahrnehmung des jeweiligen Unternehmens untersucht (Cober, Brown, Levy, Cober & Keeping, 2003; Göritz & Moser, 2002; Konradt & Rack, 2006). In einem anderen Ansatz clustern Zhang, Keeling und Pavur (2000) Homepages von Unternehmen entsprechend der wahrgenommenen Informationsqualität. In einer hieran anschließenden Arbeit zeigen Zhang, Dran, Blake und Pipithsuksunt (2001) in einer qualitativen Analyse mit $N = 67$ Befragten die Abhängigkeit verschiedener Website-Komponenten vom jeweiligen Inhaltsbereich einer Website. Dabei zeigt sich in den Bereichen *financial, education, government* und *medical* eine große Bedeutung der Vollständigkeit und Verständlichkeit der jeweiligen Website-Inhalte.

Ho und Wu (1999) finden in einer Studie mit $N = 89$ Befragten eine Korrelation von $r = .25$ ($p < .05$) zwischen Kundenzufriedenheit und der wahrgenommenen Verlässlichkeit von Informationen in Online-Shops, Ranganathan und Ganapathy (2002) finden einen Zusammenhang zwischen Kaufintention und Informationsgehalt einer Website ($N = 214$ Befragte). De Wulf, Schillewaert, Muylle und Rangarajan (2006) finden mit $N = 209$ Befragten einen positiven Effekt des Inhalts auf die Evaluation einer Website bezüglich Zufriedenheit, Vertrauen und Commitment. Dieser Effekt wird aber teilweise durch den Faktor *pleasure* mediiert.

Palmer (2002) zeigt über verschiedene Analysen in drei Studien ($N_{ges} = 100$ Urteiler), dass der Erfolg einer Website in der Wahrnehmung der Nutzer unter anderem dann umso höher ist, desto höhere Qualität die Website-Inhalte besitzen. Palmer findet so empirische Bestätigung für Nielsens (2000) generelle Feststellung, dass erfolgreiches Webdesign sich auch durch hochwertige Inhalte auszeichnet. S. Y. Kim und Lim (2001) zeigen ebenfalls mit $N = 254$ Befragten einen positiven Einfluss der Informationsqualität auf die wahrgenommene Qualität einer Website.

Diese Ergebnisse werden auch durch eine Studie bestätigt, die die Sicht der Personen betrachtet, die mit Konzeption, Programmierung und Wartung einer Website beauftragt sind: Bei einer Befragung von $N = 119$ Webmastern (Liu & Arnett, 2000) finden sich teilweise hohe Korrelationen zwischen *information quality* und *learning capability, playfulness, system quality, system use* und *service quality* ($.37 \leq r \leq .72$, $p < .001$). Es finden sich weitere Studien, die die

Bedeutung des Inhalts einer Website empirisch aufzeigen (für eine Übersicht siehe Krauss, 2003).

Während in mehreren Arbeiten sehr wohl eine große Menge an Websites untersucht und analysiert wird, variieren nur sehr wenige der Studien systematisch den dargebotenen Website-Inhalt. Durch eine derartige Variation lassen sich nicht nur die Einstellungen, sondern auch die Reaktionen der Nutzer erfassen. Cober et al. (2003) zeigen beispielsweise mit einem solchen Vorgehen experimentell eine Wirkung der Inhalte von Bewerberwebsites auf die Wahrnehmung von Organisationen.

2.3 Instrumente zur Erfassung der allgemeinen Wahrnehmung von Website-Inhalten

In der vorliegenden Arbeit soll eine allgemeine, nicht eine bereichsspezifische Betrachtung der Inhaltswahrnehmung erfolgen. Eigenständige Instrumente, mit denen sich unabhängig von der thematischen Domäne der Inhalt von Websites bewerten lässt, finden sich jedoch bisher nicht. In einem Teil der genannten Arbeiten wurden die jeweiligen Inhalte domänenspezifisch und oftmals in Form von Checklisten abgefragt (z. B. De Marsico & Levialdi, 2004; Göritz & Moser, 2002; Konradt & Rack, 2006). In den Untersuchungen allgemeiner Natur erfolgte die Messung über einzelne Items (Ho & Wu, 1999; Huizingh, 2000; S. Y. Kim & Lim, 2001; Palmer, 2002) oder einzelne Skalen (Aladwani, 2002; Aladwani & Palvia, 2002; Alpar, 1999; Hartmann, Sutcliffe & De Angeli, 2007; Ranganathan & Ganapathy, 2002; Zhang et al., 2000). Agarwal und Venkatesh (2002) folgen dem Ansatz einer gewichteten Punktevergabe und unterteilen dabei die Inhaltskategorie in die vier Aspekte *Relevanz, Mediennutzung, Tiefe und Breite* sowie *aktuelle, zeitgemäße Information.* Sutcliffe (2001, 2002) folgt dem Ansatz einer heuristischen Evaluation und gibt hierbei fünf Bewertungsbereiche vor:

1. Konsistente visuelle Gestaltung,
2. Sichtbarkeit von Firmenidentität und Marke,
3. Passung zwischen Nutzern und Website-Inhalt,
4. Wecken des Nutzerinteresses durch zusätzliche Funktionalitäten sowie
5. Anpassung der Webinhalte an die Bedürfnisse der Nutzer.

Weiterhin sind einzelne Items zur Bewertung von Inhalten oder auch Frageblöcke hierzu in einzelnen Usability-Verfahren zu finden (für eine Übersicht siehe Müller-Lankenau, Kipp, Steenpaß & Kallan, 2005). Der Inhalt wird dabei teilweise in Beziehung gesetzt zu Zielgruppen und Benutzbarkeit der jeweiligen Websites. Dieses Vorgehen mag in der Praxis sinnvoll sein, da sich empirisch zeigt, dass die Wahrnehmung des Inhalts Einfluss auf die Wahrnehmung anderer Konstrukte wie Usability, Ästhetik oder auch Glaubwürdigkeit haben kann (siehe z. B. Kap. 7.1 [S. 59f.] oder Kap. 7.3 [S. 66f.]). Aus Sicht der Forschung erschweren aber derartige

Vermischungen die Abgrenzung und Operationalisierung der einzelnen Konstrukte. Ein allgemeines, eigenständiges Messinstrument zur Erfassung der Inhaltswahrnehmung findet sich bisher nicht.

3 Usability

Der Teil 11 der DIN EN ISO 9241 verwendet für die Usability den Begriff Gebrauchstauglichkeit (ISO, 1998b); der englische Begriff Usability hat sich aber auch im deutschsprachigen Raum für den Bereich von Software und Internetanwendungen durchgesetzt. Der Teil 11 der internationalen Norm fordert, dass ein System den Benutzern erlaubt, die vorgegebenen Ziele *effektiv*, *effizient* und *zufriedenstellend* zu erreichen. In Bezug auf Software oder Websites heißt dies, dass dem Nutzer alle notwendigen Funktionen zur Verfügung gestellt werden und dass diese einfach und fehlerfrei zu bedienen sind. Effizienz bezeichnet den Aufwand im Verhältnis zur Genauigkeit und Vollständigkeit der Zielerreichung. Darüber hinaus soll die Bedienung nicht nur mit möglichst geringer kognitiver Belastung einhergehen, sondern auch zufriedenstellend sein. Den Benutzern soll also eine positive Einstellung gegenüber der Nutzung des Systems ermöglicht und Beeinträchtigungen durch das System vermieden werden. Eine Website mit einer guten Usability zeichnet sich z. B. durch eine einfache Navigation, übersichtliche Struktur und ihrem Zweck optimal angepasste Gestaltung aus.

Zur Operationalisierung dieser in DIN EN ISO 9241-11 definierten Forderungen wird für Software-Produkte und Websites oftmals der Abschnitt 10 bzw. 110 der DIN EN ISO 9241 herangezogen (ISO, 1998a, 2006a)[1]. Dieser Teil der Norm beschreibt sieben Grundsätze der Dialoggestaltung:

- Aufgabenangemessenheit,
- Selbstbeschreibungsfähigkeit,
- Erwartungskonformität,
- Steuerbarkeit,
- Fehlertoleranz,
- Individualisierbarkeit und
- Lernförderlichkeit.

Usability ist also stark abhängig von der Interaktion zwischen Nutzer und System. Einzelne Verfahren zur Bewertung von Usability beziehen sich direkt auf diese Grundsätze der Dialoggestaltung, so z. B. der ISONORM-Beurteilungsbogen (Prümper & Anft, 1993) oder der IsoMetrics-Fragebogen (Gediga & Hamborg, 1999; Gediga, Hamborg & Duntsch, 1999; Willumeit, Gediga & Hamborg, 1996).

[1] Im Jahr 2006 ist dieser Abschnitt der Norm nach einer Überarbeitung in Teil 110 umbenannt worden (ISO, 2006a); die sieben Grundsätze der Dialoggestaltung sind dabei weiter in der Norm enthalten.

Näher auf die spezifischen Anforderungen im Rahmen der Gestaltung von Websites geht die DIN EN ISO 9241-151 ein. Anhand eines allgemeinen Referenzmodells, das Konzeption, Gestaltung und Evaluation von Websites umfasst, werden Leitlinien für den Schaffungsprozess einer Website insbesondere bezogen auf die Erstellung, Strukturierung und Darstellung von Inhalten vorgegeben. Einzelne Aspekte der Usability fließen so in diese Norm ein, es finden sich aber auch Rückverweise zu DIN EN ISO 9241-110 und 9241-11.

Die Forschungen zur Usability sind äußerst umfangreich und vielfältig (siehe z. B. Barnum, 2002; Shneiderman & Plaisant, 2005), dabei folgen nicht alle Forscher der Definition oder den Begrifflichkeiten der ISO-Norm. Es finden sich eine Reihe von Studien, in denen beispielsweise von *ease of use* (z. B. Alpar, 1999; Agarwal & Venkatesh, 2002; Davis, 1989; van Schaik & Ling, 2005; van der Heijden, 2003, 2004) und/oder *usefulness* (z. B. Davis, 1989; van Schaik & Ling, 2005; van der Heijden, 2003, 2004) gesprochen wird. Eher zu Werbezwecken findet sich auch manchmal der Begriff *user friendly* (siehe Dahm, 2006). In den verschiedenen Definitionen des Usability-Begriffs werden aber zumeist die Aspekte der Zielerreichung, der Fehlerfreiheit und Passung zwischen Nutzer und Aufgabe aufgegriffen. Die vorliegende Arbeit folgt klar der Definition von Usability gemäß der DIN EN ISO 9241-11.

3.1 Methoden der Usability-Bewertung

Viele Forscher und Praktiker befassen sich mit der Usability von Software (für eine Übersicht siehe Shneiderman & Plaisant, 2005), die Usability von Websites folgt an zweiter Stelle (für eine Übersicht siehe Krug, 2005; Nielsen & Loranger, 2006). Der größere Teil an Verfahren und Methoden in diesem Bereich beziehen sich auf die Evaluation von Software. Insgesamt findet sich eine Vielzahl von methodischen Herangehensweisen (siehe Gediga & Hamborg, 2002), unter diesen gibt es aber nur wenige standardisierte Instrumente – weit verbreiteter sind qualitative oder halbstandardisierte Vorgehensweisen. Die Summe der Methoden der Usability-Evaluation lassen sich dabei in prädiktive (vorhersagende) und deskriptive (beschreibende) Methoden einteilen (siehe hierzu auch die folgende Abbildung 3.1).

Unter den prädiktiven Evaluationsmethoden sind besonders expertenbasierte Methoden zu nennen: Walkthrough-Methoden wie der *cognitive walkthrough*, bei dem in einer frühen Entwicklungsphase Experten bewerten, welche kognitiven Anforderungen eine Software an den Nutzer stellen wird und wie diese zu Bewerten sind. Andere Methoden sind hier heuristische Evaluationen, oftmals anhand von Checklisten (sehr bekannt hier die Checkliste von Nielsen, 1994), und Vorgehensweisen aus dem Bereich der Experteninspektion. Auch Gruppendiskussionen mit Nutzern und/oder Entwicklern sind als prädiktive Methode im Einsatz.

Bei den deskriptiven Evaluationsmethoden finden sich verhaltensbasierte und meinungsbasierte Methoden sowie Benutzbarkeitstests. Bei verhaltensbasierten Methoden werden Interaktionen des Nutzers mit einer Software oder Website erfasst. Dies kann mittels Beobachtung,

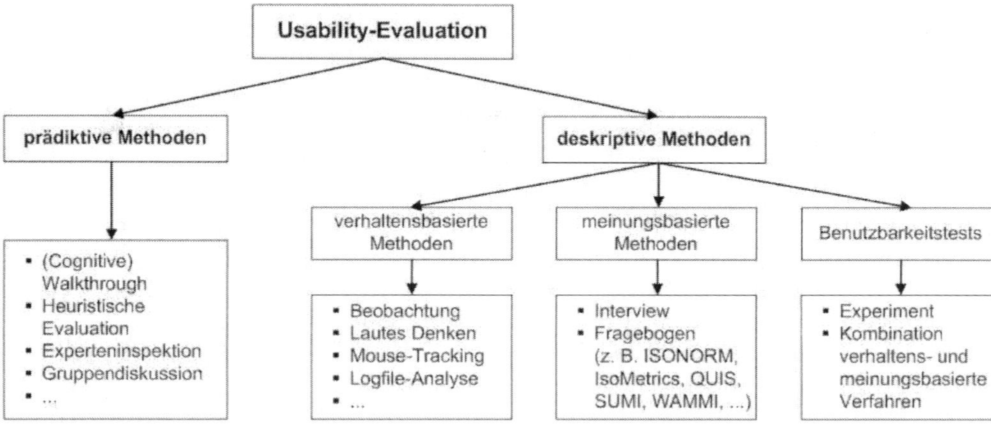

Abbildung 3.1: Übersicht über die Methoden der Usability-Evaluation

lautem Denken oder Befragung erfolgen, die Handlungen des Nutzers können aber auch technisch mittels Videoauszeichnung, Mouse-Tracking oder Logfile-Analyse erfolgen. Zu den meinungsbasierten Methoden zählen Interview- und Fragebogenverfahren. Benutzbarkeitstests bestehen zumeist aus einer Kombination von meinungs- und verhaltensbasierten Methoden; hier finden sich nur eher selten streng experimentelle Vorgehensweisen.

Oft werden auch verschiedene Methoden bei der Durchführung einer Usablity-Evaluation in einem so genannten *Usability-Lab* kombiniert (Lab steht hierbei für Labor). Hier bearbeitet eine Testperson beispielsweise erst bestimmte Aufgaben mit einer Software (oft erfolgt gleichzeitig eine Videoaufzeichnung und ein Mouse-Tracking), bearbeitet danach Fragebögen und durchläuft ein abschließendes Interview.

In Praxis und Forschung werden Usability-Bewertungen oftmals unter der Annahme sicherer Reliabilität und Validität durchgeführt. Dazu finden sich auch kritische Stimmen: Molich, Ede, Kaasgaard und Karyukin (2004) zeigen eindrucksvoll die Abhängigkeit der Ergebnisse von der gewählten Methode der Usability-Evaluation. Verschiedene Forscher (De Angeli, Sutcliffe & Hartmann, 2006; Harbich & Auer, 2005; Hartmann, 2006) vermuten einen Urteilsfehler, der dazu führt, dass Usability-Urteile durch ästhetische oder hedonische Qualitäten beeinflusst werden. Die Usability-Forschung ist an einigen Stellen somit noch nicht so weit und theoretisch fest gesichert, wie manchmal angenommen wird.

3.2 Standardisierte Fragebogeninstrumente zur Usability-Bewertung

Wie bereits dargestellt, herrschen im Bereich der Usability-Evaluation oftmals nichtstandardisierte oder nur teilstandardisierte Verfahren vor. Bei den deskriptiven Verfahren finden sich mehrere wissenschaftlich fundierte Instrumente zur Beurteilung von Software oder Websites. Vor allem im Bereich Software lassen sich zahlreiche Instrumente finden, so z. B.

- der ISONORM-Beurteilungsbogen (Prümper & Anft, 1993),
- der IsoMetrics-Fragebogen (Gediga & Hamborg, 1999; Gediga et al., 1999; Willumeit et al., 1996),
- der QUIS (Questionnaire for User Interface Satisfaction) von Shneiderman (1987, Überarbeitung von Chin, Diehl & Norman, 1988), aktuell ist die siebte Version veröffentlicht (Shneiderman & Plaisant, 2005) oder
- der SUMI (Software Usability Measurement Inventory) von Kirakowski und Corbett (1993).

Sucht man nach standardisierten Instrumenten zur Erfassung der Usability von Websites, so lassen sich hier nur vergleichsweise wenige eigenständige, standardisierte Verfahren finden; oftmals werden entsprechende Usability-Skalen zu Forschungszwecken in längere Fragebögen integriert (siehe z. B. Palmer, 2002; für eine Übersicht siehe Müller-Lankenau et al., 2005). Es kommt auch vor, dass die für Software konzipierten Verfahren unverändert auf die Bewertung von Websites angewandt werden. Aus dem Bereich der wissenschaftlich dokumentierten Verfahren zur Usability-Bewertung von Websites sollen im Folgenden zwei Verfahren exemplarisch vorgestellt werden: der WAMMI und die PWU-Skala.

3.2.1 Der WAMMI (Website Analysis and Measurement Inventory)

Der WAMMI (*Website Analysis and Measurement Inventory*) ist ein Instrument zur Erfassung der Usability von Websites und stellt eine spezifische Weiterentwicklung des SUMI dar (Kirakowski & Cierlik, 1998; Kirakowski, Claridge & Whitehand, 1998). Der WAMMI enthält fünf Skalen: *attractiveness, control, efficiency, helpfulness* und *learnability*. Der Fragebogen umfasst in der aktuellen Version 2.5 nur noch 20 Items (http://www.wammi.com/whatis.html), die ursprünglich erprobte Version 1.1 bestand aus 60 Items. Typische Items sind hier beispielsweise:

- I can quickly find what I want on this web site.
- This web site seems logical to me.
- This web site has some annoying features.

Die einzelnen Skalen wurden ohne Überprüfung der Faktorenstruktur aus dem SUMI übernommen und an Websites angepasst. Die innere Konsistenz (basierend auf N = 118) der Version 1.1 liegt insgesamt bei $\alpha = .96$, die Werte der einzelnen Skalen schwanken hierbei zwischen $\alpha = .70$ und $\alpha = .90$. Die innere Konsistenz der aktuellen Version 2.5 beträgt insgesamt $\alpha = .90$, die einzelnen Skalen liegen im Bereich $.63 \leq \alpha \leq .74$ (Kirakowski & Claridge, 2001). Einzelne konstrukt- und kriterienorientierte Validierungen zeigen, dass der WAMMI Unterschiede zwischen Webseiten gut abbilden kann. Der WAMMI wird kommerziell vertrieben und ist bisher in zwölf europäische Sprachen übersetzt worden. Letzteres ist aber auch ein Kritikpunkt an diesem Verfahren: Der kommerzielle Vertrieb und Nutzung des WAMMI erschwert die objektive Beurteilung von Konstruktion und Güte des Verfahrens – zur allgemeinen Informationen über die aktuelle WAMMI-Version können so im Moment nur einzelne Kongresspublikationen oder die entsprechende Verkaufswebsite herangezogen werden; Itemstatistiken und Informationen zu Reliabilität und Validität der aktuellen Version sind nicht ohne weiteres einsehbar.

3.2.2 Die PWU-Skala (Scale for Measuring Perceived Website Usability)

Flávian, Guinalíu und Gurrea (2006) entwickelten, angelehnt unter anderem an den WAMMI, eine kurze Skala zur Erfassung der Usability von Websites. Diese Skala ist im englischen Original als *scale for measuring perceived website usability* bezeichnet und wird hier mit PWU abgekürzt. Die PWU-Skala orientiert sich an der ISO-Norm 9241-10, wobei die Autoren aber bereits auf die Entwicklung der neueren 9241-151 hinweisen. Mit der Skala soll vor allem die Einfachheit der Nutzung und die Klarheit der Struktur einer Website untersucht werden. Typische Items sind beispielsweise:

- In this website everything is easy to understand.
- This website is simple to use, even when using it for the first time.
- It is easy to find the information I need from this website.

Die Skalenentwicklung von Flávian et al. (2006) basierte auf einer Delphi-Studie, einem Vortest mit N = 30, sowie einer Untersuchung mit N = 351. Die Skala erweist sich als eindimensional, die innere Konsistenz liegt bei $\alpha = .90$. Erste Analysen sprechen für konvergente und diskriminante Validität. Diese kurze Skala bietet den Vorteil, dass sie im Gegensatz zum WAMMI vollständig dokumentiert und entsprechend veröffentlicht ist.

4 Ästhetik

Die ästhetische Wahrnehmung von Websites stellt den Schwerpunkt der vorliegenden Arbeit dar, dabei wird allein die visuelle Wahrnehmung betrachtet. Entsprechend der Arbeitsdefinition dieser Arbeit (S. 74) definiert sich die visuelle Ästhetik über das subjektiv empfundene Wohlgefallen an einer Website. Ästhetische Wahrnehmung von Websites zeichnet sich somit durch einen positiven emotionalen Eindruck und eine positive kognitive Bewertung aus. Zum besseren Verständnis der Herleitung dieser Definition und der theoretischen Grundlage verschiedener in dieser Arbeit dargestellten Forschungsarbeiten soll im Folgenden eine kurze Betrachtung der relevanten Grundlagen aus der allgemeinen Ästhetik-Forschung und einzelner wichtiger Theorien und Modelle erfolgen, ehe die Ästhetik von Websites selbst in den Mittelpunkt rückt.

Der Begriff Ästhetik stammt aus dem Griechischen (aísthesis) und bedeutet *sinnliche Wahrnehmung*. Baumgarten (1750/1758) etablierte Ästhetik als eigene Disziplin innerhalb der Philosophie. Während Ästhetik bis zum 19. Jahrhundert gemäß Baumgarten oft mit dem Begriff und der Lehre der Schönheit gleichgesetzt wurde, ist die Bedeutung heutzutage weitergefasst. Ästhetik umfasst in modernen Theorien meist verschiedene Formen der sinnlichen Wahrnehmung. Hierbei entscheiden über den ästhetischen Wert eines Gegenstands nicht zwingend die Begriffe *schön* und *hässlich*, sondern auch die Art und Weise der Sinnlichkeit des Gegenstands. Dies umfasst nicht nur positive Sinneserfahrungen, beispielsweise wird auch eine *Ästhetik des Horrors* (Brittnacher, 1995) diskutiert. In den empirischen Wissenschaften hingegen sucht die Ästhetik-Forschung nach Kriterien, nach denen Menschen Objekte als schön oder unschön einstufen, und nach Kriterien, nach denen sich dieses ästhetische Erleben gestaltet.

Viele wissenschaftliche Disziplinen befassen sich mit der Ästhetik, allen voran die Philosophie, aber auch besonders die Kunstwissenschaft und die Psychologie sowie Fachgebiete, bei denen man nicht unbedingt Forschungen zur Ästhetik vermutet hätte, wie Mathematik und Informatik (grundlegend hier Bense, 1969 und Nake, 1974; moderne Ansätze z. B. bei Fishwick, 2006). Ästhetik als Forschungsgegenstand in seiner gesamten Breite angemessen zu dokumentieren, wäre eine enorme Aufgabe (für eine Darstellung über die Vielzahl allein psychologischer Ansätze siehe Allesch, 1987, Übersichten finden sich auch bei Allesch, 2006; Martindale, 2007; Ritterfeld, 1996); bei der folgenden Darstellung der Theorien zur Ästhetik muss daher eine Auswahl erfolgen. Eine große Einschränkung ergibt sich bereits dadurch, dass entsprechend der empirischen Ausrichtung der vorliegenden Arbeit lediglich empirische Theorien berichtet werden sollen. Die dargestellten Ansätze stammen vor allem aus der Psychologie und angrenzenden Bereichen der HCI-Forschung (HCI = Human-Computer-Interaction). Dabei sollen besonders die Theorien aufgegriffen werden, die auch von späteren Forschungen zur Ästhetik von Websites herangezogen werden. Zusätzlich erfolgt eine Darstellung der Ansätze Gustav Theodor Fechners, der die Grundlage für eine experimentelle Ästhetik und somit auch für die vorliegende Arbeit gelegt hat.

4.1 Fechners experimentelle Ästhetik

In den 1860er und 1870er Jahren beschäftigte sich Gustav Theodor Fechner mit Ästhetik und begründete mit *der experimentellen Ästhetik* eine bis dato neue und empirische Herangehensweise. Die experimentelle Ästhetik ist somit das zweitälteste Forschungsgebiet der Psychologie, älter ist nur noch die Psychophysik. Zentral war Fechners Werk „Vorschule der Ästhetik" (Fechner, 1876), in der er seinen empirischen Ansatz umfangreich und detailliert darstellt. Fechner begründet so eine „Ästhetik von unten" – einen induktiven Ansatz, der damaligen deduktiven Herangehensweisen konträr gegenüberstand. Ästhetik ist aus Fechners Sicht ein erlebter Wert, der unter Berücksichtigung von Personen- und Objektmerkmalen empirisch fassbar wird. Diesem Ansatz folgend befragte Fechner Personen direkt nach ihrer Wahrnehmung von Kunstwerken und warf Methodenfragen zur Gewinnung und Verarbeitung von Aussagen über den Wohlgefälligkeitseindruck auf. Fechner löste mit seinen Schriften eine Diskussion über Sinn und Vorgehensweise der empirischen Methodik selbst aus, was aufgrund der Widersprüche zu philosophischen Theorien zu teilweise spannungsgeladenen und kontroversen Debatten führte (siehe Allesch, 1993).

Zwar befasste sich Fechner vorrangig mit Kunstwerken, aber seine Theorien und Methoden sind auf viele andere Gegenstandsbereiche übertragbar und auch heute noch aktuell. Explizit nennt Fechner die *Methode der Wahl*, die *Methode der Herstellung* und die *Methode der Verwendung* als wichtige Forschungsmethoden. Eine typische Wahlmethode ist der Paarvergleich; die Herstellungsmethode nach Fechner zeichnet sich dadurch aus, dass die Probanden einen bestimmten Zielzustand, z. B. eine als angenehm empfundene Lautstärke eines Tons, selbst herstellen sollen. Bei der Methode der Verwendung werden die Ausprägungen einer Variablen im alltäglichen Gebrauch beobachtet. Fechner hat z. B. nach verschiedenen Studien zum goldenen Schnitt[1], die er mittels der Wahlmethode durchführte, eine Vielzahl von täglichen Gebrauchsgegenständen vermessen und hierbei an verschiedensten Stellen den goldenen Schnitt oder diesem sich nähernde Verhältnisse gefunden (Fechner, 1865, 1876).

Fechners Prinzipien der Ästhetik

Fechner definiert Ästhetik als das, „was sich auf Verhältnisse unmittelbaren Gefallens und Missfallens an dem bezieht, was durch die Sinne in uns eintritt, ohne aber bloß die rein sinnliche Seite davon im Auge zu haben" (Fechner, 1876, Kap. II). Als Ideal betrachtet Fechner

[1] Als goldener Schnitt wird ein bestimmtes Verhältnis zweier Zahlen oder Größen bezeichnet, dieses beträgt 1:1.618. Verhältnisse im goldenen Schnitt werden oft, vor allem in Kunst und Architektur, als ideale und sehr ästhetische Proportion angesehen.

ein allgemeines Gesetz, das alle weiteren Gesetze der Ästhetik einschließt. Dieses scheint ihm jedoch weitgehend unerreichbar, und somit beschränkt er sich darauf, eine Reihe von Prinzipien aufzustellen. Diese ästhetischen Gesetze oder Prinzipien basieren auf den empirischen Ergebnissen und Überlegungen Fechners. So formuliert er seine zentralen Aussagen in der „Vorschule der Ästhetik" (Fechner, 1876).
Viele Prinzipien finden sich in späteren psychologischen Theorien wieder und sind zum Teil heute noch relevant. Fechners Ideen sind auch auf die Ästhetik von Websites übertragbar, daher soll hier eine kurze Übersicht über die sechs zentralen Prinzipien, die Fechner im ersten Teil der „Vorschule zur Ästhetik" formuliert, erfolgen:

1. **Das Prinzip der ästhetischen Schwelle.** Fechner führt hier den Schwellenbegriff ein, ein zentraler Bestandteil der Psychophysik: Ein Reiz muss erst eine bestimmte Wahrnehmungsschwelle überschreiten, um bewusst wahrgenommen zu werden. Dabei kann zwischen einer äußeren Schwelle (Reizintensität) und einer inneren Schwelle (Reizbarkeit) unterschieden werden.
2. **Das Prinzip der ästhetischen Hilfe oder Steigerung.** Fallen kleinere ästhetische Reize zusammen, so ist ihre Wirkung größer als nur die Summe der Einzelwirkungen. Einzelne kleinere Reize können so auch gemeinsam zum Überschreiten der ästhetischen Schwelle führen. Dieses Prinzip erinnert sehr an die in der Gestaltpsychologie diskutierte Übersummativität, die oft in dem Satz „Das Ganze ist mehr als die Summe seiner Teile" zusammengefasst wird (siehe auch Kap. 4.3 auf S. 27).
3. **Das Prinzip der einheitlichen Verknüpfung des Mannigfaltigen.** Monotonie führt in der Wahrnehmung des Menschen zu Missfallen, dieser sehnt sich nach Abwechslung. Um sich wohl zu fühlen, muss diese Abwechselung aber in irgendeiner Form einen zusammenhängenden Anteil haben, also einheitlich, durch ein durchgängiges Gliederungsprinzip, verknüpft sein. Zum Verständnis dieses Prinzips hilft es, an den Begriff der guten Gestalt in der Gestaltpsychologie zu denken.
4. **Das Prinzip der Widerspruchslosigkeit, Einstimmigkeit oder Wahrheit.** Sich einer Einstimmigkeit bewusst zu werden oder die Aufhebung eines Widerspruchs führt laut Fechner zu Gefallen, Widerspruch im Sinne eines dauerhaften Fehlers führt zu Missfallen. So kann beispielsweise ein schlüssig geschriebener Krimi gefallen, auch wenn der Leser sich der Fiktion des Gelesenen bewusst ist.
5. **Das Prinzip der Klarheit.** Aus Verknüpfung der vorhergehenden beiden Prinzipien ergibt sich das Prinzip der Klarheit: Einstimmigkeit oder Widerspruch in einem Vorstellungskomplex führen zu einer entsprechenden positiven oder negativen Empfindung. Da es im Zusammenhang zu zwei anderen Prinzipien steht, stellt dieses fünfte eigentlich ein Prinzip zweiter Ordnung dar.
6. **Das ästhetische Assoziationsprinzip.** Entsprechend den subjektiven Assoziationen tragen Erinnerungen zu einer positiven oder negativen ästhetischen Wahrnehmung bei. Die Erinnerung kann dabei laut Fechner sogar den aktuellen Eindruck überstrahlen.

Diese sechs Prinzipien werden von Fechner in zwei Gruppen eingeteilt: Die ersten fünf sind einem direkten Faktor zuzuordnen, da sie jeweils Formaspekte darstellen. Das sechste Prinzip nimmt eine Sonderstellung und große Bedeutung ein, es ist einem indirekten Faktor zuzuordnen und stellt einen Inhaltsaspekt dar. Ästhetische Wirkungen sind meist sehr komplexe Wirkungen direkter und assoziativer Faktoren. Fechner nimmt zwar auch direkte Wirkungen einfacher Farben an, meint allerdings, dass diese häufig durch Assoziationen aus dem situationalen Kontext überlagert würden. Fechner erläutert am Beispiel einer Orange und einer gleich geformten, gefärbten Holzkugel, dass die ästhetische Wirkung der Orange an die Assoziation geknüpft ist.

Im zweiten Teil der „Vorschule zur Ästhetik" nennt Fechner weitere Prinzipien. Diese haben einen eher kunsttheoretischen oder kunstkritischen Bezug und besitzen nicht jenen grundsätzlichen Charakter der ersten sechs Prinzipien, daher entfällt an dieser Stelle eine Darstellung. Zudem betonte Fechner hier stets die Vorläufigkeit seiner Ausführungen und die Notwendigkeit weiterer Forschung (siehe auch Allesch, 1987, S. 310).
Fechner formulierte so bereits vor 130 Jahren eine Reihe von zentralen Prinzipien der experimentellen Ästhetik – diese Arbeiten wurden allerdings nicht unmittelbar aufgegriffen und weiterverfolgt (siehe Ritterfeld, 1996). Fechners Ideen finden sich aber in psychologischen Arbeiten späterer Jahre wieder; einige der Prinzipien begegnen einem auch in der Gestaltungsarbeit beispielsweise von Designern oder Künstlern. In der experimentellen Ästhetik wurde später versucht, einige der ästhetischen Prinzipien einer direkten Messung zu unterziehen, dies soll im Folgenden dargestellt werden.

4.2 Erste Ansätze zur Vermessung von Ästhetik

Bereits in Fechners Ansätzen finden sich die zentralen Variablen, die auf eine ästhetische Wahrnehmung wirken. Diese Variablen, und somit auch das Forschungsfeld der experimentellen Ästhetik, umschreibt Kobbert (1986) mit der Formel

$$AE = f(M_O, M_B, M_R).$$

Es ergibt sich das ästhetische Erleben und Empfinden AE als eine Funktion aus Eigenschaften des Objekts M_O, des Betrachters M_B sowie der Rahmenbedingungen M_R. Diese Formel macht keine Aussage zu Gewichtungen oder Zusammenhängen der Variablen, ist aber dennoch nützlich, um Fragestellungen und Forschungsarbeiten der experimentellen Ästhetik einzuordnen. Betrachtet man z. B. das ästhetische Erleben von Websites (siehe auch Abb. 1.1 auf S. 6), so ist dieses abhängig von Objektvariablen wie Inhalt, Usability und ästhetischer Gestaltung (M_O), Persönlichkeitsfaktoren (M_B) und Kontextvariablen wie z. B. die eingesetzte Hardware (M_R).

Verschiedene Forscher haben versucht, diese Beziehungen mathematisch zu erklären und eine allgemeine Formel für ein ästhetisches Maß zu finden. Auch wenn diese Ansätze empirisch nicht bestätigt werden konnten, sollen die drei bekanntesten hier kurz dargestellt werden, da sich einzelne der späteren Arbeiten aus der Forschung zur Ästhetik von Websites auf diese Ansätze beziehen. Diese ersten frühen Ansätze spiegeln dabei eine behavioristische Perspektive der Ästhetik-Forschung wider.

4.2.1 Ästhetische Objekteigenschaften – die Ansätze Birkhoffs und Eysencks

Eine Funktionsgleichung zur Messung von Ästhetik schlägt erstmals der Mathematiker Birkhoff (1929, 1933) vor. Seine Gleichung besagt, dass das *ästhetische Maß* M eines beliebigen Objekts mit seinem Ordnungsgrad O zunimmt und seiner Komplexität C abnimmt:

$$M = \frac{O}{C}$$

Ordnungsgrad und Komplexität stehen hierbei konträr zueinander. Eysenck (1941) hingegen unterwirft Birkhoffs Ansätze einer empirischen Untersuchung und verändert daraufhin dessen Formel:

$$M = O \times C$$

Eysenck vermutet einen multiplikativen Zusammenhang von Ordnungsgrad und Komplexität. So ergeben Objekte geringer Ordnung und hoher Komplexität das gleiche ästhetische Maß wie Objekte hoher Ordnung und geringer Komplexität. Eine Zunahme einer der beiden Variablen allein erhöht bereits das ästhetische Maß M. In beiden Theorien findet sich allerdings keine erschöpfende Definition der Variablen Ordnungsgrad und Komplexität. Birkhoff definiert beispielsweise Komplexitätsmaß für Polygone als Anzahl der Geraden, die notwendig sind, das jeweilige Polygon in einem Gitter abzubilden – wählt aber für andere Objekte andere Beschreibungsgrößen. Die Bestimmung der in die Formeln eingehenden Variablen ist somit nicht eindeutig umsetzbar und erscheint teilweise willkürlich. So liegt es nahe anzunehmen, dass die Einschätzung von Komplexität und Ordnungsgrad auch vom Gegenstand oder den angelegten Kriterien des Bewertenden beeinflusst wird.

4.2.2 Psychobiologische Aktivierungstheorie: Berlyne

Berlyne (1971, 1974) baut seine psychobiologische Aktivierungstheorie auf früheren Forschungen zur Reizintensität von Fechner (1860) und Wundt (1874) auf. Diese stellten fest, dass sehr starke sowie sehr schwache Reize vom Betrachter als unangenehm empfunden werden. Berlyne greift die Annahme einer umgekehrten U-förmigen Funktion (Wundt, 1874) auf und setzt den positiven beziehungsweise negativen *hedonistischen Wert* bestimmter Variablen in Beziehung zum allgemeinen Aktivierungsniveau des Organismus (siehe Abb. 4.1). Berlyne beschreibt somit die ästhetische Qualität eines Objekts als Funktion der ausgelösten physiologischen Erregung.

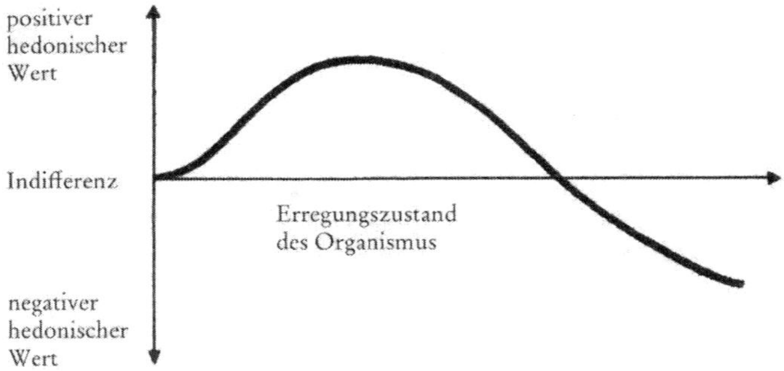

	Erregungszustand niedrig bei:	Erregungszustand hoch bei:
	schwachen	starken Elementarreizen
	schwachen	starken Schlüsselreizen
collative Variablen	Bekanntheit	Neuheit
	Sicherheit	Ungewißheit
	Redundanz	Regellosigkeit
	Übereinstimmung	Konflikt
	Eindeutigkeit	Ambiguität
	Stabilität	Instabilität

Abbildung 4.1: Berlynes angepasste Wundt-Kurve (Abbildung aus Kobbert, 1986, S. 18)

Die Grundannahme seiner Theorie ist das antagonistische Zusammenspiel zweier hypothetischer biologischer Systeme, die dieser Funktion folgen. Mit zunehmendem Erregungszustand des Organismus nimmt entsprechend den Annahmen Berlynes zunächst der hedonistische Wert zu, um nach Erreichen eines Maximums wieder abzufallen und bei weiter anwachsender Erregung in einen negativen Wert überzugehen. Der Erregungszustand des Organismus ist abhängig von der Intensität von *Elementarreizen* (Farbigkeit, Helligkeit, Lautstärke usw.), dem Ausprägungsgrad von verhaltenssteuernden *Schlüsselreizen* (z. B. Sexualmerkmalen) und der Veränderung von so genannten *collativen Variablen.* Letztere beschreiben einen Komplex von bipolaren Objektmerkmalen wie beispielsweise Bekanntheit versus Neuheit, Eindeutigkeit versus Ambiguität oder Sicherheit versus Ungewissheit (siehe Abb. 4.1).

4.2.3 Kritische Bewertung der Ansätze von Birkhoff, Berlyne und Eysenck

Die genannten Ansätze von Birkhoff, Berlyne und Eysenck operationalisieren Ästhetik von der Annahme ausgehend, es handelt sich um eine analytische Verarbeitung struktureller Elemente. Bei der Ästhetik-Wahrnehmung werden entsprechend dieser Sichtweise eher Buttom-up-Prozesse angenommen. Gestalttheoretiker, und unter diesen insbesondere Rudolf Arnheim, vermuten allerdings einen umgekehrt verlaufenden Prozess (Arnheim, 2000): Hier beginnt die Verarbeitung der Reize holistisch durch spontan ablaufende Ordnungs- und Gruppierungsprozesse und wird anschließend zunehmend analytischer. Aus Sicht der Gestaltpsychologie sind hier also eher Top-down-Prozesse anzunehmen. Teilweise empirische Bestätigung hierfür finden Cupchik und Berlyne (1979) in einem Experiment mit systematischer Variation der Darbietungszeit von Objekten. Die holistische Eigenschaft *Ordnung* wurde hier schon bei extrem kurzen Darbietungszeiten (50 ms) verarbeitet; die Bewertung der collativen Variable *Komplexität* erforderte eine längere Darbietungszeit. Die Integration beider Verarbeitungswege erfolgte in späteren kognitiven Modellvorstellungen (siehe Kap. 4.4, S. 28).

Weitere Kritik stammt von Bortz (1978): Dieser zeigt in einer Übersicht und formalen Analyse über eine Vielzahl von Einzelstudien, dass frühere Theorien zur Ästhetik wie die von Birkhoffs oder Eysencks die beobachteten Veränderungen ästhetischer Urteile nicht angemessen beschreiben können. Er zieht besonders Berlynes Theorie stark in Zweifel, da sie durch entsprechende Ex-post-Beschreibungen des Verhältnisses collativer Variablen zu ästhetischem Erleben nicht falsifizierbar ist. Es fehlt an einer standardisierten Erfassung und Quantifizierung der collativen Variablen, diese sind jedoch nur schwer objektivierbar. Dies führt zu dem Problem, dass objektiv gemessene Merkmalsausprägungen nicht unbedingt mit den subjektiv empfundenen korrespondieren. Bortz geht soweit zu sagen, dass das ästhetische Urteil sich einer empirischen Messung mittels Präferenzmethoden entzieht. Dies begründet er damit, dass die Summe aller für eine Kultur oder auch ein Individuum ästhetisch bedeutsamen Variablen zu einer nicht eingipflig verteilten Präferenzfunktion führt, wodurch eindeutige Kriterienfestlegungen für das ästhetisch Schöne ausgeschlossen sind.

Eine allgemeine objektive Vermessung ästhetischer Objekteigenschaften erschien nach der Kritik von Bortz zunächst sehr unwahrscheinlich. Kobbert (1986) sah den Grund dafür weniger in unzureichender Methodik als in inadäquaten Fragestellungen. Auch Allesch (1987) kritisierte, dass die Fragestellungen der psychologischen Ästhetik-Forschung oft zu allgemein ausfallen und dass nach einem endgültig verifizierbaren Gesetz des Schönen gesucht wird. Der sehr allgemeine und gegenstandsunabhängige Anspruch früher Messtheorien zur Ästhetik ließ sich jedenfalls empirisch nicht halten – hierbei erweisen sich modernere, informationstheoretische Zugänge als vielversprechend (siehe die nachfolgenden Ausführungen unter Kap. 4.5.1, S. 29). Martindale (2007, S. 121) fasst dies treffend zusammen: „There has been a movement from grand theories and the beginnings of experimental aesthetics though behaviorism, which was a catastrophic era for the study of aesthetics, to a sort of renaissance marked by the emerge of cognitive psychology.“

4.3 Gestaltpsychologische Ansätze

Gestaltpsychologische Gedanken wurden bereits in Kapitel 4.2.3 im Rahmen der Kritik an den frühen, behavioristischen Vermessungsversuchen der Ästhetik angeführt. Auch wenn die Gestaltpsychologie (siehe z. B. Arnheim, 2000; Koffka, 1935; Metzger, 1941, 1975) selber keine spezifische Theorie zur Ästhetik umfasst, so wird sie als allgemeine Wahrnehmungstheorie in diesem Zusammenhang häufig erwähnt. Für die Ästhetik-Forschung von besonderer Relevanz ist eine Grundaussage der Gestaltpsychologie, das Prinzip der *Nichtsummativität*: Das

Ganze ist etwas anderes als die Summe seiner Teile[2]. Die dahinterstehende Aussage ist, dass nicht nur physikalische Stimuli das Wahrnehmungsgeschehen beeinflussen, sondern auch ihre Anordnung und Komposition.

Insbesondere die Gestaltgesetze (Wertheimer, 1923; für eine kritische Diskussion siehe Pomerantz & Kubovy, 1986) haben dabei nicht nur Eingang in die Praktikerliteratur zum Webdesign, sondern auch in wissenschaftliche Betrachtungen hierzu gefunden (z. B. Juckl, 2001, oder die mathematischen Forschungsansätze zur Ästhetik von Websites in Kap. 5.1, ab S. 39). Aus den Gestaltgesetzen lassen sich zum einen Regeln für das Design von Websites ableiten, andererseits aber auch Forschungshypothesen für Erklärungsmodelle der Wahrnehmung ableiten. So kann man die im nachfolgenden Kapitel 4.4 angesprochene *Processing-fluency-Theorie* (Reber, Schwarz & Winkielman, 2004) unter Berücksichtigung des *Prägnanzgesetzes* der Gestaltpsychologie betrachten. Das Prägnanzgesetz besagt, dass eine Reizkonfiguration immer derart wahrgenommen wird, dass die resultierende Struktur so einfach wie möglich ist.

4.4 Kognitive und neurowissenschaftliche Ansätze

Starke Auswirkungen auf die psychologische Ästhetik hatte die so genannte *kognitive Wende*: War man vormals aus einer behavioristischen Perspektive von einer primär reizgesteuerten Wahrnehmung ausgegangen, so wird nun der gesamte Wahrnehmungsprozess betrachtet. Dies umschließt sowohl Buttom-up- als auch Top-down-Prozesse – die frühere alleinige Betrachtung von Reizmerkmalen wird um kognitive Aspekte, wie beispielsweise Konzepte, Schemata oder Motive, ergänzt. Da anzunehmen ist, dass derartige kognitive Verarbeitungswege bei allen Menschen gleich ausgestaltet sind, ist die Kritik *„Schönheit liegt im Auge des Betrachters"* an dieser Stelle entschärft: Die Verarbeitung ästhetischer Reize kann wissenschaftlich untersucht und entsprechend in allgemeine Theorien überführt werden.

Eine direkte Antwort kognitiver Forscher auf frühere Ästhetik-Theorien und insbesondere Berlyne findet sich bei Kreitler und Kreitler (1980), die insbesondere Prozesse auf Seiten des Wahrnehmenden in den Vordergrund rücken. Diese Orientierung auf Wahrnehmungsprozesse zeichnet auch spätere kognitive Forschungen aus, so beispielsweise Untersuchungen zu Prototypikalität, Vertrautheit und Neuheit (z. B. bei Hekkert, Snelders & Wieringen, 2003; Martindale, 1984). Kognitive Betrachtungen der Wahrnehmungsorganisation lassen so die Verarbeitung ästhetischer Merkmale in einem ganz neuen Licht erscheinen und bieten vollkommen neue Ansätze: So nimmt die *Processing-fluency-Theorie* (Reber et al., 2004) beispielsweise an, dass die ästhetische Bewertung eines Stimulus vom Verarbeitungsaufwand abhängt: Je leichter ein Stimulus verarbeit werden kann, desto ästhetischer wird er bewertet. Zur Begründung wird unter anderem der gut belegte *Mere-exposure-Effekt* (Zajonc, 1968) herangezogen, nach dem die wiederholte Darbietung eines Stimulus zu einer positiveren Bewertung führt.

[2] Ursprünglich hieß der Satz: Das Ganze ist mehr als die Summe seiner Teile. Diese Formulierung wurde jedoch stark kritisiert und daher geändert (siehe Höge, 1984, S. 18f.).

Kognitive Ansätze integrieren so frühere (buttom-up-orientierte) Befunde in moderne Wahrnehmungsmodelle.

Ähnlich wie die kognitive Wende hat auch die stetig steigende Bedeutung der Neurowissenschaften für die Erforschung der menschlichen Wahrnehmung Einfluss auf die psychologische Ästhetik-Forschung. Es finden sich erste Ansätze einer *Neuroästhetik* („*neuroestethics*"; Zeki, 2001), die die kulturunabhängigen, neurophysiologisch begründeten Anteile der Ästhetik-Wahrnehmung untersucht (zur Übersicht siehe Zeki, 1999). Dabei greift die Neuroästhetik bekannte Prinzipien auf, wie Gestaltgesetze zu Gruppierung, Symmetrieregeln oder Peak-shift-Phänomene (die Überspitzung von Eigenschaften vertrauter Objekte, z. B. Karikaturen), und unterwirft sie einer neurowissenschaftlichen Analyse (siehe Ramachandran & Hirstein, 1999). Dabei ist eines der Forschungsziele, zu lokalisieren, wo ästhetische Reize im Gehirn verarbeitet werden (z. B. Jacobsen, Schubotz, Hofel & von Cramon, 2006; Kawabata & Zeki, 2004) und somit Erklärungsansätze für ästhetisches Erleben auf Grundlage der neuronalen Reaktionen auf Stimuli zu finden. Der Neurobiologe Semir Zeki geht soweit zu sagen, „that there can be no satisfactory theory of aesthetics that is not neurobiologically based" (Zeki, 2001, S. 52). Allerdings steht hier die Forschung zur Neuroästhetik noch weitgehend am Anfang und stellt sich als sehr junger Teilbereich der Neurowissenschaften dar.

4.5 Aktuelle Modellvorstellung ästhetischer Wahrnehmung

Nachdem sich, wie bereits dargestellt, frühere formelhafte Annahmen der experimentellen Ästhetik nicht empirisch bestätigen ließen, gehen heutzutage in Modellannahmen der ästhetischen Wahrnehmung kognitive und informationsverarbeitungsorientierte Ansätze ein. Neben dem im Folgenden dargestellten Modell von Leder et al. (2004) lassen sich zu dieser Ausrichtung beispielsweise auch die Ansätze von Martindale (1984) und Norman (2004) rechnen. Diesen ist gemeinsam, dass auf der einen Seite unbewusste, automatisch ablaufende Wahrnehmungsprozesse und auf der anderen Seite reflektierte, durch Gedächtnisabrufe beeinflusste Prozesse die (ästhetische) Wahrnehmung konstituieren. Das Modell von Leder et al. (2004) fasst dabei den aktuellen Stand der Forschung treffend zusammen.

4.5.1 Das Leder-Modell

Leder et al. (2004) schlagen basierend auf ihren Analysen moderner Kunst ein informationsprozessorientiertes Modell der ästhetischen Erfahrung vor (siehe Abb. 4.2). Auch wenn dieses Modell bezogen auf die Untersuchung von Kunst formuliert ist, so ist es nach Aussage der Autoren zumindest partiell auf die ästhetische Bewertung anderer Gegenstände übertragbar. Somit bietet dieses Modell einen geeigneten Ordnungsrahmen für die Analyse von Websites, hierbei müssen lediglich einzelne kunstbezogene Aspekte (wie z. B. eine *art-specific-interpretation*) ausgelassen oder sinnvoll in Bezug auf den neuen Untersuchungsgegenstand angepasst werden.

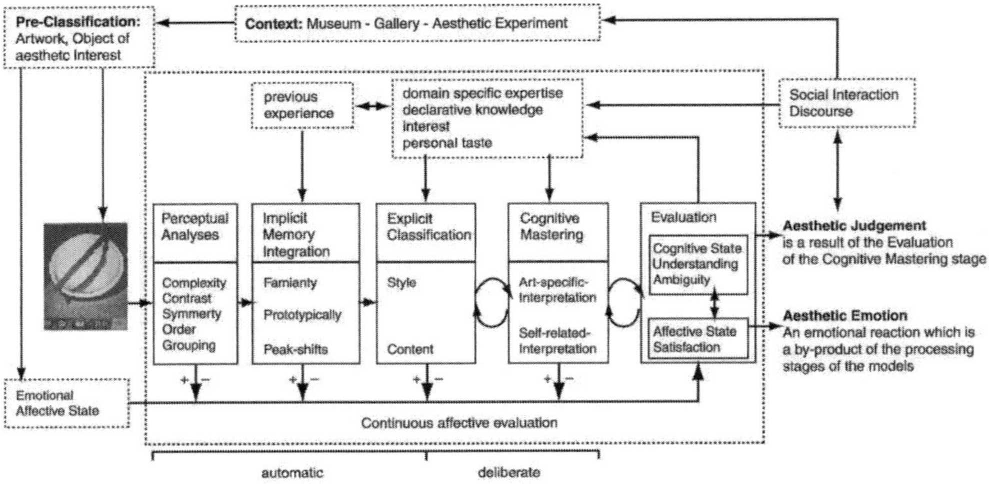

Abbildung 4.2: Das Modell nach Leder et al. (aus Leder et al., 2004, S. 492)

Es werden in dem Modell von Leder et al. (2004) eine Reihe von verschiedenen Teilprozessen angenommen (siehe Abb. 4.2), insgesamt besteht es aus fünf sequentiellen kognitiven Verarbeitungsstufen, welche die simultan ablaufende affektive Bewertung beeinflussen:

1. *Perceptual Analysis:* Ein wahrgenommenes Objekt wird zuerst hinsichtlich zentraler Gestaltungsmerkmale analysiert. Dabei spielen Komplexität, Kontrast, Symmetrie, Ordnung und Gruppierung eine Rolle. Die Verarbeitung dieser Variablen erfolgt sehr schnell und unbewusst.

2. *Implicit Memory Integration:* In dieser Verarbeitungsstufe erfolgt ein unbewusster, impliziter Rückgriff auf Gedächtnisinhalte. In diesem Verarbeitungsstadium können drei Variablen relevant sein: Zum einen die Vertrautheit mit einem Wahrnehmungsgegenstand, eine Variable die auch den Mere-exposure-Effekt bedingt. Zum anderen kann die Prototypikalität eines Objekts von Relevanz sein. Zuletzt beschreibt das Peak-shift-Phänomen die Überspitzung von Eigenschaften vertrauter Objekte, wie beispielsweise in Karikaturen. Diese drei Prinzipien werden häufig diskutiert, aber „empirical evidence for their effects in human aesthetics are rare“ (Leder et al., 2004, S. 496).

3. *Explicit Classification:* In der dritten Verarbeitungsstufe findet eine verbalisierte explizite Klassifikation statt. Diese Stufe bezeichnen Leder et al. (2004) als zentral für die Wahrnehmung von Kunst: Je größer Expertise und Wissen des Wahrnehmenden sind, desto differenzierter fällt seine Wahrnehmung eines Kunstwerkes aus.

4. *Cognitive Mastering:* Diese beiden letzten Verarbeitungsstufen hängen eng zusammen und bilden eine Feedback-Schleife. Beim *cognitive mastering* wird ein Kunstwerk interpretiert, Mehrdeutigkeiten werden verstanden und der Betrachter setzt das Werk mit sich selbst in Verbindung.

5. *Evaluation:* Die Evaluation findet sowohl auf kognitiver als auch auf emotionaler Ebene statt. Dies beinhaltet (kognitives) Verständnis und (emotionale) Zufriedenheit.

Während die ersten drei Stufen vorrangig einer Buttom-up-Verarbeitung oder auch Fechners Ästhetik von unten entsprechen, beinhalten die beiden letzten Stufen eine Top-down-Verarbeitung. Die Stadien der Top-down-Verarbeitung können dabei rückwirkend die Buttom-up-Verarbeitung beeinflussen. Die beiden gegensätzlichen Annahmen zur Verarbeitung ästhetischer Reize wurden somit in diesem Modell integriert. Parallel zu diesen kognitiven Verarbeitungsstadien laufen emotionale Prozesse ab. Die verschiedenen kognitiven Prozesse wirken dabei auf den Gefühlszustand, der Gefühlszustand hat wiederum einen Einfluss auf die evaluative Verarbeitungsstufe. Leder et al. nehmen zwei Konsequenzen aus diesen Verarbeitungsprozessen an, die sie als klar getrennt erachten: das ästhetische Urteil und die ästhetische Emotion. Das ästhetische Urteil spiegelt dabei mehr die kognitiven, die ästhetische Emotion mehr die affektiven Komponenten des gesamten Prozesses wider. Weiterhin haben in dem Modell auch noch zusätzliche Komponenten wie z. B. soziale oder Kontextvariablen Relevanz.

4.5.2 Übertragbarkeit des Leder-Modells auf Websites

Unter leichten Änderungen ist eine Anwendbarkeit dieses Modells auf die Wahrnehmung von Websites gut denkbar, empirische Anhaltspunkte liegen hierfür bisher nur wenige vor. Zumindest ist aber anzunehmen, dass die ersten drei dargestellten Stufen direkt auf Websites übertragbar sind. Expertise bezüglich Kunst kann hier durch Expertise der Webnutzer bezüglich des World Wide Web ausgetauscht werden. Da Websites zumeist weniger Interpretationsspielraum lassen als Kunstwerke, sind die vierte und fünfte Stufe entsprechend allgemeiner zu fassen. Dennoch sind auch hier ästhetische Urteile und ästhetische Gefühlszustände (zumindest im Sinne eines *Flows*) gut denkbar. Bei einer Anwendung weiterer Modellkomponenten auf Websites sind Kontextfaktoren wie *Museum* entsprechend durch Faktoren im Kontext des Webnutzers zu ersetzen.

Eine weitere Einschränkung muss hier gemacht werden: Bei der Analyse von Kunstwerken werden die Begriffe *wahrnehmen, erleben* und *urteilen* durchaus getrennt und mit differierender Bedeutung behandelt. Dies ist teilweise auch durch die höhere Komplexität von Kunstwerken als Wahrnehmungsgegenstand im Vergleich zu Websites bedingt: Bei Websites werden beispielsweise zumeist Mehrdeutigkeiten oder Interpretationen jenseits des direkt Wahrnehmbaren vermieden, auch ist die Kenntnis weiterer Werke (des *Œuvre*) eines Webdesigners nicht notwendig. Des Weiteren ist das Verhältnis von ästhetischer Wahrnehmung zu Emotion und Urteilen in Bezug auf Websites bisher noch nicht ausreichend wissenschaftlich geklärt (siehe auch Hassenzahl, 2006). Die im Modell nach Leder et al. vorgeschlagene Trennung von ästhetischem Urteil und ästhetischer Emotion ist für die Wahrnehmung von Websites bisher noch nicht eindeutig untersucht. Daher werden bei der nachfolgenden Behandlung von Website-Ästhetik die genannten Begriffe austauschbar verwendet.

4.6 Jenseits von Usability: erste Begriffsbestimmung zur Ästhetik von Websites

Im Produktdesign findet sich seit mehreren Jahren ein Trend, neben der Benutzbarkeit weitere, emotionsbezogene Aspekte zu betrachten, was sich auch in einer Reihe von Veröffentlichungen zeigt (für eine Übersicht siehe Blythe, Overbeeke, Monk & Wright, 2003; Green & Jordan, 2002; Jordan, 2000; Norman, 2004; zusammenfassend Reeps, 2004). Das ebenfalls bei der Rezeption von Websites Faktoren jenseits der reinen Usability eine Rolle spielen, scheint für viele Autoren inzwischen Konsens zu sein.

Forschungen zur Ästhetik stellen sich in diesem Bereich auch als Reaktion auf die nur moderaten Zusammenhänge zwischen Performanz- und Zufriedenheitsmaßen dar (siehe auch Moshagen, 2005, S. 12ff.). Eine zunehmende Zahl von Forschern betont die Bedeutung von Affekten in der Interaktion mit (IT-)Produkten, was sich in der enormen Menge an Konstruktbildungen in diesem Bereich ablesen lässt (siehe auch Moshagen, 2005, S. 14, oder Reeps, 2004, S. 5). Es findet sich jedoch keine gemeinsame Linie in der Forschung, wenn es darum geht, zu bestimmen, welche weiteren Faktoren von Bedeutung sind, wie diese zu benennen und definieren sind sowie welche gemeinsamen Anteile die jeweils aufgeworfenen Konstrukte haben.

So wird nicht nur zur Ästhetik von Websites geforscht (z. B. Hong & Kim, 2004; Lavie & Tractinsky, 2004; Moshagen & Thielsch, 2005; Ngo, Samsudin & Abdullah, 2000; Ngo, Teo & Byrne, 2003; Schenkman & Jönsson, 2000; Tarasewich, Daniel & Griffin, 2001; Tractinsky, 1997, 2004, 2005; Tractinsky, Cokhavi & Kirschenbaum, 2004; van Schaik & Ling, 2005), es finden sich eine Reihe weiterer Wahrnehmungskonstrukte, die untersucht werden. Oftmals sind diese nicht klar definiert, und Schnittpunkte mit dem Begriff Ästhetik mal deutlicher und mal weniger deutlich zu erfassen. Als Konstrukte und Begriffe werden so beispielsweise genannt:

- Appearance (Aladwani & Palvia, 2002),
- Attractiveness bzw. Attraktivität (Fernandes, Lindgaard, Dillon & Wood, 2003; Laugwitz, Schrepp & Held, 2006; Lindgaard, Fernandes, Dudek & Browñ, 2006; van der Heijden, 2000, 2003),
- Design (De Wulf et al., 2006)
- Emotion (Agarwal & Venkatesh, 2002; Lindgaard & Dudek, 2003),
- Emotional usability (Logan, 1994), der Begriff wird auch manchmal im Rahmen des Kansei Engineering verwendet (Schenkman, 2004),
- Entertainment (Alpar, 1999; D'Ambra & Rice, 2001; S. Y. Kim & Lim, 2001),
- Enjoyment (van der Heijden, 2003, 2004),
- Fun (D'Ambra & Rice, 2001),
- Hedonic bzw. Hedonism (Hassenzahl, 2001; Hassenzahl, Burmester & Koller, 2003; Huang, 2005; van der Heijden, 2004),
- Innovativeness (Loiacono, Watson & Goodhue, 2002),

- Joy-of-use (Reeps, 2004),
- Likeability (Egger, 1999; Lindgaard & Dudek, 2003),
- Pleasure (De Wulf et al., 2006; Lavie & Tractinsky, 2004),
- Playfulness (Lavie & Tractinsky, 2004; Liu & Arnett, 2000; Liu, Arnett, Capella & Taylor, 2001),
- Presentation (Zhang et al., 2000) oder
- Satisfaction (Alpar, 1999; De Wulf et al., 2006; Flávian et al., 2006; Lindgaard & Dudek, 2003; Wang & Head, 2007).

Trotz dieser verschiedenen Begrifflichkeiten ist anzunehmen, dass die meisten, wenn nicht alle dieser Konstrukte relativ eng zusammenhängen oder womöglich sogar dasselbe meinen. Oft ähneln sich die Items, die zur Bestimmung unterschiedlicher Konstrukte verwendet werden; darüber hinaus sind die bisherigen Aussagen zur Definition der Konstrukte relativ ähnlich: Schenkman (2004) fasst beispielsweise zusammen: „Aesthetics refers to our appreciation of beauty, while hedonics is related to our pleasure." Hassenzahl (2006, S. 267) stellt zwei Bedeutungen des Begriffs *hedonic* dar: zum einen die affektive Eigenschaft eines Produkts – z. B. durch den Besitz oder die Benutzung ausgelöste Freude und Spaß, zum anderen eine aufgabenunabhängige Eigenschaft wie Neuartigkeit oder die Fähigkeit eines Produkts, Erinnerungen auszulösen.

4.6.1 Das Rahmenmodell von Tractinsky

Tractinsky (2004) stellt ein allgemeines Rahmenmodell zur Erforschung der Ästhetik von IT-Produkten vor (siehe Abb. 4.3). In diesem finden sich unter den Outcome-Variablen laut Tractinsky als Folge ästhetischer Wahrnehmungen und Bewertungen verschiedene Einstellungen und psychologische Variablen wie *Fun, Flow* oder *Trust*; ebenso geht Tractinsky von einem Einfluss der Ästhetik-Evaluation auf Nutzerverhalten und Performanz aus. Tractinsky nennt hier ebenfalls eine Reihe von Moderatoreffekten, die teilweise den bisher dargestellten (siehe z. B. Kap. 1.3) entsprechen.

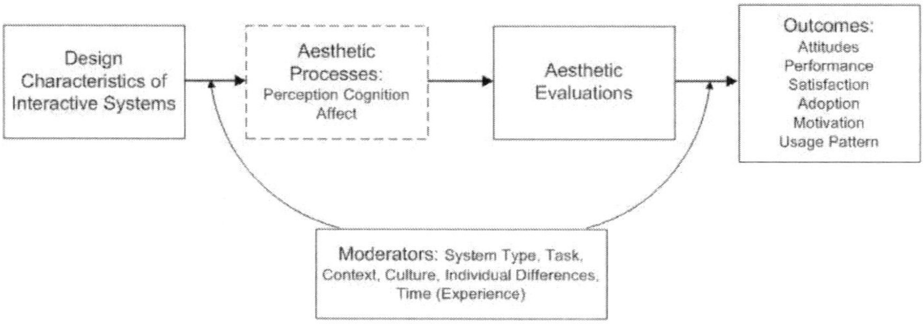

Abbildung 4.3: Rahmenmodell zur Erforschung von Ästhetik im IT-Bereich (nach Tractinsky, 2004, S. 16)

4.6.2 Das erweiterte Technology Acceptance Model (TAM)

Weiterhin könnten einzelne der zuvor unter Kapitel 4.6 (S. 32f.) genannten Konstrukte als übergeordnet angesehen werden – so wird in manchen Interpretationen angenommen, dass beispielsweise Attraktivität aus einer Kombination von *hedonic* (bzw. *enjoyment*) und Usability entsteht (Hassenzahl, 2001; van der Heijden, 2003). Auf der Basis von N = 825 Befragten überprüft van der Heijden (2003) ein erweitertes Technology Acceptance Model (TAM; Davis, 1986, 1989). Das TAM besagte ursprünglich, dass die Nutzungsintention bezüglich eines Informationssystems eine Funktion aus *wahrgenommener Nützlichkeit* und *wahrgenommener Benutzbarkeit* ist. Später wurde das TAM um die Komponente *wahrgenommene Freude* ergänzt (Davis, Bagozzi & Warshaw, 1992). Die von van der Heijden empirisch überprüfte Variante des TAMs zeigt Abbildung 4.4.

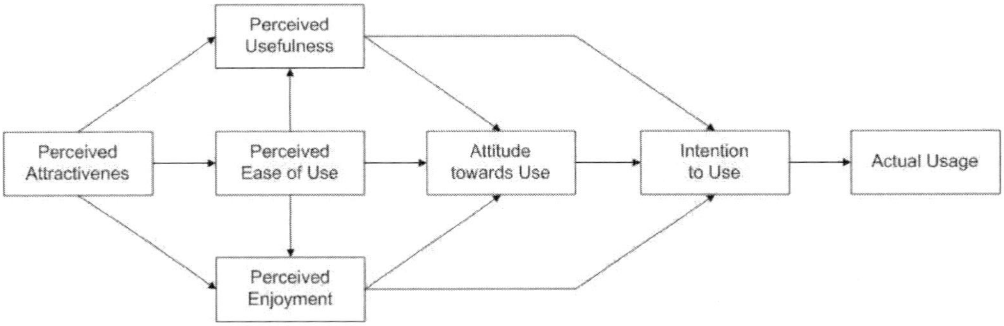

Abbildung 4.4: Das von van der Heijden (2003) untersuchte erweiterte TAM (Technology Acceptance Model)

In seiner Studie findet van der Heijden (2003) mittels Regressionsanalysen empirische Evidenz für die Beziehungen der in Abbildung 4.4 enthaltenen Aspekte: Die Konstrukte sind, wie durch die Pfeile in der Abbildung dargestellt, jeweils positiv verknüpft. Van der Heijden stellt die wahrgenommene *Attraktivität* als übergeordneten Faktor von *enjoyment* und Aspekten der Usability dar. Die abgebildete Beziehung zwischen wahrgenommenem *ease of use, usefulness, enjoyment* und Nutzungsabsicht (also die Modellannahmen von Davis et al., 1992) bestätigt er auch in konfirmatorischen Analysen in einer weiteren Studie mit N = 1144 (van der Heijden, 2004).

Zhang und Li (2005) prüfen mit N = 194 Studenten ein generalisiertes Modell (an Stelle der Attraktivität steht hier affektive Qualität) und bestätigen die Ergebnisse von van der Heijden. Auch Hong und Kim (2004) prüfen mit N = 2381 ein vergleichbares Modell. Hier finden die Autoren in konfirmatorischen Analysen, dass sich Zufriedenheit mit einer Website unter anderem aus den Aspekten *aesthetic appeal* und *utility* resultiert. Zufriedenheit führt wiederum zu Loyalität der Nutzer gegenüber einer Website (womit eine hohe Besuchshäufigkeit gemeint sein dürfte).

Somit könnte empirisch aufgezeigt sein, dass die Attraktivität einer Website auf die Aspekte Ästhetik und Usability Einfluss nimmt. Andererseits ähneln zumindest die Attraktivitätsitems von van der Heijden (2003) stark typischen Ästhetik-Items – es ist also auch nicht auszuschließen, dass diese Aspekte des TAMs Anteile der Beziehung Ästhetik versus Usability abbilden (siehe hierzu auch Kap. 7.2, ab S. 60).

4.6.3 Ein integrierender Ansatz: das CUE-Model

Insgesamt zeigt sich ein Trend, die Forschungen zu Websites über die Betrachtung von Usability hinweg um emotions- und nutzerbezogene Ansätze zu erweitern. Die Versuche, diese neuen Ansätze unter einheitlichen Oberbegriffen zu fassen, resultieren in Benennungen wie *emotional design* (Norman, 2004), *experience design* (Shedroff, 2001), *user experience* (z. B. Bosenick, Hassenzahl, Müller-Prove & Peissner, 2006; Hassenzahl & Peissner, 2005; Hassenzahl, 2006; Mahlke & Thüring, 2007; Thüring & Mahlke, 2007) oder *user centered design* (Hassenzahl & Peissner, 2005). Allen gemeinsam ist eine Fokussierung auf den Menschen und seine Wahrnehmungen – ein aus psychologischer Sicht erfreulicher Trend.

Sehr gut ablesen lässt sich dieser Trend in dem Modell von Mahlke und Thüring (2007), die Teile ihres Rahmenmodells (siehe Abb. 4.5) bereits empirisch überprüfen konnten (Thüring & Mahlke, 2007). In diesem Modell steht die Wahrnehmung des Nutzers im Vordergrund, zudem werden ebenso wie bei Tractinsky (siehe Abb. 4.3, S. 33) oder im Rahmenmodell der vorliegenden Arbeit (siehe Abb. 1.1, S. 6) bestimmte Personen und Kontextvariablen angenommen. Bei Mahlke und Thüring (2007) erfolgt ein Versuch, verschiedene Ansätze zu integrieren. Dabei stellt sich die *user experience* als Konsequenz bestimmter instrumenteller und nichtinstrumenteller Qualitäten sowie den damit verbundenen Emotionen dar. Hieraus resultiert letztendlich eine bestimmte Einstellung gegenüber einem technischen System und dessen Nutzung.

4.6.4 Bewertung der Modelle

Die dargestellten Modelle bieten gute Ansatzpunkte für die Forschung, einzelne Aspekte finden sich dementsprechend in dem allgemeinen Rahmenmodell dieser Arbeit (siehe Kap. 1.3, S. 5f.) wieder. Ein Problem in diesem Forschungsfeld hat sich jedoch bereits abgezeichnet: Leider wird bei vielen Forschungen in diesem Bereich das historische Netzwerk der Begriffe zugunsten von Neudefinitionen ignoriert. Für die Erforschung der ästhetischen Wirkung von Websites ist Fechner ein guter Anknüpfungspunkt, da bei diesem erstmalig Ästhetik klar als Erfahrungsbegriff definiert wurde, der empirisch untersucht werden kann.

Was hierbei genau die Ästhetik von Websites ausmacht, soll im Verlauf der nachfolgenden Darstellung aktueller Forschungen (Kap. 5, ab S. 39) verdeutlicht werden. Im Augenblick soll der Begriff Ästhetik hier als Sammelbegriff zur Erfassung der kognitiv positiv besetzten und

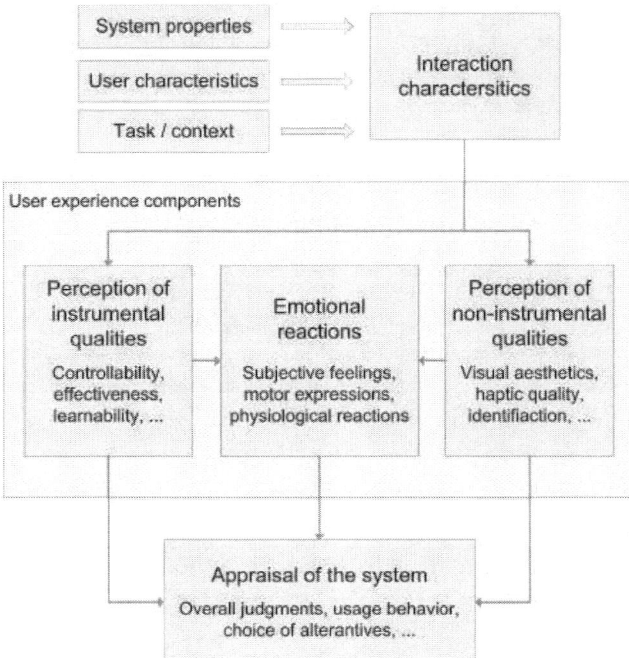

Abbildung 4.5: Das CUE-Modell (Components of User Experience) aus Mahlke und Thüring (2007)

emotionsbezogenen Aspekte der Website-Wahrnehmung dienen, die sich nicht ohne weiteres unter Usability fassen lassen. Eine genauere Arbeitsdefinition und Erläuterung erfolgt in Kapitel 8 (S. 72ff.).

4.7 Argumente für eine Erforschung der Ästhetik von Websites

Warum beschäftigt sich die Forschung mit der Ästhetik von Websites? Mehrere Arbeiten versuchen die Berechtigung dieser Forschungsrichtung zu begründen und diese Frage direkt zu beantworten (z. B. Tarasewich et al., 2001; Tractinsky, 2004, 2005). Insgesamt findet sich ein gesteigertes Forschungsinteresse, seitdem dieses Thema vor 10 Jahren aufgeworfen wurde (Hassenzahl, in press). In vielen Analysen findet sich Ästhetik als eigener Faktor, hervorzuheben sind hier beispielsweise die Arbeiten von Lindgaard und Dudek (2003) oder van der Heijden (2003).

Der Israeli Noam Tractinsky sammelt eine Reihe von Argumenten für die Erforschung der Ästhetik von IT-Produkten (Tractinsky, 2004, 2005; Tractinsky & Hassenzahl, 2005), viele Annahmen bauen dabei auf Studien mit Websites oder anderen GUIs (*graphical user interfaces*) auf. Forschung und praktische Richtlinien für moderne IT-Produkte müssen Tractinskys Ansicht nach nicht mehr nur das Ziel haben, negative Erfahrungen für den Nutzer zu vermeiden, sondern positive zu schaffen. Visuelle Ästhetik ist ein Teil dieser neuen positiven Erfahrungen. Tractinsky zählt eine Reihe von Argumenten für die Erforschung von Ästhetik auf, deren Bedeutung abhängig von Systemtyp, Nutzer, Aufgabe und Kontext variiert – zusammengefasst sind dies fünf:

1. Ästhetik befriedigt menschliche Grundbedürfnisse; für die meisten Menschen besitzen ästhetische Objekte einen inneren Wert, unabhängig von der Funktion. So bevorzugen Computernutzer ästhetisch gestaltete Software (Hassenzahl, 2004; Tractinsky & Zmiri, 2006). Ästhetik bereitet dem Rezipienten Freude; ästhetische Objekte haben zudem einen psychologischen Wert, da sie ihren Besitzer in einem besseren Licht erscheinen lassen.
2. Ästhetik gewinnt an Bedeutung in der Praxis: Mit der zunehmenden Verbreitung von Computern nimmt auch das Wissen der Rezipienten um ästhetische Gestaltungsmöglichkeiten und somit die Bedeutung von Ästhetik in der Praxis zu.
3. Bezug nehmend auf verschiedene empirische Arbeiten sagt Tractinsky, dass sich ästhetische Urteile schnell bilden und stabil sind. In einigen dieser Arbeiten (Fernandes et al., 2003; Lindgaard et al., 2006; Tractinsky et al., 2004; Tractinsky, Cokhavi, Kirschenbaum & Sharfi, 2006) wird davon ausgegangen, dass sich binnen weniger Millisekunden (50 ms) ein ästhetisches Urteil bildet, welches Stabilität für eine gewisse Zeit besitzt.
4. Ästhetik wird dann zum entscheidenden Faktor, wenn in vollen Märkten alle anderen Eigenschaften eines Produkts oder einer Website (Usability etc.) vergleichbar ausgeprägt sind. Diese Situation findet sich laut Tractinsky immer häufiger im Bereich der Informationstechnologien. Die Bedeutung von Ästhetik als Differenzierungsmerkmal wird auch von anderen Autoren herausgestellt, so beispielsweise von Bloch (1995); Bloch, Brunel und Arnold (2003) sowie B. Schmitt und Simonson (1997). Sutcliffe (2001, 2002) sieht ästhetische Gestaltung als Mittel, die Aufmerksamkeit der Nutzer zu wecken.
5. Einzelne Aspekte von Usability und Ästhetik überschneiden sich. Folgt man gestaltpsychologischen Überlegungen (siehe Kap. 4.3, S. 27), so wäre Usability sogar möglicherweise nur eines unter vielen Ästhetik-Konzepten (Tractinsky, 2005, S. 67). Tractinsky verweist in diesem Zusammenhang auf eigene empirische Arbeiten (Lavie & Tractinsky, 2004) und empfiehlt eine sorgfältige und konkrete Evaluation von Ästhetik.

Folgt man diesen Argumenten, so ergibt sich die Bedeutung von Ästhetik aus zwei verschiedenen Perspektiven: zum einen aus einer wirtschaftlichen Sichtweise, zum anderen aus der Perspektive der Nutzer.

So sieht sich ein Unternehmen im World Wide Web mit der Situation konfrontiert, dass die Website des erfolgreichen Mitbewerbers nur „just one click away“ ist. Unternehmen und Institutionen müssen der Gestaltung ihrer Websites Aufmerksamkeit widmen, um wettbewerbsfähig zu bleiben und sich gegen die Konkurrenz abzuheben. Dies wurde bereits für die Wahrnehmung einer Organisation durch potentielle Bewerber, die die Rekruiting-Sites der jeweiligen Unternehmung nutzen, untersucht. Verschiedene Forscher (Cober et al., 2003; Göritz &

Moser, 2002; Konradt & Rack, 2006) vermuten dabei in der Ästhetik der Websites einen relevanten Faktor für die Wahrnehmung der Attraktivität eines Unternehmens. Auch für Institutionen ist Ästhetik ein wichtiges Thema: Thomas, Gold-Smith, Forrest und Marshall (2002) stellen positive Effekte ästhetischer Gestaltung einer Website der Universität Windsor (Kanada) zur Brustkrebsvorsorge dar. Moshagen und Thielsch (2005) berichten über eine Untersuchung mit institutionellen Websites: „80 % of the respondents judged aesthetics to be an ‚important' or ‚very important' property of websites". Eine weitere Perspektive stellt Haig (2002, S. 29ff.) dar: Forschungen zur Ästhetik von Websites sind wesentlich näher an der Sichtweise und den Arbeitsweisen von Webdesignern angesiedelt, die mit klassischen Usability-Forderungen oftmals Probleme haben. Ästhetik-Forschung ist so gesehen ein Brückenschlag zwischen Ergonomen und Designern.

Aus Nutzersicht stellt Tractinsky Ästhetik als ein Grundbedürfnis dar, das zur Zufriedenheit beiträgt. Andere Forscher postulieren, dass ästhetisch gestaltete Software und Produkte zu einer angenehmeren Arbeitsatmosphäre führen. Norman (2004, S. 17ff.) bringt dies mit seiner Aussage „Attractive things works better" auf den Punkt. Moshagen, Musch und Göritz (2007) finden hier erste empirische Hinweise auf einen kompensatorischen Effekt hoher Ästhetik auf schlechte Usability (siehe auch Kap. 7.2.2, S. 64).

Die wirtschaftlichen und individuellen Perspektiven hängen zusammen und bedingen sich teilweise gegenseitig, greifen doch verschiedene wirtschaftliche Strategien gezielt Nutzerbedürfnisse auf. In dieser Arbeit erfolgt die Betrachtung der Ästhetik allerdings ausgehend von einer Rezipientenperspektive; auf eine wirtschaftliche Bedeutung kann nur indirekt geschlossen werden.

4.8 Einordnung des Forschungsfelds

Die Ästhetik von Websites stellt sich als vielseitiges, interdisziplinäres Forschungsfeld dar. Es finden sich Arbeiten aus Betriebswirtschaftslehre (Marketing), Design, Ergonomie, Informatik, Kunst, Mathematik, Philosophie, Psychologie oder Wirtschaftsinformatik. Verbindendes Element dieser verschiedenen Fachgebiete ist die Betrachtung des Mediums Website und die Analyse der Nutzerwahrnehmungen und -reaktionen. Hierbei kommt es selbstverständlich zu verschiedenen Schwerpunktsetzungen zugunsten der Nutzer, des Mediums und seiner Merkmale selber oder der Auftraggeber und Schaffer von Websites.

Aufgrund der klaren Unterscheidbarkeit von Websites im Vergleich zu anderen Wahrnehmungsgegenständen, Medien oder Software (siehe auch Kap. 11, S. 85f.) stellt sich der Forschungsbereich auch innerhalb der Ästhetik- und HCI-Forschung als eigenständig dar. Insbesondere jedoch zur Softwaregestaltung finden sich viele Anknüpfungspunkte über den Bereich der Gestaltung graphischer Benutzerschnittstellen (*GUIs: graphical user interfaces*). Trotz eines zunehmenden Interesses an diesem Bereich in den letzten Jahren steckt die Forschung zur Ästhetik von Websites noch in ihren Anfängen. Im Folgenden soll daher versucht werden, einen umfassenden Überblick über die bisher vorhandenen Ansätze zu geben.

5 Aktuelle Forschungen zur Ästhetik von Websites

Die bisherigen Untersuchungen zur Ästhetik von Websites werden von Tractinsky (2005) in zwei verschiedene Forschungsansätze eingeteilt: Ein Teil der Forschungen ziele darauf ab, ästhetische Designfaktoren sowie deren Wirkung auf die Rezipienten zu identifizieren. Die zweite Forschungsrichtung ist laut Tractinsky offener und betrachtet den übergeordneten Rahmen mit dem Ziel, generelle Forschungsfragen zur Ästhetik zu beantworten.
Hier soll eine andere Einteilung gewählt werden, um stärker in den Methodiken der Forschungsrichtungen zu differenzieren. Zudem finden sich nur wenige Arbeiten, die sich klar dem zweiten Bereich nach Tractinsky zuordnen lassen. Weiterhin ist davon auszugehen, dass auch Forschungen aus dem ersten Ansatz Beiträge zu allgemeinen Forschungsfragen der Ästhetik von Websites liefern können. Da die meisten der Arbeiten in diesem Forschungsfeld erst vor wenigen Jahren aufgenommen wurden, bietet es sich nicht an, hier eine zeitliche Übersicht der Arbeiten zu geben. Zur Darstellung sollen deshalb vielmehr inhaltliche und methodische Kriterien herangezogen werden. Die bisherigen Veröffentlichungen zur Ästhetik von Websites können in folgende drei Ansätze eingeteilt werden:

1. mathematische Ansätze,
2. deskriptive Ansätze und
3. experimentelle Ansätze.

Diese Einteilung soll als Ordnungsrahmen dienen; zwischen einzelnen Bereichen finden sich durchaus Überschneidungen. Besonderes Interesse wird zudem dem Zusammenhang von Ästhetik und anderen Konstrukten (insbesondere Usability) entgegengebracht; diesem ist ein eigener Abschnitt gewidmet (siehe Kap. 7, ab S. 59). Einzelne inhaltliche Aussagen zur Ästhetik ergeben sich auch aus der Konstruktion von Messinstrumenten. Diese Forschungen werden im Anschluss ebenfalls in einem eigenständigen Abschnitt behandelt (ab S. 53).

5.1 Mathematische Ansätze

Stellvertretend für die rein mathematischen Ansätze zur Ästhetik von Websites sollen die Arbeiten der asiatischen Forschergruppe um Ngo dargestellt werden (Ngo et al., 2000; Ngo & Teo, 2000; Ngo, Teo & Byrne, 2002; Ngo et al., 2003), verwandte Arbeiten zur Farbgestaltung von Websites finden sich bei Papachristos, Tselios und Avouris (2005, 2006). Für eine allgemeine Darstellung des Verhältnisses von Ästhetik und Mathematik empfiehlt sich beispielsweise Fishwick (2006, Kap. 12–17).

Ngo et al. (2000) postulieren in Anlehnung an Gesetze aus der Gestaltpsychologie 14 voneinander mehr oder weniger abhängige Dimensionen, welche dem ästhetischen Gesamteindruck eines graphischen Interfaces zu Grunde liegen sollen (ein ähnlicher Ansatz findet sich auch bei Hsiao & Chou, 2006). Als Dimensionen werden genannt: *balance, equilibrium, symmetrie, sequence, cohesion, unity, proportion, simplicity, density, regularity, economy, homogenity, rhythm* sowie *order and complexity*. Diese Dimensionen werden mathematisch definiert und mittels Birkhoffs ästhetischem Maß (Birkhoff, 1933) verrechnet. So ist die Dimension Balance beispielsweise definiert als das Verhältnis des optischen Gewichts verschiedener Bildschirmelemente. Eine Bestimmung erfolgt anhand folgender Formeln, wobei BM für Balance steht.

$$BM = 1 - \frac{|BM_{vertical}| + |BM_{horizontal}|}{2} \in [0,1]$$

$BM_{vertical}$ und $BM_{horizontal}$ sind die vertikalen und horizontalen Balancen, diese sind definiert als

$$BM_{vertical} = \frac{w_L - w_R}{max(|w_L|, |w_R|)}$$

$$BM_{horizontal} = \frac{w_T - w_B}{max(|w_T|, |w_B|)}$$

mit

$$w_j = \sum_i^{n_j} a_{ij} d_{ij} \quad j = L, R, T, B$$

Dabei stehen L, R, T und B für links, rechts, oben und unten, w_j ist das totale Gewicht der Seite j; a_{ij} ist der Bereich des Objekts i auf der Seite j; d_{ij} ist der Abstand zwischen den Mittellinien des Objekts und dem Fenster und n_j ist die Anzahl der Objekte auf der Seite. Ist eine Seite beispielsweise perfekt ausbalanciert, so ist $BM = 0$.

In verschiedenen empirischen Untersuchungen, allerdings teilweise mit sehr kleinen Stichproben, testeten die Autoren die Güte ihrer Modellvorhersagen. Zuerst erfolgte diese Testung anhand von sieben stark reduzierten Vorlagen (siehe Abb. 5.1, links), hierbei wurden lediglich Rechtecke verschiedener Größen auf einem Bildschirm unterschiedlich angeordnet. Die Autoren fanden eine Korrelation von $r = .99$ zwischen den Modellvorhersagen und der globalen Ästhetik-Einschätzung von N = 6 Designern sowie eine Übereinstimmung von $r = .97$ in einer zweiten Erhebung mit N = 22 Studenten (Ngo et al., 2000).

In einer weiteren Untersuchung ließen Ngo et al. (2002, 2003) N = 79 und N = 180 Studenten insgesamt sieben verschiedene Bildschirmoberflächen aus einer Informationssoftware zu Architektur bzw. einem E-Book einschätzen (ein Beispiel findet sich rechts in Abb. 5.1). Auch hier wird die Ästhetik wieder nur über ein Item eingeschätzt, dieses ist hierbei dreigestuft (*low, medium, high*). Die Autoren vergleichen den Median der Probandenantworten mit der Modellvorhersage (ohne Angabe einer statistischen Prozedur) und bezeichnen diese als treffend.

Die Forschergruppe kommt zu dem Schluss, dass Ästhetik objektiv messbar ist und ästhetische Layouts auch mathematisch ohne einen Designer erzeugt werden können. Die Autoren

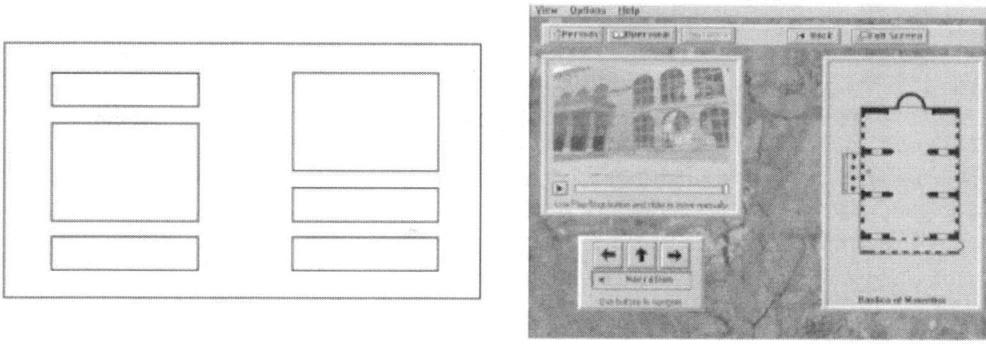

Abbildung 5.1: Das von Ngo et al. verwendete Stimulusmaterial. Links eine reduzierte Variante aus den ersten Tests der Forscher, rechts ein Stimulus aus den späteren Untersuchungen mit größeren studentischen Stichproben (Abbildungen aus Ngo et al., 2002).

machen zwar umfangreiche Angaben zu den mathematischen Berechnungen der Dimensionen, die empirische Erfassung der Ästhetik erfolgt jedoch sehr global und methodisch mangelhaft. Eine vollständige und vor allem experimentelle Erprobung des Ansatzes unterbleibt. So ist unklar, ob mit den vorgeschlagenen 14 Dimensionen eine Website ausreichend erfasst werden kann. Ebenso steht eine methodisch zufriedenstellende Prüfung der Modellvorhersagen weiterhin aus. Das langfristige Ziel von Ngo et al., eine Formel anhand derer eine Webseite quasi automatisch erzeugt oder evaluiert wird, scheint weit entfernt. Die mathematischen Ansätze sind damit nicht per se zu verwerfen, dieser Forschungsansatz steht jedoch noch sehr am Anfang, und weitere Implikationen lassen sich nur schwer ableiten.

5.2 Deskriptive Ansätze

Mehrere Autoren befassen sich in ihren Studien damit, was die Ästhetik von Websites ausmacht, durch welche Aspekte oder Dimensionen sich diese aufbaut und welche Designrichtlinien daraus abzuleiten sind. Dabei herrschen oft deskriptive Ansätze vor, die sich vor allem auf Befragungsdaten stützen und diese häufig korrelativ oder mit dimensionsreduzierenden Methoden untersuchen. Es finden sich nur wenige experimentelle Arbeiten; auf diese soll gesondert im nächsten Abschnitt eingegangen werden. Auch das Verhältnis von Ästhetik zu anderen Konstrukten, wie beispielsweise Usability (hier finden sich eine ganze Reihe von Arbeiten, siehe Kap. 7.2, ab S. 60) oder Persönlichkeit, wird anschließend getrennt behandelt. Betrachten wir zunächst die rein deskriptiven Herangehensweisen.

5.2.1 Vier Dimensionen der Website-Ästhetik

Eine der ersten Arbeiten, die sich explizit mit der inhaltlichen Bestimmung der ästhetischen Wahrnehmung von Website-Nutzern befasste, stammt von den schwedischen Forschern Bo Schenkman und Fredrik Jönsson (Schenkman & Jönsson, 2000). In dieser Studie wurde vorrangig der Ersteindruck von Websites untersucht. Hierbei erfolgte eine Bewertung der Screenshots von 13 Websites mittels eines Paarvergleichs und einer Bewertung auf sieben Dimensionen: *Gesamteindruck, Komplexität, Ordnung, Leserlichkeit, Schönheit, Bedeutungsgehalt* und *Verständlichkeit.* Die Autoren ließen die Websites von insgesamt N = 18 Versuchspersonen bewerten; die Dimensionen wurden dabei mittels eines Fragebogens direkt abgefragt, und in den Paarvergleichen erfolgten jeweils Bewertungen nach Ähnlichkeit und Präferenz. Mittels des Verfahrens der Multidimensionalen Skalierung werteten die Autoren diese Daten aus und fanden hierbei vier übergeordnete Dimensionen:

1. Schönheit (beauty),
2. größtenteils Bild versus größtenteils Text (mostly illustrations versus mostly text),
3. Überblick (overview) und
4. Struktur (structure).

Ordnung und *Komplexität,* die Schenkman und Jönsson angelehnt an Berlyne (1971) erhoben haben, erwiesen sich als irrelevant für das Erleben einer Webseite[1]. Die Autoren kommen zu dem Schluss, dass die Präferenz für eine Website stark mit deren Erscheinungsbild zusammenhängt. Dabei ist *Schönheit (beauty)* der beste Prädiktor für den Gesamteindruck und beeinflusst diese Präferenzurteile maßgeblich. Hierzu finden sich in späteren Arbeiten sowohl stützende als auch teilweise widersprüchliche Befunde. Beispielsweise bei Cober et al. (2003) findet sich der Effekt nur unter Ausschluss von Usability (für eine Übersicht siehe Moshagen, 2005, S. 15f.).

Obwohl die Autoren in ihrer Studie technisch-methodisch äußerst genau vorgingen, sind die Ergebnisse nur teilweise zufriedenstellend: Die mangelnde Definition der untersuchten Dimensionen und die hierbei entstehende Vermischung von holistischen mit konkreten Urteilsdimensionen sind ein gewichtiger Kritikpunkt. Auch untersuchten die Autoren in ihrer Studie Aspekte, die sich eher dem Bereich Usability (Leserlichkeit, Überblick, Struktur) oder Inhalt (Bedeutungsgehalt, Verständlichkeit) zuordnen lassen – es fehlt an einer klaren Definition dessen, was Ästhetik aus Sicht der Autoren darstellt. So könnte man auch vermuten, dass mit den Dimensionen Schönheit und Gesamteindruck weitgehend das Gleiche gemessen wurde. Zudem wäre eine größere Anzahl von Befragten wünschenswert gewesen. Das Aufzeigen

[1] Auch Pandir und Knight (2006) untersuchten die *Komplexität* von Homepages angelehnt an Berlyne (1971) und verglichen diese mit *Interessantheit* und *Wohlgefallen.* Rangkorrelationsvergleiche zwischen Komplexität und Wohlgefallen (bzw. Interessantheit) fielen negativ aus, die angenommene U-förmige Beziehung fand sich nicht. Allerdings führten die Autoren ihre Studie mit lediglich N = 12 Probanden durch, die teilweise nur sehr geringe Beobachterübereinstimmung aufweisen. Die untersuchte, sehr kleine und heterogene Stichprobe – Akademiker aus fünf verschiedenen Bereichen und im Alter zwischen 24 und 54 Jahren – lässt hier eher einen Stichprobeneffekt vermuten.

der Bedeutung von Ästhetik für Präferenzurteile stützt dabei die Vermutungen von Tractinsky (2004, 2005), hier fehlt es aber an experimentellen Belegen.

5.2.2 Gestaltungsrichtlinien für Designer

Oftmals kann man im World Wide Web oder in Praktikerhandbüchern Richtlinien für das Design von Websites finden. So schlägt z. B. Sutcliffe (2001, 2002) sieben Heuristiken für attraktives und ästhetisches Design von Websites vor:

1. *Angemessene Nutzung von Farbe:* Die Farbwahl sollte ausgeglichen sein und Pastellfarben mit geringer Sättigung für Hintergründe verwendet werden. Es sollten nicht mehr als zwei oder drei intensive (gesättigte) Farben genutzt werden.
2. *Symmetrie und Stil:* Das Design sollte symmetrisch sein; runde Formen können einen angenehmen Kontrast zu rechteckigen Elementen schaffen.
3. *Strukturiertes und konsistentes Layout*
4. *Erzeugen von Tiefe* über bestimmte gestalterische Mittel (z. B. Vorder- und Hintergrundkontraste)
5. *Einsatz von Multimedia* wie Video oder Audio, um bestimmte Stimmungen zu erzeugen oder Aufmerksamkeit zu erhöhen
6. *Persönliche Ansprache* der Nutzer, beispielsweise über Avatare
7. *Nutzung ungewöhnlicher Bilder,* um die Aufmerksamkeit der Nutzer zu gewinnen oder deren Phantasie anzuregen

Sutcliffe (2001, 2002) nutzt diese Aspekte für heuristische Evaluationen, kann aber nur teilweise zufriedenstellende Beobachterübereinstimmungen finden. Eine experimentelle Überprüfung der Heuristiken findet nicht statt. Dies ist typisch für derartige Gestaltungsrichtlinien: Diese sind oft theoretisch oder erfahrungsbasiert abgeleitet, zudem behandeln viele nicht konkret die Ästhetik von Websites. Ausnahmen stellen hier die Arbeiten der Koreaner J. Kim, Lee und Choi (2003) sowie die Untersuchung von Thielsch (2004) dar. Im Folgenden soll die im Vergleich zu Thielsch (2004) wesentlich umfangreichere Arbeit der koreanischen Forschergruppe dargestellt werden. Das erklärte Ziel von Kim et al. war hierbei, Designrichtlinien für emotional ansprechende Websites im Rahmen eines empirischen Vorgehens zu ermitteln. Diese Autoren definieren somit Ästhetik leicht abweichend von der Arbeitsdefinition der vorliegenden Arbeit eher als generelle emotionale Reaktion auf eine Website. Die Autoren sehen Emotionen als multidimensional an und unterscheiden primäre und sekundäre Emotionen. Das Konzept ästhetischer Affekte oder Reaktionen ordnen Kim et al. nahe den sekundären Emotionen an.

Im ersten Schritt entwickelten die Autoren ein semantisches Differential, was in den späteren Studien eingesetzt werden sollte. Kim et al. stellten in dieser ersten Studie zur Identifikation der Nutzer-Emotionen durch Recherchen und Interviews mit Webdesignern 445 Adjektive zusammen. Diese wurden nach inhaltlichen Kriterien auf 278 reduziert und danach N = 418

Probanden vorgelegt. Diese bewerteten jeweils vier von zwölf Websites anhand der 278 Adjektive; die Websites wurden zuvor eigens von zwölf Designern erstellt. Die so entstandenen Daten mit insgesamt 1672 Fragebögen wurden mittels einer Clusteranalyse zu 13 Clustern zusammengefasst. Diese 13 emotionalen Dimensionen wurden als *bright, tense, strong, static, deluxe, popular, adorable, colourful, simple, classical, futuristic, mystic* und *hopeful* bezeichnet. Die zwölf genannten Designer wählten in einem mehrstündigen Workshop insgesamt 30 Adjektive aus, die diese Cluster repräsentieren sollen. Je Cluster wurden zwei bis drei Adjektive ausgewählt, die innere Konsistenz der so gebildeten Skalen lag zwischen $.34 \leq \alpha \leq .87$.

In einer zweiten Studie betrachteten Kim et al. die Perspektive der Designer. Hier wurden N = 36 Designer gebeten, typische Beispielseiten für die 13 Dimensionen zu erstellen; hieraus resultierten 52 Homepages. Zusätzlich wurden die Äußerungen der Designer sowie Handlungsbeschreibungen qualitativ ausgewertet (das Kappa zweier unabhängiger Auswerter lag bei .84) und drei Hauptfaktoren des Designs zugeordnet: *shape, texture* und *colour*. Diese wurden getrennt betrachtet nach einer Objektebene, einer Hintergrundebene sowie der Beziehung zwischen beiden Ebenen.

In einer dritten Untersuchung bewerteten dann N = 515 Probanden die 52 erstellten Homepages anhand der 30 Adjektive. Die innere Konsistenz der Skalen lag in dieser Studie zwischen $.60 \leq \alpha \leq .93$. Basierend auf einer konfirmatorischen Faktorenanalyse stellten die Autoren ohne Einbezug weiterer Daten konvergente und diskriminante Validität fest. Über Regressionsanalysen für jedes der 13 Cluster kamen die Autoren zu einer Reihe von Gestaltungsempfehlungen für die jeweilige Dimension. Ausgehend von der gewünschten Gefühlsdimension fanden sich hier Gestaltungsanweisungen beispielsweise bezüglich der Verwendung bestimmter Farben, Formen oder Menüelemente.

Die Autoren selber schränken die Ergebnisse ihrer Studien an verschiedenen Punkten ein: So sind zum einen keine kausalen Erklärungen für die Zusammenhänge zwischen Emotionsdimension und Gestaltungsrichtlinien möglich, zum anderen können die Autoren nicht ausschließen, dass die Ergebnisse spezifisch für die koreanische Kultur sind. Kim et al. weisen auch darauf hin, dass nur Homepages bewertet wurden und die Testpersonen keine Interaktion mit den Seiten hatten. Zudem wurden Einflüsse der verwendeten Inhalte und Bilder nicht kontrolliert.

Entgegen dem Fazit der Autoren muss als weitere Kritik angeführt werden, dass die Reduktion der Adjektive auf 30 nicht datengeleitet, sondern expertenbasiert erfolgte, und die nachfolgende Validierung allein über eine konfirmatorische Faktorenanalyse vorhandener Daten unzureichend ist. Die Reliabilität der Skalen erweist sich in der dritten Untersuchung als besser und zumindest für Gruppenvergleiche im Forschungskontext je nach Skala als gerade eben ausreichend bis sehr gut. Die Stichproben sind in allen Untersuchungsschritten erfreulich groß. Für (koreanische) Designer mag sich so ein interessanter Pool von Designhinweisen ergeben. In Bezug auf die Strukturierung der erlebten Emotionsdimensionen bei der Betrachtung einer Website bleibt diese Arbeit jedoch unzureichend: Zum einen erfolgte die Operationalisierung der 13 Cluster in einem Fragebogen expertenbasiert, obwohl gerade hier ein rezipientenorientiertes Vorgehen wünschenswert gewesen wäre. Zum anderen werden keine funktionierenden Websites, sondern nur Homepages betrachtet; damit entfällt der für das Medium zentrale Aspekt der Interaktion.

5.2.3 Eigene Untersuchungen zu Aspekten der Ästhetik von Websites

Aufbauend auf den verschiedenen Annahmen von Tractinsky sowie den Arbeiten der Forschergruppe um Ngo und der dargestellten Studie von Schenkman und Jönsson (2000) erfolgte in zwei eigenen Studien die weitergehende Betrachtung der Frage, was Ästhetik von Websites konzeptionell ausmacht.
Ziel der Untersuchungen von Moshagen und Thielsch (2005) war die Sammlung eines umfassenden Aspektpools zur weitgehenden Erfassung des Konstrukts Ästhetik von Websites, um eine Grundlage für die Bildung eines Messinstruments (siehe Kap. 6.2.2, S. 55f.) zu schaffen. Ausgehend von der genannten Literatur und theoretischen Überlegungen postulierten die Autoren 27 Aspekte der Ästhetik (siehe nachfolgender Kasten), die jeweils mit einer Definition versehen wurden.

Balance	Farbton	Regelmäßigkeit
Bewegung	Gewichtung	Rhythmus
Dichte	Harmonie	Schriftgröße
Dreidimensionalität	Homogenität	Schrifttyp
Dynamik	Komplexität	Sequenz
Einfachheit	Kontrast	Spannung
Farbhelligkeit	Ökonomie	Symmetrie
Farbkomposition	Originalität	Textrelation
Farbsättigung	Proportion	Vielfalt

Die Autoren ließen diese Aspekte in einer Befragung von N = 10 Experten offline und in einer Befragung von N = 256 Webnutzern online nach Wichtigkeit beurteilen. Beide Gruppen wurden aufgefordert, weitere Aspekte zu nennen, hierbei erfolgten jedoch nur Nennungen, die sich klar dem Bereich Usability zuordnen ließen. In beiden Befragungen zeigten sich *Einfachheit, Textrelation* und *Farbkomposition* als die wichtigsten Aspekte; *Dreidimensionalität, Symmetrie* und *Bewegung* als die relativ unwichtigsten Aspekte, wobei kein Aspekt von den Befragten klar als unwichtig verworfen wurde. Bemerkenswert ist die hohe Übereinstimmung zwischen den Urteilen der Experten und den Urteilen der online befragten Personen. Die Autoren gehen von einer weitgehenden Erfassung der relevanten Gestaltungsdimensionen aus und leiten einen Itempool aus den genannten Aspekten ab, dieser dient neben anderen Daten als Basis für eine spätere Instrumententwicklung (siehe hierzu Kap. 6.2.2, ab S. 55, oder Moshagen, 2005).

Im Anschluss an diese beiden Untersuchungen wurde versucht, die große Anzahl der gefundenen Aspekte ausgehend von verschiedenen theoretischen Überlegungen zu strukturieren und zu verdichten: Thielsch (2004, siehe auch Kap. 5.3.3, S. 49) ließ zwölf Aspekten eines Ordnungssystems zur Website-Ästhetik von N = 181 Probanden im Rahmen eines online durchgeführten Experiments mittels einer Rangreihenbildung bewerten. Weitgehend unabhängig vom Stimulusmaterial (es kamen Websites verschiedener Branchen zum Einsatz), wurden die Aspekte *Ersteindruck, Seitenaufteilung* und *Navigation* als die wichtigsten, sowie *Formulare, Dynamik* und *Icons* als die unwichtigsten eingestuft.

Kritisch zu sehen ist jedoch, dass sich in diesen drei Befragungen teilweise die gleichen Probleme stellen wie bei Schenkman und Jönsson (2000): Auch wenn die Definition der Aspekte in den Arbeiten deutlicher herausgestellt wird, so fehlt es doch weiterhin an experimentellen Belegen oder konfirmatorischen Ansätzen, um die Bedeutung einzelner Aspekte abschätzen zu können. Das Problem der Nähe einzelner Aspekte zum Bereich Usability besteht auch hier, das Verhältnis zwischen Usability und Ästhetik ist unklar und eine rein definitorische Abgrenzung reicht nicht aus: Die Befragten nennen auf die Frage nach noch nicht genannten Anteilen der Ästhetik weiterhin Aspekte der Usability. Es mag sein, dass die Befragten als ästhetisch definierte Aspekte bezogen auf die Benutzbarkeit auffassen – damit wäre die Bestimmung der ästhetischen Anteile der Website-Wahrnehmung erschwert.

5.2.4 Bewertung der deskriptiven Ansätze

Insgesamt erweist sich die Ästhetik von Websites über einen rein deskriptiven Zugang als relativ schwer fassbar. Dies mag an der gestalterischen Breite der existierenden Websites und der Abhängigkeit zu Eigenschaften der Zielgruppe liegen. Eine deskriptive Betrachtung möglicher Aspekte der Ästhetik bleibt somit nicht mehr als ein erster Schritt, um das Forschungsfeld einzugrenzen und Vorarbeit für spätere Studien zu leisten. Um die Frage, was Ästhetik von Websites ausmacht, eindeutig zu beantworten, sind experimentelle Untersuchungen notwendig. Zur Klärung der Bedeutung einzelner Gestaltungsaspekte soll hierbei die vorliegende Arbeit einen Beitrag leisten (siehe Kap. 9, S. 77f.).

5.3 Experimentelle Ansätze

Bei den experimentellen Ansätzen wird die Ästhetik von Websites für Forschungszwecke gezielt manipuliert, um sie weiter einzugrenzen und fundiert erfassen zu können. Bisher finden sich insgesamt nur wenige experimentelle Arbeiten; diese sollen im Folgenden beschrieben werden.

5.3.1 Einfluss der Betrachtungsdauer auf die wahrgenommene Ästhetik

Es finden sich mehrere Experimente zum Einfluss der Betrachtungsdauer einer Webseite auf das ästhetische Urteil (Fernandes et al., 2003; Lindgaard et al., 2006; Tractinsky et al., 2004, 2006). Aufgrund der Ähnlichkeiten im methodischen Vorgehen und den Ergebnissen sollen diese Arbeiten hier zusammengefasst dargestellt werden.

Fernandes et al. (2003) präsentierten N = 22 Versuchspersonen 100 Homepages randomisiert für 500 Millisekunden. Die Versuchspersonen gaben ihr Ästhetik-Urteil auf einer Ratingskala von 0 bis 100 ab. In der zweiten Phase des Experiments wurden die 100 Homepages in einer neuen Zufallsreihenfolge den gleichen Versuchspersonen erneut dargeboten. Die Korrelation der durchschnittlichen Bewertungsurteile über die Attraktivität der Homepages aus beiden experimentellen Phasen beträgt $r = .97$ ($p < .001$).

Tractinsky et al. (2004, 2006) griffen das Ergebnis von Fernandes et al. auf und modifizierten den Versuchsaufbau mit dem Ziel, das Ergebnis zu replizieren. Auch in dieser Studie wurden N = 40 Versuchspersonen in zwei Phasen getestet. In der ersten Phase bewerteten die Probanden 50 randomisierte Screenshots von Websites auf einer Skala von 1 bis 10, die Darbietungsdauer der Screenshots betrug auch hier 500 Millisekunden. In der zweiten Phase des Experiments war die Darbietung der Screenshots erneut zufällig, die Bewertungsdauer betrug aber 10 Sekunden. Die Korrelation der durchschnittlichen Bewertungsurteile über die Attraktivität der Webseiten beträgt $r = .92$. In einem zweiten Experiment mit N = 53 Probanden (Tractinsky et al., 2006) wurde dieser Aufbau erneut wiederholt, zum zweiten Messzeitpunkt erfolgte aber eine Bewertung mit einer Kurzversion des Instruments von Lavie und Tractinsky (2004, siehe Kap. 6.2.1, S. 54f.). Zwischen der ersten Einschätzung der Attraktivität und der Skala klassische Ästhetik findet sich eine Korrelation von $r = .86$, zwischen der ersten Einschätzung der Attraktivität und der Skala expressive Ästhetik von $r = .95$ (zur Unterscheidung von expressiver und klassischer Ästhetik siehe S. 54). Mittels Varianz- und Regressionsanalysen kommen die Autoren zu dem Schluss, dass die Skala expressive Ästhetik im Gegensatz zur Skala klassische Ästhetik nur die Varianz der Attraktivitätsurteile bei den eher attraktiven Webseiten erklärt.

Lindgaard et al. (2006) ergänzten die Untersuchung von Fernandes et al. (2003) um zwei weitere Experimente: Im ersten wiederholten die Autoren im Prinzip die Untersuchung von Fernandes et al. mit nur 50 aus den vorher 100 Homepages und N = 31 Probanden. Die Messung der Bewertung erfolgte nun über sieben Adjektivpaare wie beispielsweise *simple* versus *complex* oder *interesting* versus *boring*. Die Autoren fanden hier ein r^2 von .97 ($p < .001$) zwischen den beiden Versuchszeitpunkten. In der zweiten Untersuchung variierten Lindgaard et al. die Darbietungszeiten: N = 20 Probanden wurden zufällig der Bedingung 500 Millisekunden, N = 20 Probanden der Bedingung 50 Millisekunden Darbietungszeit zugewiesen. Das Vorgehen entsprach ansonsten der ersten Studie von Fernandes et al. (2003), die Bewertung der Homepages erfolgte nun allerdings über die Tastatur (*1 = very unappealing, 9 = very appealing*). Es findet sich erneut eine hohe Korrelation zwischen den beiden Testphasen von $r = .94$ ($p < .001$). Die Urteilerübereinstimmung der Probanden liegt in der 500-Millisekunden-Bedingung bei $r = .56$ in der ersten Versuchsphase und bei $r = .60$ in der zweiten Versuchsphase, in der

50-Millisekunden-Bedingung betrugen diese Übereinstimmungen $r = .34$ beziehungsweise $r = .40$.

Die Autoren interpretieren die gefundenen Korrelationen dahingehend, dass ästhetische Urteile sehr schnell von Probanden gefällt werden und diese Urteile konstant bleiben. Tractinsky et al. erklären dies so, dass die unreflektierte Wahrnehmung einer Website (der Ersteindruck) zu dem gleichen Urteil führt wie ein reflektiertes Urteil oder dass zumindest die unreflektierte Wahrnehmung das Urteil stark beeinflusst. Allerdings geben hier Tractinsky et al. (2006) einschränkend zu bedenken, dass nur einige ästhetische Entscheidungen stabil, andere durch Lernerfahrungen oder kulturelle und persönliche Erfahrungen beeinflusst sein könnten.

Kritisch anzumerken an diesen Studien ist vor allem die mangelnde Interaktion der Probanden mit den Websites. Interaktion stellt wahrscheinlich keinen zentralen Aspekt der Ästhetik-Wahrnehmung dar (siehe Kap. 8, ab S. 72), hat aber dennoch einen Anteil an einzelnen ästhetischen Variablen (siehe z. B. Sutcliffe & De Angeli, 2005). Interaktion ist in den Versuchsbedingungen der Kurzzeitdarbietung nicht anders umsetzbar gewesen, wünschenswert wäre aber ein dritter Messzeitpunkt mit einer längeren Darbietung (wie bei Tractinsky et al., 2006) und Interaktion der Untersuchungsteilnehmer mit den Websites gewesen. Nur ein derartiger Messzeitpunkt, der reales Surfen auf einer Website abbildet, kann eine angemessene Grundlage für Vorhersagen über das reale Verhalten von Websurfern außerhalb eines Testlabors bieten. Diese Experimente geben zwar erste Hinweise in Bezug auf die mögliche Ästhetik-Wahrnehmung von Websites, die Versuchsaufbauten ähneln aber stark der aufeinander folgenden Darbietung von Bildern. Bei den verwendeten kurzen Darbietungszeiten könnte auch vermutet werden, dass die Probanden sich an sehr einfachen, holistischen Reizmustern orientieren und beispielsweise konsistent Screenshots wählen, die ihre jeweiligen Lieblingsfarben enthielten. Für eine derartige Interpretation sprechen die Ergebnisse von Cupchik und Berlyne (1979), auch wenn deren Experimente bezogen auf verschiedene Kunstobjekte und Polygone erfolgten. In der Studie dieser beiden Autoren zeigte sich eine unterschiedliche Verarbeitungsgeschwindigkeit ästhetischer Merkmale abhängig von deren Eigenschaften: Holistische Merkmale wurden sehr schnell verarbeitet, die Verarbeitung von Komplexität erforderte eine längere Betrachtungsdauer. Tractinsky et al. (2006) allerdings argumentieren, dass die durchgeführten Experimente nicht die Bedeutung weiterer Variablen ausschließen, sondern die Bedeutung des Ersteindrucks betonen: „There is no second chance to make a first impression." (S. 1080)

5.3.2 Präferenz für verschiedene Designversionen einer Website

Haig (2002) ließ N = 64 Studenten drei Versionen einer Website in einem Within-Design bewerten. Die Probanden teilten sich dabei in zwei Gruppen auf: N = 37 Designstudenten und N = 27 Informatikstudenten. Die drei Website-Versionen variierten hinsichtlich des Einsatzes von Bild-, Sound- und Animationselementen (siehe Abb.5.2, S. 50):

- Website 1: Animation, Sound und Bilder
- Website 2: nur Bilder, keine Animation, kein Sound
- Website 3: weder Animation, noch Sound oder Bilder

Jede der drei Website-Versionen war voll funktionsfähig und wurde etwa 10 Minuten von den Probanden betrachtet. Die Darbietung der drei Versionen im Experiment erfolgte in zwei verschiedenen, gegenläufigen Reihenfolgen (1 – 2 – 3 versus 3 – 2 – 1); zwischen den Darbietungen der Versionen lagen jeweils 5 Minuten, in denen mit anderen Websites maskiert wurde.

Als zentrales Ergebnis fand Haig, dass die Version mit den meisten Gestaltungselementen (Bilder, Animation und Sound) gegenüber weniger reichhaltig gestalteten Versionen bevorzugt wurde. Auch die Version mit Bildern wurde gegenüber der Version ohne die genannten Gestaltungselemente bevorzugt. Haig (2002, S. 89) sieht somit typische Usability-Forderungen nach einer möglichst einfachen Seitengestaltung widerlegt und betont die Bedeutung von Reichhaltigkeit des Designs und insbesondere der bei Website 1 verwendeten gestalterischen Mittel für erfolgreiches Webdesign.
Der Autor fand weiterhin signifikante Unterschiede zwischen den Studenten der beiden verschiedenen Fachrichtungen: Die Informatikstudenten gaben zumeist positivere Urteile ab als die Designstudenten. In einer multidimensionalen Skalierung zeigte sich, dass die Präferenz einer Seite in beiden Probandengruppen mit den Aspekten *Interesse, Spaß* und *Neuheit* zusammenhängt.

5.3.3 Weitere Experimente zur Ästhetik von Websites

Sutcliffe und De Angeli (2005) ließen N = 25 Probanden zwei verschiedene Versionen einer Website zum Thema Astronomie nach verschiedenen Suchaufgaben bewerten. Die Websites unterschieden sich in der Gestaltung sowie in der Benutzerführung (eine menübasierte versus eine metapherbasierte Navigation). Die metapherbasierte Website enthielt mehr ästhetische Features und war über Animationen und Metaphern, z. B. über eine Animation des Sonnensystems, zu steuern. Die Autoren verwendeten zur Erfassung von Ästhetik das Instrument von Lavie und Tractinsky (2004, siehe Kap. 6.2.1, S. 54f.) sowie eine Checkliste nach Sutcliffe (2001, 2002). Die menübasierte Website wurde als benutzerfreundlicher, die metapherbasierte als ästhetischer auf der Skala expressive Ästhetik eingeschätzt. Dies bestätigte sich auch in einer anschließenden Gruppendiskussion: Die Probanden wiesen der menübasierten Website eine höhere Usability zu, bevorzugten aber die metapherbasierte aufgrund der ästhetischeren Animationen. Auch wenn diese interaktiven Elemente schwerer zu benutzen sind, so lösen sie doch mehr Neugier und Freude bei den Nutzern aus – so das Fazit von Sutcliffe und De Angeli (2005). Dies stützt die Ergebnisse von Haig (2002) bezüglich des Einsatzes von animierten Elementen.

Eine weitere experimentelle Variation hinsichtlich der Testwebsites findet sich in der Untersuchung von Thielsch (2004). In dieser wurden N = 181 Probanden in drei Gruppen einge-

Abbildung 5.2: Die drei Website-Versionen im Experiment von Haig (2002)

teilt, denen jeweils 30 Websites aus verschiedenen Branchen gezeigt wurden. Die eine Gruppe sah dabei nur Websites von Automobilherstellern, die zweite nur Bank-Websites und die dritte einen gemischten Pool von Websites großer Unternehmen. Alle Materialpools bestanden aus funktionsfähigen echten Websites mit Selbstdarstellungsfunktion (siehe auch Kap. 11, ab S. 85). Ziel war in dieser Untersuchung allerdings nicht eine direkte Bewertung der Websites hinsichtlich der wahrgenommenen Ästhetik, sondern die Identifikation ästhetischer Gestaltungsregeln. In der Studie ergaben sich nur wenige Unterschiede zwischen den Branchen, was die Gestaltungsregeln oder die Bewertung verschiedener übergeordneter Ästhetik-Aspekte anbelangt. Das Fazit des Autors ist, dass der gewählte Website-Typus der Selbstdarstellungsseiten relativ einheitlichen Gestaltungsregeln folgt, das heißt, die Unternehmen der untersuchten Brachen folgen den weitgehend gleichen Regeln bei der ästhetischen Gestaltung ihrer Websites. Weiteren Aufschluss hätte in diesem Experiment eine direkte Bewertung des Testmaterials ergeben, diese ist nicht erfolgt.

5.3.4 Bewertung der experimentellen Ansätze

Diese ersten experimentellen Arbeiten zeigen die Bedeutung einzelner Variablen auf und untersuchen die Konstanz ästhetischer Urteile. Die Frage, was Ästhetik von Websites ist, bleibt jedoch auch hier bisher nur vage beantwortet. Ähnlich wie in vielen deskriptiven Ansätzen werden oft vorhandene Websites oder deren Homepages als Versuchsmaterial Probanden zur Bewertung vorgelegt. Besonders die Arbeit von Haig (2002) stellt hier eine positive Ausnahme dar, dieser versucht gezielt ästhetisch wirkende Variablen zu identifizieren – leider manipuliert er dabei mehrere Variablen gleichzeitig.

Die Bewertung der Versuchsstimuli erfolgt in den bisherigen Experimenten mehr oder weniger allgemein (siehe auch Kap. 6, S. 53). Wenn Material neu geschaffen wird, so werden im Rahmen der ästhetischen Manipulation Aspekte wie Animation, Form- oder Menügestaltung sowie Sound variiert. Auch wenn sich vielleicht weitere Hinweise aus dem nachfolgenden Teil zur Vermessung der Website-Ästhetik ziehen lassen – Aussagen über die zentralen wirkenden Variablen oder etwa deren Beziehungen untereinander erfordern weitere Experimente.

6 Erfassung und Messung von Website-Ästhetik

Während in den Bereichen Inhalt und Usability klar zwischen subjektiven und objektiven Aspekten getrennt werden kann, ist dies bei der stark subjektiv-rezipientenorientiert definierten Ästhetik nicht ohne weiteres möglich (siehe auch Kap. 8, ab S. 74). Die Erkenntnisse zu determinierenden Variablen der Website-Ästhetik sind bisher nicht ausreichend, um daraus objektive Messungen abzuleiten. Dabei mag fraglich sein, inwieweit sich Ästhetik überhaupt einer vollständigen objektiven Erfassung zuführen lässt (siehe auch Kap. 7.4.1, ab S. 68 oder Piecha, 2002). Daher kann in diesem Teil der Arbeit lediglich auf Instrumente eingegangen werden, die die subjektive Wahrnehmung der Rezipienten erfassen.

In vielen Studien, in denen die Wahrnehmung von Ästhetik gemessen wird, geschieht dies nur über einzelne Items (z. B. Fernandes et al., 2003; Kurosu & Kashimura, 1995; Lindgaard et al., 2006; Loiacono et al., 2002; Mathwick, Malhotra & Rigdon, 2001; Tractinsky, 1997; Tractinsky, Katz & Ikar, 2000; Tractinsky et al., 2004). In einzelnen Arbeiten finden sich auch Methoden wie Paarvergleich (Parizotto-Ribeiro & Hammond, 2005), Rangreihenbildung (z. B. Pandir & Knight, 2006; Roast, Evriviades, Purcell & Steele, 2001; Thielsch, 2004), heuristische Evaluationen mittels Checklisten (Sutcliffe, 2001, 2002) oder mit Checklisten vergleichbare Items (Tarasewich et al., 2001). Bertelsen und Pold (2004) schlagen allgemein für den HCI-Bereich vor, *cognitive walkthroughs* auch bezogen auf die Ästhetik von Interfaces durchzuführen, und geben in ihrem Artikel eine Reihe von praktischen Leitlinien vor.

6.1 Globale Skalen zur Erfassung der Website-Ästhetik

Einzelne allgemeine Skalen zur Messung der Ästhetik von Websites finden sich in verschiedenen Instrumenten: beispielsweise im WAMMI (Kirakowski & Cierlik, 1998; Kirakowski et al., 1998; siehe auch Kap. 3.2.1, S. 18), bei Ben-Bassat et al. (2006); Cober et al. (2003); De Wulf et al. (2006); Hall und Hanna (2004); Hartmann et al. (2007); Hong und Kim (2004); Kampf (2004); Moshagen et al. (2007); van Schaik und Ling (2005); Thüring und Mahlke (2007) oder auch bei van der Heijden (2003). Diese Skalen sind zumeist sehr kurz und fassen verschiedene globale Merkmale von Ästhetik zusammen; abgesehen vom WAMMI handelt es sich bei allen um Forschungsinstrumente. Als Breitbandverfahren sind diese durchaus geeignet – bei der präzisen Erfassung von Ästhetik ergeben sich aber Probleme. Schenkman und Fukuda (2001) vergleichen eine derartige Fragebogenskala zur Ästhetik mit der Methode der Blickbewegungsmessung, finden aber in ihren Daten keine Zusammenhänge.
Zudem sind einzelne dieser Skalen mit Aspekten des Inhalts oder der Usability konfundiert (durch Verwendung von Items wie *legibility* oder *comprehension*). Manche verwenden sogar

anstatt von evaluativen rein deskriptive Items, wie beispielsweise das Item „The site used color“ bei Cober et al. (2003).

6.2 Standardisierte Instrumente zur Erfassung der Website-Ästhetik

Das Instrument von J. Kim et al. (2003) wurde bereits unter Kapitel 5.2.2 (S. 43f.) dargestellt. Dieses stellt ein semantisches Differential dar und wurde bisher nur an Homepages erprobt, auch weicht die Definition der Autoren von Ästhetik von der der vorliegenden Arbeit ab. Derzeit gibt es nur zwei weitere standardisierte Messinstrumente zur Erfassung der Ästhetik-Wahrnehmung[1]: ein Instrument zur Messung klassischer und expressiver Ästhetik von Lavie und Tractinsky (2004) sowie das VAWI (Moshagen, 2005; Moshagen & Thielsch, in preparation). Beiden Instrumenten ist gemeinsam, dass sie Ästhetik als multidimensionales Konstrukt erfassen. Ansatz und Konzept beider Messinstrumente werden im Folgenden dargestellt.

6.2.1 Messung klassischer und expressiver Ästhetik von Websites

Ziel der Arbeit von Lavie und Tractinsky (2004) war, ein brauchbares Messinstrument zur Erfassung von ästhetischen Qualitäten einer Website und zur Identifikation von zentralen Ästhetik-Dimensionen zu entwickeln. Ein Itempool wurde aus einer umfassenden Literatursichtung und einer Befragung von N = 11 Experten abgeleitet. Dieser Pool bestand aus m = 41 Adjektiven, die siebenstufig skaliert waren. Die Autoren führten insgesamt vier Studien durch: Zwei Studien mit $N_{ges} = 337$ dienten zur Identifizierung der dimensionalen Struktur und einer faktorenanalytischen Itemreduktion. Als nächster Schritt wurde die dritte Studie durchgeführt, dabei handelte es sich um eine Validierungsstudie unter Einbezug von Skalen zur Messung von Usability, Vergnügen und Servicequalität mit N = 145; anhand dieser begründen die Autoren konvergente und diskriminante Validität. Die Daten der vierten Studie mit N = 384 dienten zur Berechnung konfirmatorischer Faktorenanalysen und zur Konstruktvalidierung.

Lavie und Tractinsky fanden in diesen Studien zwei Ästhetik-Dimensionen, die sie mit *classical aesthetics* und *expressive aesthetics* bezeichnen[2]. Die Items werden auf fünf je Skala reduziert (siehe nachfolgender Kasten), bei Tractinsky et al. (2006) kommt auch eine Kurzversion der Skalen mit je drei Items zum Einsatz. Die Skala zur klassischen Ästhetik misst Merkmale wie Eindeutigkeit, Klarheit und Ordnung, die Skala zur expressiven Ästhetik Eigenschaften wie Kreativität, Originalität oder Professionalität. Beide Skalen zeigen ausreichende innere Konsistenzen ($.85 \leq \alpha \leq .86$), sind aber hoch korreliert (je Studie $.63 \leq r \leq .69$, $p < .01$). Die Skala zur klassischen Ästhetik korreliert hoch mit Usability ($.68 \leq r \leq .78$, $p < .01$), Gefallen

[1] Die Veröffentlichung eines weiteren, hier gegebenenfalls relevanten Instruments zur Erfassung der wahrgenommenen affektiven Qualität von E-Commerce-Websites wurde von Li und Zhang für Ende 2007 angekündigt (Li, in preparation; Li & Zhang, 2005).

[2] In der Untersuchung von Moshagen (2005) konnte diese Struktur in konfirmatorischen Faktorenanalysen bei einer deutschen Übersetzung des Instruments nicht bestätigt werden.

($.61 \leq r \leq .68$, $p < .01$) und Servicequalität ($.60 \leq r \leq .61$, $p < .01$), die Skala zur expressiven Ästhetik weist hier weniger hohe Korrelationen auf ($.37 \leq r \leq .59$, $p < .01$).

Classical aesthetics	Expressive aesthetics
▪ Clean	▪ Original
▪ Clear	▪ Sophisticated
▪ Pleasant	▪ Fascinating
▪ Symmetrical	▪ Creative
▪ Aesthetic	▪ Uses special effects

Lavie und Tractinsky legen mit dieser Arbeit eine für diesen Forschungsbereich sehr umfangreiche Konstruktion eines Messinstruments vor. Dennoch finden sich einzelne Widersprüche, und die Validierung kann insgesamt als noch nicht ausreichend betrachtet werden. So enthält die Skala zur expressiven Ästhetik beispielsweise ein rein deskriptives Item („uses special effects"), das Item *aesthetic* lädt nur auf der Dimension klassische Ästhetik, obwohl beide Skalen visuelle Ästhetik im Sinne visueller Schönheit erfassen sollen. Im Rahmen der Validierung stellt das Aufzeigen von Nullkorrelationen zu Alters- und Geschlechtsvariablen keinen Nachweis diskriminanter Validität dar (siehe auch Moshagen, 2005, S. 22), die hohen Korrelationen zur Servicequalität können nicht ausreichend begründet werden. Somit bleiben weitere Konstruktvalidierungen wünschenswert – trotzdem muss gesagt werden, dass die Arbeit von Lavie und Tractinsky einen wichtigen Schritt darstellt. Allein schon die systematische Vorgehensweise der Autoren unter Erhebung angemessen großer Stichproben ist ein Aspekt, der vielen anderen Ästhetik-Studien zu Websites fehlt.

6.2.2 Das VAWI (Visual Aesthetics of Website Inventory)

Das VAWI (Visual Aesthetics of Website Inventory) wurde von Moshagen (2005) entwickelt. Der Autor baute einen ersten Itempool auf theoretischen Überlegungen und empirischen Ergebnissen mehrerer früher Arbeiten auf (u. a. Moshagen, 2005; Thielsch, 2004), dieser umfasste 85 Items. Während im Instrument von Lavie und Tractinsky (2004) Adjektive als Items eingesetzt werden, beinhaltet das VAWI Items in Form von Aussagen.

Nach mehreren Vorstudien testete Moshagen den Itempool an $N = 300$ Personen online und entwickelte mittels exploratorischer Maximum-Likelihood-Analysen und konfirmatorischen Faktorenanalysen das resultierende Instrument mit acht Skalen und insgesamt 42 Items. Die inneren Konsistenzen der gebildeten acht Skalen (siehe folgende Tab. 6.1) liegen im Bereich von $.80 \leq \alpha \leq .93$.

Eine vollständige Version des VAWI findet sich in Anhang A. Typische VAWI-Items sind beispielsweise:

- Das Zusammenwirken der Elemente ist gelungen.
- Das Layout ist innovativ.
- Die Seite ist angenehm abwechslungsreich gestaltet.
- Es gibt zu viele Animationen.
- Die Farben haben eine angenehme Wirkung.

Dabei bilden die Skalen *Dynamik* und *Abwechslung* den übergeordneten Faktor *Vielfalt* und die Skalen *Ordnung, Homogenität* und *Dichte* den übergeordneten Faktor *Einfachheit* ab (siehe Abb. 6.1). Moshagen diskutiert in seiner Arbeit verschiedene Modelle; das schlussendlich vorgeschlagene besitzt einen akzeptablen Modellfit und stellt laut Moshagen (2005, S. 53) einen „Kompromiss zwischen inhaltlicher Bedeutsamkeit, Modellpassung und Sparsamkeit" dar. Jedoch sind in dem dargestellten Modell teilweise sehr hohe Interkorrelationen der Faktoren aufzufinden, aktuelle Analysen weiterer Forschungsdaten führen hier wahrscheinlich zu einer Modifikation des VAWI-Modells.

Im Rahmen seiner Untersuchung erhebt Moshagen auch ein Globalurteil zur Ästhetik und setzt parallel das Instrument von Lavie und Tractinsky ein. Eine Regression der Skalen auf das Globalurteil ergibt ein multiples R von .86, die Rangkorrelation zum Instrument von Lavie und Tractinsky beträgt $r = .71$. Dies ist als Hinweis auf konvergente Validität zu werten. Weiterhin zeigt Moshagen Argumente für inhaltliche Validität des entwickelten Instruments auf.

Tabelle 6.1: Überblick über die inhaltliche Bedeutung der einzelnen VAWI-Skalen gemäß Moshagen (2005). Einzelne Skalen wurden aufgrund aktueller Studien umbenannt, in Klammern dabei jeweils die ursprüngliche Bezeichnung der Skalen.

VAWI-Skala	Inhaltliche Bedeutung
Übersichtlichkeit (Dichte)	Übersichtlichkeit wird durch den Einsatz weniger und klar geformter Elemente erreicht, ein überladenes Layout wirkt unübersichtlich.
Neuartigkeit	Neuartigkeit und Originalität erregen beim Rezipienten Aufmerksamkeit und sind somit wichtig für die Wirkung einer Website.
Dynamik	Diese Skala umfasst Eigenschaften einer Website, die nicht statisch sind. Damit werden insbesondere Animationen und interaktive Elemente erfasst.
Abwechslung	Im Gegensatz zu Dynamik werden hier scheinbare (und nicht vorhandene Bewegung) Veränderungen sowie Detailreichtum erfasst.
Farbigkeit	Dieser Aspekt umfasst Farbtöne, Flächigkeit, Komposition und Kontraste.
Balance (Ordnung)	Diese Skala bezieht sich auf die Aufteilung der Website, deren Struktur und die Anordnung der Elemente.
Homogenität	Bezeichnet die Gleichartigkeit der Elemente und die Einheitlichkeit der Website insgesamt.
Professionalität (Gekonntheit)	Diese Skala erfasst die Einschätzung, inwieweit dem Designer die fachgerechte Umsetzung der gestalterischen Konzepte gelungen ist.

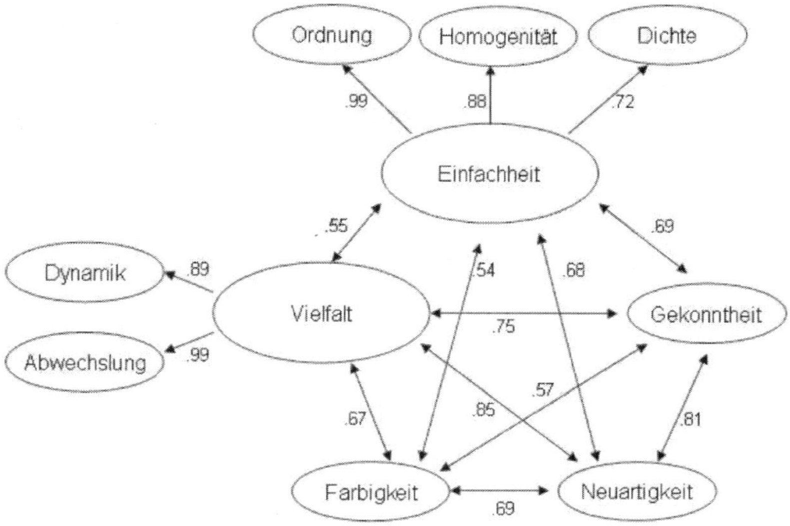

Abbildung 6.1: Das VAWI Strukturmodell. Doppelpfeile stellen Korrelationen dar, einfache Pfeile Regressionsgewichte (aus Moshagen, 2005, S. 54).

Aufbauend auf den Erfahrungen aus dieser Studie nahm Moshagen kleinere Veränderungen am VAWI vor und führte eine zweite Studie zur Validierung des VAWI durch, diese war zum Zeitpunkt der Drucklegung noch nicht abgeschlossen (Moshagen & Thielsch, in preparation). Im Rahmen dieser Veränderungen wurden auch drei Skalen umbenannt: Aus *Gekonntheit* wurde *Professionalität*, aus *Dichte* wurde *Übersichtlichkeit*, und die Skala *Ordnung* wird nun als *Balance* bezeichnet. Weiterhin legen diese aktuellen Studien ein verändertes Strukturmodell für den VAWI nahe, so kann von einem zugrunde liegenden g-Faktor mit sekundären Ästhetik-Dimensionen ausgegangen werden, was die Berechnung eines Ästhetik-Gesamtwerts über alle VAWI-Skalen hinweg erlaubt (Moshagen & Thielsch, in preparation).

7 Der Zusammenhang von Website-Ästhetik zu anderen Konstrukten

7.1 Ästhetik und Inhalt

Bei der experimentellen Betrachtung der visuellen Ästhetik von Websites ist der Inhalt einerseits relativ austauschbar, da vorrangig die Gestaltung des Mediums im Mittelpunkt steht. Auf der anderen Seite ist der Inhalt entscheidend im Sinne einer Kongruenz zwischen der dargebotenen Information und Intention einer Seite und den gestalterischen Mitteln. Für eine gute ästhetische Wirkung ist somit die Passung zwischen Inhalt und Gestaltung ein wichtiger Aspekt. Eine gute Darstellung über die theoretischen Grundlagen sowie Ausgestaltung von Inhalt und Design findet sich bei Wirth (2004).

Es existieren zudem auch einzelne empirische Forschungen, in denen der Zusammenhang von Ästhetik und Inhalt allgemein betrachtet wurde. Huizingh (2000) findet in einer deskriptiven Studie Korrelationen zwischen der Wahrnehmung von Designaspekten und der Menge an Unterseiten einer Website: Größere Websites erscheinen reichhaltiger und fortschrittlicher, besitzen dabei ein vergleichsweise weniger einheitliches Design und werden insgesamt als informativer wahrgenommen. De Wulf et al. (2006) gehen von einem positiven Effekt des Inhalts auf die Evaluation einer Website bezüglich Zufriedenheit, Vertrauen und Commitment aus, hierbei wirkt teilweise der Faktor *pleasure* als Mediator.

Tractinsky et al. (2000) fanden eine geringe negative Korrelation zwischen der wahrgenommenen Informationsmenge und Ästhetik ($r = -.26$). Da die Korrelation bezüglich Inhalt und Usability noch geringer ausfällt, gehen die Autoren davon aus, dass die Probanden (N = 132) klar zwischen den Konstrukten trennen konnten. Auch De Angeli et al. (2006) fanden einen negativen Zusammenhang: In einer Versuchsbedingung mit ästhetischerem Design wurden die gegebenen Informationen von N = 28 Probanden als weniger lehrreich eingeschätzt. In einem früheren Experiment mit N = 25 (Sutcliffe & De Angeli, 2005) fanden die Autoren einen noch deutlicheren Effekt: Eine weniger ästhetische Lern-Website mit menübasierter Navigation wurde nicht nur als besser bezüglich der Informationsqualität eingeschätzt, die Probanden erinnerten auch stärker inhaltsbezogene Aspekte.
In dem Instrument von Aladwani und Palvia (2002) fanden sich hingegen in einer Studie mit N = 127 Befragten schwach positive Korrelationen zwischen den Skalen *appearance* (die einzelne globale Aspekte der Ästhetik beinhaltet) und *specific content* ($r = .23$, $p < .01$) sowie *content quality* ($r = .25$, $p < .01$). Faktoriell lassen sich die Skalen in dieser Studie aber eindeutig trennen. Bei Palmer (2002) bilden in einer Studie Items zu Produktinformationen und visueller Attraktivität einen gemeinsamen Faktor.

Insgesamt liegen bisher nur wenige Erkenntnisse zum Zusammenhang von Ästhetik und Inhalt vor, so dass Aussagen in diesem Bereich bisher eher nur theoretisch als empirisch abgeleitet werden können (siehe z. B. Tractinsky & Lowengart, 2007). Insbesondere die Arbeiten der Forschergruppe um De Angeli bieten hier aber vielversprechende Ansätze für weitere Untersuchungen.

7.2 Ästhetik und Usability

Ausgehend von den Definitionen der Konstrukte finden sich auf den ersten Blick eher weniger Überschneidungspunkte zwischen Ästhetik und Usability: Ästhetik auf der einen Seite ist definiert über subjektive Wahrnehmungen, die zum Teil unmittelbar stattfinden. Usability ist operationalisiert als stark interaktionistisches Konzept der effektiven und effizienten Zielerreichung. So ordnet beispielsweise Sutcliffe (2001, 2002) in einem Modell zur Evaluation von Websites Ästhetik einer ersten, initialen Attraktionsphase (deren Ziel es ist, die Aufmerksamkeit des Nutzers zu binden), Usability hingegen einer späteren Explorations- und Navigationsphase zu.
Überschneidungen der beiden Konstrukte ergeben sich zum einen darüber, dass die Gestaltung verschiedener Elemente einer Website sowohl auf die Ästhetik als auch auf die Usability eine Wirkung haben kann. Zum anderen findet sich in der Definition der Usability der Aspekt der Zufriedenheit als positive Einstellung der Benutzer gegenüber dem System, hier könnten sich Überschneidungen zur Ästhetik ergeben. Weiterhin sind interaktive Anteile auch an der Wahrnehmung des Konstrukts Ästhetik anzunehmen (siehe Kap. 8, S. 74f.).

Die Frage nach der Beziehung zwischen Ästhetik und Usability (bzw. Funktionalität) ist keineswegs neu: Schon bei Fechner (1876) findet sich ein Kapitel zur „Beziehung der Zweckmäßigkeit zur Schönheit", in dem dieser Ideen von Kant aufgreift und diskutiert. Fechner nimmt hierin an, dass ein Gegenstand, bevor er als schön empfunden werden kann, einen erkennbaren Zweck aufweisen muss – hierbei aber auch subjektives Erleben und Assoziationen des Betrachters eine Rolle spielen. Fechner diskutiert so Prinzipien, die später von dem Architekten Louis Sullivan (1896) mit dem im (Web-)Design oft zitierten Satz „form follows function" auf den Punkt gebracht wurden. Dabei wird der Satz leider an vielen Stellen fehlgedeutet in dem Sinne, dass möglichst auf gestalterische Aspekte zugunsten einer reinen Funktionalität verzichtet werden soll. Hierbei wird außer Acht gelassen, dass die Funktion selber eine ästhetische sein kann, so z. B. bei Gegenständen, die als Schmuck oder zur Repräsentation dienen.

7.2.1 Korrelative Untersuchungen

In vielen Designkontexten wurde und wird der Satz „form follows function" immer wieder herangezogen, so auch als sich Mitte der 1990er Jahre Usability als bedeutender Aspekt des

Webdesigns etablierte. Manche Designer nahmen aber Gegenpositionen ein (siehe z. B. Siegel, 1996), und somit wurde die Frage nach dem Verhältnis von Ästhetik und Usability aufgeworfen (eine kurze Übersicht über beide Positionen liefert P. O'Connor, 2004).

Erstmals empirisch betrachtet – bezogen auf die Gestaltung von Interfaces – wurde dieses Verhältnis durch Kurosu und Kashimura (1995). Die beiden japanischen Forscher untersuchten einfache Interfacegestaltungen von Geldautomaten, die sie durch N = 26 Personen, teilweise Experten, hatten erstellen lassen. Es wurden N = 252 Probanden um eine Einschätzung der wahrgenommenen Usability (welche die Autoren als *apparent usability* benennen, die systemimmanente Usability wird als *inherent usability* bezeichnet) und Ästhetik über eine einzelne Einschätzung auf einer zehnstufigen Ratingskala gebeten. Es fand sich eine hohe positive Korrelation zwischen *apparant usability* und Ästhetik ($r = .59$).

Die Ergebnisse von Korusu und Kashimura wurden durch eine Untersuchung von Tractinsky (1997) repliziert. Dieser fand in drei Studien mit $N_{ges} = 373$ Probanden Korrelationen im Bereich von $.83 \leq r \leq .92$. Weitere Bestätigungen finden sich in der Arbeit von Tractinsky et al. (2000), bezogen auf virtuelle Lernumgebungen bei Parizotto-Ribeiro, Hammond, Mansano und Cziulik (2004). Parizotto-Ribeiro und Hammond (2005) untersuchten webbasierte virtuelle Lernumgebungen anhand eines 2×2-Designs, in dem Ästhetik und Usability jeweils hoch oder niedrig ausgeprägt waren. Die Autoren finden hier mit N = 98 Probanden einen positiven Zusammenhang zwischen Ästhetik und Usability ($r = .45$, $p < .001$), dieser positive Zusammenhang bleibt auch unabhängig von der Versuchsbedingung bestehen.[1] Eine differenzierte Betrachtung der Geldautomaten-Interfaces nimmt noch einmal Kampf (2004) vor. Auch wenn diese Arbeit teilweise zu den Annahmen von Tractinsky et al. (2000) widersprüchliche Befunde aufweist, so zeigen sich doch auch hier Korrelationen zwischen Ästhetik und Usability. Ähnliche Ergebnisse wie in den Studien zu Interfaces finden sich bezüglich Websites in den Untersuchungen von Brady und Phillips (2003); Huang (2003); Lavie und Tractinsky (2004); Sutcliffe und De Angeli (2005), in differenzierterer Form bei De Angeli et al. (2006) sowie in den dargestellten Untersuchungen zum modifizierten TAM (siehe Kap. 4.6.2, S. 33).

Hassenzahl hingegen postuliert in seinem Modell einen orthogonalen Zusammenhang ergonomischer und hedonischer Qualitäten an und findet diesen auch (Hassenzahl et al., 2003; Hassenzahl, 2004). Auch Lindgaard und Dudek (2003) gehen von einer Unabhängigkeit von Usability und affektiven Aspekten der Zufriedenheit der Nutzer aus.

Im Gegensatz zu den genannten Arbeiten fanden lediglich Roast et al. (2001) einen starken negativen Zusammenhang zwischen Ästhetik und Usability. Einschränkend muss gesagt werden, dass Roast et al. lediglich mit N = 38 Probanden zwei verschiedene Webnavigationselemente untersuchten, hierbei war die Manipulation des ästhetischen Stimulusmaterials relativ stark.

[1] Parizotto-Ribeiro und Hammond (2005) gestalteten ihre Untersuchung zwar in Form eines experimentellen Designs, jedoch fehlt eine entsprechende gruppenstatistische Auswertung (z. B. mittels ANOVA). Daher ist diese Studie den korrelativen Ansätzen zuzuordnen.

Die (überwiegend positiven) korrelativen Befunde zum Zusammenhang von Ästhetik und Usability werden von den Autoren verschieden erklärt: entweder im Rahmen der Stimmungs-Leistungs-Hypothese, wonach bessere Stimmung zu höherer Leistung führt (Norman, 2004; keine empirische Bestätigung bei Laugwitz, 2001; hingegen empirische Bestätigung bei Moshagen et al., 2007) oder auch über gemeinsame Gestaltmerkmale von Ästhetik und Usability (Tarasewich et al., 2001), wie z. B. *Einfachheit* (Karvonen, 2000). Falls gemeinsame Gestaltmerkmale auf Ästhetik und Usability wirken, wäre die nicht repräsentative Auswahl des Stimulusmaterials in den dargestellten Studien möglicherweise ein methodisches Problem, wie Monk (2004) zeigt.

Hassenzahl (2004) nimmt an, dass eine flüssige und reibungslose Interaktion des Nutzers mit interaktiven Produkten (zu denen auch Websites gehören) eine positivere ästhetische Bewertung nach sich zieht. Dies steht aber im Widerspruch zur oftmals angenommenen Unmittelbarkeit des ästhetischen Urteils (siehe z. B. die unter Kap. 5.3.1, ab S. 46 dargestellten Forschungen zur Betrachtungsdauer und Ästhetik). Hier könnte die genauere Betrachtung von Top-down- und Buttom-up-Prozessen in der Verarbeitung ästhetischer Merkmale zu einer Klärung führen.

Als weitere Erklärung der gefundenen Korrelationen wäre auch die Wirkung eines Attraktivitätsstereotyps oder eines Halo-Effekts denkbar. Derartige Urteilsfehler im Sinne eines Halo-Effekts diskutieren beispielsweise Harbich und Auer (2005): In einer Studie mit N = 32 fanden sie zwischen hedonischer Qualität und Usability eine Korrelation von $r = .54$ (hedonische Qualität gemessen über den AttrakDiff, einem Fragebogen zur Erfassung hedonischer und pragmatischer Qualitäten interaktiver Produkte [Hassenzahl, 2001; Hassenzahl et al., 2003] und Usability über den ISONORM-Fragebogen, einem Usability-Fragebogen [Prümper & Anft, 1993]). Allerdings fanden sie keine nennenswerten Korrelationen beider Fragebögen mit objektiven Usability-Maßen wie Zeit, Klicks oder erfolgreiche Aufgabenerreichung. Die Autoren gehen davon aus, dass Usability-Urteile durch hedonische Qualitäten beeinflusst werden. Auch Hartmann (2006) diskutiert einen Halo-Effekt von Ästhetik auf Usability auf Basis einer explorativen Studie mit N = 29 Befragten. De Angeli et al. (2006) vermuten eine Abhängigkeit des Halo-Effekts vom Kontext der Website-Nutzung: Je weniger ernst dieser Kontext sei, desto größer könne der Halo-Effekt von Ästhetik auf Usability ausfallen. Um einen derartigen Effekt zu belegen, bedarf es experimenteller Bestätigung, hier zeigen sich aber bisher gegenteilige Ergebnisse: Die Experimente von Moshagen et al. (2007) sowie Tractinsky et al. (2000) sprechen gegen einen Halo-Effekt.

Dieser Befund zeigt aber ein allgemeines Problem der dargestellten Arbeiten: Manch Autor ist geneigt, die korrelativen Befunde allzu kausal zu interpretieren. Kausalität lässt sich nur experimentell überprüfen, daher sind die im Folgenden dargestellten Experimente weitaus stärker zu gewichten. Die Messungen vieler der korrelativen Studien über einzelne Items sind nicht nur kritisch zu bewerten hinsichtlich Reliabilität und Validität (bezogen auf die getrennte Erfassung zweier Konstrukte). Die korrelativen Befunde ließen sich auch über Versuchseffekte (Erwartungseffekte oder hypothesenkonformes Verhalten seitens der Probanden) oder Methodeneffekte wie beispielsweise eine generelle Zustimmungstendenz oder einen *common method bias* (Podsakoff, MacKenzie, Lee & Podsakoff, 2003) erklären. Derartige Effekte sind gerade dann nicht zu kontrollieren, wenn wie in den meisten der genannten Studien nicht mit differenzierten Messinstrumenten, sondern mit konstant gleich gepolten einzelnen Items gearbeitet wird.

7.2.2 Experimentelle Untersuchungen

Momentan finden sich vier Arbeiten, in denen der Zusammenhang zwischen Ästhetik und Aspekten der Usability experimentell untersucht wurde (Ben-Bassat et al., 2006; Moshagen et al., 2007; Thüring & Mahlke, 2007; Tractinsky et al., 2000).

Tractinsky et al. (2000) führten anknüpfend an die Arbeiten von Kurosu und Kashimura (1995) ein Experiment zur Interfacegestaltung von Geldautomaten durch. Hieran nahmen N = 132 Probanden in einem 2×3-Gruppendesign teil. Einerseits war Usability in den Ausprägungen gering versus hoch manipuliert, zum anderen bewerteten die Probanden die Ästhetik auf den Stufen gering, mittel und hoch und wurden entsprechend einer Versuchsbedingung zugeordnet. In einer varianzanalytischen Auswertung zeigte sich, dass die Bewertung von Usability und Ästhetik nach der Nutzung des Systems durch die Interface-Ästhetik beeinflusst wurde. Usability hatte in diesem Experiment keinen derartigen Einfluss. Tractinsky et al. interpretieren dies in Anlehnung an die Sozialpsychologie als mögliche Wirkung eines Attraktivitätsstereotyps, werfen aber auch die Frage nach einem möglichen Mere-exposure-Effekt bezüglich der verschiedenen Messzeitpunkte auf. In diesem Experiment fanden die Autoren auch den korrelativen Studien vergleichbare Zusammenhänge zwischen Ästhetik- und Usability-Wahrnehmung (z. B. $r = .48$ nach der Interaktion mit dem Interface). Als Einschränkung des Experiments sehen die Autoren die mangelnde Generalisierbarkeit aufgrund einer studentischen Stichprobe.

Ben-Bassat et al. (2006) versuchten in diesem Feld eine bessere Messung der abhängigen Variablen zu verwirklichen und erhoben in ihrem Experiment mit N = 143 Studenten subjektive (Fragebogenmaße) und objektive Faktoren. Letztere operationalisierten die Autoren über zwei Experimentalbedingungen, in denen die Probanden in Form einer Auktion Geld für bestimmte Typen eines simulierten elektronischen Telefonbuchs bieten. Ästhetik wurde in jeweils in zwei Ausprägungen (gering versus hoch) operationalisiert, Usability in drei (gering, mittel und hoch), das Material wurde an N = 31 Studenten erfolgreich vorgetestet. Es handelte sich jedoch um ein *within-subjects design*, das zudem unvollständig war: Die Probanden bewerteten im Experiment nur vier Materialausprägungen, zusammengesetzt aus Usability mittel versus hoch sowie Ästhetik gering versus hoch. Die Variante geringe Usability und geringe Ästhetik wurden bei allen Probanden für eine Baseline-Messung genutzt, die Bedingung geringe Usability und hohe Ästhetik wurde nicht erhoben.

Der Manipulation Check fiel positiv aus, die Menge an Eingaben, die die Probanden in einem System machen konnten, entsprach der jeweiligen Usability-Bedingung. Die Ästhetik-Bedingung hatte hierbei keinen Effekt. In einer Varianzanalyse zeigte sich ein Effekt der Ästhe-

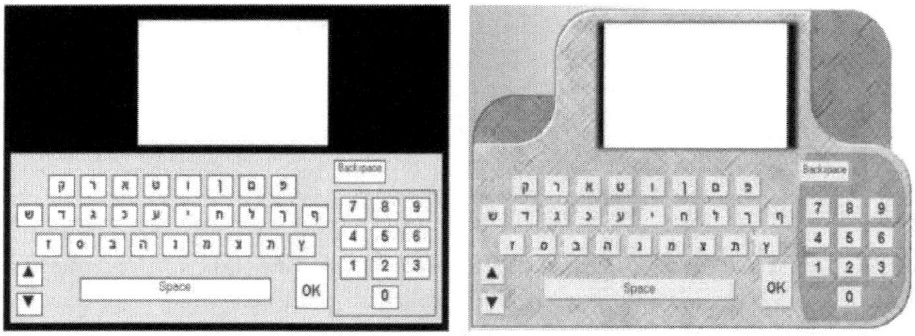

Abbildung 7.1: Das von Ben-Bassat et al. (2006) verwendete Stimulusmaterial. Links: ein Screenshot der unästhetischen Variante, rechts: die ästhetische Variante.

tik und der Usability sowohl auf Ästhetik-Urteile als auch auf die Usability-Urteile, zwischen der in den Aktionen gebotenen Geldmenge und der Ästhetik-Einschätzung fanden sich keine Zusammenhänge. Die Argumentation der Autoren, warum der Versuchsplan nicht vollständig in einem 3×2-Design umgesetzt wurde, fällt schwach aus: Eine komplett unästhetische und nicht benutzbare Variante wäre nicht in einer Untersuchung verwendbar gewesen, so die Autoren. Dabei stellt sich gerade diese Variante eines *schlecht* benutzbaren Systems und gleichzeitiger Ästhetik-Manipulation als interessant heraus, wie das folgende Experiment zeigt.

In diesem neueren Experiment, in dem Websites untersucht wurden, kommt es zu teilweise gegensätzlichen Ergebnissen: Moshagen et al. (2007) wollten den Zusammenhang zwischen Ästhetik und Performanz der Nutzer untersuchen. Ebenfalls in einem 2×2-Gruppendesign wurde Ästhetik (gering versus hoch) sowie Usability (schlecht versus gut) manipuliert. Als Stimulusmaterial diente eine Website mit medizinischen Informationen, diese wurde für das Experiment erstellt und umfasste mehr als 1500 Unterseiten. Ästhetik wurde in der Form manipuliert, als das die Farben bestimmter Gestaltelemente wie Überschriften oder Navigation mal in einem Gelborange, mal in einem grünen Farbton gehalten waren (siehe Farbtafel in Anhang E). N = 257 Probanden wurden auf die vier Gruppen aufgeteilt, führten mehrere komplexe Suchaufgaben aus und beantworteten zwei Fragebögen zu Ästhetik und Usability.

Als Ergebnis des Experiments zeigt sich, dass Ästhetik keinen Einfluss auf die Akkuratheit der Aufgabenbeantwortung hat, sehr wohl aber auf die Bearbeitungsgeschwindigkeit: In der Bedingung schlechte Usability (verschlechterte Navigationsmöglichkeiten) hatte eine hohe Ästhetik einen signifikant positiven Effekt auf die Bearbeitungsgeschwindigkeit. Ästhetik scheint hier also Usability-Defizite zu kompensieren. Diese Ergebnisse stehen im Widerspruch zu Annahmen, dass Ästhetik der Performanz schadet oder nur dann wirken kann, wenn ein Mindestmaß an Usability vorhanden ist. Im Gegensatz zu den beschriebenen korrelativen Studien und der Arbeiten von Ben-Bassat et al. (2006) und Tractinsky et al. (2000) fanden die Autoren in Varianzanalysen keinen systematischen Zusammenhang zwischen der Bewertung von Usability und Ästhetik. Aufgrund der besseren methodischen Umsetzung sind hier die Ergebnisse von Moshagen et al. (2007) höher zu gewichten. Einschränkungen liegen in dem Experiment von Moshagen et al. dahingehend vor, dass der gefundene Effekt durch die Wahl von Aufgabe oder Versuchsmaterial bedingt sein und sich Probleme seitens der externalen Validität ergeben könnten. Da diese Studie das erste Experiment dieser Art war, sind Replikationen und weitere Untersuchungen wünschenswert, um die gefundenen Ergebnisse zu überprüfen.

Ein weiteres aktuelles Experiment mit dem typischen 2×2-Design bezüglich Ästhetik und Usability haben Thüring und Mahlke (2007) durchgeführt. In einer Untersuchung von tragbaren Mp3-Playern mit N = 56 Teilnehmern fanden sich geringe Effekte der Ästhetik auf die wahrgenommene Usability (berechnet wurden lineare gemischte Modelle), die Autoren betonen hier die Notwendigkeit weiterer Untersuchungen. In einem weiteren Experiment mit N = 48 Probanden zeigte sich, dass sowohl Usability als auch Ästhetik einen Einfluss auf die Gesamtzufriedenheit mit einem System haben; dies wird teilweise durch physiologische Daten (wie EMG, elektromyographische Reaktionen) bestätigt. In dem resultierenden CUE-Modell (siehe Kap. 4.6.3, S. 34) werden Ästhetik und Aspekte der Usability aber getrennt und ohne eine direkte Beziehung zueinander dargestellt.

7.2.3 Fazit zum Zusammenhang von Ästhetik und Usability

Die Frage nach dem Zusammenhang von Ästhetik und Usability kann also auf Basis der vorhandenen empirischen Ergebnisse noch nicht endgültig beantwortet werden. Ben-Bassat et al. (2006) und Tractinsky et al. (2000) auf der einen, sowie Moshagen et al. (2007) auf der anderen Seite kommen zu gegensätzlichen Ergebnissen. Während Tractinsky et al. (2000) die gefundenen Effekte über einen Attraktivitätsstereotyp erklären, stützen die Ergebnisse von Moshagen et al. (2007) die Stimmungs-Leistungs-Hypothese. Die gegensätzlichen Ergebnisse dieser beiden Arbeiten lassen sich womöglich in Abhängigkeit vom Untersuchungsgegenstand (Geldautomaten-Interface versus Website), der Stichprobe (israelische Studenten versus deutsche Webnutzer) und vor allem der Messung der abhängigen Variable Usability (wahrgenommene Usability bewertet über ein einzelnes Item versus objektive Zeitmessung) erklären. Der letzte Punkt wiegt besonders schwer: Auch Moshagen et al. (2007) haben die wahrgenommene Usability bewerten lassen – allerdings nicht über ein Item, sondern über eine Kurzskala. Hier tritt der gefundene Effekt von wahrgenommener Ästhetik auf wahrgenommene Usability in einer varianzanalytischen Betrachtung nicht auf. Nun könnte angeführt werden, dass das Experiment von Ben-Bassat et al. (2006) zumindest mit kurzen Skalen die Konstrukte erfasst und zu gegenteiligen Annahmen kommt. Hier bleibt jedoch der Versuchsplan unvollständig, und gerade die Bedingung geringe Ästhetik und geringe Usability wird nicht untersucht. Aufgrund der besseren Methodik sowie der größeren Nähe zum Untersuchungsgegenstand Website ist die Studie von Moshagen et al. (2007) für die vorliegende Arbeit höher zu gewichten. In der methodisch sehr ausgereiften Arbeit von Thüring und Mahlke (2007) finden sich ebenfalls nur wenige Zusammenhänge zwischen den beiden Konstrukten bei der Untersuchung von Mp3-Playern.
Die Arbeiten von sowohl Tractinsky et al. (2000) als auch Moshagen et al. (2007) schließen

Halo-Effekte aus, die bei den korrelativen Studien vermutet wurde. Besonders unter Einbezug der Ergebnisse von Moshagen et al. (2007) zeigt dies die Unzulänglichkeit rein korrelativer Ansätze bei der Erfassung und Auswertung des Verhältnisses wahrgenommener Ästhetik zu wahrgenommener Usability.

Aus theoretischer Sicht ist zudem zu bedenken, dass die Funktion selbst als ästhetisch erlebt werden könnte. Folgt man der zusammenfassenden Argumentation von Piecha (2002), so ist die Voraussetzung für ein ästhetisches Erleben die Betrachtung eines Gegenstands um seiner selbst willen und dementsprechend zweckfrei. Jedes Objekt, das ein Rezipient zweckfrei wahrnehmen kann, kann somit auch ein ästhetisches Objekt sein. Da auch Gestaltungselemente, die der Usability dienen, zweckfrei wahrgenommen werden können, sind diese potentiell ästhetische Objekte. Im Gegensatz dazu kann Ästhetik auch einen Zweck erfüllen, wie bei dem Satz „form follows function" aufgezeigt wurde. So wäre denkbar, dass in den Experimenten von Ben-Bassat et al. (2006) oder Tractinsky et al. (2000) die unterschiedlichen Funktionalitäten von den Nutzern auch unter ästhetischen Gesichtspunkten erlebt wurden, und eben nicht ein Attraktivitätsstereotyp wirksam war (im Endeffekt auch eine Frage nach der Validität der Messungen). Eine derartige Annahme passt nicht zu den Ergebnissen in dem Experiment von Moshagen et al. (2007), in diesem kommt aber auch eine insgesamt besser zu bewertende Methodik zum Einsatz.

Auf Seiten der Usability-Messung scheint dabei eine Trennung von Usability-Wahrnehmung der Rezipienten und objektiven Maßen wie Zeitmessungen oder Aufgabenerfüllung wichtig, um Ergebnisse klarer interpretieren zu können. Auf der anderen Seite muss zudem vermutet werden, dass die Betrachtung der Ästhetik über alleinige unidimensionale Messungen nicht angemessen ist, wenn beispielsweise Lavie und Tractinsky (2004) oder Moshagen (2005) im Rahmen ihrer Messinstrumententwicklungen empirische Evidenz für Website-Ästhetik als mehrdimensionales Konstrukt finden. Weiterhin fehlt es in diesem Bereich an experimentellen Vorgehensweisen mit differenzierten Messungen; die Arbeiten von Moshagen et al. (2007) und Thüring und Mahlke (2007) stellen hier Ausnahmen dar.

7.3 Ästhetik, Glaubwürdigkeit und Vertrauen

Die beiden Konstrukte Glaubwürdigkeit (*credibility*) und Vertrauen (*trust*) liegen nah beieinander, werden aber oft getrennt untersucht. Fogg und Tseng (1999) greifen frühere Forschungen aus dem Offline-Bereich auf und definieren Glaubwürdigkeit als wahrgenommene Qualität einer Website oder der enthaltenen Informationen, während Vertrauen als der positive Glaube an die wahrgenommene Verlässlichkeit und Vertrauenswürdigkeit einer Person, eines Objekts oder eines Prozesses dargestellt wird.

Bei beiden Faktoren ist eine Beeinflussung durch ästhetische Gestaltungsmerkmale einer Website denkbar. Oftmals wird in Arbeiten aus diesem Bereich die Gestaltung der Website als relevanter Faktor neben beispielsweise Persönlichkeitseigenschaften oder inhaltlichen Aspekten genannt (siehe z. B. Cheung & Lee, 2006; Egger, 2001; Fogg & Tseng, 1999; Fogg et al., 2001; McKnight et al., 2002; Wittwer, Bromme & Jucks, 2004), ästhetische Gestaltungsvariablen werden dabei aber meist nur sehr global angesprochen oder untersucht.

Fogg und Tseng (1999, S. 82) schreiben „certain interface design features, such as cool color tones and balanced layout, can enhance users' perceptions of interface trustworthiness". Dies wird durch Studien bestätigt, die Karvonen (2000) berichtet: In diesen herrschte bei finnischen Website-Nutzern ein höheres Vertrauen, wenn die Websites ästhetisch gestaltet waren. Auch Everard und Galletta (2005) bestätigen dies empirisch bezüglich des Vertrauens in Online-Shops. In ihrer Studie beeinflusst dabei die Seitengestaltung die wahrgenommene Qualität des Online-Shops und wirkt so auf das Vertrauen in diesen. Flávian et al. (2006) zeigen in ihren Befragungsdaten (N = 351) eine positive Wirkung der Zufriedenheit mit einer Website auf das Vertrauen von Webnutzern.

Wathen und Burkell (2002) gehen davon aus, dass eine attraktive Gestaltung einen positiven Einfluss auf die Glaubwürdigkeitswahrnehmung hat. Ähnliches berichten Fogg, Kameda et al. (2002): Die Autoren stellen in ihrer Studie mit N = 1481 Befragten fest, dass eine professionell gestaltete Seite wesentlich glaubwürdiger wirkt. Bei Fogg, Soohoo et al. (2002) beziehen sich 46.1 Prozent von 2440 offenen Nennungen auf die Gestaltung der Seiten (die Gesamtstudie umfasste N = 2684 Befragte). Fogg, Soohoo et al. (2002) interpretieren dies wie folgt Bezug nehmend auf den Attraktivitätsstereotyp:

> It's important to note that looking good is often interpreted as being good – and being credible. Since at least the 1940s, social psychology research has shown that physically attractive sources (usually people) have been perceived to be credible sources (Benoy, 1982; Berscheid, 1981; Berscheid & Walster, 1974; Dion, Berscheid, & Walster, 1972; Eagly, Ashmore, Makhijani, & Longo, 1991). This basic human processing bias – "looking good is being good" – also seems to hold true for evaluating the credibility of Web sites, especially since design look is highly noticeable. (S. 58)

Diese Forschungen zum Zusammenhang von Ästhetik auf der einen und Glaubwürdigkeit und Vertrauen auf der anderen Seite sind allesamt vielversprechend, was die Bedeutung ästhetischer Gestaltung für diese Konstrukte anbelangt. Es fehlt aber noch an Studien, die die Wirkung konkreter Gestaltungsmerkmale untersuchen und somit spezifischere Empfehlungen für das Design von Websites geben können. Bisher liefern einzelne Autoren (z. B. Fogg & Tseng, 1999; Wathen & Burkell, 2002) nur eher theoretisch angenommene Hinweise bezüglich der allgemeinen Wichtigkeit von Farb- und Schriftgestaltung, Balance oder Bild- und Graphikeinsatz. Zumeist wird in den vorliegenden Studien, wenn es um Gestaltungsvariablen geht, allgemein auf zeitgemäßes oder professionelles Design verwiesen.

7.4 Ästhetik und Persönlichkeit

Eine Betrachtung des Zusammenhangs zwischen Ästhetik und Persönlichkeit ergibt nur dann Sinn, wenn Ästhetik keine reine Objekteigenschaft darstellt. Daher soll kurz auf die Subjekt-

Objekt-Diskussion im Rahmen der Wahrnehmung ästhetischer Gegenstände eingegangen werden. Die vorliegende Arbeit folgt hierbei einem subjektbezogenen Ansatz, der sich auch in der Tradition Fechners „Ästhetik von unten" sieht. Die Einnahme dieser Perspektive ergibt sich zudem klar aus den bisherigen Forschungen aus dem Bereich der Medienpsychologie (für eine Übersicht siehe M. Schmitt, 2004) und vorangegangenen Untersuchungen zur Ästhetik von Websites.

Abgesehen von einer eher wissenschaftstheoretisch-philosophischen Diskussion ergibt sich die Betrachtung von Ästhetik und Personenvariablen aus mehreren Gründen: Verschiedene Studien legen zumindest die Kontrolle demographischer Variablen, beispielsweise hinsichtlich der Expertise eines Probanden, nahe. Sowohl in der klassischen Ästhetik-Forschung (Eysenck, 1940; Child, 1964) als auch in der Produktforschung (für eine Übersicht siehe Bloch, 1995) finden sich Hinweise, dass das ästhetische Urteil möglicherweise durch Persönlichkeitseigenschaften bedingt ist. Diese sollen durch die Erfassung des Konstrukts *ästhetische Sensitivität* messbar werden. Auch aus Sicht der Differentiellen sowie der Medienpsychologie ergibt sich die Betrachtung von Persönlichkeitsmerkmalen. So empfehlen beispielsweise mehrere Autoren des Sammelbandes „Internet und Persönlichkeit" (Renner, Schütz & Machilek, 2005) zumindest die Kontrolle, besser aber die differentielle Betrachtung von Persönlichkeitsmerkmalen in Zusammenhang mit Online-Medien (z. B. Bošnjak, Galesic & Wittmann, 2005; Jackson et al., 2005; Jude, Hartig & Rauch, 2005). Aus Sicht der Medienpsychologie kann Persönlichkeit ursächliche oder moderierende Wirkung auf Medienrezeption und -nutzung haben (siehe z. B. Bommert, Dirksmeier & Kleyböcker, 2000; Bommert, Weich & Dirksmeier, 2000; M. Schmitt, 2004). Es lässt sich sogar ein Zusammenhang zwischen der Wahrnehmung privater Websites und Persönlichkeitseigenschaften der Besitzer dieser Websites finden (Vazire & Gosling, 2004). Auf der anderen Seite haben die Medien selber Einfluss auf die Rezipienten und deren Persönlichkeit (für eine Übersicht siehe Winterhoff-Spurk, 2004).

7.4.1 Die Subjekt-Objekt-Diskussion

In der Diskussion um die Wahrnehmung ästhetischer Objekte finden sich zwei gegensätzliche Positionen: Die eine nimmt an, dass Ästhetik eine reine Objekteigenschaft ist, die unabhängig vom Betrachter existiert (von Kutschera, 1998). Dieser Annahme folgend gibt es lediglich unterschiedliche Beschreibungen desselben Objekts durch den Wahrnehmenden, z. B. eine physikalische Beschreibung oder eine ästhetische Beschreibung.
Die Gegenposition (siehe hierzu besonders Piecha, 2002) postuliert die Subjektivität ästhetischer Wahrnehmung. Somit wird ein ästhetisches Objekt immer subjektiv erlebt, die Interpretation durch den Wahrnehmenden ist ein notwendiger Teil des ästhetischen Objekts. Ästhetik liegt entsprechend dieser Annahme zwar im Auge des Betrachters, ist aber dennoch empirisch zu fassen: Das ästhetische Urteil bezogen auf ein ästhetisches Objekt ist zwar subjektiv, aber begründbar und somit auch einer Operationalisierung und Messung zugänglich (siehe auch die kognitiven und neurowissenschaftlichen Ansätze unter Kap. 4.4, S. 28). Bei dieser Begründung ist der *relationale Charakter* des Objekts zu berücksichtigen. Dies bedeutet, dass

eine ästhetische Wahrnehmung verknüpft ist mit der Interpretation eines Objekts, aber auch mit der Person des Wahrnehmenden, seinen Erwartungen, Erfahrungen und Eigenschaften (somit begründet sich auch intersubjektive und intrasubjektive Varianz). Um dennoch ästhetische Urteile objektiv über verschiedene Subjekte hinweg zu erfassen, ist laut Piecha (2002) eine „kategoriale Idealisierung" Voraussetzung. Hiermit ist eine hohe Standardisierung der Urteilssituation in der Form gemeint, dass die urteilende Person nicht von Aspekten beeinflusst wird, die außerhalb des ästhetischen Objekts liegen. Gelfert (1998, S. 44ff.) stellt heraus, dass es Objekte gibt, die von nahezu allen Menschen als ästhetisch eingeschätzt werden. Dabei geht Gelfert (1998) z. B. auf evolutionäre und sexuelle Schlüsselreize sowie soziale Signale ein, diskutiert in diesem Zusammenhang aber auch den Einfluss von Modetrends. Nur relativ wenige Eigenschaften eines Objektes könnten dazu führen, dass dieses dauerhaft für schön gehalten wird – somit hält Gelfert die Existenz eines „Katalogs objektiver Schönheitsmerkmale" für wenig wahrscheinlich.

Die vorliegende Arbeit baut in Ansatz und Vorgehen auf der Annahme der Subjektivität der ästhetischen Urteile auf. Dies erscheint vor dem Hintergrund der theoretischen Grundlagen und der wissenschaftlichen Ausrichtung der experimentellen Ästhetik im Sinne Fechners als wesentlich besser geeigneter Herangehensweg. Die bisherigen Befunde zur Ästhetik von Websites sprechen für eine subjektive Wahrnehmung, die durch verschiedene Rahmenbedingungen (z. B. technische Aspekte oder bestimmte Gestaltungstrends) beeinflusst wird. Würde die Ästhetik von Websites rein objektbezogen sein, so wären gefundene relationale Aspekte dieser Ästhetik wie beispielsweise *Professionalität* nicht denkbar. Auch Ergebnisse anderer Forschungsrichtungen aus der Medienpsychologie legen eine subjektbezogene Vorgehensweise nahe (z. B. Bommert, Weich & Dirksmeier, 2000). Ausgehend von dieser Annahme der Subjektivität sind Einflüsse der Rezipientenpersönlichkeit denkbar; dies soll im Folgenden dargestellt werden.

7.4.2 Abhängigkeit ästhetischer Urteile von demographischen Variablen

Die meisten der beschriebenen Studien zur Ästhetik von Websites behandeln Eigenschaften der Rezipienten nicht über die Darstellung der Demographie hinaus. In einzelnen Arbeiten finden sich Prüfungen, inwieweit demographische Merkmale das ästhetische Urteil beeinflussen. Hierbei zeigt sich kein Einfluss demographischer (Parizotto-Ribeiro & Hammond, 2005; Moshagen et al., 2007; Zhang & von Dran, 2000) oder kultureller (Tractinsky, 1997) Merkmale auf das ästhetische Urteil.

Ein Geschlechtseffekt hinsichtlich farblicher Gestaltung findet sich jedoch in einer Studie (N = 132) von Mundorf, Westin und Dholakia (1993). Frauen bewerten hier ein sehr schlichtes Interface (ähnlich dem Design eines typischen DOS-Interfaces) ohne Farbe hedonischer als Männer, innerhalb der Bedingung „Interface mit Farbe" zeigt sich jedoch kein Unterschied.

Vereinzelt findet sich ein Effekt hinsichtlich der Expertise im Bereich Webdesign (Haig, 2002; Haig & Whitfield, 2001; Hartmann et al., 2007). Karvonen (2000) wirft den Gedanken auf, dass

Experten bei ihrer Bewertung womöglich auf andere Merkmale eines Systems achten. Keinen Expertise-Effekt finden beispielsweise Ben-Bassat et al. (2006) und Moshagen et al. (2007).

7.4.3 Ästhetische Sensitivität als Persönlichkeitseigenschaft

Die Idee einer ästhetischen Sensitivität als Eigenschaft des Betrachters formuliert bereits Eysenck (1940). Diese Eigenschaft bezeichnet einen generellen Persönlichkeitsfaktor, der die Fähigkeit eines Individuums zu ästhetischer Wahrnehmung und ästhetischem Erleben beschreibt. In diesem Bereich gibt es in der experimentellen Ästhetik bereits Ansätze, die ästhetische Sensitivität einer Person zu erfassen, insbesondere was die Wahrnehmung von Kunst anbelangt. Das bekannteste Instrument dürfte hierbei der VAST (*visual aesthetic sensitivity test*) des Künstlers Karl Otto Götz sein (Götz, Borisy, Lynn & Eysenck, 1979; Götz, 1985).
Diese und andere derartige Skalen verwenden zumeist visuelle Stimuli. Individuen mit einer hohen ästhetischen Sensitivität sollen Stimuli mit höherem ästhetischem Wert konsistent als ästhetischer bewerten (Child, 1964). Einer solchen Definition folgend messen Skalen zur Erfassung der ästhetischen Sensitivität diese in Abweichung zu einem extern (z. B. über Expertenurteile) festgelegten Standard. Viele der existenten Skalen weisen jedoch Probleme bezüglich ihrer psychometrischen Güte auf oder beziehen sich eingeschränkt nur auf Kunstwerke (Stich, 2005).
Bloch et al. (2003) entwickelten eine reliable und valide Skala zur Erfassung der ästhetischen Sensitivität, dabei gehen diese von einer generellen, vom ästhetischen Objekt unabhängigen Persönlichkeitseigenschaft mit drei zugrunde liegenden Dimensionen aus – *value, acumen* und *response* (siehe auch Kap. 17, ab S. 109). Auf den Ergebnissen von Bloch et al. (2003) aufbauend, die den Einfluss ästhetischer Sensitivität auch bei der Bewertung einfacher Alltagsgegenstände wie Küchenwaagen zeigen konnten, soll diese Persönlichkeitseigenschaft in der vorliegenden Arbeit behandelt werden. Konkrete Befunde zur Ästhetik von Websites und Einfluss derartiger Persönlichkeitsvariablen liegen bisher allerdings noch nicht vor.

8 Zusammenfassung und Definition visueller Ästhetik

Im ersten Teil der vorliegenden Arbeit werden aus einem historischen Abriss über die Entstehung des World Wide Web heraus die drei für Websites wichtigen Wahrnehmungskomponenten Inhalt, Usability und Ästhetik vor allem aus Sicht der Rezipienten dargestellt. Entsprechend der Ausrichtung dieser Arbeit wird dabei insbesondere auf Ästhetik und damit verbundene Theorien und Forschungsansätze sowie die Beziehung von Ästhetik zu anderen Konstrukten eingegangen.

Im Folgenden werden die grundlegenden Annahmen und Ergebnisse der dargestellten Arbeiten zur Ästhetik von Websites zusammengefasst. Diese sind zum Teil bereits empirisch bestätigt, andere stellen im Moment noch theoretisch abgeleitete Annahmen dar oder finden sich in einem Stadium, das weitere empirische Prüfung notwendig macht.

1. Die Ästhetik von Websites stellt einen substantiellen Faktor in der Wahrnehmung der Rezipienten dar und ist empirisch messbar. Hierbei wird dem wissenschaftlichen Ansatz Fechners (1876) gefolgt.
2. Ästhetik wird somit definiert als Wohlgefallen im Sinne Fechners.
3. Um wahrgenommen zu werden, müssen ästhetische Reize in ihrer Intensität eine gewisse Schwelle überschreiten. Die Wahrnehmung dieser Reize kann allerdings sowohl bewusst als auch vorbewusst oder unbewusst erfolgen. Dabei spielen verschiedene Top-down- und Buttom-up-Prozesse eine Rolle (Leder et al., 2004).
4. Die ästhetische Wirkung einer Website setzt sich aus mehreren Variablen zusammen; das Konstrukt ist wahrscheinlich als multidimensional zu betrachten (Lavie & Tractinsky, 2004; Moshagen, 2005). Dabei sind jedoch derzeit weder alle beteiligten Variablen schlüssig identifiziert, noch deren Wirkweise ausreichend erforscht. Fechners zweitem Prinzip und den Annahmen der Gestaltpsychologie folgend kann allerdings bei diesen ästhetischen Reizkomponenten eine Nichtsummativität vermutet werden: Die Gesamtwirkung der Reizkomposition entspricht nicht unbedingt der Summe der Teile.
5. Entsprechend dem Assoziationsprinzip können Erinnerungen in Form von Top-down-Prozessen zu ästhetischen Wahrnehmungen beitragen (Fechner, 1876; Leder et al., 2004; Norman, 2004).
6. Die ästhetische Wahrnehmung ist subjektiv, aber statistisch über verschiedene Rezipienten hinweg vergleichbar (siehe insbesondere Kap. 6 und Kap. 7.4.1).
7. Die Rezipienten sind in der Lage, ihre Wahrnehmung adäquat einzuschätzen und zu verbalisieren (dieser Annahme folgen im Prinzip alle empirischen Untersuchungen zur Ästhetik von Websites).

8. Das ästhetische Urteil erfolgt unmittelbar (Leder et al., 2004). Diese sehr schnell getroffenen Ästhetik-Einschätzungen sind möglicherweise stabil, könnten aber auf einzelnen, eher holistischen Variablen beruhen (siehe Kap. 5.3.1, S. 46f.).
9. Die Ästhetik von Websites beschränkt sich nicht auf eine Sinnesmodalität, theoretisch bezieht sich diese auf alle Sinne. Im Moment ist aber vor allem die visuelle Wahrnehmung von Websites bedeutsam, da zumeist die anderen Sinneskanäle nicht angesprochen werden.
10. Die Ästhetik beeinflusst die Präferenz der Rezipienten für eine Website (Schenkman & Jönsson, 2000; van der Heijden, 2003). Noch gibt es hierzu aber keinen direkten experimentellen Nachweis, empirische Hinweise finden sich aber bei Haig (2002) sowie Hall und Hanna (2004).
11. Womöglich ist die Wahrnehmung von Website-Ästhetik durch Personenvariablen beeinflusst, eventuell spielt hier die Variable ästhetische Sensitivität eine Rolle.
12. Der wichtigste Aspekt für den Rezipienten stellt zumeist der Inhalt einer Website dar, Ästhetik ist aber dennoch bedeutsam (z. B. Tarasewich et al., 2001). Abgesehen vom Inhalt ergibt sich die visuelle Attraktivität einer Website für den Rezipienten aus der Wahrnehmung von Ästhetik und Usability (Hassenzahl, 2001; van der Heijden, 2003). Beide Konstrukte stehen in einer Beziehung zueinander; der genaue Zusammenhang ist empirisch noch nicht geklärt. Erste Ergebnisse sprechen aber dafür, dass Ästhetik nicht im Widerspruch zur Usability steht, sondern unter bestimmten Bedingungen sogar Usability-Probleme kompensieren kann (Moshagen et al., 2007). Weiterhin kann von einem positiven Einfluss von Ästhetik auf die Wahrnehmung von Glaubwürdigkeit und Vertrauenswürdigkeit von Websites ausgegangen werden.

In dieser Zusammenfassung fällt die allgemeine Natur vieler Aussagen auf. Wie bereits unter Kapitel 5 angesprochen, finden sich bisher in der Forschung keine umfassenden Aussagen zu den wichtigen wirkenden Variablen der Website-Ästhetik oder dem Erleben dieser durch die Rezipienten, geschweige denn ein Wirkungsmodell der Ästhetik-Variablen. Mehrere Forscher folgen bei der Untersuchung der Website-Ästhetik früheren Ansätzen z. B. denen Berlynes (1971), integrieren aber weder die Grundlagen der experimentellen Ästhetik von Fechner (1876), noch beachten sie moderne kognitive Theorien.

An diesen Problempunkten soll die vorliegende Arbeit ansetzen, wie in der nachfolgenden Fragestellung verdeutlicht wird. Zunächst soll basierend auf den dargestellten Forschungsergebnissen die Ableitung und Erläuterung einer Arbeitsdefinition der Website-Ästhetik erfolgen. Gemäß dem Punkt 9 der Zusammenfassung erfolgt eine alleinige Betrachtung der visuellen Ästhetik sowie eine starke Orientierung an dem Modell von Leder et al. (2004).

Definition visueller Ästhetik

Einzelne Annahmen die für die Definition der visuellen Ästhetik von Websites relevant sind, wurden bereits im vorherigen Text und der obigen Zusammenfassung dargestellt. Ein Teil

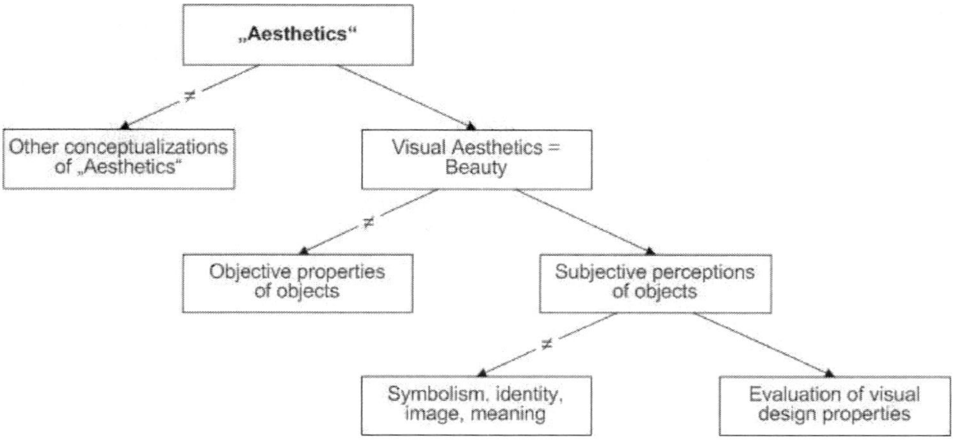

Abbildung 8.1: Bedeutung von „Ästhetik" nach Tractinsky und Lowengart (2007). Die von diesen Autoren behandelte Form der Ästhetik folgt dabei dem rechten Pfad.

dieser Annahmen, insbesondere was die Eingrenzung bezüglich einer subjektiven Wahrnehmung visueller Ästhetik betrifft, fassen Tractinsky und Lowengart (2007) in einer Abbildung zusammen (Abb. 8.1).

Hassenzahl (in press) diskutiert verschiedene Definitionen von Ästhetik in der HCI-Forschung. Dabei nimmt er unter anderem Bezug auf das Modell von Leder et al. (2004), das Hassenzahl aber für den HCI-Bereich als zu breit angelegt einstuft – breite Definitionsansätze würden dazu führen, Ästhetik nicht mehr von anderen Konstrukten trennen zu können. Hassenzahl (in press) schlägt daher wie bereits Tractinsky (erstmalig 1997) eine Eingrenzung auf visuelle Schönheit und damit folgende Definition vor:

> A judgment of beauty is a predominantly affect-driven evaluative response to the visual Gestalt of an object. It takes the percept of the object and the integral (i.e., attributed) affective response as input. This input may be further modified by classification and comparison processes. Beauty's relative reliance on integral affect makes is faster and more consistent than complex judgements of goodness.

Hassenzahl stellt somit den affektiven und evaluativen Anteil ästhetischer Wahrnehmungen in den Vordergrund. Die Argumentation zu dieser Definition ist an vielen Stellen nachvollziehbar, z. B. was die Eingrenzung auf visuelle Schönheit anbelangt oder die Trennung von generellen Zufriedenheitsmaßen.
Hassenzahl rückt jedoch unmittelbare Prozesse und kognitive Anteile ästhetischer Wahrnehmung in den Hintergrund. Der zentrale Argumentationsweg Hassenzahls für eine eher enge Definition visueller Ästhetik kann für die vorliegende Arbeit nicht ohne weiteres geteilt werden: Die Argumentation, dass eine breite Definition von Ästhetik, dem Modell von Leder et al. (2004) folgend, die diskriminanten Fähigkeiten von Ästhetik zu anderen Konstrukten (wie z. B. Attraktivität oder Gefallen) schwächt, würde nur dann zutreffen, wären diese anderen

Konstrukte selbst klar definiert und operationalisiert. Dies ist aber offensichtlich bisher nicht der Fall. Zum Beispiel Hassenzahl selbst verwendet in der ersten Version seines Messinstruments AttrakDiff (siehe Hassenzahl, 2001) Items wie *ästhetisch* oder *attraktiv* nebeneinander zur Erfassung des Gefallens. Ähnliche Überschneidungen der Verwendung von Items zeigen sich auch beim Vergleich anderer Instrumente, die zur Evaluation von Websites dienen. Die Darstellung der Studien zur Ästhetik von Websites sollte die bisherige Schwäche in diesem Bereich, was klar experimentell orientierte Vorgehensweisen anbelangt, zur Genüge herausgestellt haben.

Das Vorgehen von Leder et al. (2004), die zugrunde liegenden kognitiven Prozesse zu betrachten und von diesen ausgehend Aussagen zu treffen (und sich somit stark auf die Erkenntnisse der Allgemeinen Psychologie zu stützen), ist vorzuziehen. Ansonsten bestünde auch die Gefahr, dass zwei als verschieden bezeichnete Konstrukte die gleichen zugrunde liegenden Prozesse abbilden – was nicht im Interesse einer klar diskriminierenden Operationalisierung sein kann.
Weiterhin finden sich für Hassenzahls vergleichender Aussage bezüglich der Geschwindigkeit und Konsistenz ästhetischer Urteile zwar Hinweise, es fehlt aber an weiterer empirischer Evidenz (siehe Kap. 5.3.1, S. 46f.). Zudem weisen beispielsweise die Arbeiten von Haig (2002) oder Sutcliffe und De Angeli (2005) auf die Bedeutung stärker interaktionistischer Elemente hin, deren Verarbeitung ebenfalls Zeit erfordert und nur begrenzt unmittelbar erfolgen kann.

Im Folgenden wird daher eine Arbeitsdefinition zur visuellen Ästhetik bezogen auf Websites vorgeschlagen, die zum einen stärker kognitive Aspekte beinhaltet, als Hassenzahl diese annimmt, und zum anderen noch keine Aussagen über Zeitprozesse und Konsistenzaspekte der Verarbeitung ästhetischer Wahrnehmung wagt. Die vorgeschlagene Arbeitsdefinition soll die in diesem Forschungsbereich übliche Definition von Ästhetik als „visuelle Schönheit" („visual beauty", Tractinsky, 1997) erweitern, dabei aber andere Akzente setzen als Hassenzahl (in press).

Website-bezogene Arbeitsdefinition visueller Ästhetik
Visuelle Ästhetik bezeichnet das subjektiv empfundene Wohlgefallen an einer Website. Die ästhetische Wahrnehmung einer Website zeichnet sich somit durch einen positiven emotionalen Eindruck sowie eine positive kognitive Bewertung aus. Die affektiven und kognitiven Prozesse werden durch die Gestaltungsmerkmale einer Website ausgelöst.

Die Definition der visuellen Ästhetik von Websites über das subjektiv empfundene Wohlgefallen schließt an die dargestellten Forschungen zur Ästhetik an (siehe insbesondere Kap. 4.5.1, S. 29f.). Dabei fällt für den Anwendungsbereich World Wide Web im Moment die Trennung zwischen kognitiven und emotionalen Wirkprinzipien schwer und soll an dieser Stelle nicht nähergehend untersucht werden. Theoretisch plausibel erscheint dabei ein etwas höherer

Anteil der affektiven Komponenten, hier fehlt es aber an empirischen Untersuchungen. Weitere Hinweise zum Verhältnis kognitiver und emotionaler Anteile lassen sich aus den unter Kapitel 7.2.2 (S. 62f.) dargestellten Experimenten zu Ästhetik und Usability ableiten. In diesen werden sowohl Überlegungen zu einem Attraktivitätsstereotyp als auch zur Stimmungs-Leistungs-Hypothese dargestellt. Dies weist zudem auf Beziehungen von Website-Ästhetik zu anderen Konstrukten hin, im Bereich Usability finden sich erste Hinweise für eine mögliche kompensatorische Beziehung.
Ausgangspunkt der Überschneidungen zwischen verschiedenen Konstrukten werden wahrscheinlich die gemeinsamen Gestaltungsmerkmale sein: Bestimmte Gestaltungsobjekte können beispielsweise sowohl unter Aspekten der Ästhetik, der Usability oder des Inhalts wahrgenommen werden. Dieser Punkt ist zu beachten: Die Verarbeitungsprozesse der ästhetischen Wahrnehmung können durch andere, z. B. die Wahrnehmung des Inhalts, beeinflusst werden.

Dennoch kann Ästhetik von anderen Wahrnehmungskonstrukten klar unterschieden werden: Die Wahrnehmung erfolgt zu einem großen Teil unmittelbar, zweckfrei und löst Wohlgefallen aus. In Abgrenzung hierzu ist beispielsweise Usability ein Konzept, das wesentlich kognitiver definiert (man denke an das Ziel der Belastungsfreiheit) und klar auf eine Interaktion eines Nutzers mit einem System angewiesen ist. Eine Bewertung der Usability ist ohne Interaktion stark erschwert, eine Bewertung der Ästhetik jedoch bis zu einem bestimmten Punkt interaktionsfrei möglich. Dennoch hat auch Ästhetik interaktionistische Anteile, was sich beispielsweise in Aspekten wie *Animation* (siehe Haig, 2002) oder *Professionalität* niederschlägt: Eine Website, auf der das Design nicht kongruent zu den Inhalten wäre, oder eine Website, deren verschiedene Unterseiten in ihrer Ästhetik nicht aufeinander abgestimmt wären, würde als unprofessionell erlebt werden. Erste empirische Evidenz für die Bedeutung von Interaktivität für Ästhetik findet sich bei Sutcliffe und De Angeli (2005).

Über die ästhetisch relevanten Gestaltungsmerkmale ist bisher noch wenig bekannt, erfolgreich experimentell manipuliert wurden bisher Aspekte wie Animation, Farbe oder die Gestaltung von Form- und Navigationselementen. Die Wirkung der Gestaltungsmerkmale kann sowohl durch Objekteigenschaften als auch durch assoziative Wirkungen bedingt sein, ebenso sind Einflüsse interaktiver Aspekte (z. B. wahrgenommene Professionalität oder Aktualität eines Designs) denkbar. Eine Nichtsummativität der wirkenden Variablen im gestaltpsychologischen Sinne kann dabei vermutet werden. An der Verarbeitung dieser Gestaltungsmerkmale einer Website sind sowohl Top-down- als auch Buttom-up-Prozesse beteiligt (siehe das Modell von Leder et al. unter Kap. 4.5.1, S. 29f.).

Auch wenn Ästhetik sich über subjektives Empfinden definiert – die zugrunde liegenden Prozesse sind einer wissenschaftlichen Untersuchung zugänglich (siehe hierzu die Subjekt-Objekt-Diskussion unter Kap. 7.4.1 oder kognitive und neurowissenschaftliche Ansätze unter Kap. 4.4). Ästhetik liegt somit zwar im Auge des Betrachters, es sind jedoch bei verschiedenen Rezipienten gleiche Verarbeitungs- und Bewertungsprozesse anzunehmen, die sich einer gruppenstatistischen wissenschaftlichen Auswertung zuführen lassen.

9 Fragestellung

Das Anliegen der vorliegenden Arbeit ist es, mehr über die Wahrnehmung der Rezipienten bezüglich der Ästhetik von Websites zu erfahren und einzelne für die Ästhetik relevante Variablen zu identifizieren. Gleichzeitig wird die Beziehung zu anderen Wahrnehmungskonstrukten betrachtet. Dabei wird klar einem empirischen (und zum Teil experimentellen) Ansatz gefolgt. Entsprechend der Einteilung in der vorliegenden Darstellung der Forschungsergebnisse zur Ästhetik von Websites, lassen sich die Ziele der Arbeit drei Bereichen zuordnen:

1. *Deskriptiv* sollen die Wahrnehmungen der Rezipienten analysiert und wichtige Variablen identifiziert werden,
2. einzelne Variablen sollen *experimentell* betrachtet und dabei
3. *Zusammenhänge* sowohl zwischen verschiedenen Konstrukten als auch zu Persönlichkeitsmerkmalen untersucht werden.

Die vorliegende Arbeit steht dabei unter der übergeordneten Fragestellung:
Wie erleben Rezipienten die ästhetische Gestaltung von Websites?

Diese Frage lässt sich im Rahmen einer Dissertation nicht erschöpfend klären. Vielmehr soll hier ein Beitrag zur Erfassung der Website-Ästhetik geleistet werden in der Hoffnung, dass nachfolgende Arbeiten von diesem profitieren. Um die genannten Ziele zu erreichen, werden teilweise für dieses Forschungsfeld neue Wege beschritten, teilweise vorhandene Forschungsmethodiken genutzt und bisherige Ergebnisse einer Prüfung unterzogen. Im Rahmen der Untersuchungen werden auch einzelne Instrumente und Skalen zur Erfassung der relevanten Konstrukte ins Deutsche übertragen oder neu gebildet.

Im Rückgriff auf die dargestellten Ergebnisse und Problembereiche der bisherigen Forschungen zur Website-Ästhetik lassen sich aus der allgemeinen Fragestellung mehrere Teilfragen ableiten. Diese werden zum einen qualitativ, zum anderen experimentell untersucht und sollen im Folgenden dargestellt werden.

9.1 Qualitative Untersuchung

Die bisherigen Forschungen weisen einen Mangel an qualitativen Betrachtungen der Rezipientenwahrnehmung von Website-Ästhetik auf. Messinstrumente und Operationalisierungen des Konstrukts erfolgten bisher zumeist rein forscherseitig. Daher soll zuerst eine qualitative Studie erfolgen. Diese hat das Ziel, die Rezipientenseite klarer als bisher geschehen zu

Wort kommen zu lassen. Die zentrale Frage in dieser Untersuchung lautet: **Wie beschreiben Rezipienten ihre ästhetische Wahrnehmung von Websites?**

Im Rahmen der Untersuchung dieser Frage sollen in der qualitativen Studie drei verschiedene Teilfragestellungen untersucht werden:

1. Sind die Rezipienten in der Lage, ästhetische Wahrnehmungen zu verbalisieren (siehe Punkt 7 der Zusammenfassung, Kap. 8, ab S. 71)?
2. Welche Aspekte der Website-Ästhetik nennen die Rezipienten? Ergeben sich hierbei Aspekte, die bisher in der Forschung übersehen wurden?
3. Welche Aspekte der Website-Ästhetik erlangen in den Nennungen der Rezipienten besondere Bedeutung?

Auch wenn auf Basis der Menge von vorhandenen Forschungen zur Website-Ästhetik eher anzunehmen ist, dass die erste Frage bejaht werden kann, so soll dennoch eine entsprechende Betrachtung anhand einer qualitativen Untersuchung erfolgen, um an dieser Stelle Sicherheit zu erlangen. Die Ergebnisse der Fragen zwei und drei liefern wichtige Ansatzpunkte für die experimentelle Untersuchung der Website-Ästhetik, die zur Beantwortung der nachfolgend dargestellten Fragestellungen notwendig ist. Zudem generiert die qualitative Studie die Grundlagen für die Gestaltung der Versuchsvariablen des späteren Experiments. Indirekt liefert die qualitative Studie Daten zur Bewertung der Arbeitsdefinition von visueller Ästhetik – würden die Nennungen der Probanden konträr zu dieser Definition ausfallen, wäre ein Überdenken eben dieser notwendig.
Die Darstellung der qualitativen Untersuchung findet sich in Teil IV (ab S. 151).

9.2 Experimentelle Untersuchung

In einer experimentellen Untersuchung sollen mehrere Fragestellungen betrachtet werden. Bisherige Forschungen geben Hinweise darauf, dass es einen Zusammenhang zwischen Personenvariablen und dem ästhetischen Urteil gibt. Daher soll im Rahmen eines experimentellen Designs sowohl ein Instrument zur Erfassung der *Big Five* als auch der *ästhetischen Sensitivität* zum Einsatz kommen. Die Betrachtung von Personenvariablen erfolgt dabei weitgehend explorativ. Lediglich ein Zusammenhang der Variable ästhetische Sensitivität lässt sich im Vorfeld auf Basis früherer Forschungen zur Ästhetik vermuten. Dementsprechend lautet die erste Fragestellung der experimentellen Untersuchung:

Frage 1: Welche Zusammenhänge finden sich zwischen Persönlichkeitsmerkmalen und ästhetischen Urteilen?

Die Betrachtung dieser ersten Fragestellung ist nur der erste Schritt: Aus der qualitativen Untersuchung erfolgt die Ableitung von Gestaltungsvariablen, deren Wirkung auf die Wahrnehmung von Website-Ästhetik im Experiment überprüft wird. Nur durch eine experimentelle

Prüfung lassen sich fundierte Aussagen über die Wirkung ästhetischer Gestaltungsvariationen machen. Hier soll Website-Ästhetik in einzelnen Aspekten genauer untersucht werden, als das mit bisherigen (meist korrelativen) Studien geschehen ist. Dabei ergibt sich auch die Möglichkeit, die Beziehung zwischen Ästhetik auf der wahrgenommenen Usability sowie dem wahrgenommenen Inhalt zu analysieren. Es sollen somit mit dem Experiment drei weitere Fragestellungen beantwortet werden:

Frage 2: Lässt sich die Wirkung einzelner Variablen auf die wahrgenommene Ästhetik einer Website experimentell bestätigen?

Frage 3: Welche Beziehung findet sich zwischen Ästhetik und Usability?

Frage 4: Welche Beziehung findet sich zwischen Ästhetik und Inhalt?

Eine detaillierte Darstellung dieser insgesamt vier Fragestellungen und der dazugehörigen Hypothesen findet sich in Teil V (ab S. 173). Im Folgenden soll zunächst auf methodische Aspekte eingegangen werden, die für alle Untersuchungen der vorliegenden Arbeit von Relevanz sind.

Teil II

Allgemeine Anmerkungen zur Methodik

10 Einführung

An dieser Stelle sollen zu den nachfolgend dargestellten empirischen Studien einige methodische Vorbemerkungen allgemeiner Art erfolgen. Insgesamt werden im Rahmen der vorliegenden Arbeit fünf eigenständige Untersuchungen durchgeführt:

- Eine qualitative Studie zur Beantwortung der Fragestellung, wie Rezipienten ästhetische Wahrnehmung beschreiben,
- drei Untersuchungen, um Befragungsinstrumente zu erproben oder neu zu konstruieren, die in der
- experimentellen Untersuchung zur Ästhetik von Websites benötigt werden.

In diesen drei Untersuchungsschritten finden sich an mehreren Stellen Gemeinsamkeiten, was die Methodik anbelangt. Daher sollen aus Gründen der Übersichtlichkeit in diesem Teil II übergeordnete methodische Aspekte dargestellt werden, die jeweils Relevanz für mehr als die Hälfte der fünf einzelnen Untersuchungen haben. Spezielle Aspekte, die nur für ein oder zwei der Untersuchungen von Relevanz sind, werden an entsprechender Stelle separat behandelt.

Fast allen Studien gemeinsam ist der Untersuchungsgegenstand Website, hierbei lediglich ausgenommen die Untersuchung zur deutschen Version der *Scale for Centrality of Visual Product Aesthetics* (siehe Kap. 17, in Teil III, ab S. 109). Websites stellen besondere Herausforderungen an den Forscher, was den methodischen Aufbau von Untersuchungen betrifft. So soll zu Beginn dieses Teils aus methodischer Sicht auf dieses Medium eingegangen werden. Dabei werden insbesondere die Menge der existenten Websites, die Darbietung dieser in Untersuchungen und Probleme der Zielgruppenabhängigkeit besprochen.

Abgesehen von der qualitativen Studie (siehe Teil IV, ab S. 151) sollen mit den vorliegenden Studien Aussagen erfolgen, die sich zumindest für den deutschen Sprachraum bei vergleichbaren Untersuchungsgegenständen verallgemeinern lassen. Daraus ergibt sich die Anforderung, dass die entsprechenden Erhebungen nicht nur mit ausreichend großen, sondern auch mit entsprechend heterogen zusammengesetzten Stichproben stattfinden. Inwieweit dies gelungen ist, soll auch anhand eines Vergleichs zentraler demographischer Variablen der erhobenen Stichproben mit der jeweiligen Zielpopulation erfolgen. Der vorliegende Teil enthält daher Überlegungen zur Bestimmung der jeweiligen Repräsentativitäten.

Drei der im Rahmen der vorliegenden Arbeit durchgeführten Studien erfolgten online. In einer Übersicht soll daher auf die Besonderheiten und Merkmale von Online-Untersuchungen eingegangen werden, um dem Leser einen Überblick über diese in der Psychologie noch vergleichsweise neue Methodik zu verschaffen. Auch ergeben sich einzelne Aspekte in Vorgehen und Auswertung einzelner Studien direkt aus dieser speziellen Erhebungsmethodik.

Ebenfalls in drei Untersuchungen (siehe Teil III ab S. 107) werden Faktorenanalysen durchgeführt, daher soll kurz und allgemein auf methodische Voraussetzungen und Berechnungsaspekte eingegangen werden. Der vorliegende Teil II baut sich somit aus den folgenden Kapiteln auf:

1. Websites als Untersuchungsgegenstand
2. Grundlagen einer Bestimmung der Repräsentativität
3. Einführung in die Methodik von Online-Untersuchungen
4. Allgemeine Anmerkungen zu Faktorenanalysen
5. Zusammenfassung

Die folgende Tabelle 10.1 gibt einen Überblick, welcher der vier genannten allgemeinen methodischen Aspekte in welchem Teil der vorliegenden Arbeit relevant wird.

Tabelle 10.1: Übersicht über die folgenden Studien und die jeweiligen relevanten Themen aus den allgemeinen Anmerkungen zur Methodik

Untersuchung	zu finden in	Websites als Gegenstand	Bestimmung Repräsentativität	Online-Untersuchung	Faktorenanalyse
Prüfung der deutschen Version der Scale for Centrality of Visual Product Aesthetics (CVPA-g)	Teil III Kap. 17		√		√
Prüfung der deutschen Version der Scale for Measuring Perceived Website Usability (PWU-g)	Teil III Kap. 18	√	√	√	√
Entwicklung des Fragebogens zur Wahrnehmung von Website-Inhalten (WWI)	Teil III Kap. 19	√	√	√	√
Qualitative Untersuchung zur Ästhetik von Websites	Teil IV	√			
Experiment zur Ästhetik von Websites	Teil V	√	√	√	

11 Websites als Untersuchungsgegenstand

Websites stellen den zentralen Untersuchungsgegenstand der vorliegenden Arbeit dar – daher soll an dieser Stelle erneut auf die unter Kapitel 1.2 im Theorieteil dargestellten Unterscheidungen hingewiesen werden: Als *Webseite* wird eine einzelne Seite im World Wide Web bezeichnet, die von einem Browser dargestellt wird. Die gesamte Internetpräsenz einer Person, eines Projektes oder einer Organisation wird als *Website* bezeichnet. Eine Website bildet einen hierarchisch zusammenhängenden Teilbereich des World Wide Web bestehend aus einer oder meist mehreren Webseiten, die unter einer Webadresse erreichbar sind. Der Begriff *Homepage* wird lediglich für die Startseite einer Website verwendet.

Websites lassen sich aufgrund spezifischer Eigenschaften klar von anderen Medien und Produkten trennen. Neben den rein technischen Aspekten des World Wide Web ergibt sich die Besonderheit von Websites durch deren Vernetzung, der vorrangig visuellen Darstellung, der Vermischung multimedialer Elemente, den Interaktionsmöglichkeiten, bestimmten gestalterischen Eigenheiten (z. B. Navigationsmenüs) sowie einem generellen Informationsbezug (siehe hierzu auch besonders Kap. 2, ab S. 9). So unterscheiden sich Websites beispielsweise von einem Buch durch die Vernetzung und die Interaktivität; von einer herkömmlichen Software durch die enorme Menge an vorhandenen und potentiell zu verlinkenden anderen Seiten.
Eine weitere Besonderheit von Websites ist die Abhängigkeit der Darstellung von der Hard- und Software des Nutzers. So kann die Darstellungsgröße mit der Größe des Bildschirms variieren oder die Darstellung einzelner Gestaltungselemente je nach Browser leicht verändert sein. Auch ist die technische Entwicklung in ständiger Bewegung, was wiederum Auswirkungen auf Webdesign und Website-Darstellung hat (siehe z. B. Engholm, 2002; Ivory & Megraw, 2005). Diese Eigenschaften von Websites erschweren an manchen Stellen die wissenschaftliche Untersuchung, worauf im Folgenden eingegangen werden soll.

11.1 Eingrenzung des untersuchten Website-Typus

Aus den oben beschriebenen grundlegenden Eigenschaften von Websites lässt sich ablesen, dass die Untersuchung von Websites bestimmten Einschränkungen unterliegt. Es ist vor allem notwendig, Eingrenzungen beim untersuchten Material vorzunehmen: Das World Wide Web ist immens groß – wie schon in Teil I dargestellt, existieren weltweit geschätzt insgesamt 22.47 Milliarden Webseiten. Aufgrund der sehr verschiedenen Ziele und Funktionen dieser lässt sich der gesamte Raum von Websites nicht sinnvoll in einem Design untersuchen (Ollermann, Reinecke & Hamborg, 2005). So ist offensichtlich, dass beispielsweise die Übertragbarkeit von Forschungsergebnissen zu Websites von Privatpersonen auf Websites von Unternehmen zumeist kritisch gesehen werden muss.

Es gibt verschiedene Ansätze, die Vielzahl existierender Websites zu kategorisieren. Wissenschaftlich veröffentlichte Einteilungen finden sich beispielsweise bei De Marsico und Levialdi (2004); Hoffmann, Novak und Chatterjee (1995); Hong und Kim (2004); Zhang et al. (2000) oder Zviran, Glezer und Avni (2006). Während Zhang et al. (2000) sehr allgemein Charakteristiken von Websites beschreiben und Zviran et al. (2006) eine Einteilung anhand des *traffics* von Websites vornehmen (basierend auf einer Typologie von IBM), findet sich bei De Marsico und Levialdi (2004) eine interessante globale Taxonomie mit den drei Ebenen *Kommunikationsstil, Inhaltsaspekte* und *soziale Dimension.*
Eine frühe inhaltliche Einteilung findet sich bei Hoffmann et al. (1995); diese schlagen für den Bereich der kommerziellen Websites sechs Kategorien vor:

- Online Storefront
- Internet Presence
- Content
- Mall
- Incentive Site
- Search Agents

Zu deutlich mehr Kategorien kommen Hong und Kim (2004). Diese leiten insgesamt 16 Kategorien aus einer Einteilung einer koreanischen Regierungsorganisation ab: *general shopping mall, speciality shopping mall, auction, reservation service, health and medical, computer and internet, economy and industry, women and children, games, portals, web hosting, community, personal homepages, organization homepages, online education* und *web casting.* Hierbei fällt jedoch auf, dass die Kategorien auf verschiedenen Ebenen liegen. Einzelne Kategorien könnten als Unterkategorien anderer (beispielsweise *organization homepages* als Teil von *economy and industry*) aufgefasst werden. Die Kategorisierung der beiden Autoren ist somit noch verbesserungsfähig, als positiv festzuhalten ist aber, dass diese trotz eines zusammenfassenden Charakters die Vielzahl verschiedener Bereiche im World Wide Web aufzeigt.

In der vorliegenden Arbeit soll der Bereich der nichtprivaten Websites, ausgehend von Funktionsspektrum und Inhalten der Seiten, in zehn Website-Typen unterteilt werden (siehe hierzu Tab. 11.1). Die in Tabelle 11.1 dargestellten Kategorien sind nicht unbedingt distinkt, im Gegenteil: Überlappungen sind bei einzelnen Websites eher üblich, beispielsweise die Kombination von Selbstdarstellungsseiten mit Online-Shops. Die Einteilung hier erfolgt aus Sicht einer methodischen Kategorisierung organisationaler Websites aus inhaltlich-funktionalen Aspekten heraus. Weiterhin war das Ziel dieser Einteilung, die Kategorien so zu wählen, dass diese möglichst auf einer vergleichbaren Ebene liegen.

Tabelle 11.1: Übersicht über die verschiedenen Typen der Websites von Institutionen und Organisationen

Website-Typus	Exemplarische Beispiele
E-Commerce	www.ebay.com, www.amazon.com
Entertainment	www.games.com, www.worldofwarcraft.com
E-Learning	www.elearningeuropa.info, www.bildung.at
E-Recruiting, E-Assessment	www.monster.com, www.jobpilot.com
Information	www.wikipedia.com, www.times.com
Kommunikation, Online-Netzwerke	www.xing.com, www.linkedin.com
Portalfunktion	www.t-online.de, www.web.de
Präsentation, Selbstdarstellung	www.daimler.com, www.merck.com
Social Software	www.blog.com, www.secondlife.com
Suchmaschinen	www.google.com, www.yahoo.com

In einer wissenschaftlichen Untersuchung muss neben der dargestellten inhaltlichen Diversität die Funktionsvielfalt von Websites beachtet werden. Manche Websites ähneln aufgrund ihrer Funktionalität zunehmend Software-Produkten, der Grund liegt in den zunehmenden technischen Möglichkeiten im World Wide Web: Die Einbindung multimedialer Elemente, wie beispielsweise Film oder Ton, lässt die Grenzen zwischen Website, Software und Entertainment-Medium weiter verschwimmen.

Um den Raum der existenten Websites sinnvoll einzugrenzen, sollen in der vorliegenden Arbeit Selbstdarstellungsseiten von Unternehmen und Institutionen betrachtet werden. Diese werden manchmal auch als *corporate websites* bezeichnet. Eine derartige Einschränkung bietet insbesondere den Vorteil, dass Websites dieses Typus zumeist professionell mit großem Aufwand erstellt wurden und somit den aktuellen technischen und gestalterischen Standards entsprechen. Auch sprechen viele *corporate websites* breite Zielgruppen an, was den Einsatz von vorhandenen Websites in Untersuchungen vereinfacht und bei neu geschaffenem Material hilfreich sein kann.
Die spätere Übertragbarkeit der in der vorliegenden Arbeit erzielten Ergebnisse auf Websites mit vollkommen anderer Funktion und Zielrichtung mag durch diese Auswahl eingeschränkt sein. Aber nur bei einem standardisierten Versuchsaufbau, der eine Eingrenzung des Materials erfordert, ist überhaupt damit zu rechnen, allgemeingültige Ergebnisse zu finden. Selbstdarstellungsseiten von Unternehmen und Institutionen bieten hier einen guten Ansatzpunkt, da sie zumeist eine relativ ausgewogene Mischung der typischen Elemente einer Website (Text, Bilder, Verlinkungen, multimediale Inhalte) enthalten und somit einen vergleichsweise prototypischen Anteil von Websites stellen.

11.2 Darbietung von Websites in Befragungen und Experimenten

Ein weiteres Problem vieler Untersuchungen von Websites, vor allem im Bereich der Ästhetik-Forschung, ist die Art der Darbietung. Oftmals wird den Probanden nur ein Screenshot einer einzelnen Webseite zur Bewertung gezeigt (oft die Homepage, siehe exemplarisch Schenkman & Jönsson, 2000). Interaktion, bewegte Elemente und besonders das Surfen auf den Unterseiten einer Website sind aber zentrale Merkmale dieses Mediums. In Untersuchungen, in denen nur Screenshots dargeboten werden, bewerten die Probanden lediglich ein stehendes Bild einer einzelnen Webseite – diese weit verbreitete Methode wird dem Medium aber nicht gerecht. Empirische Evidenz für die Bedeutung von Interaktivität auch für Ästhetik-Untersuchungen findet sich bei Sutcliffe und De Angeli (2005).

Lässt man nun allerdings die Interaktion mit einer Website zu, so ist eine vollständige Standardisierung einer Untersuchung sowie deren technische Umsetzung erschwert, ja in manchen experimentellen Settings mit extrem kurzer Darbietungsdauer (siehe z. B. Lindgaard et al., 2006; Tractinsky et al., 2004) nahezu unmöglich. Um die Standarisierung beim Einsatz realer Websites dennoch so weit wie möglich zu gewährleisten, lässt man die Probanden in bestimmten Bereichen vorgegebener Websites instruiert surfen oder gibt vollständig vereinheitlichtes Versuchsmaterial zum freien Surfen vor.
Die Entscheidung für eine bestimmte Darbietungsform ist dabei abhängig von der Fragestellung. So werden auch in der vorliegenden Arbeit verschiedene Formen der Darstellung genutzt, die sich jeweils aus dem methodischen Aufbau der einzelnen Untersuchung ergeben. Nicht verwendet wird die Darstellung über einen Screenshot, da diese das Medium zu stark auf eine rein statische, interaktionsfreie Abbildung reduziert.

11.3 Zielgruppenabhängigkeit

Websites sind in ihren Inhalten und in ihrer Gestaltung auf bestimmte Nutzergruppen angepasst. Zudem ergeben sich auch in einem globalen World Wide Web Beschränkungen aufgrund von Sprache und Kultur. Daher ist bei der Bewertung der Gestaltung von Websites zu beachten, dass der Pool der Befragten entsprechend zielgruppenbezogen zusammengestellt ist. Es empfiehlt sich durch die dargebotenen Inhalte und Themen breite Zielgruppen anzusprechen, da so weniger spezielle Stichproben notwendig und die Ergebnisse leichter zu verallgemeinern sind. Beachtet man dies nicht, so besteht die Gefahr, dass aufgrund bestimmter Neigungen eines Teils der Probanden systematisch abweichende Untersuchungsergebnisse entstehen, die nicht durch die untersuchte Gestaltung einer Website bedingt sind. Eine derartige Vermutung drängt sich beispielsweise bei der Studie zur Website-Ästhetik von Pandir und Knight (2006) auf, die lediglich mit N = 12 Probanden durchgeführt wurde und deren Autoren bei der Integration der Ergebnisse offenkundlich einige Probleme haben.

Durch die Auswahl entsprechend neutraler oder breit ansprechender Website-Inhalte lassen sich methodische Probleme aufgrund einer Zielgruppenabhängigkeit verhindern oder zumindest stark verringern. Ob Ergebnisse einzelner Untersuchungen dann auch auf andere Kulturkreise übertragbar sind, muss im Einzelfall geprüft werden. Erfolgreich im Bereich Ästhetik und Usability war hier beispielsweise Tractinsky (1997); auch Ngo et al. (2000) postulieren dies für die Ästhetik von graphischen Interfaces. In der vorliegenden Arbeit ist die Zielgruppe für die Untersuchungen zur Website-Ästhetik die deutsche Online-Bevölkerung.

12 Grundlagen einer Bestimmung der Repräsentativität

Zentrale Grundlage der folgenden Untersuchungen ist eine für die jeweilige Auswertungsmethode angemessene Stichprobengröße. Außerdem wird in allen Untersuchungen dieser Arbeit eine breite und heterogene Stichprobenzusammensetzung angestrebt. Um einschätzen zu können, ob dieses zweite Ziel erreicht wurde, soll die Repräsentativität zur Zielpopulation der erhobenen Stichproben (vor allem in der zentralen Variable Alter) betrachtet werden. Möglichst breite Stichproben werden angestrebt, um eine gute Ausgangsbasis für eine Verallgemeinerbarkeit der Ergebnisse zu schaffen.

Würde man konservativ wissenschaftstheoretisch an das Thema Repräsentativität herangehen, so wären die Ergebnisse einer Befragung nur repräsentativ für die erhobene Stichprobe. Durch das zufällige Ziehen von Versuchspersonen aus einer definierten Grundgesamtheit, versucht man eine Grundlage zu schaffen, Befragungsergebnisse auf diese Grundgesamt verallgemeinern zu können. Genau genommen lassen sich aber die Ergebnisse einer Studie nie ohne Einschränkungen auf eine Grundgesamtheit anwenden; ein gewisses Maß an Unsicherheit und Messfehlern ist immer gegeben.

Vor diesem Hintergrund muss jede Aussage zur Repräsentativität und die Bedeutung derselben betrachtet werden. Daher ist Repräsentativität, wie oben gesagt, in dieser Arbeit als ein Indikator für heterogene Stichproben, die gute Voraussetzungen für eine Generalisierbarkeit der Ergebnisse bieten, zu sehen. Eine vollkommene Repräsentativität zur Zielpopulation (in den gewählten demographischen Variablen) kann zudem aus versuchsökonomischen Gründen nicht in den allen hier durchgeführten Studien umgesetzt werden. Zudem ist dies bei den instrumentenbezogenen Arbeiten (siehe Teil III, ab S. 107), die als Vorstudien zur experimentellen Arbeit in Teil V dienen, nicht unbedingt notwendig. Die Stichproben aller Untersuchungen – auch der in Teil III – sollten aber zumindest ausreichend unterschiedlich zusammengesetzt sein, so dass die spätere Anwendung der untersuchten Instrumente in der Gesamtpopulation zweckmäßig erscheint und deren Eignung zumindest grob abgeschätzt werden kann.

12.1 Die bundesdeutsche Bevölkerung

Über die bundesdeutsche Bevölkerung liefert das Statistische Bundesamt in Wiesbaden umfangreiche Daten, anhand derer Bestimmungen zur Repräsentativität vorgenommen werden können. In dieser Arbeit wird Bezug genommen auf den aktuell vorliegenden Bericht des Statistischen Bundesamtes (Statistisches Bundesamt, 2006) und die Angaben auf der dazugehörigen Website (http://www.destatis.de). Bei den Vergleichen zur deutschen Bevölkerung soll jedoch nur auf die 70.6 Millionen Bundesbürger über 15 Jahren Bezug genommen werden.

Der Grund hierfür liegt darin, dass die in dieser Arbeit vorgenommenen Untersuchungen und besprochenen Instrumente Aussagen über Web-Nutzer im Jugendlichen- und Erwachsenenalter, nicht aber im Kindesalter erbringen sollen.

12.2 Die deutsche Online-Bevölkerung

Die meisten der im Folgenden dargestellten Studien beziehen sich auf die Wahrnehmung von Websites – Repräsentativität ist dabei also nicht auf die gesamte deutsche Bevölkerung, sondern nur auf den Anteil der so genannten *Onliner* zu bestimmen. Bei der Abschätzung des Anteils der Bundesbürger, die das Internet nutzen, liefert das Statistische Bundesamt keine Daten und man ist auf verschiedene Reichweitenanalysen angewiesen. Hier lassen sich unterschiedliche Studien heranziehen, die jeweils untersuchen, wie viele der Deutschen online sind und wie sich deren demographische Zusammensetzung darstellt. Von diesen sind für die jeweiligen Untersuchungszeiträume der Erhebungen dieser Arbeit insbesondere zu nennen:

- die jährlichen ARD/ZDF Online-Studien (van Eimeren & Frees, 2005, 2006),
- die quartalsweise stattfindenden Studien der Arbeitsgemeinschaft Online-Forschung e. V. (AGOF, 2005, 2006) oder
- die jährlichen Studien von TNS Infratest in Zusammenarbeit mit der Initiative D21 (TNS Infratest & Initiative D21, 2005, 2006).

Die genannten Reichweitenuntersuchungen werden jeweils mit unterschiedlichen Schwerpunkten ausgeführt: Mal steht mehr ein politisches, mal mehr ein Interesse der Werbeschaffenden im Vordergrund. Dennoch sind die jeweiligen Angaben zu demographischen Eigenschaften der deutschen Online-Bevölkerung relativ ähnlich. So waren im Jahr 2006 (in dem die meisten Datenerhebungen der vorliegenden Arbeit stattfanden) etwa 57 Prozent der Deutschen über 14 Jahren (37.4 Millionen Bürger) zumindest einmal im Monat Nutzer von Online-Medien und werden damit in den Reichweitenstudien als *Onliner* bezeichnet.

Die Aussagen über die Repräsentativität von Online-Stichproben im weiteren Rahmen dieser Arbeit beziehen sich auf die für den jeweiligen Erhebungszeitpunkt relevanten Daten der ARD/ZDF Online-Studien (van Eimeren & Frees, 2005, 2006). Die Auswahl ist darin begründet, dass in diesen Veröffentlichungen die Methodik etwas besser dargestellt ist als bei den anderen Reichweitenuntersuchungen.

Die Stichproben der vorliegenden Arbeit sollen hierbei jeweils in Alter und Geschlecht betrachtet werden. Zu diesen zentralen demographischen Variablen liegen in den Reichweitenanalysen die am besten differenzierten verwertbaren Daten vor. Die ARD/ZDF Online-Studien der Jahre 2005 und 2006 liefern allerdings keine Aussagen zur Verteilung des Bildungsstands in der Online-Population in der Form, dass diese direkt für die Gruppe der Onliner anteilig umgerechnet werden können. Auch in anderen relevanten Reichweitenanalysen finden sich keine direkten Angaben hierzu. Lediglich die AGOF-Studie (AGOF, 2006) macht eine grobe Aussage zum Bildungsstand: Hiernach besitzen 33.1 Prozent der Onliner keinen Abschluss oder einen Hauptschulabschluss, 38.3 Prozent die mittlere Reife und 28.6 Prozent die Hochschulreife. Allerdings sind in der AGOF-Studie die Angaben zur Definition der Onliner nicht ganz eindeutig, und die Zahlen zu den Schulabschlüssen basieren auf dem so genannten *weitesten Nutzerkreis*; dieser nutzt das Internet lediglich mindestens einmal in drei Monaten. Da diese Definition weitaus breiter als in den ARD/ZDF Online-Studien ist, sollen daher die Werte zur Variable Schulausbildung nur als grobe Orientierung genutzt werden.

12.3 Zentrale Variablen zur Bestimmung der Repräsentativität

Zur Bestimmung der Repräsentativität werden die Variablen Geschlecht, Alter und Bildung herangezogen. Bei den websitebezogenen Untersuchungen erfolgt zusätzlich noch eine Betrachtung der Variablen Surfzeit pro Woche und Interneterfahrung.

Geschlecht

Bei der Betrachtung der Variable Geschlecht ist es das Ziel, die Geschlechterverteilung der jeweiligen Zielpopulation möglichst gut abzubilden, da Geschlechtseffekte in der Wahrnehmung verschiedener Gegenstandsbereiche des World Wide Web zumindest nicht auszuschließen sind.

Alter

Bei der Variable Alter sind an die jeweilige Zielpopulation angepasste Altersverteilungen angestrebt. Sollte dies aus versuchsökonomischen oder inhaltlichen Gründen nicht umsetzbar oder notwendig sein, so sollte dennoch die Alterszusammensetzung der Stichproben möglichst heterogen und breit ausfallen, so dass alle Altersgruppen in den jeweiligen Stichproben zumindest vertreten sind.

Bildung

Für die Variable Bildung finden sich für die Online-Population noch keine vollkommen zufriedenstellenden demographischen Daten. Auch ist die Forschung zur Wahrnehmung von Websites an vielen Stellen noch nicht weit genug, um hier bereits differenziert bestimmte Bildungsgruppen betrachten zu können. Daher wird diese Variable eher am Rande betrachtet; die Bedeutung für spätere Forschungen soll der Variable dadurch aber keinesfalls abgesprochen werden.

Surfzeit pro Woche und Interneterfahrung

Durch die Analyse dieser beiden Variablen soll geprüft werden, ob eine Stichprobe zu stark aus so genannten *heavy* oder *light user* zusammengesetzt ist. Grundannahme ist hier, dass die Nutzungsintensität von Online-Medien einen Einfluss auf die Bewertung der medialen Inhalte haben könnte. Probanden der einen oder anderen Gruppe sollten daher nicht unverhältnismäßig häufig in einer Stichprobe vertreten sein.

13 Einführung in die Methodik von Online-Untersuchungen

Ein Großteil der nun folgenden Untersuchungen wird online im World Wide Web durchgeführt. Es soll an dieser Stelle auf zentrale Merkmale von Online-Untersuchungen eingegangen werden, da diese (relativ neue) Methode der Datensammlung noch nicht allgemein bekannt ist und zudem einige Besonderheiten in Datenerhebung und -auswertung nach sich zieht. Die Entscheidung für Online-Untersuchungen ist in dieser Arbeit nahe liegend, da die Methode in engem Bezug zum Forschungsfeld steht. Darüber hinaus bietet diese Erhebungsform eine Reihe von Vorteilen, die im Folgenden dargestellt werden.

In der psychologischen Forschung haben sich Online-Befragungen und Online-Experimente längst etabliert, was durch eine Vielzahl von Kongressbeiträgen und Publikationen belegt werden kann (siehe z. B. Batinic, 2000; Batinic, Reips & Bošnjak, 2002; Reips & Bošnjak, 2001; Welker, Werner & Scholz, 2005). Auch haben einige der Berufsfachverbände Standards für die Durchführung von Online-Untersuchungen formuliert (ADM Arbeitskreis Deutscher Markt- und Sozialforschungsinstitute e. V., ASI Arbeitsgemeinschaft Sozialwissenschaftlicher Institute e. V., BVM Berufsverband Deutscher Markt- und Sozialforscher e. V. & DGOF Deutsche Gesellschaft für Online-Forschung e. V., 2001). Es soll hier ein kurzer Abriss über zentrale Merkmale von Online-Untersuchungen, vor allem hinsichtlich Stichprobengewinnung und Untersuchungsdurchführung, gegeben werden.

13.1 Stichprobenziehung

Bei der Ziehung der Untersuchungsstichprobe ergeben sich online Vor- und Nachteile. Einer der größten Nachteile: Eine wirklich echte zufallsgesteuerte Stichprobenauswahl ist im World Wide Web schwer. Da kein Verzeichnis aller E-Mail-Adressen (ähnlich einem Telefonbuch) existiert und eine Person mehrere E-Mail-Adressen besitzen kann, ist eine komplett zufallsgesteuerte Auswahl von Personen unmöglich. Denkbar wäre dies lediglich bei eng umgrenzten Zielgruppen, die vollständig per E-Mail oder über andere Wege, wie z. B. in einem Forum, erreichbar sind.

13.1.1 Aktive und passive Auswahl von Probanden

Um sich auch bei webbasierten Untersuchungen einer Zufallsstichprobe anzunähern, wird auf eine *aktive Auswahl* der Probanden zurückgegriffen. Das heißt, es wird versucht, durch entsprechend aussagekräftig formulierte Einladungen in E-Mails Personen zur Teilnahme zu bewegen. Eine weitere Möglichkeit ist hierbei die so genannte *Snowball-Technique*: In den

versendeten Einladungs-E-Mails werden die Angeschriebenen zusätzlich gebeten, diese Nachricht an andere Personen weiterzuleiten.
Bei einer *passiven Auswahl* der Versuchsteilnehmer wird lediglich ein Einladungstext mit einem Link auf eine Webseite oder in ein Webforum gestellt; die Entscheidung zur Teilnahme liegt beim Leser der jeweiligen Webseite. In der Praxis werden manchmal aktive und passive Auswahl kombiniert. Auch eine Offline-Ansprache der Zielpersonen für eine Online-Studie (z. B. mittels Handzetteln) kann erfolgreich sein.

13.1.2 Online-Panels

Um online annähernd repräsentative Stichproben ziehen zu können, wurden so genannte Online-Panels eingeführt. Diese werden auch als Access-Pools oder Online-Access-Pools bezeichnet (Welker et al., 2005). Bezeichnungen und Definition werden jedoch nicht ganz einheitlich gebraucht (eine andere Einteilung als Welker nimmt z. B. Leopold [2004] vor). Gemeinsam ist den verschiedenen Definitionen die Grundeigenschaft eines Online-Panels: Ein Online-Panel stellt eine große Sammlung von E-Mail-Adressen von Personen dar, die bereit sind, an Untersuchungen teilzunehmen. Der Betreiber des Panels stellt sicher, dass jede Person nur einmal im Panel angemeldet sein kann und erhebt bestimmte demographische Basisvariablen der so genannten Panelisten.
Einige Autoren unterschieden folgende zwei Formen von Panels, bei der die Form der Teilnehmer-Rekrutierung ausschlaggebend ist (ADM Arbeitskreis Deutscher Markt- und Sozialforschungsinstitute e. V. et al., 2001; Welker et al., 2005):

1. *Aktiv rekrutierte Panels:* Die Teilnehmer des Panels werden gezielt durch den Panel-Betreiber angesprochen und für das Panel rekrutiert. Es können bestimmte Quotenvorgaben (demographische und/oder geographische Verteilungen) beachtet und die Teilnehmer entsprechend eingeladen werden. So kann beispielsweise die Verteilung der deutschen Bevölkerung in zentralen demographischen Merkmalen abgebildet werden.
2. *Passiv rekrutierte Panels:* Hier können sich die Teilnehmer selber eintragen, eine Steuerung seitens des Panel-Betreibers erfolgt nicht. Derartige Panels ähneln großen E-Mail-Verteilern für befragungswillige Personen.

Mischformen in der Vorgehensweise beim Aufbau eines Panels sind denkbar, beispielsweise können auch bei einem passiv rekrutierten Panel bestimmte Quotierungen verfolgt werden. Laut Auslegung der Berufsverbände (ADM Arbeitskreis Deutscher Markt- und Sozialforschungsinstitute e. V. et al., 2001) können nur bei einer aktiven Rekrutierung der Panel-Teilnehmer diese als repräsentativ für die Gesamtheit oder Teilgruppen der Internetnutzer angesehen werden; aktiv rekrutierte Panels sind entsprechend positiver zu bewerten. Nicht zu unterschätzen ist aber insbesondere der Aspekt der Panel-Pflege: Je mehr Zeit ein Panel-Betreiber neben der Rekrutierung auch in die Pflege des Panels investiert – beispielsweise in die Überprüfung der Aktualität der E-Mail-Adressen, Ausschluss von fehlerhaften oder unechten Profilen sowie der Kontrolle mutwilliger Falschangaben oder Nichtbeantwortung in Befragungen – desto besser ist das Panel zu bewerten.

13.1.3 Fazit zur Stichprobenziehung

Für eine möglichst gute Datenqualität in Online-Untersuchungen empfiehlt sich die Nutzung eines aktiv rekrutierten und/oder sehr gut gepflegten Online-Panels. Da dies aus Kostengründen in der Forschung oftmals nicht möglich ist, müssen stattdessen die Methoden der aktiven oder passiven Auswahl von Probanden verwendet werden. Um Stichprobeneffekte zu reduzieren, empfiehlt sich bei aktiver und passiver Auswahl die Einladung zur Untersuchung möglichst breit zu streuen (siehe auch Reips, 2002) und große Stichproben zu erheben. Letzteres gestaltet sich im World Wide Web bei kurzen Untersuchungen relativ leicht.
Im Vergleich mit den „traditionellen" Untersuchungen in der Psychologie zeigt sich zudem empirisch, dass online erhobene Stichproben eine deutlich größere Diversität (beispielsweise was Alter, Beruf und ähnliche Variablen anbelangt), als offline erhobene Stichproben aufweisen. Eindrucksvoll zeigen dies Gosling, Vazire, Srivastava und John (2004) in einer Untersuchung von n = 361.703 Befragten bezogen auf die Variablen *Geschlecht, Alter, sozioökonomischer Status, Nationalität* und *geographische Herkunft.* Diese vergleichsweise höhere Heterogenität bietet so sehr gute Grundlagen für Datenerhebungen, deren Ergebnisse mindestens ebenso belastbar sind wie die offline erhobener Studien.

13.2 Besonderheiten der Datenerhebung online

13.2.1 Identität und Kontrolle der Befragten

Eine Online-Datenerhebung bringt den großen Nachteil mit sich, dass die Teilnehmer nicht der Kontrolle des Versuchsleiters unterliegen. Die Identität der Befragten kann somit nicht endgültig geklärt werden. Daher wird in anonym erhobenen Online-Stichproben korrekterweise der Stichprobenumfang auch nicht mit N = x Personen sondern nur mit n = x Datensätzen angegeben. Zwar wird in den folgenden Untersuchungen von Probanden gesprochen, die Stichprobenumfänge von anonymen Online-Untersuchungen aber jeweils korrekterweise durch das kleine „n" gekennzeichnet. Denn theoretisch könnte eine Person mehrere Datensätze erzeugen – in der Praxis ist dies eher unwahrscheinlich und kommt selten vor (Birnbaum, 2004). Es besteht die Möglichkeit seitens des Versuchsleiters Mehrfachteilnahmen über verschiedene Maßnahmen zu kontrollieren (siehe Gosling et al., 2004, S. 101). Die geringe Relevanz dieses Problems zeigen beispielsweise Srivastava, John, Gosling und Potter (2003): Die Autoren kontrollierten Mehrfachteilnahmen in einer Studie zu Persönlichkeitsmerkmalen (n = 132.515), hierbei zeigte sich keine Verzerrung der Ergebnisse durch Personen, die mehrfach an der Studie teilnahmen.

Zudem kann dieses Problem durch die Befragung über ein Online-Panel gelöst werden: Hier kann der Panel-Betreiber gewährleisten, dass eine Befragung von einer Person nur einmal ausgeführt wird, beispielsweise über die Vergabe individueller Zugangscodes zur Untersuchung. Die Anonymität der Befragten wird hierbei durch die Trennung von Datenerhebung durch den Forscher und Einladung zur Teilnahme durch den Panel-Betreiber gewährleistet.

Die Umstände, unter denen die Online-Untersuchung beim jeweiligen Teilnehmer durchgeführt wird, sind allerdings von Seiten des Versuchsleiters in keiner Weise kontrollierbar. Diese Tatsache führt oft zu Bedenken über die Qualität der erhobenen Daten. Deren Güte ist jedoch vergleichbar mit offline durchgeführten Untersuchungen und als gut zu bezeichnen (Döring, 2003; Reips, 2000, 2002), auch empirische Ergebnisse sprechen für eine Übereinstimmung der Ergebnisse mit offline Studien und einer Unabhängigkeit vom Präsentationsformat (Gosling et al., 2004). Zudem lässt sich die Datenqualität durch verschiedene Kontrolltechniken weiter verbessern.

Eine dieser Kontrolltechniken, die auch in den weiteren Untersuchungen der vorliegenden Arbeit zum Einsatz kommt, ist die *high hurdle technique* (Reips, 2002). Hier werden zu Beginn der Befragung verschiedene Mittel eingesetzt, um die Ernsthaftigkeit der Teilnahme zu begünstigen und die Motivation eines Probanden zu überprüfen. So werden die Befragten umfassend aufgeklärt, es erfolgen reale Zeitangaben über die Dauer des Versuchs und Aussagen zur Wichtigkeit und wissenschaftlichen Relevanz. Zudem sollten entsprechend der *high hurdle technique* die ersten Instruktionsseiten so gestaltet sein, dass sich auf ihnen deutlich mehr Texte, Items oder Informationen befinden als auf den späteren Befragungsseiten. Mit diesen verschiedenen Maßnahmen soll vermieden werden, dass die Probanden die Befragung während des eigentlichen Untersuchungsteils abbrechen.

13.2.2 Drop-out

Die oftmals hohen Abbrecherquoten in Online-Untersuchungen (so genannter Drop-out, siehe Birnbaum, 2004) mögen auf den ersten Blick erschrecken. Dies stellt aber nur dann ein Problem dar, wenn der Abbruch selektiv erfolgt. Weiterhin ist es wichtig zu betrachten, wo der Abbruch stattgefunden hat – viele Befragte sehen sich nur die Startseite einer Befragung an und verlassen diese dann wieder. Ein solches Verhalten wäre vergleichbar mit einer Person, die einen Aushang zu einem Experiment anschaut, sich dann aber nicht in die Probandenliste einträgt. Kritischer sind die Abbrecher zu betrachten, die während der eigentlichen Befragung aussteigen. Bei diesen sind Analysen notwendig, um mögliche inhaltlich bedingte Abbruchursachen zu identifizieren. Einen sehr guten Überblick über mögliche Probleme und Stichprobenfehler aufgrund von Abbrechern bietet Bošnjak (2002).

13.2.3 Technisch bedingte Vor- und Nachteile

Ein klarer Vorteil von Online-Untersuchungen, der bei Papier-Fragebögen in dieser Form gar nicht umzusetzen ist, liegt in der Möglichkeit einer umfangreichen technischen Kontrolle: So kann über JavaScript geprüft werden, ob ein Proband alle Fragen beantwortet hat oder es wird automatisch kontrolliert, dass Textfelder nur Text und Zahlenfelder nur Zahlen enthalten. Eine itemgenaue Messung der Beantwortungszeit eröffnet eine wichtige Option zur Filterung von Datensätzen mangelnder Qualität, so können beispielsweise „Durchklicker" identifiziert werden. Auch die Möglichkeit, Items oder Itemblöcke teilweise oder vollständig zu randomisieren oder einzelne Items nur entsprechend bestimmter Filterregeln darzubieten, sind besondere Kennzeichen und große Vorteile dieses Erhebungswegs.

Das Medium World Wide Web selber bietet die Möglichkeit, eine dort stattfindende Untersuchung mit multimedialen Elementen wie Bildern, Audiodateien oder Filmen anzureichern. Eine kontinuierliche Feldstatistik über Rücklauf und Untersuchungsabbrecher ist technisch leicht umsetzbar. Zudem ist es möglich, nonreaktive Daten der Probanden zu erheben. Einige dieser Daten (z. B. Angaben zum verwendeten Browser oder Betriebssystem) werden automatisch übertragen, die Erhebung weiterer Daten in dieser Richtung stößt aber schnell an ethische Grenzen.

An technische Grenzen stößt man bei Online-Untersuchungen bei der Umsetzung von experimentellen Versuchsplänen, die zum Beispiel eine millisekundengenaue Speicherung von Reaktionszeiten verlangen. Hier limitieren die Verbindungsgeschwindigkeit und Antwortzeit der Hardware-Komponenten die Erhebung. Bei streng experimentellen Versuchsanordnungen ist aber ohnehin eine Online-Durchführung aufgrund der sehr eingeschränkten Kontrolle über die Probanden zu überdenken.

13.3 Ethische Aspekte von Online-Untersuchungen

An Online-Untersuchungen werden die in der Wissenschaft üblichen ethischen Anforderungen gestellt. Diese müssen allerdings zu den Besonderheiten und technischen Möglichkeiten des Mediums in Bezug gesetzt werden (Batinic & Bošnjak, 2000; Döring, 2003; Dzeyk, 2001). In einer Ethik-Checkliste für die Online-Forschung nennt Dzeyk (2001) drei Normbereiche für die Online-Forschung:

1. *Die juristischen Normen:* Dazu gehören Datenschutz und Anonymisierung.
2. *Die konsensfähigen Normen:* Dazu gehören unter anderem Freiwilligkeit, Gabe von Informationen zu Untersuchungszielen und Zweck, Informationen zum Versuchsleiter und zur durchführenden Institution, genaue Instruktionen, Dankesformel am Ende.
3. *Kontroverse Normen:* Dazu gehören unter anderem Hinweis auf die Erhebung nonreaktiver Daten, Einholen einer expliziten Einverständniserklärung, weitergehende Informationen zur Untersuchung nach Abschluss dieser.

Dzeyk (2001) diskutiert in seinem Beitrag diese verschiedenen Normen und legt eine strikte Beachtung zumindest der juristischen und konsensfähigen Normen nahe. Bei den kontroversen Normen bedarf es weiterer Diskussion in der Forschergemeinschaft. Auf Seiten der Befragten zeigt sich eine große Akzeptanz von Online-Untersuchungen, bedingt durch Aspekte wie Zeit- und Ortsunabhängigkeit aber auch durch eine hohe erlebte Anonymität.
Aus ethischer Sicht garantieren Online-Fragebögen einen weiteren Vorteil in Hinblick auf eine mögliche Selbstkontrolle der Forschung: Die kompletten Befragungsinstrumente und Versuchsaufbauten sind online zumeist offen zugänglich und können so potentiell auch von anderen Wissenschaftlern eingesehen, überprüft und gegebenenfalls kritisiert werden.

13.4 Fazit: Vor- und Nachteile von Online-Untersuchungen

Seit dem ersten Einsatz von Online-Fragebögen und den ersten Online-Experimenten in der Psychologie hat die Diskussion der Fachvertreter über diese Erhebungsform nicht nachgelassen. Insbesondere die Äquivalenz zwischen offline und online erhobenen Daten steht oft im Mittelpunkt der Debatte und muss je nach Erhebungsform und -ziel in der jeweiligen Untersuchung einzeln betrachtet werden. Für die vorliegende Arbeit ist diese Diskussion nur von untergeordneter Bedeutung, da der untersuchte Gegenstand selber Teil eines Online-Mediums ist und Online-Untersuchungen hier einen angemessenen und sehr konstruktnahen Weg darstellen.

Die nachfolgende Tabelle 13.1 (basierend auf Batinic & Bošnjak, 2000; Döring, 2003; Dzeyk, 2001; Reips, 2002) gibt noch einmal einen zusammenfassenden Überblick über zentrale Vor- und Nachteile der Online-Erhebungsmethodik. Zusammengefasst, unter besonderer Berücksichtigung praktischer Geschichtspunkte, liegen die Vorteile von Online-Untersuchungen vor allem in

- der hohen Ökonomie,
- der großen Reichweite,
- der relativ einfachen Erhebung großer Stichproben in kurzer Zeit und
- der hohen Akzeptanz dieser Methodik bei den Befragten.

Nachteile sind in der unklaren Identität der Probanden, der geringen Kontrolle und möglicher technischer Schwierigkeiten vor allem von Befragungsteilnehmern mit veralteter Software und älteren Anzeigegeräten begründet. So kann die hohe technische Varianz von Soft- und Hardware-Ausstattung der von den Probanden verwendeten Computer ein nicht unbedeutendes Problem für eine fehlerfreie Datenerhebung darstellen.

Insgesamt aber werden für Online-Untersuchungen vergleichbare oder sogar bessere Datenqualitäten festgestellt, unter anderen bedingt durch ehrlicheres Antwortverhalten, weniger soziale Erwünschtheit, hohe empfundene Anonymität, höhere ökologische Validität und höhere Stichprobenvarianz (Döring, 2003; Gosling et al., 2004; Reips, 2000, 2002; Welker et al., 2005). Online-Untersuchungen sind also bei methodisch sachgerechtem Vorgehen als vollkommen gleichwertige und wertvolle Methodik in der psychologischen Forschung zu sehen.

Tabelle 13.1: Methodische Vor- und Nachteile von Online-Untersuchungen

Vorteile	Nachteile
Große *Zeitgewinne* bei Erhebung, Auswertung und Präsentation der Daten	Die Programmierung kann einen gewissen *zeitlichen Vorlauf* beanspruchen
Aufwand und Kosten für Druck, Austeilung und Kodierung von Fragebögen, Interviewer und Dateneingaben entfallen	Gegebenenfalls Aufwand für Einarbeitung in *Fragebogen- oder Experimentalsoftware*
Automatisierbarkeit und *Objektivität*: keine Fehlerquellen durch Dateneingaben per Hand, keine Versuchsleiter-Effekte, keine Gruppeneffekte	Nicht alle Personen sind online; nicht alle Computer sind in Soft- und Hardware auf einem für die Untersuchung ausreichenden Stand
Wesentlich *heterogenere Stichprobenzusammensetzung* als bei typischen offline durchgeführten Studien	Keine *Repräsentativität* für die Gesamtbevölkerung erreichbar
Alokalität des Mediums: Es sind auch schwer erreichbare Personenkreise ansprechbar	Ort und Zeit der Datenerhebung können nicht kontrolliert werden
Hohe Datenqualität; Kontrollskripte verhindern „missing data"; Konsistenzprüfungen der Daten anhand von Zeitprotokollen u. ä. möglich	*Mehrfachteilnahmen* von Probanden sind technisch nur bedingt kontrollierbar
Hohe *Akzeptanz* aufgrund von Freiwilligkeit, Flexibilität und Anonymität	Antwort auf Fragen eines Probanden kann nur *asynchron* und auf dessen Initiative hin erfolgen
Verfahrenstransparenz, Ethik: Die Untersuchungen sind kontrollierbar, da diese öffentlich zugänglich sind	Daten(banken) der Online-Untersuchung müssen gegen unberechtigten Zugriff geschützt werden

14 Allgemeine Anmerkungen zu Faktorenanalysen

Faktorenanalysen können mit verschiedenen Zielsetzungen durchgeführt werden: 1. explorativ oder konfirmatorisch, 2. zur Reduktion von Daten, um Zusammenhänge zu identifizieren oder 3. um einen komplexen Merkmalsbereich auszudifferenzieren. Die Faktorenanalyse ist den datenreduzierenden (auch dimensionsreduzierenden) statistischen Verfahren zugeordnet. In der vorliegenden Arbeit werden explorative Faktorenanalysen im Rahmen der Prüfung von Befragungsinstrumenten vorgenommen, diese finden sich allesamt in Teil III (ab S. 107). Die bekanntesten Verfahren zur explorativen Dimensionsanalyse sind nach Bühner (2006) Hauptkomponentenanalyse, Hauptachsenanalyse und Maximum-Likelihood-Faktorenanalyse. Da bei der Überprüfung der Befragungsinstrumente in Teil III das Ziel ist, Zusammenhänge zwischen den Items auf latente Variablen zurückzuführen (und nicht vorrangig die Datenreduktion im Mittelpunkt steht), wird dort als Verfahren die Hauptachsenanalyse gewählt.

14.1 Voraussetzungsprüfungen

Die Berechnung einer Faktorenanalyse stellt bestimmte Anforderungen an die statistische Qualität des Datenmaterials. Eine Normalverteilung der Daten ist für eine Hauptachsenanalyse zwar eine wünschenswerte, aber keine notwendige Bedingung (Bühner, 2006), eine ausreichende Stichprobengröße vorausgesetzt. Bei Stichprobengrößen von $N = 200$ bis $N = 500$ stellt eine schiefe Verteilung dann kein Problem dar, wenn die Abweichung zur Normalverteilung nicht zu groß ist (beispielsweise Schiefe nicht > 2 und Exzess nicht > 7, siehe hierzu West, Finch & Curran, 1995). Bei Stichprobengrößen > 1000 ist das Verfahren auch robust gegen größere Verletzungen der Normalverteilung, so West et al. (1995).
Dabei hat die Stichprobengröße auch einen Einfluss auf die Interpretation der Ladungsmuster: Guadagnoli und Velicer (1988) stellen dar, dass bei Stichproben unter $N = 300$ sichere Rückschlüsse auf die Verteilung in der Population nur bei Ladungen $> .60$ möglich sind.

Weitere Hinweise zur Eignung eines Datensatzes für eine Faktorenanalyse liefert der Kaiser-Meyer-Olkin-Koeffizient (KMO-Koeffizient). Dieser gibt Hinweise, ob eine Itemauswahl für eine Faktorenanalyse geeignet ist, eine Faktorenanalyse kann durchgeführt werden bei einem KMO-Koeffizienten $> .60$, ein Wert $> .90$ ist als sehr gut zu bewerten (Bühner, 2006).

14.2 Bestimmung der Faktorenzahl

Zur Bestimmung der Faktorenzahl finden sich verschiedene Möglichkeiten: zum einen das *Kaiser-Guttmann-Kriterium* (Eigenwert > 1), das aber nach Meinung verschiedener Autoren zu einer Überschätzung der relevanten Faktoren führen kann (Bortz, 2005; Bühner, 2006; Fabrigar, Wegener, MacCallum & Strahan, 1999). Ausgehend von der praktischen Bedeutung eines Faktors empfehlen Hair, Black, Babin, Anderson und Tatham (2006) die *aufgeklärte Varianz* als Kriterium heranzuziehen. Als eigener Faktor sollen so diejenigen Komponenten berücksichtigt werden, die allein mindestens fünf Prozent der Gesamtvarianz aufklären.

Weiterhin erfolgt zumeist die Betrachtung der Ergebnisse des *Scree-Tests*, bei dem ausgehend vom niedrigsten Eigenwert nach einem bedeutsamen Anstieg zwischen zwei Eigenwerten gesucht wird. Diejenigen Faktoren, deren Eigenwerte im Scree-Plot links vom Knick liegen, werden als bedeutsam erachtet (Bortz, 2005). Der Scree-Test gilt allerdings nicht als sehr exaktes Auswahlkriterium (Hair et al., 2006).

Als besonders geeignetes und viertes Kriterium soll daher in der vorliegenden Arbeit die *Parallelanalyse* nach Horn (1965) angeführt werden. Bei dieser werden Eigenwerte, die auf Zufallszahlen basieren, mit den empirisch gefundenen Eigenwerten verglichen. Hierbei ist es inzwischen gängige Praxis, als Vergleichsverlauf nicht die Mittelwerte der Eigenwerte, sondern die mit einem bestimmten Perzentilwert (typischerweise das 95.) korrespondierenden Eigenwerte zu nutzen (B. P. O'Connor, 2000). In der Darstellung im Scree-Plot sind dann diejenigen Eigenwerte bedeutsam, die sich vor dem Schnittpunkt der beiden Eigenwerteverläufe befinden. In der vorliegenden Arbeit wird die Parallelanalyse anhand einer Syntaxdatei nach B. P. O'Connor (2000) durchgeführt. Diese eignet sich besonders, weil die zur Analyse erzeugten Zufallsvariablen in ihrer Verteilung den empirischen Daten entsprechen. Somit können auch nichtnormalverteilte Daten zuverlässig ausgewertet werden.

Ein weiteres, ebenfalls besonders geeignetes Verfahren zur Bestimmung der Faktorzahl ist der *MAP-Test (Minimum-Average-Partial-Test)* nach Velicer (Velicer, 1976; Velicer, Eaton & Fava, 2000). Dieser Test beruht auf den Partialkorrelationen der jeweiligen extrahierten Komponenten aus der ursprünglichen Korrelationsmatrix. Hierbei wird die Anzahl der Faktoren als bedeutsam erachtet, bei der sich die niedrigste mittlere Partialkorrelation ergibt – an dieser Stelle sind die systematischen Varianzanteile zwischen den Items ausgeschöpft (für eine detaillierte Beschreibung siehe Bühner, 2006). In der vorliegenden Arbeit wird der MAP-Test anhand einer Syntaxdatei nach B. P. O'Connor (2000) durchgeführt. Da unter bestimmten Bedingungen die Parallelanalyse weniger Aussagekraft besitzt, so z. B. bei einem starken ersten Faktor (Bühner, 2006), ist in derartigen Situationen der MAP-Test zu bevorzugen.

Abgesehen von diesen statistischen Kriterien soll jedoch an dieser Stelle auf einen wichtigen Aspekt hingewiesen werden: Egal welche Anzahl von Faktoren extrahiert werden – unabhängig von den gewählten statistischen Kriterien muss diese Faktorlösung inhaltlich plausibel zu interpretieren sein.

15 Zusammenfassung

Im Teil II werden allgemeine methodische Aspekte dargestellt, die für jeweils mehr als die Hälfte der fünf Untersuchungen der vorliegenden Arbeit von Relevanz sind. Dabei wird insbesondere eingegangen auf Websites als Untersuchungsgegenstand, Grundlagen einer Bestimmung der Repräsentativität, die Methodik von Online-Untersuchungen und Aspekte der Faktorenanalyse.

Websites als Untersuchungsgegenstand stellen aufgrund der besonderen Eigenschaften des Medium, wie beispielsweise Vernetzung, Interaktivität und die enorme Größe des World Wide Web besondere Herausforderungen an den Forscher. Daraus ergibt sich für die empirischen Untersuchungen der vorliegenden Arbeit eine Einschränkung des zu untersuchenden Website-Typus auf Seiten von Unternehmen und Institutionen. Die Darbietung dieser Websites sollte dabei entsprechend den methodischen Anforderungen der Fragestellung erfolgen – wenn möglich aber in der Form, dass keine Screenshots, sondern vollständige und navigierbare Websites verwendet werden und so typische Eigenschaften des Mediums wie Vernetztheit und Interaktion zum Tragen kommen können.

Weiterhin streben die im Folgenden dargestellten Studien neben ausreichend großen möglichst breite und heterogene Stichproben an. Inwieweit dies erreicht wird, soll anhand des Vergleichs bestimmter Variablen wie Alter, Geschlecht oder Bildung zur Gesamtpopulation beurteilt werden. Dabei werden zumeist als Vergleichsgrößen Daten aus der ARD/ZDF Online-Studie (van Eimeren & Frees, 2005, 2006) herangezogen.

Da drei der folgenden fünf Untersuchungen webbasiert stattfinden, wird auf die Besonderheiten dieser Erhebungsform eingegangen. Die Durchführung von Online-Untersuchungen im Rahmen der vorliegenden Arbeit ist auch durch die Nähe zum Untersuchungsgegenstand Website gegeben. Bei der Stichprobenziehung ergeben sich online verschiedene Möglichkeiten der Probandenansprache, dabei ist eine Rekrutierung von Versuchspersonen über ein Online-Panel die optimale Vorgehensweise. Die Versuchsdurchführung online ist aufgrund der technischen Möglichkeiten mit Vor- und Nachteilen behaftet, können zwar z. B. einfach Antwortzeiten gemessen werden, herrscht dennoch keine wirkliche Kontrolle über die Probanden. Letzteres stellt jedoch einen ethischen Vorteil dar: Online ist wesentlich leichter Anonymität für die Probanden zu gewährleisten. Aufgrund vieler Vorteile ist insgesamt bei Einhaltung der methodischen Standards ein positives Fazit bezüglich der Online-Methodik zu ziehen.

Am Ende des Teils II wird auf methodische Anforderungen und statistische Interpretationshilfen im Rahmen der Durchführung von Faktorenanalysen eingegangen. Dabei werden insbesondere die Wichtigkeit einer ausreichend großen Stichprobe, sowie die verschiedenen Möglichkeiten zur Bestimmung der Faktorenzahl herausgestellt. Hierbei stellen Parallelanalyse und MAP-Test besonders geeignete Verfahren zur Bestimmung der Faktorzahl dar. Mehrere Faktorenanalysen werden im Folgenden dritten Teil der Arbeit vorgenommen, wenn verschiedene Befragungsinstrumente einer empirischen Prüfung unterzogen werden.

Teil III

Erstellung und empirische Prüfung von Befragungsinstrumenten

16 Einführung

Zur Beantwortung der meisten der in Kapitel 9 in Teil I aufgeworfenen Fragestellungen soll ein umfangreiches Experiment durchgeführt werden, dieses ist in Teil V dargestellt. Für dieses Experiment waren jedoch vor dieser Arbeit bezüglich einiger der zu untersuchenden Merkmale keine geeigneten deutschsprachigen Erhebungsinstrumente vorhanden, beziehungsweise es lagen keine ausreichenden empirischen Daten zu einzelnen dieser Instrumente vor. Zur Messung von Ästhetik stand zwar ein geeignetes Instrument zur Verfügung, jedoch kein geeignetes Instrument zur Erfassung des wahrgenommenen Inhalts, der wahrgenommen Usability sowie der Persönlichkeitseigenschaft *ästhetische Sensitivität.*
Um diesem Problem zu begegnen, wurden die erforderlichen Instrumente aus dem Englischen ins Deutsche übersetzt und praktische Prüfungen vollzogen. Ein Instrument zur Wahrnehmung von Website-Inhalten musste gänzlich neu erstellt werden, da sich ein geeigneter standardisierter Fragebogen hierzu weder in deutsch- noch in englischsprachigen Veröffentlichungen finden ließ. Hier wurde der Fragebogen zur Wahrnehmung von Website-Inhalten (WWI) neu konstruiert. In diesem Teil III sind somit Vorarbeiten für die experimentelle Untersuchung beschrieben. Diese Vorarbeiten erfolgten als eigenständige empirische Studien; dabei wurden die folgenden beiden Instrumente einer Prüfung unterzogen:

- der CVPA-Fragebogen (*Scale for Centrality of Visual Product Aesthetics*) von Bloch et al. (2003) und
- die PWU-Skala (*Scale for Measuring Perceived Website Usability*) aus dem Fragebogen von Flávian et al. (2006).

Der CVPA misst eine als *Bedeutsamkeit visueller Produktästhetik* bezeichnete Personenvariable (siehe hierzu auch Kap. 7.4.3, S. 69). Die PWU-Skala erfasst die wahrgenommene Usability einer Website (siehe auch Kap. 3.2.2, S. 18). Dieser Teil gliedert sich somit in drei Abschnitte, in denen die jeweiligen Untersuchungsinstrumente besprochen werden:

1. Prüfung der deutschen Version der Scale for Centrality of Visual Product Aesthetics (CVPA-g)
2. Prüfung der deutschen Version der Scale for Measuring Perceived Website Usability (PWU-g)
3. Entwicklung und Prüfung des Fragebogens zur Wahrnehmung von Website-Inhalten (WWI)

Abschließend erfolgt eine Zusammenfassung der Ergebnisse.

17 Prüfung der deutschen Version der Scale for Centrality of Visual Product Aesthetics (CVPA-g)

17.1 Einführung

Bloch et al. (2003) zeigen für das Produktdesign einen nicht zu verachtenden Einfluss einer Personenvariable auf, die von den Autoren als „ästhetische Sensibilität" bezeichnet wird (siehe auch Kap. 7.4.3 im Teil I, S. 69). Diese lässt sich mit dem von Bloch et al. (2003) entwickelten CVPA (*Scale for Centrality of Visual Product Aesthetics*) reliabel und valide messen, wie die Autoren in mehreren umfangreichen Untersuchungen zeigen konnten. Der Fragebogen ermöglicht eine Aussage über die individuelle Wichtigkeit von visueller Produktästhetik als eine Persönlichkeitseigenschaft des Probanden. Der Original-Fragebogen beinhaltet elf Items, die auf einer 5-stufigen Skala von „stimme überhaupt nicht zu" bis „stimme genau zu" einzuschätzen sind. Die Autoren nehmen drei zugrunde liegende Faktoren an:

1. Wahrgenommener Wert (value)
2. Fähigkeit der Bewertung (acumen)
3. Reaktion (response)

Empirisch fanden Bloch et al., dass ein eindimensionales Modell am besten zur Erklärung ihrer Daten geeignet ist. Die ursprünglich angenommenen Faktoren treten hierbei als sekundäre Dimensionen auf, aus denen sich das Konstrukt *Centrality of Visual Product Aesthetics* zusammensetzt. Bloch et al. gehen somit von einer generellen, vom ästhetischen Objekt unabhängigen Persönlichkeitseigenschaft mit drei zugrunde liegenden Dimensionen aus. Die Autoren zeigen in ihrem Artikel eindrucksvoll auf, unter anderem mittels experimenteller Validierungen und Conjoint-Analysen, wie gut die CVPA-Skala ästhetische Sensibilität erfasst. Da jedoch für die vorliegende Arbeit eine Übersetzung ins Deutsche vorgenommen werden musste, sind die Gütekriterien der Ursprungsversion nicht direkt verwendbar. Die übersetze Version (CVPA-g, *Centrality of Visual Product Aesthetics – german*) soll daher empirisch zunächst erprobt werden, bevor der Fragebogen bei späteren Untersuchungen zum Einsatz kommen kann.

17.2 Übersetzung des CVPA

Es lag bereits eine Übersetzung des CVPA ins Deutsche vor (Stich, 2005). Diese Übersetzung war jedoch von der Autorin nicht dokumentiert worden und wies bei einigen Items Unzulänglichkeiten auf. Daher wurden zwei weitere Übersetzungen vorgenommen: Die erste erfolgte durch eine studentische Arbeitsgruppe im Rahmen des unter Kapitel 23 in Teil IV (S. 153) beschriebenen Projektseminars an der Westfälischen Wilhelms-Universität Münster unter der Beteiligung einer Anglizistin, die zweite durch einen promovierten Wissenschaftsübersetzer. Beide Übersetzungen wurden verglichen und eine Endversion des Fragebogens unter folgenden zwei Prämissen geschaffen: Zum einen sollte die resultierte Fragebogenversion möglichst nah den Formulierungen des Originals folgen, zum anderen aber auch eine für den deutschen Sprachgebrauch geeignete, flüssig und gut verständliche Form darstellen. Die folgende Tabelle 17.1 stellt die Items sowie den Ursprung der jeweils gewählten Übersetzung dar.

Tabelle 17.1: CVPA-g – Übersicht über die Items und die jeweils zugrunde liegende Übersetzung

Nr.	Item	Übersetzung
1	Es gibt mir ein gutes Gefühl, Produkte mit hochwertigen Designs zu besitzen.	Unverändert nach Stich (2005)
2	Ich schaue mir gerne hochwertig gestaltete Produkte an.	Projektseminar + Anglizistin
3	Das Design eines Produktes bereitet mir Freude.	Projektseminar + Anglizistin
4	Schönes Produktdesign macht die Welt lebenswerter.	Verändert nach Stich (2005)
5	Feine Unterschiede im Design von Produkten zu erkennen ist eine Fähigkeit, die ich im Laufe der Zeit entwickelt habe.	Unverändert nach Stich (2005)
6	Mir fallen am Design von Produkten Dinge auf, die andere eher nicht bemerken.	Projektseminar + Anglizistin
7	Ich kann mir vorstellen, wie ein Produkt zum Design anderer Dinge passt, die ich bereits besitze.	Projektseminar + Anglizistin
8	Ich habe eine ziemlich genaue Vorstellung davon, was ein Produkt besser aussehen lässt als andere vergleichbare Produkte.	Projektseminar + Anglizistin
9	Manchmal kann mich das Aussehen eines Produktes regelrecht fesseln.	Projektseminar + Anglizistin
10	Wenn mich das Design eines Produktes wirklich anspricht, habe ich das Gefühl, es kaufen zu müssen.	Alle Übersetzungen sind hier übereinstimmend
11	Wenn ich ein Produkt sehe, das ein wirklich gutes Design hat, empfinde ich einen starken Drang, es zu kaufen.	Wissenschaftsübersetzer

Im englischen Original repräsentieren die Items 1 bis 4 den konzeptionellen Faktor *Wahrgenommener Wert (value)*, die Items 5 bis 8 den Faktor *Fähigkeit der Bewertung (acumen)* und die Items 9 bis 11 den Faktor *Reaktion (response)*. Inwieweit sich diese Faktoren finden lassen oder der CVPA auch in der deutschen Version eindimensional ist, muss empirisch geprüft werden.

17.2.1 Überprüfung der Übersetzung auf Verständlichkeit

Der CVPA-g wurde zwei Personengruppen mit der Bitte vorgelegt, diesen kritisch auf Verständlichkeit im deutschen Sprachgebrauch zu prüfen. Die erste Gruppe umfasst dabei 10

Personen der nachfolgend in Kapitel 23.1.2 in Teil IV (S. 154) beschriebenen qualitativen Studie.[1] Die zweite Stichprobe besteht aus 35 Studenten der Westfälischen Wilhelms-Universität Münster, die im Rahmen zweier Veranstaltungen gebeten wurden, den CVPA-g (und weitere Fragebögen) auszufüllen. Die folgende Tabelle 17.2 gibt einen Überblick über die Demographie dieser Probandengruppen.

Tabelle 17.2: Überprüfung der CVPA-Übersetzung – demographische Daten der beiden Untersuchungsgruppen

	Stichprobe 1, N = 10		Stichprobe 2, N = 35	
	M	*SD*	*M*	*SD*
Alter	29.00	9.50	23.54	2.44
Interneterfahrung (Jahre)	6.30	1.70	6.63	2.35
Surfzeit (Stunden/Woche)	6.60	3.69	10.99	11.50
Geschlecht	4 Frauen	6 Männer	29 Frauen	6 Männer

Die Stichprobe 1 umfasst Personen im Alter von 19 bis 50 Jahren, das Durchschnittsalter lag bei 29 Jahren. Die Hälfte der hier Befragten verfügt über eine abgeschlossene Lehre oder über einen Meisterbrief, sieben der zehn Personen waren zum Erhebungszeitpunkt Studenten, die übrigen waren berufstätig. Das Alter der Personen in Stichprobe 2 lag zwischen 21 und 30 Jahren, im Mittel bei 23.54 Jahren. Diese waren alle Studenten mit Abitur, neun von diesen hatten vorher eine Ausbildung abgeschlossen.

17.2.2 Anmerkungen der Befragten zur Übersetzung

Von der Stichprobe 1 wurden die übersetzten Items überwiegend als gut verständlich eingeschätzt. Drei Personen merkten jedoch an, nur einen geringen Unterschied zwischen den Items 10 und 11 erkennen zu können.

Diese Anmerkungen machte auch eine Personen aus der Stichprobe 2. Vier Personen wiesen hier noch auf einen Tippfehler bei Item 7 hin. Lediglich eine Person der zweiten Stichprobe markierte einzelne Items als schwer verständlich. Weitere Korrekturvorschläge erfolgten nicht, womit die Übersetzung als erfolgreich und verständlich angesehen wurde.

[1] Diese Stichprobe umfasste eigentlich elf Personen, eine Person aus der qualitativen Untersuchung bearbeitete aber den Teil mit dem Fragebogen zum CVPA-g nicht.

17.3 Empirische Überprüfung

Im Folgenden wird die Itemanalyse der CVPA-g dargestellt. Diese erfolgte auf Grundlage von Kennwerten, die entsprechend der Klassischen Testtheorie bestimmt wurden. Betrachtet wurden hierbei Verteilungskennwerte, Schwierigkeit, Dimensionalität, Faktorladungen und Trennschärfe.

17.3.1 Stichprobe

Eine erste Überprüfung des CVPA-g anhand dieser Kennwerte erfolgte mit den Fragebogendaten von N = 155 Personen. Diese Stichprobe setzte sich aus mehreren Untersuchungen zusammen: Zum einen waren dies Teilnehmer eines Experiments zur Ästhetik von Websites, das im Rahmen des in Kapitel 23 in Teil IV (S. 153) beschriebenen Projektseminars an der Westfälischen Wilhelms-Universität Münster durchgeführt wurde (N = 83). Da keine inhaltlichen Änderungen an Items vorgeschlagen wurden, gingen in diese Analyse auch die CVPA-gDaten der oben beschriebenen Stichproben ein, die zur Überprüfung der Übersetzung verwendet wurden (insgesamt N = 45). Diese Stichproben wurden ergänzt durch eine weitere Erhebung, um eine akzeptable Stichprobengröße für eine erste Itemanalyse zu erreichen. Die jeweiligen Datensätze wurden im Dezember 2005 sowie im ersten Halbjahr 2006 erhoben.

Soziodemographie

Unter den 155 Befragten befanden sich 66 Männer und 89 Frauen (siehe auch Tab. 17.3). Das Alter der Befragten lag zwischen 14 und 72 Jahren, das Durchschnittsalter betrug knapp 30 Jahre. Die durchschnittliche Zeit, die die Befragten aktiv im World Wide Web verbrachten, sowie deren Interneterfahrung lag nahe dem Durchschnittswert der Online-Bevölkerung (van Eimeren & Frees, 2005).

Vergleicht man die Geschlechterverteilung in der vorliegenden Stichprobe mit der deutschen Bevölkerung[2] (Statistisches Bundesamt, 2006), so zeigt sich ein etwas höherer Anteil an Frauen in der CVPA-g-Stichprobe – ein Unterschied, der im Vergleich knapp sechs Prozent ausmacht (57.4 Prozent Frauen in der Stichprobe versus 51.5 Prozent in der Bundesbevölkerung). In der Altersverteilung ist ein deutlich erhöhter Anteil der 15- bis 24-Jährigen in der CVPA-g-Stichprobe ersichtlich, hingegen sind weniger Befragte aus den beiden ältesten Gruppen ab 45 Jahren vertreten. Nur in der Gruppe der 25- bis 44-Jährigen entspricht die erhobene Stichprobe nahezu der Verteilung in der deutschen Bevölkerung. Abbildungen zu Geschlechts- und Altersverteilung im Vergleich zur Bundesbevölkerung befinden sich im Anhang D.

[2] Da der CVPA-g als Persönlichkeitsfragebogen nicht nur für die Untersuchung von Onlinern herangezogen werden kann, soll hier der Vergleich der erhobenen Stichprobe angelehnt an die gesamtdeutsche Bevölkerung erfolgen.

Tabelle 17.3: Demographische Daten der Befragten in der CVPA-g-Untersuchung

	M	*SD*
Alter	29.85	12.12
Interneterfahrung (Jahre)	6.12	2.39
Surfzeit (Stunden/Woche)	6.97	7.36
Geschlecht	89 Frauen	66 Männer

Der größte Teil der Befragten besaß als höchsten Schulabschluss das Abitur, aber auch andere Abschlüsse sind substanziell vertreten. Damit findet sich in der Stichprobe ein deutlich höheres Bildungsniveau als in der Gesamtbevölkerung. Die Hälfte der Befragten hatte bereits einen berufsqualifizierenden Abschluss erworben, es gaben insgesamt 35 Prozent der Personen an, berufstätig zu sein. Die Stichprobe setzte sich somit aus einem hohen Anteil von Studenten, aber auch einer Reihe anderer Personengruppen zusammen (siehe Tab. 17.4).

17.3.2 Befragungsablauf

Wie bereits dargestellt, wurde der CVPA-g großteils im Rahmen anderer Untersuchungen mit erhoben. Dabei wurde der Fragebogen neben anderen Instrumenten eingesetzt. Bei diesen Untersuchungen stand jeweils die Bewertung von Websites im Mittelpunkt. Der CVPA-g wurde an verschiedenen Punkten der jeweiligen Befragungen präsentiert, die Darbietung erfolgte dabei in der Mitte oder am Ende der Untersuchungen. Lediglich bei den nachträglich erhobenen $N = 27$ Personen wurde der CVPA-g allein, nur ergänzt um die Fragen zur Soziodemographie, vorgegeben. Befragt wurden hier einzelne Teilnehmer einer Tagung an der Westfälischen Wilhelms-Universität Münster.

17.3.3 Ergebnisse

Schwierigkeits- und Verteilungsanalyse

Die Bestimmung der Schwierigkeit für die elf CVPA-g-Items erfolgte entsprechend der Formel für quantitativ abgestufte Aufgaben nach Dahl (1971) unter Berücksichtigung eines ergänzenden Berechnungshinweises zur Kodierung der Daten nach Bortz und Döring (2006). Die Schwierigkeiten aller Items liegen dabei in einem akzeptablen Bereich zwischen .41 und .72. Anhand dieses Kennwerts ergibt sich also nicht die Notwendigkeit, Items zu verändern oder auszuschließen.

Einzelne Items zeigen sich bei einer Augenscheinbetrachtung als leicht rechtssteil verteilt, es finden sich jedoch keine bimodal verteilten Items. Die Prüfung auf Normalverteilung mittels des eher konservativen Kolmogoroff-Smirnoff-Tests wird für alle Items signifikant – es zeigt

Tabelle 17.4: Übersicht über Schulabschluss, Ausbildungsstand und Beruf der Befragten in der CVPA-g-Untersuchung

	N	%
Schulabschluss		
Kein Schulabschluss	3	1.94
Haupt-/Volksschulabschluss	6	3.87
Mittlere Reife/Realschule	16	10.32
Abschluss der Polytechnischen Oberschule	0	0.00
Fachhochschulreife	6	3.87
Abitur	124	80.00
Ausbildungsstand		
Keine abgeschlossene Berufsausbildung	79	50.97
Lehre abgeschlossen	35	22.58
Meisterbrief	3	1.94
Berufsakademieabschluss	4	2.58
Fachhochschulabschluss	5	3.23
Universitätsabschluss	19	12.26
Promotion	2	1.29
Sonstiger Ausbildungsstand	6	3.87
Fehlende Werte	2	1.29
Beruf		
Schüler	5	3.23
Auszubildender	1	0.65
Student	96	61.94
Kaufmännischer Beruf	9	5.81
Technischer Beruf	5	3.23
IT-Beruf	2	1.29
Verwaltungsberuf	4	2.58
Beruf in Handwerk/Industrie	6	3.87
Beruf im Gesundheitswesen	4	2.58
Beruf im Bildungswesen/in der Wissenschaft	6	3.87
Medien- und künstlerischer Beruf	0	0.00
Sonstiger Beruf	17	10.97

sich also bei diesen Items keine statistisch einwandfreie Normalverteilung der Werte. Keines der Items weist aber eine derartig schiefe Verteilung auf, dass Änderung oder Ausschluss allein aufgrund dieser gerechtfertigt wäre.

Voraussetzungsprüfungen bezüglich der Faktorenanalyse

Wie in Kapitel 14.1 (S. 101) dargestellt ist, stellen leichte Abweichungen von der Normalverteilung zur Berechnung einer Faktorenanalyse bei einer ausreichend großen Stichprobe kein Problem dar. Der Kaiser-Meyer-Olkin-Koeffizient (KMO-Koeffizient) als Maß für die Eignung der Korrelationsmatrix der Items für eine Faktorenanalyse liegt hier bei .78. Dieser Wert indiziert eine mittlere Eignung, eine Faktorenanalyse kann durchgeführt werden.

Betrachtet man die vorliegende Stichprobengröße unter Einbezug der Erkenntnisse von Guadagnoli und Velicer (1988), so ist diese kritisch zu sehen. Guadagnoli und Velicer berichten Studien, die erfolgreich mit ähnlichen Stichprobengrößen verfahren sind, geben aber zu bedenken, dass bei Stichproben unter N = 300 sichere Rückschlüsse auf die Verteilung in der Population nur bei Ladungen > .60 möglich sind. Im Vorgriff auf die folgenden Ergebnisse der Hauptachsenanalyse muss gesagt werden, dass diese Verallgemeinerbarkeit hier eingeschränkt ist, da bei fünf von elf Items diese Ladungshöhe nicht erreicht wird. Eine Faktorenanalyse wird dennoch durchgeführt, die Ergebnisse sind aber unter der genannten Einschränkung der nicht sicheren Verallgemeinerbarkeit zu betrachten. Ziel der Durchführung ist die Überprüfung, ob sich trotz der eher zu kleinen Stichprobe dennoch eine eindeutige Struktur finden lässt.

Ersetzen fehlender Werte

Es lag lediglich bei einem einzelnen Item ein fehlender Wert vor. Dieser wurde durch Regression ersetzt (siehe Hair et al., 2006; Roth, 1994; Wirtz, 2004). Dieses Ersetzen des fehlenden Werts war notwendig, um die nachfolgenden Faktoren- und Parallelanalysen mit dem vollständigen N durchführen zu können.

Ergebnisse der Faktorenanalyse

Es wurde eine Hauptachsenanalyse mit Promax-Rotation durchgeführt. Die Promax-Rotation wurde gewählt, da mögliche Interkorrelationen der Faktoren a priori unklar und eine Korrelation der Faktoren nicht auszuschließen waren.
Es finden sich drei Faktoren mit einem Eigenwert > 1, der Screeplot (siehe folgende Abb. 17.1) spricht jedoch eher für eine 2-Faktor-Lösung. Betrachtet man die Gesamtvarianzaufklärung, so finden sich ebenfalls drei Faktoren, die mehr als fünf Prozent Varianz aufklären. Die Ergebnisse der Parallelanalyse (siehe Anhang D) zeigen wiederum auch eine mögliche 4-Faktor-Lösung auf, der MAP-Test (ebenfalls im Anhang D) spricht für zwei Faktoren. Die Bestimmung der Faktoren fällt hier also uneindeutig aus. Aufgrund der Probleme hinsichtlich der Stichprobengröße bei den Voraussetzungsprüfungen ist anzunehmen, dass sich auf Basis der hier vorliegenden Daten keine verallgemeinerbare Lösung finden lässt. Da jedoch das theoretische Modell von Bloch et al. (2003) ursprünglich drei zugrunde liegende Faktoren annimmt, soll in der weiteren Betrachtung der übersetzten Fragebogenversion eine 3-Faktor-Lösung angenommen werden. Diese Entscheidung ist theoriebasiert gefällt und hätte auch anders getroffen werden können, eine endgültige Klärung der Faktorstruktur kann nur anhand späterer Studien erfolgen.

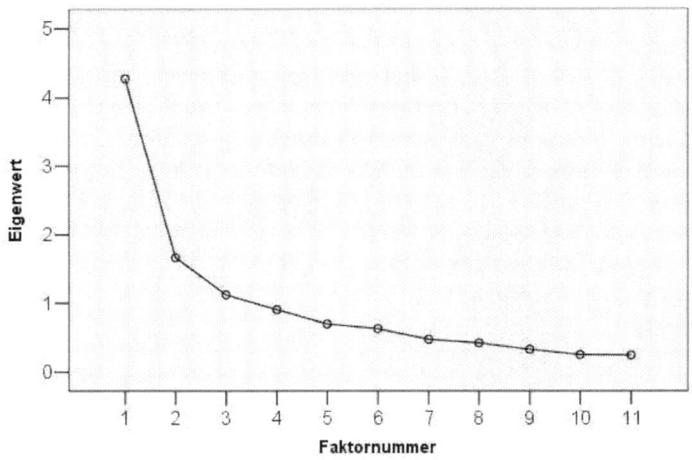

Abbildung 17.1: Screeplot der Eigenwerte

Wählt man nun eine 3-Faktor-Lösung, so klären die Faktoren insgesamt 53.24 Prozent der Varianz auf. Es entfallen hierbei 34.58 Prozent auf Faktor 1, 11.9 Prozent auf Faktor 2 und 6.76 Prozent auf Faktor 3. Die Faktoren in dieser Lösung korrelieren hoch, die Korrelation beträgt $r = .58$ zwischen Faktor 1 und 2, $r = .33$ zwischen Faktor 1 und 3 sowie $r = .43$ zwischen Faktor 2 und 3. Die Mustermatrix mit der Verteilung der Ladungen findet sich im Anhang D, die Ladungen selbst sind aber auch in folgender Tabelle 17.5 zu finden.

Zusammenfassung der Ergebnisse

Fasst man die Ergebnisse der Itemanalyse des CVPA-g zusammen, so lassen sich weitgehend akzeptable bis gute Kennwerte feststellen. Die innere Konsistenz der Skalen ist für einen Gruppenvergleich ausreichend hoch. Die Verteilungskennwerte zeigen, dass die Items nur leicht von der Normalverteilung abweichen, auch wenn der Kolmogoroff-Smirnov-Test hoch signifikant ausfällt. Die Itemschwierigkeit liegt in einem erwünschten mittleren Bereich, die Trennschärfe aller Items ist hoch, lediglich bei Item 4 und 9 nur im mittleren Bereich. Gleiches gilt für die Ladungshöhe, die ebenfalls bei Item 4 und 9 in einem mittleren Bereich liegt. Eine Übersicht gibt folgende Tabelle 17.5.

17.4 Diskussion

Nach der Übersetzung der CVPA-Skala und mehrfachen Prüfungen der gewählten Endversion, erweist sich die Untersuchung des CVPA-g aus methodischer Sicht als gelungen. Lediglich

Tabelle 17.5: Übersicht über die Itemkennwerte des CVPA-g

Skala	Item-Nr.	M	Mod	Med	SD	Schiefe	Exzess	$K-S$	p	$r_{i,s-i}$	a
Skala 1: Wahrgenommener Wert											
($\alpha = .74$)	1	3.55	4	4	1.10	−0.53	−0.47	.00	.64	.60	.95
	2	3.87	4	4	0.99	−0.75	0.11	.00	.72	.55	.62
	3	3.83	4	4	0.95	−0.78	0.62	.00	.71	.61	.52
	4	2.85	3	3	1.22	−0.02	−0.99	.00	.46	.41	.34
Skala 2: Fähigkeit der Bewertung											
($\alpha = .79$)	5	2.75	3	3	1.08	0.11	−0.62	.00	.44	.57	.58
	6	2.69	3	2	1.17	0.38	−0.69	.00	.42	.68	.83
	7	3.70	4	4	1.03	−0.74	0.02	.00	.68	.49	.57
	8	3.39	3	3	0.96	−0.20	−0.32	.00	.60	.68	.86
	9	3.34	3	4	1.20	−0.26	−0.84	.00	.58	.47	.39
Skala 3: Reaktion											
($\alpha = .85$)	10	2.80	3	3	1.14	0.08	−0.81	.00	.45	.74	.83
	11	2.63	3	2	1.06	0.27	−0.52	.00	.41	.74	.92

Anmerkungen: $K-S$ = asymptotische Signifikanz nach Kolmogoroff-Smirnov-Test, p = Schwierigkeit, $r_{i,s-i}$ = Trennschärfe, a = Ladung

eine größere Stichprobe wäre wünschenswert gewesen, um die Verallgemeinerbarkeit der Ergebnisse sicherer zu untermauern. Die Probleme bei der Bestimmung der Faktorstruktur in der Hauptachsenanalyse zeigen dies klar: Betrachtet man auf Basis der vorliegenden Daten die Ergebnisse der Faktorenanalyse, so ist keine eindeutige Faktorstruktur, die allen genannten Kriterien entspricht, zu finden. Es ist anzunehmen, dass die Stichprobe zu klein ist, um diese treffend zu identifizieren. Eine dreifaktorielle Lösung wird zunächst einmal favorisiert, da diese von Bloch et al. (2003) theoretisch angenommen worden war. Aber auch Bloch konnte diese empirisch in konfirmatorischen Analysen letztendlich nicht bestätigen. In den konfirmatorischen Berechnungen ergab sich hier ein g-Faktor. Daher sind weitere Analysen des CVPA-g zur eindeutigen Bestimmung der Faktoren, aber auch zur Überprüfung der weiteren Gütekriterien notwendig. Eine derartige Studie wurde von Moshagen und Thielsch (2007) durchgeführt, die Analysen dieser Daten sind aber nicht mehr Teil der vorliegenden Arbeit. Die Ergebnisse der gemeinsamen Studien von Moshagen und Thielsch fließen aber insoweit ein, als diese die weitere Eignung des CVPA-g untermauern sowie die Form der Auswertung des CVPA-g in Teil V begründen.

17.4.1 Faktorstruktur und Itemrevision

Der dreifaktoriellen Lösung wird an dieser Stelle zunächst einmal gefolgt. Das Ziel dabei ist, in der weiteren Fragebogenentwicklung vielleicht das Modell von Bloch abbilden zu können. In der vorliegenden Stichprobe bildet sich bei diesem Vorgehen der erste der drei Faktoren, von Bloch et al. als *value* bezeichnet, genau wie in der theoretischen Vorlage angenommen.

Fast ebenso der zweite Faktor (*acumen*) – nur dass sich unter diesem Faktor auch das Item 9 wiederfindet, dieses hatten Bloch et al. theoretisch dem dritten Faktor (*response*) zugeordnet. Es muss aber betont werden, dass die Daten keinerlei sichere Bestätigung eines 3-Faktor-Modells erlauben. Dies lässt sich erst anhand größerer Stichproben in späteren konfirmatorischen Analysen begründet feststellen.

Zudem ist der dritte Faktor mit nur zwei Items nicht geeignet, um als eigenständige Skala reliabel bei weiteren Untersuchungen eingesetzt zu werden, vor allem wenn man die sehr hohe Interkorrelation der beiden Items des dritten Faktors ($r = .74$, $p = .01$) bedenkt. Diese hohe Interitemkorrelation bestätigt die Aussage einzelner Befragter bei der Prüfung der Übersetzung (siehe Kap. 17.2.2, S. 111), die beiden Items seien sich zu ähnlich. In der Konsequenz folgt daraus der Ausschluss des Items Nr. 11, dieses weist an einzelnen Stellen geringfügig schlechtere Eignung als Item Nr. 10 auf. Das Hauptargument für den Ausschluss ist aber hier ein inhaltliches: Item 11 scheint von beiden Items das in der Formulierung für den deutschen Sprachgebrauch weniger geeignete. Um weiterhin auf der Modellgrundlage von Bloch et al. arbeiten zu können, wurde die deutsche Version des CVPA auf den vorliegenden Ergebnissen aufbauend um zwei weitere Items neu ergänzt (die so neu geschaffene CVPA-g-Version findet sich in Anhang A). Diese neuen Items sollen den *response*-Faktor stärken und lauten:

- Das Design eines Produkts ist für mich der wichtigste Grund, es zu kaufen.
- Ich kaufe manche Produkte nur wegen ihres guten Aussehens.

Damit bleibt der *response*-Faktor relativ eng umgrenzt. Inwieweit sich diese Version des CVPA-g bewährt, ist in späteren Untersuchungen zu zeigen[3].

17.4.2 Objektivität

Da der CVPA-g ein sehr einfacher und kurzer Fragebogen mit einer eindeutigen quantitativen Auswertung ist, kann von einer hohen Objektivität ausgegangen werden. Insbesondere aber die Durchführungsobjektivität ließe sich durch eine computergestützte Darbietung (wie auch bei dem in Teil V dargestellten Experiment erfolgt) besser sicherstellen.

17.4.3 Reliabilität

Die innere Konsistenz der ersten beiden Skalen ist für einen Gruppentest ausreichend (Skala 1: $\alpha = .74$, Skala 2: $\alpha = .79$). An dieser Stelle soll auch auf die Untersuchungen des CVPA-g mit N = 616 Befragten (Moshagen & Thielsch, 2007) verwiesen werden, die spätere Auswertung des CVPA-g in Teil V erfolgt auf Basis dieser Daten. In diesen aktuellen Analysen werden beim CVPA-g die Items eins bis vier und neun der Skala *Wahrgenommener Wert*, die Items

[3] Die gerade abgeschlossenen Studien von Moshagen und Thielsch (2007) zeigen eine Eignung der neu hinzugenommenen Items. Konfirmatorische Faktorenanalysen mit N = 616 sprechen für ein dreifaktorielles Modell mit einem dahinter liegenden g-Faktor.

fünf bis acht der Skala *Fähigkeit der Bewertung* und die Items zehn bis zwölf der Skala *Reaktion* zugeordnet (Moshagen & Thielsch, 2007). Die Daten von Moshagen und Thielsch sprechen weiterhin für ein g-Faktor-Modell beim CVPA-g, so dass die Bildung eines Gesamtsummenscores zulässig ist. In dieser Analyse liegen die inneren Konsistenzen des CVPA-g bei $\alpha = .80$ für Skala 1, $\alpha = .82$ für Skala 2 und $\alpha = .73$ für Skala 3 sowie bei $\alpha = .88$ für den gesamten CVPA-g.

17.4.4 Validität

Die vorliegende Studie kann keine Hinweise für eine Validierung liefern. In weiteren laufenden Studien von Moshagen und Thielsch liegen zur konvergenten und diskriminanten Validität noch keine Ergebnisse vor. In einer abgeschlossenen Untersuchung zeigen sich allerdings zwei Extremgruppenvergleiche als sehr erfolgreich: Sowohl bei einem Vergleich von Verwaltungsbeamten (N = 27) und Designern (N = 26) sowie einem Vergleich zwischen PC-Besitzern (N = 50) und Apple-Besitzern (N = 51) kann der CVPA-g klar zwischen den Untersuchungsgruppen trennen (Moshagen & Thielsch, 2007). Dies ist ein erster wichtiger Anhaltspunkt für die Validität auch der deutschen Version des CVPA.

17.4.5 Fazit

Für den Moment erweist sich der CVPA auch in der deutschen Übersetzung als interessantes Instrument, lediglich die Faktorstruktur lässt sich aus den hier erhobenen Daten nicht klären. Zur Faktorstruktur, und ebenso zu Reliabilität und Validität, liefern aber laufende Studien wertvolle Hinweise. Auch die Itemkennwerte fallen insgesamt gut aus, so dass ein Einsatz des CVPA-g in späteren Untersuchungen gerechtfertigt ist. Die ersten praktischen Erfahrungen lassen hoffen, dass sich auch der CVPA-g ähnlich gut einsetzen lässt wie das amerikanische Original.

18 Prüfung der deutschen Version der Scale for Measuring Perceived Website Usability (PWU-g)

18.1 Einführung

Zur Messung der Usability findet sich eine Reihe von Verfahren, diese beziehen sich aber zumeist auf die Bewertung von Software. Für eine Evaluation von Websites sind weniger Verfahren vorhanden (siehe hierzu Kap. 3.1, S. 16). Flávian et al. (2006) entwickelten eine Skala, die sich am WAMMI (Kirakowski & Cierlik, 1998; Kirakowski et al., 1998) orientierte. Mit dieser Skala soll vor allem die Einfachheit der Nutzung und die Klarheit der Struktur einer Website gemäß der ISO-Norm 9241-10 (siehe Kap. 3, S. 15f.) gemessen werden. Diese Usability-Skala ist im englischen Original als *Scale for Measuring Perceived Website Usability* bezeichnet und soll hier mit PWU abgekürzt werden. Zusammen mit anderen Skalen unterziehen Flávian et al. (2006) die PWU-Skala umfangreichen Analysen basierend auf einer Untersuchung mit N = 351 Probanden. Die innere Konsistenz der PWU-Skala lag hernach bei $\alpha = .90$, die Skala erwies sich in einer konfirmatorischen Faktorenanalyse als eindimensional. Die Autoren führen auch erste Analysen zu konvergenter und diskriminanter Validität durch, die viel versprechende Ergebnisse hervorbringen, wobei in diesem Bereich aber noch weitere Untersuchungen wünschenswert wären.

Die PWU-Skala wurde von Moshagen (Verwendung in Moshagen et al., 2007) ins Deutsche übersetzt. Allerdings wurde das Item Nr. 8 der Originalskala weggelassen („Downloading pages from this website is quick") mit der Begründung, dass der Anteil der Modem-Benutzer in der deutschen Online-Bevölkerung derart stark abgesunken ist, dass ein solches Item nur noch wenig Sinn ergibt. Hierfür sprechen auch die Ergebnisse aktueller Reichweitenstudien: Anfang 2007 nutzten nur noch 14.5 Prozent der Onliner ein Modem, hingegen aber 59.6 Prozent einen Breitbandzugang (TNS Infratest & Initiative D21, 2007), die Begründung von Moshagen erscheint also gerechtfertigt. Item Nr. 7 der Originalskala („When I am navigating this site, I feel that I am in control of what I can do") wurde durch das Item „Man kann die gesuchten Informationen schnell erreichen" ersetzt, da eine direkte Übersetzung des Ursprungsitems sehr sperrig wirkte.

Die deutsche Version der Skala (PWU-g, *Scale for Measuring Perceived Website Usability – german*) besteht somit aus 7 Items (siehe Anhang A). Da absehbar war, dass die genannte Untersuchung von Moshagen nicht vor einem möglichen Einsatz der Skala in der geplanten experimentellen Studie dieser Arbeit (siehe Teil V, ab S. 173) abgeschlossen sein würden, wurde die PWU-g zweier eigener Vortests unterzogen, um hier im Vorfeld die prinzipielle Eignung der Items in der übersetzten Version für die experimentelle Studie festzustellen.

18.2 Überprüfung der Übersetzung auf Verständlichkeit

Die von Moshagen erstellte Übersetzung wurde, wie zuvor beschrieben bei der CVPA-g-Studie, einer Probandengruppe von N = 35 mit der Bitte vorgelegt, diese auf Verständlichkeit im deutschen Sprachgebrauch zu prüfen. Hierbei handelte es sich um dieselbe Probandengruppe von Studenten der Westfälischen Wilhelms-Universität Münster, die in Kapitel 17.2.1 (S. 110) als Stichprobe 2 beschrieben wurde.

Nur vier der Befragten hatten Anmerkungen zur Verständlichkeit der übersetzten Items. Die Anmerkungen dieser bezogen sich vorrangig auf die Untersuchungsdurchführung mit der PWU-g-Skala: Zwei Personen merkten an, dass man zur Bewertung einzelner Items auch etwas auf der Website gesucht haben müsste. Eine Person merkte an, dass Erfahrung mit der zu bewertenden Website notwendig sei und manchmal Unterseiten deutlich anders aussehen würden, einer der Befragten wies auf eine inhaltliche Ähnlichkeit zweier Items hin (Nr. 3 und Nr. 7). Korrekturvorschläge zu den Itemformulierungen erfolgten nicht, daher kann hier von einer verständlichen Übersetzung durch Moshagen ausgegangen werden.

18.3 Empirische Prüfung

Nachdem sich zur Übersetzung keine Anmerkungen fanden, die eine Änderung von Items nahegelegt hätten, sollte eine empirische Prüfung erfolgen. Ziel war hier, die Anwendbarkeit und Dimensionalität der Skala sowie deren Konsistenz zu untersuchen. Es sollten auch die Itemkennwerte bestimmt und eventuell vorhandene problematische Items identifiziert werden. Diese empirische Prüfung erfolgte als Online-Untersuchung und soll nachfolgend beschrieben werden.

18.3.1 Stichprobe

Drop-out und Datenbereinigung

Die Online-Befragung zur PWU-g-Skala begannen n = 533 Personen, erwartungsgemäß brachen jedoch einige von diesen die Untersuchung vor Beendigung ab. Für eine Filterung der Daten und Prüfung der Datenqualität wurden a priori eine Reihe von Kriterien festgelegt (Anhang B). In dieser Kriterienliste ist die vollständige Bearbeitung aller inhaltlichen Fragen der Untersuchung ein zentrales Kriterium: Fast alle der gefilterten Datensätze wurden aufgrund dieses Kriteriums entfernt. Rund 94 Prozent der gefilterten Datensätze (n = 198) stammten von Personen, die die Befragung bereits vor dem Erreichen der PWU-g-Items abgebrochen hatten. Dass nur elf Datensätze aufgrund anderer Kriterien ausgeschlossen werden mussten, spricht auch für einen erfolgreichen Einsatz der *high hurdle technique* (Reips, 2002). Dabei wurden sechs der elf ausgeschlossenen Datensätze aufgrund der extrem kurzen Bearbeitungszeit (unter 100 Sekunden) entfernt. Die Abbruchquote in dieser Untersuchung liegt

insgesamt bei 37.15 Prozent, eine für anonyme Online-Erhebungen vollkommen normale Abbruchzahl. Nur 2.06 Prozent der Datensätze wurden aus der Auswertung ausgeschlossen.
Es gehen somit insgesamt n = 324 Datensätze in die weitere Auswertung ein. Im Folgenden werden auch die demographischen Daten der Abbrecher berichtet (insgesamt n = 198), soweit diese vorliegen. In n = 62 Fällen wurden keine demographischen Angaben vor dem Abbruch gemacht, die gespeichert werden konnten. Mit der Betrachtung der Abbrecherangaben lassen sich Aussagen über einen möglichen selektiven Abbruch machen.

Soziodemographie

Unter den 324 Probanden befanden sich 172 Männer und 152 Frauen. Das Alter der Befragten lag zwischen 17 und 63 Jahren, im Mittel bei 27.94 Jahren. Die Interneterfahrung betrug durchschnittlich rund 8 Jahre. Die aktive wöchentliche Surfzeit im World Wide Web wurde mit knapp 13 Stunden angegeben, wobei sich hierunter sehr hohe Angaben dreier Befragten befanden (> 80 Stunden/Woche). Diese Mittelwerte sind verglichen mit den Reichweitenanalysen zur deutschen Online-Bevölkerung 2006 (van Eimeren & Frees, 2006) als eher überdurchschnittlich zu bewerten. Wie die folgende Tabelle 18.1 zeigt, sind die Angaben bei den Abbrechern fast identisch, lediglich unter den Auszuwertenden befinden sich anteilsweise geringfügig mehr Männer. Ein selektiver Abbruch lässt sich jedoch anhand dieser Variablen nicht feststellen.

Vergleicht man die vorliegende Stichprobe in den Variablen Alter und Geschlecht mit der deutschen Online-Bevölkerung (van Eimeren & Frees, 2006), so zeigt sich in der Variable Geschlecht eine fast vollständige Übereinstimmung zwischen Ist und Soll. Der Unterscheid beträgt hier nur 1.87 Prozent, was N = 6 Personen entspricht. Bei der Variable Alter ist die Verteilung in der vorliegenden PWU-g-Stichprobe als nicht repräsentativ zu bewerten, die Differenzen in den Verteilungen sind beträchtlich. Vor allem die Altersgruppe der 20- bis 29-Jährigen ist stark überrepräsentiert, in allen anderen Altersgruppen finden sich weniger Befragte als

Tabelle 18.1: Demographische Daten der PWU-g-Untersuchung: Abbrecher und Ausgeschlossene im Vergleich zu den auszuwertenden Datensätzen

	Abbrecher (n = 136)		Auszuwertende Datensätze (n = 324)	
	M	*SD*	*M*	*SD*
Alter	28.57	8.91	27.94	8.02
Interneterfahrung (Jahre)	7.77	2.62	7.99	2.55
Surfzeit (Stunden/Woche)	13.81	12.40	12.96	12.85
Geschlecht	69 Frauen	67 Männer	152 Frauen	172 Männer

Anmerkung: Es konnten nicht alle Abbrecherdatensätze demographisch ausgewertet werden, da n = 62 Personen vor ihrem Abbruch keinerlei Angaben mehr machten.

in der entsprechenden Bevölkerungsgruppe. Immerhin lässt sich feststellen, dass alle Altersgruppen in der Stichprobe vertreten sind – im Bereich unter 20 und über 50 Jahren jedoch nur mit sehr wenigen Befragten. Abbildungen zu Geschlechts- und Altersverteilung im Vergleich zur Bundesbevölkerung befinden sich im Anhang D.

Gut 85 Prozent der Befragten gab als Schulabschluss Abitur an, etwa ein Drittel hatte zum Erhebungszeitpunkt auch einen Universitätsabschluss erlangt (siehe Tab. 18.2). Damit ist das Bildungsniveau in der vorliegenden Stichprobe deutlich höher als in der deutschen Online-Bevölkerung (siehe AGOF, 2006). Die Variable Beruf wurde in dieser Befragung nicht erhoben. Grund war das Ziel, diese Erhebung für die Befragten möglichst kurz, das heißt mit wenigen Items, zu gestalten.

Vergleicht man diese demographischen Angaben der Abbrecher und ausgeschlossenen Datensätze mit den auszuwertenden Datensätzen, so finden sich an dieser Stelle ebenfalls nur sehr geringe Unterschiede. Lediglich was die Variable Schulabschluss in Hinsicht auf die Ausprägung Abitur anbelangt ist der Unterschied größer als bei den übrigen Angaben, aber insgesamt als gering zu bewerten. Es lässt sich anhand dieser Variablen kein systematischer Abbrucheffekt erkennen, der Einschränkungen der Datenqualität oder Auswirkungen auf die Auswertung vermuten ließe.

Tabelle 18.2: Übersicht über Schulabschluss und Ausbildungsstand der Befragten in Vergleich zu den Abbrechern

	Abbrecher		Auszuwertende	
	n	%	*n*	%
Schulabschluss				
Haupt-/Volksschulabschluss	3	2.21	2	0.62
Mittlere Reife/Realschule	3	2.21	8	2.47
Abschluss der Polytechnischen Oberschule	3	2.21	1	0.31
Fachhochschulreife	16	11.76	33	10.19
Abitur	110	80.88	277	85.49
Sonstiger Schulabschluss	1	0.74	3	0.93
Ausbildungsstand				
Noch in Ausbildung/Studium	65	47.79	155	47.84
Lehre abgeschlossen	20	14.71	33	10.19
Meisterbrief	1	0.74	1	0.31
Berufsakademieabschluss	2	1.47	8	2.47
Fachhochschulabschluss	9	6.62	27	8.33
Universitätsabschluss	32	23.53	81	25.00
Promotion	2	1.47	6	1.85
Sonstiger Ausbildungsstand	5	3.68	13	4.01

18.3.2 Material und Befragungsumgebung

Da die PWU-g-Skala theoretisch für jegliche Website eingesetzt werden kann, wurde in dieser Befragung keine konkrete Website vorgegeben. Die Befragten konnten sich die zu bewertende Website aussuchen, wobei hier die Auswahl auf kommerzielle und institutionelle Seiten eingeschränkt wurde (siehe Kap. 11 im Teil II, S. 85f.). Die 324 Befragten bewerteten insgesamt rund 230 verschiedene Websites; die mit 4.9 Prozent am häufigsten beurteilte Seite war www.spiegel.de. Danach folgten mit Häufigkeiten um zwei Prozent www.google.de, www.amazon.de, www.studivz.de und www.ebay.de. Gut zwei Drittel der bewerteten Websites wurden nur von einer Person genannt, es handelte sich hierbei immer um kommerzielle oder institutionelle Websites. 81.8 Prozent der Befragten gaben an, die Website schon vor der Untersuchung einmal besucht zu haben.

Die Online-Befragung wurde mittels der Software Umfragecenter 4.0 der marktführenden Kölner Globalpark GmbH umgesetzt. Das Umfragecenter ist eine webbasierte Fragebogen-Applikation für Befragungen und Datenerhebungen im Inter- oder Intranet und wird seit 1999 entwickelt. Abbildung 18.1 zeigt einen Screenshot der Umfragecenter-Software, der ein Befragungsfenster der PWU-g-Untersuchung zeigt.

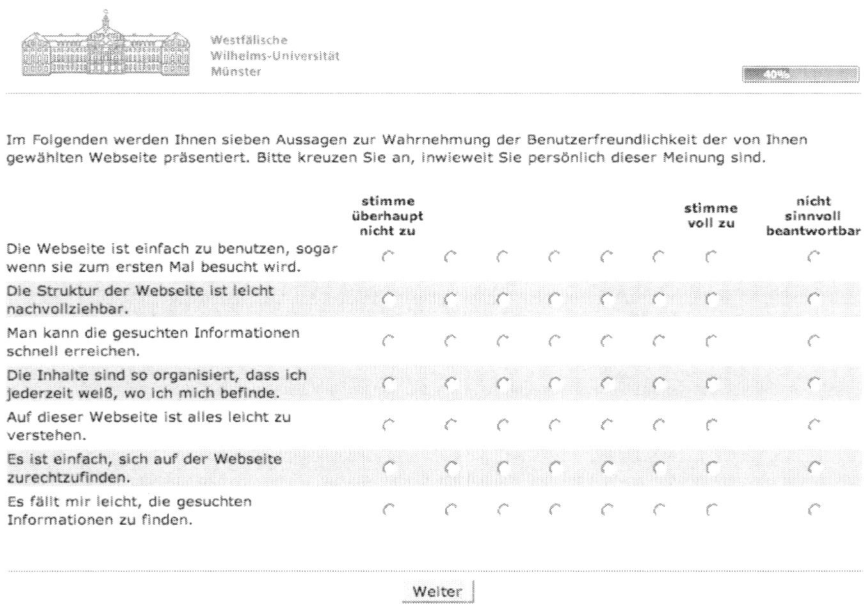

Abbildung 18.1: Screenshot aus der mittels der Umfragecenter-Software erzeugten Online-Befragung

18.3.3 Befragungsablauf

Die Datenerhebung erfolgte von Ende Juli bis Anfang Oktober 2006. Die Einladung zur Befragung wurde möglichst breit gestreut, um eine heterogene Stichprobe von Webnutzern zu erheben. Es wurde über verschiedene Wege auf die Befragung aufmerksam gemacht, wobei sowohl Methoden der aktiven als auch der passiven Auswahl (siehe Kap. 13.1.1 im Teil II, S. 93) verwendet wurden:

- Aushang im Psychologischen Institut der Westfälischen Wilhelms-Universität Münster
- Snowball-Technique (E-Mails mit der Bitte um Weiterleitung)
- Verschiedene Newsletter
- Verschiedene Foren im World Wide Web
- Die Newsgroup de.alt.umfragen
- Web Survey List der Universität Zürich

Über einen Einladungslink gelangten die Befragungsteilnehmer auf die erste Seite der Befragung, hier wurde über Zweck, Dauer und Autor der Befragung aufgeklärt. Danach folgten sieben Fragen zur Demographie. Im Sinne der *high hurdle technique* (Reips, 2002) waren alle Demographie-Fragen auf einer Seite dargestellt, die folgenden Seiten waren allesamt kürzer. Diese Methode diente der Verbesserung der Datenqualität: So sollten Befragungsteilnehmer, die nicht oder zu diesem Zeitpunkt noch nicht motiviert und konzentriert genug waren, dazu bewegt werden, noch vor den inhaltlichen Items abzubrechen.

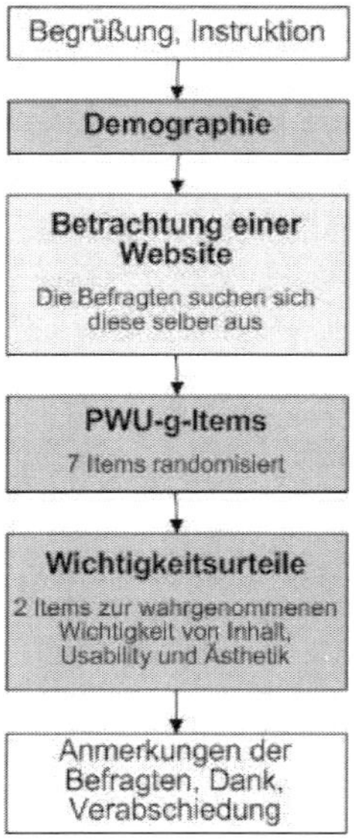

Abbildung 18.2: Der Befragungsablauf der PWU-g-Studie

Nach den Fragen zur Demographie durften sich die Teilnehmer selbst eine Website aussuchen, die sie bewerten sollten. Im Folgenden wurden die sieben Items auf einer siebenstufigen Skala (von „stimme überhaupt nicht zu“ bis „stimme voll zu“) abgefragt, zusätzlich konnte die Antwortoption „nicht sinnvoll beantwortbar“ gewählt werden. Alle sieben Items wurden auf einer Befragungsseite komplett randomisiert dargeboten, Positionseffekte können so vollständig ausgeschlossen werden. Nach den sieben Usability-Items schätzten die Befragten die Wichtigkeit der Aspekte Inhalt, Usability und Ästhetik anhand zweier Items ein. Zum Abschluss konnten Anmerkungen zur Befragung gemacht werden, danach wurde den Teilnehmern gedankt und die Möglichkeit gegeben, einen Ergebnisbericht anzufordern.

18.3.4 Ergebnisse

Ablehnung der Probanden

Die Befragten hatten die Möglichkeit, einzelne oder alle Items als „nicht sinnvoll beantwortbar“ abzulehnen. Aufgrund der Ablehnung muss aber keines der Items ausgesondert oder verändert werden, im Gegenteil: Der allergrößte Teil der Probanden sah alle Items als sinnvoll beantwortbar an. Die Items 3 und 7 wurden insgesamt lediglich fünfmal, das Item 1 viermal, das Item 2 zweimal, Items 4 und 6 einmal und das Item 5 kein einziges Mal als „nicht sinnvoll beantwortbar“ eingestuft. Kein einziges Item wurde somit von mehr als auch nur einem Prozent der Befragten abgelehnt.

Schwierigkeits- und Verteilungsanalyse

Die Berechnung der Schwierigkeit für die sieben PWU-g-Items erfolgt auch an dieser Stelle entsprechend der Formel für quantitativ abgestufte Aufgaben nach Dahl (1971) unter Berücksichtigung des ergänzenden Hinweises zur Codierung nach Bortz und Döring (2006). Die Schwierigkeiten aller Items liegen dabei in einem Bereich zwischen .69 und .71. Die Schwierigkeiten befinden sich damit in einem akzeptablen Bereich, wenn auch die Items tendenziell etwas zu leicht sind.

Bei der Betrachtung der Werteverteilung auf den Items finden sich keine bimodalen Verteilungen. Alle Items zeigen sich hierbei aber als rechtssteil verteilt. Erwartungsgemäß wird daher der Kolmogoroff-Smirnov-Test für alle Items signifikant – diese sind nicht normalverteilt, wobei aber bedacht werden muss, dass die Verletzung der Normalverteilungsannahme bei der Analyse großer Stichproben weniger Probleme bereitet (Hair et al., 2006). Es ergibt sich somit aus diesen beiden Kennwerten nicht die Notwendigkeit, Items zu verändern oder auszuschließen.

Voraussetzungsprüfungen bezüglich der Faktorenanalyse

Die rechtssteile Verteilung der Items stellt für die Berechnung einer Hauptachsenanalyse kein Problem dar, da bei keinem Item die Schiefe > 2 und der Exzess > 7 ist (siehe West et al., 1995). Der Kaiser-Meyer-Olkin-Koeffizient (KMO-Koeffizient) als Maß für die Eignung der Korrelationsmatrix der Items liegt bei .93. Dieser Wert indiziert eine sehr gute Eignung zur Durchführung einer Faktorenanalyse (Bühner, 2006). Auch die Stichprobe ist mit n = 324 groß genug, um das tatsächliche Ladungsmuster sicher zu identifizieren. Guadagnoli und Velicer (1988) kommen in einer Monte-Carlo-Studie zu dem Schluss, dass ab einer Stichprobengröße von N = 300 selbst unter suboptimalen Bedingungen durch eine Faktorenanalyse das tatsächliche Ladungsmuster der Population identifiziert wird.

Ersetzen fehlender Werte

Fehlende Werte lagen nur in sehr geringer Häufigkeit vor, diese entstanden durch Wahl der Option „nicht sinnvoll beantwortbar“ durch die Befragten. Vor der Hauptachsenanalyse wurden diese fehlenden Werte ersetzt, um sowohl bei dieser als auch bei der Parallelanalyse mit der vollen Stichprobengröße rechnen zu können. Als Verfahren zur Ersetzung wurde den Empfehlungen von Roth (1994) und Wirtz (2004) folgend eine Regression gewählt (siehe hierzu auch Hair et al., 2006).

Ergebnisse der Hauptachsenanalyse

Es findet sich eine einfaktorielle Lösung (siehe Anhang D); alle der in Kapitel 14.2 (S. 102) genannten Kriterien zur Bestimmung der Faktorenzahl zeigen diese an: Sowohl der Screeplot (siehe Abb. 18.3), die Varianzaufklärung und die Eigenwerte als auch die Ergebnisse von Parallelanalyse und MAP-Test (beides siehe Anhang D) legen die einfaktorielle Lösung deutlich nahe. Der gefundene Faktor klärt dabei 72.81 Prozent der Gesamtvarianz auf.

Zusammenfassung der Ergebnisse

Insgesamt betrachtet fallen die Kennwerte der PWU-g-Items ausreichend bis gut aus. Die Items erweisen sich als leicht rechtssteil und tendenziell eher leicht. Alle Items weisen hohe Trennschärfen und Ladungen auf. Die innere Konsistenz der PWU-g-Skala beträgt $\alpha = .95$. Die folgende Tabelle 18.3 gibt noch einmal eine Übersicht über alle Itemkennwerte.

Tabelle 18.3: Übersicht über die Itemkennwerte des PWU-g

Item-Nr.	*M*	*Mod*	*Med*	*SD*	Schiefe	Exzess	$K-S$	*p*	$r_{i,s-i}$	*a*
1	5.21	6	6	1.53	−0.77	−0.11	.00	.70	.76	.77
2	5.14	6	6	1.63	−0.81	−0.12	.00	.69	.84	.87
3	5.29	6	6	1.63	−1.00	0.24	.00	.71	.83	.85
4	5.21	6	6	1.65	−0.89	−0.04	.00	.70	.85	.87
5	5.20	6	6	1.62	−0.86	−0.10	.00	.70	.90	.92
6	5.12	6	6	1.65	−0.81	−0.19	.00	.69	.80	.83
7	5.22	6	6	1.61	−0.82	−0.19	.00	.70	.84	.86

Anmerkungen: $K-S$ = asymptotische Signifikanz nach Kolmogoroff-Smirnov-Test, p = Schwierigkeit, $r_{i,s-i}$ = Trennschärfe, a = Ladung

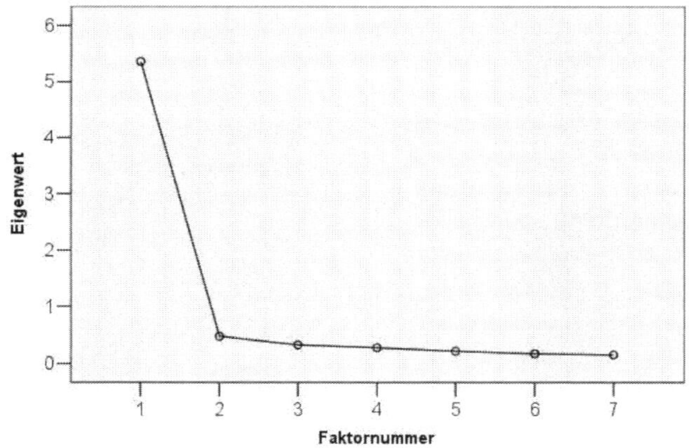

Abbildung 18.3: Screeplot der Eigenwerte

18.4 Diskussion

Betrachtet man die vorliegende Datenerhebung zur Überprüfung der deutschen Übersetzung der PWU-Skala, so bleibt lediglich der Wunsch nach einer breiter gestreuten Stichprobe, vor allem in Bezug auf die Variable Bildungsgrad. Die Stichprobengröße bietet hingegen eine sehr gute Grundlage für eine Itemanalyse. Die PWU-g Skala muss sich somit noch im Einsatz an breiter zusammengesetzten Stichproben bewähren, aber es gibt zumindest an dieser Stelle keine Anhaltspunkte, die gegen einen Einsatz der Skala sprechen.

Es erweist sich die übersetzte Version der PWU-Skala, ebenso wie das Original nach Flávian et al. (2006), als eindimensional. Die gefundene Faktorlösung und Varianzaufklärung sind sehr zufriedenstellend. Noch nicht optimal ist allerdings Schwierigkeit und Verteilung der Items, diese sind sämtlich rechtssteil. Dies mag auch daran liegen, dass die meisten der Befragten

(81.8 Prozent, $n = 265$) eine Website zur Beurteilung ausgewählt hatten, die sie bereits vorher kannten. Die Vertrautheit mit der Website mag dabei die Bedienung erleichtert und eine Antworttendenz auf den Items in Richtung des rechten Pols (hohe Usability) bedingt haben. Analysiert man dahingehend die $n = 59$ Datensätze, in denen eine fremde Website beurteilt wurde, so ergibt sich allerdings keine signifikante Veränderung der Verteilungskennwerte. Diese Rechtssteilheit der Skala ist also auch in späteren Erhebungen im Auge zu behalten und sollte erneut an anderen Stichproben analysiert werden. Die übrigen Kennwerte der Items sprechen für einen weiteren Einsatz der PWU-Skala in der deutschen Übersetzung.

18.4.1 Objektivität

Die PWU-g-Skala besteht nur aus wenigen Items, die sich eindeutig und quantitativ auswerten lassen. Insbesondere aufgrund der computergestützten Darbietung und Datenerfassung kann von einer sehr hohen Objektivität ausgegangen werden.

18.4.2 Reliabilität

Die Skala weist eine sehr hohe innere Konsistenz von $\alpha = .95$ auf. Dieser Wert spricht eindeutig für einen weiteren Einsatz der Skala.

18.4.3 Validität

Erste Anhaltspunkte für die Validität der PWU-g-Skala liefert der Vergleich zwischen dem Skalensummenwert und einem Gesamturteil, das die Befragten zur Benutzerfreundlichkeit der bewerteten Website abgegeben haben. Diese Korrelation beträgt .77 ($p < .01$), was für eine hohe konvergente Validität spricht.

18.4.4 Fazit

Die Ergebnisse der beiden Befragungen zur PWU-g zeigen: Diese Skala ist gut verständlich und weist akzeptable Kennwerte auf. Die PWU-g-Skala erfasst die globale Usability einer Website gut. Keiner der untersuchten Kennwerte spricht gegen einen weiteren Einsatz der Skala, auch wenn diese sich in Teilbereichen noch weiter bewähren muss. Zudem sind weitere Prüfungen der PWU-g in Bezug auf Reliabilität und Validität wünschenswert.

19 Entwicklung und Prüfung des Fragebogens zur Wahrnehmung von Website-Inhalten (WWI)

19.1 Einführung

Die Betrachtung von Websites in der vorliegenden Arbeit erfolgt vor allem im Bereich Ästhetik, wobei aber auch Aspekte der Usability miterfasst werden. Als weitere relevante Komponente kommt der Inhalt zum Tragen: Nur wenige Nutzer werden eine Website allein wegen ihrer guten Usability oder hervorstechenden Ästhetik besuchen; in den meisten Fällen stehen inhaltliche Aspekte im Vordergrund (siehe hierzu insbesondere Kap. 2, S. 9ff.). Dies lässt sich auch empirisch zeigen: Beispielsweise in der ARD/ZDF Online-Studie 2006 (van Eimeren & Frees, 2006) waren die prozentual am meisten genutzten Anwendungen des Internets, neben E-Mail-Diensten, Suchmaschinen und die zielgerichtete Suche nach bestimmten Angeboten. In den von Dehm et al. (2006) dargestellten Daten sind die im Internet am häufigsten genannten Erlebnisdimensionen

- „Ich bekomme neue Informationen" (86 Prozent Zustimmung),
- „Ich kann etwas lernen" (71 Prozent Zustimmung) und
- „Es macht mir Spaß" (69 Prozent Zustimmung).

Auch die hier durchgeführten Befragungen zur PWU-g-Skala (Kap. 18, ab S. 121) und zur Entwicklung des WWI weisen in die gleiche Richtung: Lässt man die Befragten Inhalt, Usability sowie Design und Gestaltung global nach ihrer jeweiligen prozentualen Wichtigkeit bewerten, so entfallen in beiden Befragungen 46 Prozent auf den Inhalt. Usability liegt jeweils bei etwa 30 Prozent, Design und Gestaltung bei 20 Prozent, es entfallen lediglich vier Prozent auf sonstige Nennungen. Der Inhalt erweist sich für viele der Nutzer als zentral, daneben finden sich aber auch klare Nennungen für andere Konstrukte, seien diese als Spaß bei Dehm et al. (2006) oder wie in den eigenen Untersuchungen als Design und Gestaltung sowie Usability bezeichnet (ähnliche Ergebnisse finden auch Hartmann et al., 2007).

Wie bereits in Kapitel 2.3 (S. 13) dargestellt, existiert bisher kein eigenständiger Fragebogen zur Erfassung der globalen Wahrnehmung und Bewertung der Inhalte einer Website. Um diese Inhaltswahrnehmung der Rezipienten in der späteren experimentellen Untersuchung erheben zu können, sollte ein Befragungsinstrument neu geschaffen werden. Der angestrebte Fragebogen sollte vergleichsweise kurz sein und die Inhaltswahrnehmung der Rezipienten möglichst allgemein, unabhängig von der bewerteten Website, erfassen. Das Vorgehen bei der

Fragebogenkonstruktion war dabei induktiv: Die untersuchten Items wurden anderen Instrumenten zur Untersuchung von Websites entnommen, neu erstellt und/oder in einer zweiten Stufe in einer Vorbefragung mit Experten und Nutzern ergänzt.

19.2 Vorbefragung von Experten und Nutzern

Für diese Vorbefragung wurden insgesamt 38 Items zusammengestellt (siehe Anhang D). Zehn Items wurden aus verschiedenen englischsprachigen Befragungsinstrumenten (Agarwal & Venkatesh, 2002; Aladwani, 2002; Aladwani & Palvia, 2002; D'Ambra & Rice, 2001; Ho & Wu, 1999; S. Y. Kim & Lim, 2001; Krauss, 2003; Liu & Arnett, 2000; Ranganathan & Ganapathy, 2002; Yang, Cai, Zhou & Zhou, 2005; Zhang et al., 2000; Zhang et al., 2001) abgeleitet und ins Deutsche übersetzt, weitere zehn Items stammten aus einem etablierten deutschen Marktforschungsinstrument[1] (siehe z. B. Geißler, Donath & Jaron, 2003), 18 Items wurden neu erstellt. Da alle Items positiv formuliert sein sollten, wurde eines der Items aus dem Marktforschungsinstrument umformuliert. Alle Items waren mit einer siebenstufigen Skala versehen, diese reichte von „stimme überhaupt nicht zu" bis „stimme voll zu".

Diese 38 Items wurden im Juli 2006 insgesamt n = 25 Experten und n = 16 Nutzern in einer Online-Befragung vorgelegt. Als Experten wurden hier Personen definiert, die sich beruflich mit der Gestaltung von Websites beschäftigen: Webdesigner und Usability-Experten. Die Vorbefragung wurde wie die beschriebene PWU-g-Untersuchung mit der Software Umfragecenter 4.0 umgesetzt (für einen Screenshot siehe auf S. 125 Abb. 18.1). Die Befragungsteilnehmer wurden über die von Bernad Batinic betreute German Internet Research List (gir-l) der Deutschen Gesellschaft für Online-Forschung e. V. (siehe http://www.dgof.de/girl.php) zur Teilnahme eingeladen. Betrachtet man die Demographie der Befragten (siehe Tab. 19.1), so fällt auf, dass die Experten im Durchschnitt älter sind und mehr Interneterfahrung haben als die Nutzer. Die wöchentliche aktive Surfzeit der Experten ist erwartungsgemäß fast doppelt so groß wie bei den Nichtexperten.

Weiterhin hatten alle Nutzer Abitur und waren zum größten Teil Studenten, einige von diesen befanden sich in aufbauenden Studiengängen nach einem ersten Hochschulabschluss. 21 der Experten hatten ebenfalls Abitur, zwei die Fachhochschulreife und jeweils einer einen Realschul- bzw. Hauptschulabschluss. Etwa ein Drittel der Experten war in der Wissenschaft tätig, ein Drittel in Medien- und künstlerischen Berufen, das letzte Drittel verteilte sich auf den IT- und kaufmännischen Bereich, Marktforschung und in Ausbildung befindliche Personen. 19 der Experten gaben an, einen Hochschul- oder Fachhochschulabschluss zu besitzen. Von den Experten beschäftigen sich zwanzig beruflich mit Usability und 17 mit Webdesign (Mehrfachnennungen waren hierbei möglich).

[1] Mit freundlicher Genehmigung durch die psychonomics AG wurden hier Items aus dem Instrument Sitecockpit verwendet. Sitecockpit ist ein von der psychonomics AG entwickeltes, standardisiertes und wissenschaftlich validiertes Instrument zur Bewertung von Websites. Es wird seit dem Jahr 2000 eingesetzt.

Tabelle 19.1: Demographische Daten der Teilnehmer der Vorbefragung

	Nutzer		Experten	
	M	*SD*	*M*	*SD*
Alter	24.81	2.76	31.76	5.90
Interneterfahrung (Jahre)	7.19	1.83	9.68	1.81
Surfzeit (Stunden/Woche)	9.75	6.08	18.24	12.83
Geschlecht	11 Frauen	5 Männer	7 Frauen	18 Männer

Beide Gruppen wurden gebeten, die zusammengestellten Items zu bewerten und gegebenenfalls zu verbessern. Die Befragten wurden darüber hinaus instruiert, weitere Items vorzuschlagen. Aus dieser Vorbefragung resultierten fünf neue Items, ein Item („Die Verwendung englischer Begriffe und Wörter auf der Website finde ich gut", Quelle: Marktforschungsinstrument) wurde aufgrund starker Kritik ausgesondert. 22 Items wurden aufgrund der Anmerkungen der Befragten überarbeitet, wobei hier oftmals die Verwendung des Begriffs „Website" vereinheitlicht wurde. Es resultierte ein Fragebogen mit insgesamt 42 Items (zu finden in Anhang D).

19.3 Online-Befragung

Der so entstandene Itempool wurde im Zeitraum von August bis Oktober 2006 in einer Online-Befragung getestet. Ziel war, die 42 Items durch eine ausreichend große Stichprobe beantworten zu lassen, um eine Itemanalyse und -selektion durchführen zu können und den Fragebogen zur Wahrnehmung von Website-Inhalten (WWI) zu erstellen. Diese Untersuchung wurde wieder mittels der Software Umfragecenter 4.0 umgesetzt.

19.3.1 Stichprobe

Drop-out und Datenbereinigung

Insgesamt begannen n = 586 Personen die Befragung, eine Reihe brach jedoch vor dem Ende ab. Um die Daten sinnvoll filtern zu können, wurden a priori Filterkriterien festgelegt, diese finden sich in Anhang B. Als wichtigstes Kriterium ist hier vor allem die vollständige Bearbeitung aller inhaltsbezogenen Items zu nennen, fast alle der gefilterten Datensätze wurden aufgrund dieses Kriteriums entfernt. Gut 75 Prozent der Abbrecher (n = 200) beendeten die Befragung bereits vor dem Erreichen der ersten inhaltlichen Frage. Nur n = 3 Datensätze wurden aufgrund anderer Kriterien als einem vorzeitigen Abbruch vor dem vollständigen

Beantworten aller inhaltlichen Fragen entfernt, dies sind lediglich 0.5 Prozent der Gesamtdatensätze. Ein Drop-out von knappen 45 Prozent, wie in dieser Erhebung, ist für online durchgeführte Untersuchungen nicht untypisch und akzeptabel. Insgesamt wurden n = 264 Datensätze entfernt, n = 322 Datensätze gehen in die weitere Auswertung ein. Im Folgenden werden auch die demographischen Angaben der Abbrecher berichtet (insgesamt n = 261), soweit diese vorliegen. In n = 68 Fällen wurden hier keine demographischen Angaben vor dem Abbruch gemacht, die gespeichert werden konnten.

Soziodemographie

Unter den verbliebenen 322 Probanden befanden sich 148 Männer und 174 Frauen. Das Alter der Befragungsteilnehmer lag zwischen 15 und 63 Jahren, im Mittel bei 29.35 Jahren. Die Befragten hatten eine durchschnittliche Interneterfahrung von rund 8 Jahren und verbrachten pro Woche knapp 11.5 Stunden aktiv im World Wide Web. Diese Angaben sind im Vergleich zur deutschen Online-Bevölkerung 2006 (van Eimeren & Frees, 2006) überdurchschnittlich. Wie die folgende Tabelle 19.2 zeigt, sind die Angaben bei den Abbrechern und den ausgeschlossenen Datensätzen größtenteils vergleichbar. Unter den Abbrechern befinden sich geringfügig mehr Männer. Bedenklicher erscheint, dass eher intensive Webnutzer (ablesbar an der höheren Surfzeit pro Woche) abbrechen. Schließt man vier sehr unwahrscheinliche (wenn auch nicht gänzlich unmögliche) Extremwerte mit mehr als 10 Stunden angegebener aktiver Surfzeit pro Tag aus, nähern sich die Werte deutlich an, der Unterschied bleibt aber bestehen. Dieser Effekt zieht zunächst einmal keine Einschränkungen in den folgenden Auswertungen nach sich, sollte aber in späteren Erhebungen mit dem Fragebogen weiter beobachtet werden.

Betrachtet man die vorliegende Stichprobe in den Variablen Alter und Geschlecht in Gegenüberstellung mit der deutschen Online-Bevölkerung (van Eimeren & Frees, 2006), so zeigen sich nicht so gute Übereinstimmungen. In der Stichprobe befindet sich ein deutlich erhöhter

Tabelle 19.2: Demographische Daten der WWI-Untersuchung, Abbrecher im Vergleich zu den auszuwertenden Datensätzen

	Abbrecher (n = 193)		Auszuwertende Datensätze (n = 322)	
	M	*SD*	*M*	*SD*
Alter	29.97	8.38	29.35	8.43
Interneterfahrung (Jahre)	8.66	2.87	8.07	2.46
Surfzeit (Stunden/Woche)	17.89	18.11	11.43	8.88
Geschlecht	91 Frauen	102 Männer	174 Frauen	148 Männer

Anmerkung: Es konnten nicht alle Abbrecherdatensätze demographisch ausgewertet werden, da n = 68 Personen vor ihrem Abbruch keinerlei demographische Angaben machten.

Anteil von Frauen um 11 Prozent, was N = 29 Probanden entspricht. Bei der Variable Alter ist die Verteilung zwar etwas breiter gestreut als in der oben dargestellten PWU-g-Stichprobe (siehe Kap. 18.3.1, S. 123), aber auch hier als nicht repräsentativ für die deutsche Online-Bevölkerung zu bewerten. Wieder ist die Altersgruppe der 20- bis 29-Jährigen stark überrepräsentiert, während in den anderen Altersgruppen vergleichsweise weniger Befragte zu finden sind. Aber zumindest sind alle übrigen Altersgruppen in der Stichprobe vertreten, die 30- bis 39-Jährigen sogar nahe dem repräsentativen Soll-Zustand dieser Altersgruppe. Abbildungen zu den Geschlechts- und Altersverteilungen im Vergleich zur Bundesbevölkerung befinden sich im Anhang D.

Die meisten der Probanden besaßen als Schulabschluss das Abitur, mehr als ein Drittel der Stichprobe hatte zum Erhebungszeitpunkt einen Universitätsabschluss erlangt. Schaut man sich die Verteilung auf die verschiedenen Berufsgruppen an (siehe Tab. 19.3), so fällt der hohe Anteil von Studenten auf. Weitere größere Berufsgruppen stammen aus dem IT- und kaufmännischen Bereich und aus der Wissenschaft.

Vergleicht man die demographischen Angaben in der auszuwertenden Stichprobe mit denen der Befragungsabbrecher, so findet sich unter den Abbrechern ein leicht geringerer Anteil an Abiturienten (5.8 Prozent weniger) sowie ein leicht geringerer Anteil an Studenten (7.4 Prozent weniger) und dafür mehr Personen mit abgeschlossener Lehre (5.1 Prozent mehr) sowie mehr Personen aus dem IT-Bereich (7.4 Prozent mehr). Die übrigen Angaben sind, sieht man über Abweichungen von wenigen Prozenten hinweg, vergleichbar. Es lässt sich insgesamt somit kein systematischer Abbruch-Effekt in einer Größenordnung erkennen, der negative Auswirkungen auf Datenqualität oder die weiteren Auswertungen vermuten ließe.

19.3.2 Material und Befragungsumgebung

Wie die PWU-g-Skala sollte der WWI für jegliche nichtprivate Website eingesetzt werden können, somit wurde in dieser Befragung ebenfalls keine Website vorgegeben. Die Auswahl war lediglich auf kommerzielle und institutionelle Seiten eingeschränkt. Die 322 Befragten nannten insgesamt rund 215 verschiedene Websites; die mit 7.8 Prozent am häufigsten beurteilte Seite war wieder www.spiegel.de. Danach folgten mit Häufigkeiten von zwei bis drei Prozent www.amazon.de, www.bahn.de, www.meuter.de und www.tchibo.de. 41 Prozent der genannten Websites wurden von mehr als einer Person bewertet, es wurden von allen Befragten stets kommerzielle oder institutionelle Websites angegeben. Insgesamt 83.2 Prozent der Befragten gaben an, die gewählte Website schon vor der Untersuchung bereits besucht zu haben.

Als Befragungsumgebung diente hier wieder die Software Umfragecenter 4.0. Dabei wurde die vorliegende Untersuchung vergleichbar mit den oben beschriebenen gestaltet (siehe z. B. die Fragebogengestaltung des PWU-g in Kap. 18.3.2 und in Abbildung 18.1, S. 125).

Tabelle 19.3: Übersicht über Schulabschluss, Ausbildungsstand und Beruf der Befragten, getrennt nach Abbrechern und Auszuwertenden

	Abbrecher		Auszuwertende	
	n	%	*n*	%
Schulabschluss				
Haupt-/Volksschulabschluss	2	1.04	3	0.93
Mittlere Reife/Realschule	2	1.04	5	1.55
Abschluss der Polytechnischen Oberschule	11	5.70	2	0.62
Fachhochschulreife	17	8.81	25	7.76
Abitur	160	82.90	285	88.51
Sonstiger Schulabschluss	1	0.52	2	0.62
Ausbildungsstand				
Noch in Ausbildung/Studium	57	29.53	120	37.27
Lehre abgeschlossen	27	13.99	28	8.70
Meisterbrief	2	1.04	4	1.24
Berufsakademieabschluss	4	2.07	6	1.86
Fachhochschulabschluss	15	7.77	34	10.56
Universitätsabschluss	69	35.75	111	34.47
Sonstiger Ausbildungsstand	11	5.70	9	2.80
Beruf				
Schüler	2	1.04	3	0.93
Auszubildender	1	0.52	7	2.17
Student	75	38.86	147	45.65
Kaufmännischer Beruf	11	5.70	21	6.52
Technischer Beruf	3	1.55	4	1.24
IT-Beruf	30	15.54	27	8.39
Verwaltungsberuf	1	0.52	1	0.31
Beruf in Handwerk/Industrie	1	0.52	0	0.00
Beruf im Gesundheitswesen	11	5.70	15	4.66
Beruf im Bildungswesen	7	3.63	16	4.97
Beruf in der Wissenschaft	13	6.74	26	8.07
Medien- und künstlerischer Beruf	13	6.74	16	4.97
Sonstiger Beruf	25	12.95	39	12.11

Anmerkung: Es konnten nicht alle Abbrecherdatensätze demographisch ausgewertet werden, da $n = 68$ Personen vor ihrem Abbruch keinerlei demographische Angaben machten.

19.3.3 Befragungsablauf

Die Befragungsteilnehmer wurden ähnlich der PWU-g-Studie aktiv und passiv über verschiedene Wege auf die Befragung aufmerksam gemacht:

- Aushang im Psychologischen Institut der Westfälischen Wilhelms-Universität Münster
- Snowball-Technique (E-Mails mit der Bitte um Weiterleitung)
- Diverse Newsletter
- Diverse Foren im World Wide Web
- Newsgroup de.alt.umfragen
- Web Survey List der Universität Zürich

Es fällt auf, dass hier teilweise die gleichen Rekrutierungskanäle genutzt wurden, wie für die Befragung zur Überprüfung der PWU-g (siehe Kap. 18.3.3, S. 126). Aus versuchsökonomischen Gründen war dies nicht anders umzusetzen, es wurde allerdings darauf geachtet, die Ansprache deutlich zeitversetzt durchzuführen oder in jeweils anderen Foren Personen anzusprechen. Dennoch ist anzunehmen, dass einige Personen an beiden Befragungen teilgenommen haben. Da aber keine Effekte der einen Befragung auf die andere anzunehmen waren, ist eine derartige Vorgehensweise als legitim einzustufen.

Auch der Befragungsablauf (siehe Abb. 19.1) war hier weitgehend mit dem der Untersuchung zur PWU-g identisch: Über einen Weblink in der Einladung gelangten die Befragungsteilnehmer auf die Instruktionsseite und wurden hier über Zweck, Dauer und Autor der Befragung aufgeklärt. Danach folgten Fragen zur Demographie. Diese wurden anders als in der PWU-g-Untersuchung um eine achte Frage nach dem Beruf ergänzt. Die *high hurdle technique* (Reips, 2002) kam erneut erfolgreich zur Anwendung: 71 Prozent der Abbrüche ($n = 186$) finden sich vor den inhaltlichen Items, nur 29 Prozent ($n = 77$) während oder nach diesen. Die Befragten durften sich auch in dieser Studie selbst eine Website aussuchen, die sie im Folgenden bewerteten. Zu dieser beantworteten die Befragten die oben dargestellten 42 inhaltsbezogenen Items auf einer siebenstufigen Skala, zusätzlich stand die Antwortoption „nicht sinnvoll beantwortbar" zur Verfügung. Die Items wurden auf vier Befragungsseiten dargeboten; sowohl die Items als auch die vier Seiten waren randomisiert, somit können eventuelle Positionseffekte ausgeschlossen werden. Nach den Items zum Website-Inhalt schätzten die Befragten die Wichtigkeit der Aspekte Inhalt, Usability und Ästhetik mittels zweier Items ein. Abschließend konnten sie noch Anmerkungen zur Befragung machen, und sie wurden gebeten, weitere Items zu nennen, die ihnen als relevant für die Bewertung von Website-Inhalten erschienen. Auf der Endseite wurde den Teilnehmern für ihre Unterstützung gedankt, und es wurde ihnen die Möglichkeit gegeben, einen Ergebnisbericht anzufordern.

Abbildung 19.1: Der Befragungsablauf der WWI-Studie

19.3.4 Itemanalyse und -selektion

Vorbemerkung

Die Itemanalyse und -selektion erfolgte mehrfach gestuft auf Grundlage von Kennwerten, die entsprechend der Klassischen Testtheorie bestimmt wurden. Hierbei wurden nach einer Prüfung der Verständlichkeit der Items nacheinander Verteilungskennwerte, Schwierigkeit, Dimensionalität und Faktorladungen sowie die Trennschärfe betrachtet. Das Ziel war, die faktorielle Struktur und die am besten geeigneten der 42 Items zu identifizieren. Der resultierende Fragebogen sollte in Hinblick auf die geplanten Online-Befragungen bei möglichst guten Kennwerten dennoch sehr ökonomisch sein. Daher wurde eine Länge von etwa zehn Items angestrebt.

Ablehnung der Probanden

Als erster Schritt in der Itemselektion wurden $m = 5$ Items ausgesondert, die von mehr als 10 Prozent der Befragten als „nicht sinnvoll beantwortbar" eingestuft wurden. So sollten die Items entfernt werden, die missverständlich waren oder für einen substanziellen Anteil der Befragten auf Websites nicht anwendbar erschienen.

Schwierigkeit und Verteilungsanalyse

Danach erfolgte die Berechnung der Schwierigkeit für die verbliebenen Items entsprechend der Formel für quantitativ abgestufte Aufgaben nach Dahl (1971) unter Berücksichtigung eines ergänzenden Berechnungshinweises zur Kodierung der Daten nach Bortz und Döring (2006). Hierbei wurden m = 5 weitere Items ausgesondert, deren Schwierigkeit < .2 oder > .8 war.
Weiterhin wurde die Verteilung der Items mittels des Kolmogoroff-Smirnov-Tests überprüft, dieser erweist sich für alle Items als signifikant. Somit kann bei allen Items nicht von einer statistisch perfekten Normalverteilung ausgegangen werden, wobei die Verletzung der Normalverteilungsannahme bei der Analyse großer Stichproben weniger Probleme bereitet (Hair et al., 2006). Per Augenschein und bei Betrachtung der Schiefe erweisen sich fast alle Items als rechtssteil verteilt. Im letzten Schritt vor der Dimensionsüberprüfung mittels Faktorenanalyse wurden hier m = 4 Items ausgesondert, die bimodale Verteilungen aufwiesen. Bei bimodal verteilten Items besteht die Gefahr, dass sie von den Befragten unterschiedlich aufgefasst werden oder nur bedingt für die Erhebung des Merkmalsbereichs geeignet sind.

Voraussetzungsprüfungen bezüglich der Faktorenanalyse

Die Nichtnormalverteilung der Items stellt kein Problem dar, da die Schiefe nicht > 2 und der Exzess nicht > 7 ist (West et al., 1995). Der Kaiser-Meyer-Olkin-Koeffizient (KMO-Koeffizient) als Maß für die Eignung der Korrelationsmatrix für eine Faktorenanalyse liegt bei .95. Ein so hoher KMO-Koeffizient zeigt eine sehr gute Eignung der ausgewählten Items zur Durchführung einer Faktorenanalyse an (Bühner, 2006). Auch die Stichprobe ist mit einer Größe von n > 300 selbst für eine Faktorenanalyse unter suboptimalen Bedingungen ausreichend groß (Guadagnoli & Velicer, 1988).

Ersetzen fehlender Werte

Fehlende Werte entstanden in der Befragung durch die Wahl der Option „nicht sinnvoll beantwortbar". Items, die sehr stark abgelehnt wurden, waren bereits zuvor im ersten Schritt der Itemselektion ausgesondert worden. Somit lagen bei den für die Hauptachsenanalyse verbliebenen Items zwischen 0.9 bis 9 Prozent (3 < n < 29) fehlende Werte vor. Um diese Fälle trotzdem in die Analyse einbeziehen zu können, wurden die fehlenden Werte vor der Hauptachsenanalyse ersetzt. Als Verfahren wurde den Empfehlungen von Roth (1994) und Wirtz (2004) folgend eine Ersetzung der Werte mittels Regression gewählt.

Ergebnisse der Faktorenanalyse

Es folgte eine explorative Faktorenanalyse, hierbei wurde eine Hauptachsenanalyse mit einer obliquen Promax-Rotation durchgeführt. Die Promax-Rotation wurde gewählt, da die Interkorrelation der Faktoren a priori unklar und eine Korrelation von Faktoren nicht auszuschließen war. Die verschiedenen Kriterien zur Bestimmung der Faktorenanzahl fallen leicht unterschiedlich aus: Geht man nach den Anteilen der aufgeklärten Varianz der Faktoren und dem Screeplot (siehe Abb. 19.2), so erweisen sich drei Faktoren als relevant. Parallelanalyse und MAP-Test (beides siehe Anhang D) sprechen jedoch für eine 4-Faktor-Lösung, das Kaiser-Guttmann-Kriterium für eine 5-Faktor-Lösung.

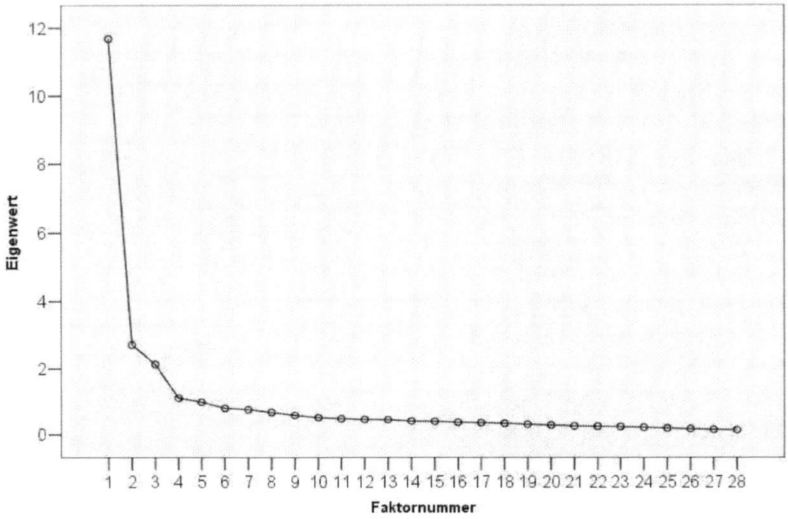

Abbildung 19.2: Screeplot der Eigenwerte

Vergleicht man jedoch die verschiedenen Faktorenanlysen (Anhang D), so erweist sich eine 3-Faktor-Lösung als die beste Variante. Mehr Faktoren lassen sich aufgrund der Doppelladungen der Items nicht sinnvoll extrahieren.

In der so gewählten Lösung klären die drei Faktoren insgesamt 54.40 Prozent der Varianz auf, dabei entfällt mit 40.25 Prozent der größte Anteil auf den Faktor 1. Faktor 2 klärt 8.17 Prozent Varianz auf und Faktor 3 5.98 Prozent. Die Faktoren sind stark korreliert: Faktor 1 korreliert mit Faktor 2 zu $r = .57$ und mit Faktor 3 zu $r = .51$. Faktor 2 und 3 korrelieren untereinander zu $r = .52$.

In der weiteren Itemselektion werden aufgrund substanzieller Doppelladungen (Ladungen von > .3 auf mehr als einem Faktor) m = 9 Items entfernt, ein Item fällt weg, da es auf keinem Faktor substanzielle Ladung aufweist. Nach dem Entfernen dieser quer ladenden Items verbleiben zehn auf Faktor 1, fünf auf Faktor 2 und drei Items auf Faktor 3.

Schaffung der Endform

Unter der ökonomischen Zielsetzung der Fragebogenkonstruktion und der Prämisse, pro Skala gleich viele Items zu verwenden, sollen die Items der Faktoren 1 und 2 im Folgenden auf jeweils drei reduziert werden. Ausschlaggebend für die Bewertung der Items sind hierbei:

(a) Faktorladung
(b) Trennschärfe
(c) inhaltliche Gesichtspunkte
(d) Ergebnis einer Analyse mit Alphamax (Hayes, 2005)

Hierbei sollten a) und b) möglichst hoch ausfallen, während sich im Bereich c) wenig inhaltliche Überschneidungen zwischen den ausgewählten Items ergeben sollen, um die jeweilige Skala möglichst differenziert zu erfassen.

Im Schritt d) wurde das SPSS-Makro Alphamax (Hayes, 2005) angewendet: Dieses Verfahren ermöglicht es, die inneren Konsistenzen aller möglichen Kombinationen von k Items einer eindimensionalen Skala zu betrachten. Alphamax stellt jede mögliche Kombination der k Items einer Skala für jede denkbare verkürzte Subskala von zwei bis k Items dar. Dies händisch zu berechnen und zu ordnen wäre hier z. B. für die zehn Items des ersten Faktors enorm aufwändig – es würden sich $2^k - k - 2 = 1012$ mögliche Subskalen ergeben.

Weiterhin berechnet Alphamax die Korrelation des ausgewählten Subsets zum Gesamt-Itemset (r_{sub}) sowie die maximal mögliche innere Konsistenz eines reduzierten Subsets mit k Items (α_{full}). So ergibt sich ein Indikator, inwieweit die ausgewählten Items die ursprüngliche Skala repräsentieren (Ziel ist, dass r_{sub} möglichst nahe an 1 liegt) und wie nah die ausgewählte Skala an der maximal möglichen inneren Konsistenz einer verkürzten Skala liegt (α_{sub} im Vergleich zu α_{full}). So lässt sich jede mögliche verkürzte Skala von m Items, $2 \leq m < k$, in Bezug auf die innere Konsistenz und die Korrelation des Subsets zur Gesamtskala betrachten.

Als dritten Wert berechnet Alphamax den Gewinn (*gain*), den ein einzelnes Item zur inneren Konsistenz der Skala beiträgt. So können Items mit einen negativen *gain*, das heißt Items, die einen negativen Beitrag zur Reliabilität der Skala im Sinne der inneren Konsistenz haben, identifiziert werden. Alle der nach den genannten Kriterien ausgewählten Items weisen hohe bis sehr hohe Trennschärfen, hohe Faktorladungen und positive *gain*-Werte auf.

So entstehen in der Endform drei Skalen mit je drei Items (siehe Anhang A). Entsprechend der ausgewählten Items werden die Skalen benannt: Skala 1 bildet den Faktor *Gefallen* ab, Skala 2 die *Verständlichkeit* und Skala 3 *Qualität und Nutzen*. Es ist zu beachten, dass diese Skalen korreliert sind. Eine Übersicht über die Kennwerte der ausgewählten Items gibt die folgende Tabelle 19.4, eine Übersicht über alle Ursprungsitems findet sich im Anhang D. Abschließend gibt die Tabelle 19.5 einen Überblick, an welcher Stelle im Prozess der Fragebogenkonstruktion wie viele und welche der Items ausgesondert wurden.

Tabelle 19.4: Übersicht über die Itemkennwerte des WWI

Skala	Item-Nr.	M	Mod	Med	SD	Schiefe	Exzess	$K-S$	p	$r_{i,s-i}$	a
Skala 1: Gefallen ($\alpha = .90; \alpha_{full} = .93; r_{sub} = .95$)											
	6	5.29	6	7	1.65	−0.88	−0.10	.00	.71	.82	.70
	10	5.40	6	7	1.53	−0.92	0.20	.00	.73	.84	.71
	31	5.08	5	7	1.81	−0.66	−0.69	.00	.68	.84	.76
Skala 2: Verständlichkeit ($\alpha = .78; \alpha_{full} = .82; r_{sub} = .92$)											
	24	5.64	6	6	1.34	−1.20	1.47	.00	.77	.61	.73
	27	5.48	6	6	1.46	−1.09	0.73	.00	.75	.70	.74
	29	5.76	6	6	1.25	−1.21	1.37	.00	.79	.58	.61
Skala 3: Qualität und Nutzen ($\alpha = .71$)											
	2	5.09	5	6	1.58	−0.79	−0.07	.00	.68	.53	.70
	15	5.50	6	6	1.50	−1.10	0.68	.00	.75	.58	.61
	37	3.25	3	1	2.01	0.48	−1.04	.00	.38	.49	.62

Anmerkungen: Die Nummerierung der Items entspricht der ursprünglichen Itemliste (siehe Anhang D). α_{full} = maximal mögliches α der Skala; r_{sub} = Korrelation zwischen ursprünglicher und verkürzter Skala, Skala 3 wurde nicht verkürzt, daher fehlen hier diese beiden Angaben; $K-S$ = asymptotische Signifikanz nach Kolmogoroff-Smirnov-Test, p = Schwierigkeit, $r_{i,s-i}$ = Trennschärfe, a = Ladung

Tabelle 19.5: Übersicht über die ausgesonderten Items je Arbeitsschritt

Schritt der Fragebogenkonstruktion	Anzahl der ausgesonderten Items	Nummern der ausgesonderten Items
Ablehnung der Befragten	5	13, 14, 16, 20, 40
Schwierigkeitsanalyse	5	8, 17, 19, 22, 35
Verteilungsanalyse	4	18, 21, 26, 42
Dimensionsanalyse: ausgesondert wegen Doppelladungen > .3	9	3, 5, 7, 12, 23, 28, 32, 33, 38
Dimensionsanalyse: ausgesondert wegen keiner substanziellen Faktorladung (> .3)	1	1
Schaffung der Endform, ausgesondert aufgrund Faktorladung, Trennschärfe, inhaltlichen Aspekten oder der Alphamax-Analyse	9	4, 9, 11, 25, 30, 34, 36, 39, 41

19.4 Diskussion

Eine abschließende Betrachtung der Entwicklung des Fragebogens zu Website-Inhalten fällt positiv aus. Die Stichprobengröße bietet eine sehr gute Grundlage für die vorgenommenen Analysen. Die gefundene Faktorlösung ist zufrieden stellend, die Faktoren erscheinen inhaltlich plausibel und erklären einen ausreichenden Anteil der Gesamtvarianz. Durch die Anwendung von Alphamax ist zudem sichergestellt, dass die ausgewählten Items den jeweiligen Faktor optimal widerspiegeln.
Es bleibt lediglich wie in der PWU-g-Studie der Wunsch nach einer noch breiter gestreuten Stichprobe in Bezug auf die Variablen Alter und vor allem Bildungsgrad, um die allgemeine Anwendbarkeit des Instruments sicherer abschätzen zu können. Allerdings ist die vorliegende Stichprobe in der Tendenz heterogener als die der PWU-g-Untersuchung, so sind beispielsweise alle Altersgruppen zumindest substanziell vertreten. Auch darf an dieser Stelle angemerkt werden, dass die vorliegende Gruppe der Befragten mit Sicherheit heterogener zusammengesetzt ist, als dies eine mit vergleichbarem Aufwand offline erhobene Stichprobe wäre.
In späteren Erhebungen sollten die Personenmerkmale in Bezug auf die Internetnutzung pro Woche beobachtet werden, da sich in der vorliegenden Erhebung ein leicht erhöhter Anteil von *heavy user* im Drop-out findet, der nicht nur durch einzelne Extremwerte zu erklären ist. Im vorhandenen Datensatz lassen sich hierzu keine weiteren Hinweise identifizieren, die Ansatzpunkte für eine Erklärung bieten. Möglicherweise ist dieser Effekt nur zufällig bedingt.

19.4.1 Itemkennwerte

Die Trennschärfen der Items sind gut bis sehr gut, noch nicht optimal fällt allerdings die Schwierigkeit und Verteilung fast aller WWI-Items aus. Außer Item 37 sind diese sämtlich zu leicht, was sich entsprechend in den Verteilungen widerspiegelt. Wie in der PWU-g-Studie lässt sich mutmaßen, dass dies durch Bekanntheit der jeweils ausgewählten Seite bedingt sein könnte. 83.2 Prozent der Befragten ($n = 268$) wählten eine ihnen vertraute Website zur Bewertung aus. Dies wird oft eine Seite gewesen sein, deren Inhalte die Befragten in irgendeiner Art und Weise besonders interessiert haben. So könnte eine Antworttendenz auf den Items in Richtung des rechten Pols bedingt worden sein. Betrachtet man die $n = 54$ Datensätze, in denen eine unbekannte Website beurteilt wurde, im Vergleich zu den übrigen Datensätzen, so lässt sich diese Annahme bestätigen: Es findet sich ein deutlicher Mittelwertsunterschied von teilweise einer ganzen Skaleneinheit bei fast allen WWI-Items in Richtung des linken Pols (ausgenommen lediglich Item 29), dieser Unterschied erweist sich bei 25 der ursprünglichen 42 Items beziehungsweise bei fünf der neun WWI-Items als signifikant. Bei einer Untersuchung mit Websites, die für alle Probanden unbekannt sind, sollten die Itemkennwerte erneut ermittelt und der WWI dann auch unter diesem Licht betrachtet werden. Für den Augenblick sprechen alle übrigen Kennwerte klar für weitere Erprobung und Anwendung des WWI.

19.4.2 Objektivität

Der WWI besteht nur aus wenigen Skalen und Items, die sich widerspruchsfrei und quantitativ auswerten lassen. Wie bei der PWU-g-Skala kann besonders aufgrund der computergestützten Darbietung und Datenerfassung von einer sehr hohen Objektivität ausgegangen werden.

19.4.3 Reliabilität

Die innere Konsistenz der drei gebildeten Skalen liegt zwischen $.71 \leq \alpha \leq .90$. Die Werte der Skalen 2 und 3 sind für Gruppentests ausreichend, Skala 1 weist einen sehr guten Wert auf. Für den im Teil V dargestellten experimentellen Gruppenvergleich sind diese Konsistenzen als ausreichend hoch anzusehen.

19.4.4 Validität

Im Rahmen der vorgenommenen Untersuchung wurden keine Indikatoren erhoben, anhand derer direkt auf Validität zu schließen wäre. Es lässt sich aber argumentieren, dass aufgrund der breit angelegten und an wissenschaftlichen Arbeiten orientierten Itemsammlung sowie der vorgenommenen Experten- und Nutzerbefragung Items zusammengestellt wurden, die für eine Einschätzung der Wahrnehmung von Website-Inhalten inhaltlich valide sind. In der Untersuchung selber wurden die Befragten gebeten, weitere Items zu nennen, die ihnen relevant erschienen. Hier erfolgen kaum Nennungen, diese wenigen bezogen sich eher auf Usability-Aspekte. Auch dies spricht für eine umfassende Breite des gebildeten Itempools. Angenommen dem ursprünglichen Itempool ist somit inhaltliche Validität zuzusprechen, so könnte jedoch durch die Itemreduktion diese gemindert worden sein. Das ist zwar für Teilbereiche auszuschließen, da mittels Alphamax eine sehr hohe Korrelation der reduzierten zur ursprünglichen Skala ermittelt wurde, das Argument kann aber für andere Teile des Itempools (die in Auswertungsschritten vor der Alphamax-Analyse ausgesondert wurden) zutreffend sein. Weitere Bestimmungen zur Validität sind daher notwendig, auch wenn sich hier einige positive Hinweise argumentieren lassen.

19.4.5 Fazit

Die Bildung eines Fragebogens zur Wahrnehmung von Website-Inhalten war erfolgreich. Dieser Fragebogen erscheint geeignet, um in der experimentellen Untersuchung (siehe Teil V) zur Erfassung der Inhaltswahrnehmung eingesetzt zu werden. Mittelfristig sind jedoch weitere Prüfungen in Bezug auf Reliabilität wünschenswert und in Bezug auf Validität sehr zu empfehlen.

20 Zusammenfassung

In diesem Teil der Arbeit wurden drei verschiedene Fragebogeninstrumente besprochen. Der CVPA-Fragebogen (*Centrality of Visual Product Aesthetics*) von Bloch et al. (2003) wurde übersetzt und die deutsche Version von zwei Probandengruppen ($n_{ges} = 45$) als verständlich eingeschätzt. Eine Bestimmung der Itemkennwerte sowie eine Dimensionsanalyse erfolgte mit einem Datenpool von N = 155 Befragten, der auch die Daten aus der Verständlichkeitsprüfung umfasste. In der Dimensionsanalyse findet sich keine eindeutige Faktorenlösung. Aus theoretischen Gründen wird an dieser Stelle eine dreifaktorielle Lösung gewählt, die jedoch weiterer Prüfung bedarf; hier werden aktuelle Studien von Moshagen und Thielsch (2007) ergänzend berichtet. Die Items der Skalen 1 und 2 weisen akzeptable Kennwerte auf. Die dritte Skala bildet sich in dieser Studie allerdings nur aus zwei Items. Diese sind zudem so hoch korreliert, dass ein Item gestrichen und die Skala um zwei neue Items ergänzt wird. Die so geschaffene Version des CVPA-g besteht aus 12 Items.

Weiterhin wurde die deutsche Version der PWU-Skala (*Scale for Measuring Perceived Website Usability*) nach Flávian et al. (2006) zwei Prüfungen unterzogen: zum einen eine Prüfung auf Verständlichkeit mit N = 35 Personen, zum anderen eine empirische Prüfung der PWU-g online mit n = 324 Befragten. Die PWU-g erweist sich für die Probanden dabei als sehr gut verständlich und entsprechend dem Original als eindimensional. Ebenso erweisen sich die Itemkennwerte als ausreichend gut, die Items sind jedoch tendenziell rechtssteil verteilt. Die innere Konsistenz der sieben Items umfassenden Skala liegt bei $\alpha = .95$.

Im dritten Schritt dieses Teils wurde ein Instrument neu geschaffen: der Fragebogen zur Wahrnehmung von Website-Inhalten (WWI). Die Erstellung eines ersten Itempools erfolgte dabei induktiv, neben anderen Web-Evaluationsinstrumenten wurden hier auch die Ergebnisse einer Online-Vorbefragung mit n = 25 Experten und n = 16 Webnutzern einbezogen. Ein Item-Pool von m = 42 Items wurde in einer Online-Befragung mit n = 322 Teilnehmern geprüft. In einer mehrstufigen Itemselektion wurde der WWI als Befragungsinstrument mit je drei Items auf drei Skalen geschaffen. Alle Items der Endversion weisen akzeptable Kennwerte auf. Die Skala 1 bildet den Aspekt *Gefallen* ab und hat eine innere Konsistenz von $\alpha = .90$, Skala 2 ($\alpha = .78$) wurde mit *Verständlichkeit*, Skala 3 ($\alpha = .71$) mit *Qualität und Nutzen* benannt.

Die Prüfung aller drei Instrumente basierte auf breit erhobenen, heterogenen Stichproben. In jeder der drei Untersuchungen finden sich Befragte aus allen Alters- und Bildungsgruppen. Eine Repräsentativität zur jeweiligen Zielgruppe kann jedoch in diesen Variablen nicht erreicht werden. Die Betrachtung der Repräsentativität zeigt in diesem Teil folglich zunächst nur die relative Heterogenität der Probanden auf. Dies wird durch große Stichproben ausgeglichen, die für eine erste Erprobung beziehungsweise Schaffung der Instrumente angemessen sind. Lediglich zur eindeutigen Bestimmung der Faktorstruktur des CVPA-g wäre eine größere Stichprobe erforderlich gewesen. Da die Items der Instrumente insgesamt ausreichende bis sehr gute Kennwerte und die Skalen ausreichende Konsistenzen aufweisen, spricht an dieser Stelle zunächst einmal nichts gegen den Einsatz der Instrumente.

Betrachtet man die Gütekriterien, so ist die Objektivität aufgrund der computergestützten Durchführung bei PWU-g und WWI gegeben (siehe auch Kap. 13.4 im Teil II, S. 98f.). Dies trifft nachfolgend ebenso auf den CVPA-g zu, da dieser in der experimentellen Untersuchung (siehe Teil V) ebenfalls computergestützt dargeboten wird. Bei allen Instrumenten ist die weitere Überprüfung von Reliabilität und Validität wünschenswert. Bei CVPA-g und PWU-g macht die erfolgreiche Übersetzung zumindest Hoffnung, dass sich die Instrumente hierbei ähnlich gut bewähren wie die jeweiligen Originale. Einsatz und Interpretation besonders des WWI muss unter Berücksichtigung noch vorzunehmender Validierungen erfolgen. Eine umfassende Prüfung dieser Gütekriterien wäre im zeitlichen Rahmen einer Doktorarbeit nicht möglich gewesen, stand doch in der vorliegenden Arbeit vor allem die nachfolgend zu berichtende experimentelle Untersuchung im Fokus der Fragestellung (siehe Teil V). Zeitlich nach der Durchführung dieser hier in Teil III dargestellten Vorstudien fanden allerdings in anderem Zusammenhang Untersuchungen statt, aus denen weitere Rückschlüsse auf Reliabilität und Validität zumindest von CVPA-g und PWU-g gemacht werden können (Moshagen et al., 2007; Moshagen & Thielsch, 2007). Auch diese sprechen für einen Einsatz der Instrumente im Rahmen der experimentellen Untersuchung, die in Teil V dargestellt werden soll. Im nun folgenden Teil IV wird zunächst eine qualitative Untersuchung der Ästhetik von Websites vorgenommen.

Teil IV

Qualitative Untersuchung der Ästhetik von Websites

21 Einführung

Alle Beschreibungen und bisher vorgeschlagenen Definitionen der Ästhetik von Websites sind ausschließlich durch den oder die jeweiligen Forscher formuliert worden. Lediglich Lindgaard und Dudek (2003) führen eine allgemeine qualitative Analyse zur Wahrnehmung von Websites durch und finden hierbei die Kategorien *aesthetics, emotion, likeability, expectation* und *usability*. Auch in den weiteren Experimenten dieser Untersuchung unterstützen die Autoren quantitative Messung mit qualitativen Erhebungen, fokussieren hierbei aber auf die allgemeine Wahrnehmung von Websites. Eine weitere qualitative Analyse, allerdings bezogen auf Experten (Webdesigner), die zu ihren Arbeits- und Vorgehensweisen bei der Schaffung emotional ansprechender Websites befragt wurden, findet sich bei J. Kim et al. (2003). In einzelnen Arbeiten werden auch quantitative Datenerhebungen durch qualitative ergänzt, so z. B. bei Sutcliffe und De Angeli (2005, siehe Kap. 5.3.3, S. 49).

Insgesamt bleibt vorerst aber relativ unklar, wie Rezipienten einer Website diese ästhetisch wahrnehmen und erleben. Eine Reihe von grundlegenden Fragen stellt sich: Wenn man die Rezipienten gezielt nach ihrer ästhetischen Wahrnehmung fragt – können sie diese benennen? Mit welchen Begriffen und Ideen füllen Webnutzer den Begriff Ästhetik? Welche Konzepte assoziieren sie? Diese Fragen führen zu der hier dargestellten qualitativen Untersuchung. Vor einer späteren quantitativ-experimentellen Betrachtung soll hierbei zunächst explorativ geklärt werden, wie sich das Erleben der Rezipienten gestaltet. Besonders von Interesse ist dabei, welche Aspekte besonderes Gewicht haben und inwieweit die Rezipienten neue, bisher in der Forschung noch nicht betrachtete Aspekte nennen.

Im Folgenden soll nach der Erläuterung der Fragestellung und den methodischen Rahmenbedingungen eine Beschreibung der Stichprobe unter kurzer Behandlung der Frage der Repräsentativität gegeben werden. Im weiteren Methodenteil wird auf Material und Befragungsablauf sowie die hier zum Einsatz kommenden Erhebungs- und Auswertungsmethodiken eingegangen. Nach der Darstellung der Ergebnisse werden diese diskutiert und die Bedeutung für die spätere experimentelle Untersuchung in der Diskussion herausgestellt.

22 Fragestellung

Die unter Kapitel 9 in Teil I (S. 77) skizzierte übergeordnete Fragestellung der vorliegenden qualitativen Untersuchung lautet: *Wie beschreiben Rezipienten ihre ästhetische Wahrnehmung von Websites?*

Differenziert man diese Fragestellung weiter aus, so werden drei Ziele bei der qualitativen Untersuchung dieser Wahrnehmung der Rezipienten verfolgt, aus denen sich bestimmte Teilschritte des weiteren Vorgehens ergeben:

1. Zumeist wird davon ausgegangen, dass Rezipienten in der Lage sind, ästhetische Wahrnehmungen zu verbalisieren. Diese Annahme soll bezogen auf Websites qualitativ überprüft werden.
2. Dabei soll betrachtet werden, welche Aspekte die Befragten nennen und inwieweit diese mit den in der Literatur forscherseitig aufgeworfenen Aspekten übereinstimmen oder ob sich aus den Nennungen der Befragten neue Aspekte ergeben.
3. Schlussendlich sollen die für die Rezipienten besonders hervorstechenden Aspekte der Ästhetik von Websites identifiziert werden.

Der Ansatzpunkt dieser Untersuchung liegt bei einer qualitativen Erfassung des subjektiven Erlebens der Nutzer von Webangeboten. Die Untersuchung hat somit einen explorativen Charakter, das subjektive Empfinden der Befragten soll dabei möglichst breit erfasst werden. Aufgrund der Menge der bisherigen erfolgreichen quantitativen Forschungen ist eher anzunehmen, dass der erste Punkt bestätigt werden kann, dennoch soll eine qualitative Betrachtung erfolgen, um an dieser Stelle weitere Bestätigung zu erlangen. Die Ergebnisse der Punkte zwei und drei liefern wichtige Ansatzpunkte für die spätere experimentelle Untersuchung (siehe Teil V). Zudem generiert die qualitative Studie Anregungen für die Gestaltung der Versuchsvariablen des späteren Experiments. Da bisher nur wenige qualitative Ansätze in diesem Forschungsbereich vorliegen, ist schon die Betrachtung, wie mit dem Thema umgegangen wird, und die Auswertung dessen, was die Rezipienten an Begriffen, Ideen und Meinungen nennen, interessant. Weiter soll die hier vorliegende qualitative Studie nicht gehen. Eine Quantifizierung der gefundenen Kategorien soll dabei nur die im Erleben der Befragten besonders bedeutsamen Aspekte herausstellen, aber keine weiteren Aussagen zu den Beziehungen der gefundenen Aspekte untereinander machen.

23 Methode

Die vorliegende qualitative Untersuchung wurde gemeinsam mit einer studentischen Arbeitsgruppe unter Anleitung des Autors im Rahmen einer Forschungsorientierten Vertiefung – ein zweisemestriges Forschungsseminar im Hauptstudium des Studiengangs Psychologie – umgesetzt. Ziel der Arbeitsgruppe war, neben dem Kennenlernen der Methodik ein Kategoriensystem zur ästhetischen Wahrnehmung der Rezipienten zu schaffen. In der vorliegenden Arbeit soll eine darüber hinausgehende Auswertung in Form einer Gewichtung der identifizierten Kategorien berichtet werden; die Schaffung des Kategoriensystems selber ist nicht Teil dieser Arbeit.[1]

Durch die Einbeziehung der studentischen Arbeitsgruppe ergibt sich ein methodischer Vorteil: Die Erhebung und erste Aufbereitung der qualitativen Daten kann durch (relativ) unabhängige Untersucher durchgeführt werden. So ist die Gefahr von Versuchsleiter- und Interpretationseffekten im Sinne einer hypothesengeleiteten Befragung oder Kodierung der Äußerungen der Untersuchungsteilnehmer deutlich reduziert. Auch wenn den hier eingesetzten Studenten durch die Lehrveranstaltung einige grundlegende theoretische Aspekte aus dem Forschungsbereich bekannt waren, ist anzunehmen, dass diese Versuchsleiter mit einer großen Offenheit an die Untersuchung herangehen konnten – ohne dabei bereits spezielle Probleme oder vorhandene Kategorisierungen aus der Ästhetikforschung „im Kopf zu haben". Für den explorativen Charakter der Studie ist dies von Vorteil.

23.1 Die Stichprobe

23.1.1 Grundlagen der Stichprobenziehung

Stichproben für qualitative Untersuchungen sind in der Regel eher klein – ja in den Augen vieler rein quantitativ orientierter Forscher sogar zu klein, um verlässliche Aussagen treffen zu können (Mayring, 2003). Der Ansatz der qualitativen Forschung ist jedoch ein gänzlich anderer als in der quantitativen Forschung: Es kommt weniger auf die Menge von übereinstimmenden Beobachtungen als mehr auf eine Beschreibung des „was", der Beschaffenheit eines Forschungsgegenstands, an. Somit ist jeder quantitativen Studie ein (oft impliziter) qualitativer Schritt vorangestellt, in dem beschrieben wird, was genau untersucht werden soll – erst hernach erfolgt eine Quantifizierung (Mayring, 2003).

[1] Das Kategoriensystem befindet sich in Anhang C. Der Bericht zu dessen Entstehung liegt vor und kann, wie die zugrunde liegenden Transkriptionen der qualitativen Daten, auf Wunsch beim Autor eingesehen werden.

Um den Forschungsgegenstand angemessen zu umschreiben, ist weiterhin das Ziel der qualitativen Forschung eine eher heterogen zusammengesetzte Stichprobe, die möglichst verschiedene Personen aus dem Bereich des zu untersuchenden Gegenstands vereint. Auch wird ein derartiger Ansatz verfolgt, um eine möglichst umfangreiche Datengrundlage zu schaffen. Dabei schließt die Grundidee und Fallzahl einer qualitativen Studie den bei quantitativen Studien oft gemachten kausalen Rückschluss auf die Gesamtpopulation aus. Auch in der vorliegenden Arbeit sollen keinesfalls derartige Schlüsse erfolgen, eine Repräsentativität zur deutschen Online-Bevölkerung ist bei der vorliegenden Stichprobe nicht herzustellen. Der Vergleich zur Online-Bevölkerung in einzelnen demographischen Variablen soll hier nur als Indikator dafür dienen, inwieweit Heterogenität in der Untersuchungsstichprobe besteht. Allerdings muss auch beachtet werden, dass die gewählten Probanden nicht absolut atypisch für die betrachtete Fragestellung sind – alle Befragten sind Teil der deutschen Online-Population – und somit eine gewisse Aussagekraft bestehen bleibt (siehe auch Lamnek, 2005).

23.1.2 Beschreibung der Stichprobe

Die Rekrutierung der Teilnehmer für diese Untersuchung erfolgte durch Aushänge im Psychologischen Institut an der Westfälischen Wilhelms-Universität Münster sowie durch eine Zeitungsanzeige. Die Stichprobe umfasste insgesamt N = 11 Personen, vier Frauen und sieben Männer. Das Alter der Teilnehmer reichte von 19 bis 50 Jahren ($M = 29.55$, $SD = 9.19$). Die Geschlechteraufteilung in der Stichprobe entspricht annähernd der Verteilung in der Online-Bevölkerung zum Erhebungszeitpunkt (nach van Eimeren & Frees, 2005). Dies gilt nicht für die Altersverteilung, hier ist die Gruppe der 20- bis 29-Jährigen stark überrepräsentiert. Acht Befragte waren Studenten, drei berufstätig und alle Studienteilnehmer besaßen das Abitur als höchsten Schulabschluss. Damit sind diese im Vergleich zur Online-Bevölkerung insgesamt deutlich höher gebildet. Die Interneterfahrung der Untersuchungsteilnehmer lag im Durchschnitt bei 6.36 Jahren ($SD = 1.63$), die durchschnittliche Surfzeit pro Woche bei 6.64 Stunden ($SD = 3.50$). Diese Werte sind verglichen mit der Online-Bevölkerung 2005 (van Eimeren & Frees, 2005; AGOF, 2005) als geringfügig überdurchschnittlich zu sehen. Zwei der elf Befragten hatten bereits einmal für private Zwecke Websites selber gestaltet.

23.2 Erhebungsmethoden und Material

Es wurden in dieser Untersuchung zwei verschiedene qualitative Methoden eingesetzt: Die Gruppendiskussion (siehe z. B. Flick, 2002; Lamnek, 2005) und das laute Denken (siehe z. B. Deffner, 1984; Ericsson & Simon, 1980). Beide Techniken sollen im Folgenden kurz erläutert werden.

23.2.1 Die Gruppendiskussion

Die Gruppendiskussion wurde als alternative Methode zum Interview gewählt, um nicht nur Einblicke in die individuelle Sichtweise des Befragten, sondern auch Ergebnisse durch die Diskussion als interaktiven Austausch verschiedener Standpunkte zu erhalten. Dies gründete auf der Annahme, dass sich während der Diskussion die geäußerten Aspekte weiter ausdifferenzieren und verbreitern würden (siehe Flick, 2002). Eine Gruppengröße von fünf bis sechs Teilnehmern wurde gewählt, um zu gewährleisten, dass sowohl jeder Diskussionsteilnehmer angemessen zu Wort kommen konnte, andererseits aber auch unterschiedliche Meinungen vertreten sein konnten. Um eine der Fragestellung angemessene Menge an Daten zu erheben, wurden zwei Gruppendiskussionen durchgeführt.

Vor den Gruppendiskussionen wurden ausgewählte Websites gezeigt, diese dienten dabei als Anregung für die Befragten und als gemeinsame Basis für die Diskussion. Im Gespräch selber wurden die Diskutanten gezielt nach ihren Erfahrungen und ihrem allgemeinen Erleben mit Websites befragt. Um möglichst viele Daten strukturiert, frei von Störungen und in vergleichsweise kurzer Zeit erheben zu können, war ein fließender Gesprächsverlauf während der Diskussionen wichtig. Die Diskussionsleitung kommunizierte und beachtete hier besonders die Einhaltung von Gesprächsregeln. Dies gelang während beider Diskussionen problemfrei und führte zu einer reibungslosen Aufzeichnung der Daten.

23.2.2 Methode des lauten Denkens

In einem zweiten Erhebungsteil war das Ziel, möglicherweise vorhandene weitere Aspekte der ästhetischen Wahrnehmung von Websites durch den Einsatz einer alternativen Methode zu erfassen. Hier wurden die Teilnehmer der Gruppendiskussionen zu Einzelinterviews eingeladen. Durch eine komparative Aufgabe, ein Vergleich verschiedener Testwebsites, sollten in den Nennungen der Befragten differenzierende Aspekte zu Tage treten. Möglicherweise würde die Interviewsituation zudem einzelne Befragte zu mehr Äußerungen bewegen als dies in der Gruppe der Fall war, da hier ohne Anwesenheit anderer weniger Hemmungen bestehen könnten.

Bei diesen Einzelterminen wurde die *Methode des lauten Denkens* angewandt: Die Befragten waren instruiert, alles laut auszusprechen, was ihnen bei Betrachtung und Sortierung der Testwebsites an Gedanken in den Sinn kommt. So sollte die subjektive Wahrnehmung und das Empfinden der einzelnen Person erfasst werden. Derartige Introspektionsmethoden haben in der Psychologie eine sehr lange Tradition; die hier verwendete Methode des lauten Denkens geht auf Duncker (1935) zurück. Diese Methodik wurde über eine längere Zeit gar nicht beachtet oder zumindest kritisch bewertet. Insbesondere wurde in Frage gestellt, ob es überhaupt möglich ist, dass ein Befragter seine Gedanken adäquat verbalisieren kann und dass diese Daten objektiv ausgewertet werden können (siehe Ericsson & Simon, 1980). Deffner (1984) stellt aber auf Grundlage zweier Experimente fest: „Das laute Denken als Erhebungsinstrument erfüllt wesentliche Anforderungen in bezug auf a) die Erfassung des zu Messenden und b) die möglichst unverzerrte Wiedergabe des zu Messenden.“ (S. 148)

Bei dieser Methode ist es besonders wichtig, dass der Untersucher die Fragestellung derart vorgibt, dass der Proband *aktuelle* Gedächtnisinhalte wiedergeben kann und die Instruktion beispielsweise nicht auf Inhalte des Langzeitgedächtnisses abzielt. Weiterhin wird ein entspannter persönlicher Kontakt zwischen Versuchsleiter und Befragten empfohlen sowie eine Fragestellung die auf den Befragten nicht bedrohlich wirkt, sondern im Gegenteil diesen sogar hinreichend interessiert (Deffner, 1987). Um mögliche Fehlerquellen auszuschließen, die dadurch entstehen können, dass die Befragten mit der Methode wenig vertraut sind, wurde dem eigentlichen Erhebungsdurchgang ein Übungsdurchgang zum lauten Denken vorangestellt.

23.2.3 Material

Wie oben unter Kapitel 23.2.1 (S. 155) beschrieben wurden den Untersuchungsteilnehmern vor der Gruppendiskussion Websites präsentiert, um die Gruppendiskussion mit einer für alle Teilnehmer gleichen Grundlage beginnen zu können und den Befragten Material zur Vorbereitung an die Hand zu geben. Dabei wurden die Websites standardisiert präsentiert, damit alle Befragten die gleichen Haupt- und Unterseiten des Testmaterials gesehen hatten und sich später darauf beziehen konnten. Für Rückfragen oder zur Beseitigung von Unklarheiten standen den Diskussionsleitern Ausdrucke des Testmaterials in der Gruppendiskussion zur Verfügung.

Bei der Vorauswahl des Materialpools spielten verschiedene Überlegungen eine Rolle: Zum einen sollten die Websites professionell erstellt worden sein, private Websites wurden so aus der Betrachtung ganz ausgenommen. Private Seiten variieren in ihrer gestalterischen Umsetzung sehr stark und erreichen zumeist nicht die Designstandards kommerzieller oder institutioneller Websites (vergleiche Kap. 11 in Teil II, S. 85f.). Aus dem Bereich der kommerziellen und institutionellen Seiten sollten gezielt Websites ausgesucht werden, deren Betreiber bewusst Wert auf gutes Webdesign legen müssen. Gleichzeitig sollte jedoch die Beeinflussung durch den Inhalt möglichst gering sein. Das heißt auch, dass die Websites keine für die Befragten polarisierenden Themen oder für einzelne besonders spannenden oder langweiligen Inhalte behandeln sollten. Die genannten Kriterien erfüllten am besten Websites von Werbeagenturen, da diese bei hohen gestalterischen Ansprüchen relativ inhaltsneutral waren.
Die Testwebsites für die qualitative Untersuchung (siehe Anhang D) wurden durch eine Zufallsziehung aus dem Pool der größten Werbeagenturen in Deutschland (nach Hammer, 2004) zusammengestellt. Es wurden insgesamt zwölf Websites per Zufall für den ersten Untersuchungsteil mit der Gruppendiskussion und weitere zwölf für den zweiten Erhebungsteil (Einzelinterviews) ausgewählt.

23.3 Befragungsablauf

Die qualitative Untersuchung wurde auf zwei Erhebungstermine verteilt, um die Befragten zeitlich und kognitiv nicht zu überfordern. Zwischen beiden Erhebungen lagen je Teilnehmer zwischen einem und bis zu acht Tagen, die gesamte Datenerhebung erfolgte im Dezember 2005. Der erste Teil der Erhebung erfolgte in zwei Gruppen mit einmal fünf und einmal sechs Teilnehmern, der zweite Teil erfolgte an Einzelterminen. Als Versuchsleiter agierten Psychologie-Hauptfachstudentinnen der oben beschriebenen Arbeitsgruppe (für eine Übersicht über den Befragungsablauf siehe Abbildung 23.1).

23.3.1 Erster Untersuchungsteil

Beim ersten Termin wurde den Untersuchungsteilnehmern das erste Set von Testwebsites gezeigt. Dabei sollten die Teilnehmer die Frage „Was macht für Sie die Ästhetik von Websites aus?" für sich selbst überdenken. Die Teilnehmer betrachteten dabei jede einzelne Website für genau zwei Minuten, wobei größtenteils die Startseiten und nur teilweise einzelne Unterseiten aufgerufen werden sollten. Die Reihenfolge der Darbietung der Websites war für alle Probanden gleich, die Hard- und Software-Ausstattung der Computer identisch. Während der Betrachtungsphase konnten sich die Teilnehmer Gedanken zum Thema notieren. Es folgte

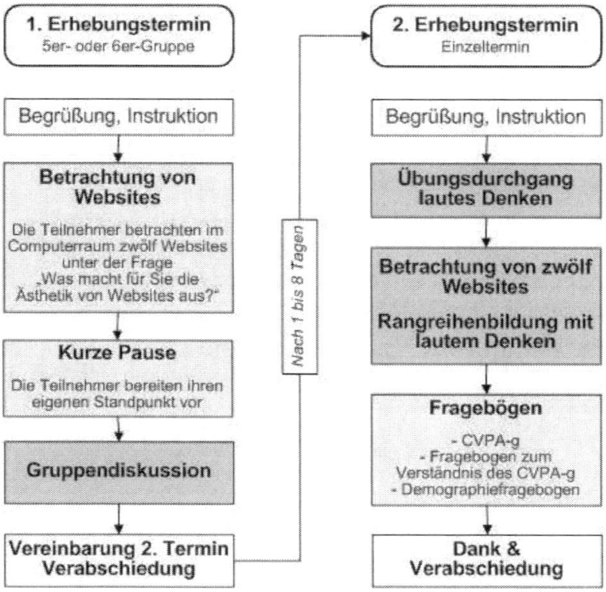

Abbildung 23.1: Übersicht über den Befragungsablauf der qualitativen Studie

hier zusätzlich nach der letzten gezeigten Website eine kurze Pause, damit die Befragten ihre Wahrnehmungen und den eigenen Standpunkt weiter durchdenken konnten.

Dann wechselten die Studienteilnehmer in einen Diskussionsraum, dort folgte eine Gruppendiskussion zum Thema Ästhetik von Websites. Zu Beginn dieser Diskussion durfte jeder Teilnehmer in einer Statementrunde seinen eigenen Standpunkt darlegen, hiernach folgte ein offener Gedankenaustausch. Seitens der Versuchsleiterinnen wurden während der gesamten Untersuchung keine inhaltlichen Äußerungen getätigt, die Diskussionsleitung war stets nur strukturierend aktiv. Im Verlauf der Diskussion wurden lediglich zu gegebenen Zeitpunkten offene Fragen zu Erleben und Nutzung von Websites gestellt.
Beide Gruppendiskussionen wurden per Video und Tonband aufgezeichnet. Die schriftliche Einverständniserklärung hierzu lag von allen Teilnehmern vor. Die reine Diskussionszeit lag jeweils bei etwa 1.5 Stunden. Am Ende dieses ersten Untersuchungsteils wurden individuelle Termine für den zweiten Erhebungsteil vereinbart.

23.3.2 Zweiter Untersuchungsteil

Im zweiten Untersuchungsteil wurden die Diskussionsteilnehmer einzeln befragt. Zu Beginn wurde das zweite Websiteset aus dem Pool nach Hammer (2004) gezeigt (siehe Anhang D). Dieses sollten die Probanden unter ästhetischen Gesichtspunkten in eine Rangreihe bringen. Dabei sollten anhand der Technik des lauten Denkens alle Gedanken von den Befragten geäußert werden, dies wurde zuvor an einem Beispiel geübt. Hierbei erfolgte der Hinweis, keine Handlungsbeschreibungen zu verbalisieren, dies würde nicht der Methode des lauten Denkens entsprechen. Die Befragten wurden stattdessen klar instruiert, die Absicht einer Handlung sowie Gedanken, Wahrnehmungen und Empfindungen zu äußern. Es erfolgte eine Aufzeichnung der Äußerungen auf Tonband. Auch hierzu lagen schriftliche Einverständniserklärungen aller interviewten Personen vor.
Nach der Rangreihenbildung wurden persönliche Angaben des jeweiligen Befragten erhoben. Die Befragten wurden dann gebeten, den CVPA-g (nach Bloch et al., 2003; siehe Kap. 17.2.1 in Teil III, S. 110) auszufüllen und diesen auf Verständlichkeit zu prüfen. Nach Beendigung der Untersuchung wurde den Teilnehmern gedankt, und ihnen wurde eine Aufwandsentschädigung gegeben: Ein Proband wählte als Aufwandsentschädigung die Bescheinigung von Versuchspersonenstunden, die anderen Befragten erhielten jeweils 40 Euro.

24 Qualitative Datenauswertung: Inhaltsanalyse

Die Auswertung der Daten wurde mittels einer qualitativen Inhaltsanalyse vorgenommen, die eine streng systematische und regelgeleitete Analyse sprachlichen Materials ermöglicht (für einen kurzen Überblick siehe Schreier, 2004). Die qualitative Inhaltsanalyse steht in der Tradition der Hermeneutik, die menschliches Verhalten verstehen und nicht erklären will. Ein wichtiger Unterschied zu hermeneutischen Verfahren ist, dass sich die Methode der qualitativen Inhaltsanalyse für die Analyse größerer Textcorpora eignet (wie sie mit den Transkripten in dieser Untersuchung vorlagen). Dieses Auswertungsverfahrens ermöglicht eine verdichtete, qualitative Beschreibung des Forschungsgegenstands und kann zur Identifikation zugrunde liegender Kategorien dienen.
Als Analysetechnik kam die qualitative Inhaltsanalyse nach Mayring (2003) zum Einsatz, deren Vorteil auch in einer möglichen Quantifizierung der gefundenen Kategorien liegt (Mayring, 2001). Die studentische Arbeitsgruppe entwickelte anhand der technischen Vorgaben von Mayring (2003) in enger Abstimmung mit dem Autor der vorliegenden Arbeit ein qualitatives Kategoriensystem. Ziel der Schaffung des Kategoriensystems war eine möglichst breite Abbildung der Äußerungen der Befragten. Hierbei waren also auch vergleichsweise kleine Kategorien zulässig. Die verwendete Technik und das Vorgehen bei der angewendeten Inhaltsanalyse soll im Folgenden kurz erläutert werden.

24.1 Die qualitative Inhaltsanalyse nach Mayring

Voraussetzung für die Analyse nach Mayring ist zunächst eine protokollierte, schriftlich festgehaltene Kommunikation. Charakteristisch ist ein systematisches Vorgehen, bei dem die Analyse nach expliziten Regeln abläuft. Nur durch eine derartige Regelgeleitetheit kann die Analyse auch von anderen nachvollzogen und überprüft werden; dieses Vorgehen stellt also ein wichtiges Merkmal qualitativer Forschung dar. Dabei ist die Festlegung eines konkreten Ablaufmodells der Analyse sehr zentral. Die Inhaltsanalyse muss individuell an den konkreten Forschungsgegenstand und das Material angepasst werden. Das inhaltsanalytische Ablaufmodell in der vorliegenden Studie umfasst folgende Stufen:

1. Festlegung des Materials
2. Differenzierung der Fragestellung
3. Bestimmung der Analysetechniken und Festlegung des konkreten Ablaufmodells
4. Definition der Analyseeinheiten
5. Analyseschritte zur Bildung des Kategoriensystems (Zusammenfassung, enge Explikation, Strukturierung)

6. Rücküberprüfung des Kategoriensystems
7. Interpretation der Ergebnisse

Bei diesem Vorgehen wurden zuerst die Transkriptionen der Gruppendiskussionen ausgewertet und Kategorien anhand dieses Materials gebildet. Die Transkripte des lauten Denkens wurden nachfolgend zur Überprüfung der theoretischen Sättigung (siehe z. B. Lamnek, 2005) herangezogen. Ausgehend von der Fragestellung wurden Sinnabschnitte aus den Gruppendiskussionen als Analyseeinheit festgelegt. Diese inhaltstragenden Textstellen wurden paraphrasiert, Wiederholungen innerhalb einzelner Aussagen dabei gestrichen. Nach dieser Transformation in eine einheitliche Sprachebene wurden die Aussagen weiter generalisiert und zu den Kategorien verdichtet. Durch eine Rücküberprüfung an den Paraphrasen wurde die Vollständigkeit der gebildeten Kategorien überprüft. Insgesamt wurden aus 452 paraphrasierten Äußerungen der Befragten zwanzig Kategorien gebildet. Diesen zwanzig Kategorien lassen sich insgesamt 86 Unterkategorien zuordnen (für eine Übersicht siehe Tab. 24.1, vollständige Darstellung in Anhang C). Bei der Überprüfung der theoretischen Sättigung anhand der Protokolle des lauten Denkens ergaben sich keine neuen Kategorien. In der weiteren Auswertung werden somit die übergeordneten zwanzig Kategorien weiter betrachtet.

24.2 Ergebnisse der Quantifizierung der Kategorien

Die identifizierten Kategorien der Website-Ästhetik werden im nachfolgenden Auswertungsschritt quantifiziert. Dies ist mit qualitativen Daten in der gewählten Methodik nach Mayring zulässig (Mayring, 2001). Ziel ist hierbei eine Aussage in Richtung der möglichen Bedeutung des jeweiligen Aspekts für die Befragten. Es erfolgt an dieser Stelle also ein Rückschluss von der Häufigkeit der Nennung (und somit dem Anteil eines Aspekts in den Gruppendiskussionen) auf dessen subjektive Bedeutung in der Wahrnehmung der Befragten. Einzelne Aspekte, die hier als bedeutsam identifiziert werden, sollten in späteren Untersuchungsschritten einer experimentellen Überprüfung zugeführt werden.

Zur methodischen und inhaltlichen Prüfung der Auswertung wird diese zusätzlich auch durch einem zweiten Beurteiler vorgenommen. Dafür wurde bewusst eine Diplom-Psychologin um eine Auswertung gebeten, die sich zuvor noch nie mit dem Thema „Ästhetik von Websites" beschäftigt hatte. Ihr wurden lediglich die 452 paraphrasierten Äußerungen sowie eine Übersicht über die Kategorien (gemäß Anhang C) vorgelegt. So soll überprüft werden, inwieweit eine unabhängige Person zu vergleichbaren Quantifizierungen der Äußerungen der Befragten kommt. Eine Übersicht über die Auswertung findet sich in der folgenden Tabelle 24.2; die gesamten Bewertungen beider Urteiler befinden sich im Anhang D.

Es zeigt sich eine große Übereinstimmung zwischen den beiden Auswertern bei der Einteilung der Äußerungen der Befragten. Die Kategorie, der deutlich die meisten der paraphrasierten Äußerungen zugeordnet werden, ist bei beiden Auswertern *Farbe*. Hieran schließt sich eine Gruppe von vier Kategorien an, denen von beiden Beurteilern 30 oder mehr Äußerungen

Tabelle 24.1: Übersicht über die zwanzig Kategorien sowie beispielhafte Unterkategorien und Äußerungen

Kategorien	Beispiele für Unterkategorien	Exemplarische Äußerungen der Befragten
Affektauslösung	Spannung, Spaß	Aber die hat mich echt richtig geärgert auch, also sonst hat mich keine geärgert oder irgendwie. Also das finde ich schon, das ist schon wichtig.
Animation	Menge, Originalität	Eine gewisse Animation, z. B. durch Cursorbewegung, finde ich auch total wichtig.
Bewegung	Geschwindigkeit, Menge	Bewegung kann etwas Angenehmes sein, solange man noch keine Informationen bekommen kann.
Bilder	Originalität, Bildschärfe	Richtige Fotos gehören zu einer wirklich ästhetischen Webseite dazu.
Effekte	Mouse-over-Effekte, Pop-ups	Es ist Spielerei, wenn Quadrate langsam aufgehen, sobald man langsam über diese geht bzw. weiter aufgehen, sobald man schnell über diese geht, aber das macht Ästhetik aus.
Farbe	Sättigung, Helligkeit	Farbe bestimmt den ersten Eindruck und die erste Bewertung.
Funktionalität	Orientierung, Aufmerksamkeitslenkung	Funktionalität und Ästhetik gehören bei mir zusammen.
Geräusche	–	Geräusche würden mit in Ästhetik reinspielen.
Gesamtkonzept	Stimmigkeit der Einzelaspekte, Kontextkomposition	Was zunächst als langweilig empfunden wurde, passte auf einer anderen Seite dann doch.
Inhalt	–	Als sehr schön empfunden wurde es, wenn man auf einer Seite willkommen geheißen wird.
Kognitive Beanspruchung (= Anstrengung)	Beschäftigung	Wenn Kampagnen gefahren werden, die zum Nachdenken anregen und Widerstände auslösen, darf die Seite auch anstrengend sein. Die Frage ist nur, inwieweit und warum.
Passung	Inhalt und Gestaltung, Gestaltung und Funktion	Darstellung und Inhalt der Seite müssen zusammen passen.
Professionalität	–	Man darf nicht das Gefühl haben, dass sich da jemand was zusammengebastelt hat.
Schrift	Art, Größe	Man kann Ästhetik erreichen durch Schriftgröße und Positionierung der Schriften im Raum.
Seriosität	–	Seriosität drückt sich durch Ästhetik aus, also durch Gestaltung.
Sprache	Wortwahl, Formulierung	Sprache ist ein wichtiger ästhetischer Punkt. Wie drücke ich was aus, welche Formulierungen wähle ich, wie verpacke ich die.
Stil	Schlichtheit, Brüche	Schwarz-Weiß-Kombination wird als etwas Edles und Klassisches empfunden.
Struktur	Anordnung, Übersichtlichkeit	Klarheit und Struktur müssen da sein, damit eine Seite ansprechend ist.
Text	Menge, Positionierung	Weniger Text ist auf der ersten Seite schöner.
Zielgruppenspezifität	–	Es war wichtig zu gucken, ob die Seite optisch persönlich anspricht, darum geht es ja ästhetisch. Das war wichtig (...)

Hinweis: Nicht allen Kategorien wurden Unterkategorien zugeordnet.

Tabelle 24.2: Auswertungen Häufigkeiten der Aussagen zu qualitativen Ästhetik-Aspekten, sortiert nach Auswerter A; insgesamt wurden 452 Aussagen ausgewertet.

	Auswerter A		Auswerter B	
	f	%	*f*	%
Farbe	51	11.3	46	10.2
Bilder	35	7.7	31	6.9
Schrift	33	7.3	30	6.6
Struktur	33	7.3	37	8.2
Passung	32	7.1	43	9.5
Effekte	27	6.0	31	6.9
Affektauslösung	26	5.8	32	7.1
Inhalt	22	4.9	30	6.6
Stil	22	4.9	12	2.7
Gesamtkonzept	21	4.6	17	3.8
Bewegung	18	4.0	16	3.5
Kognitive Beanspruchung	18	4.0	15	3.3
Funktionalität	17	3.8	26	5.8
Professionalität	13	2.9	10	2.2
Animation	12	2.7	12	2.7
Sprache	10	2.2	11	2.4
Zielgruppenspezifität	8	1.8	11	2.4
Seriosität	6	1.3	7	1.5
Text	6	1.3	9	2.0
Geräusche	3	0.7	3	0.7
Allgemeine Aussage	39	8.6	23	5.1

Anmerkung: Allgemeine Aussage bezeichnet hier Äußerungen der Befragten, die sich keinem der Aspekte zuordnen ließen.

zugeordnet werden. Diese sind *Bilder, Schrift, Struktur* und *Passung*. Mit einem Anteil von mehr als fünf Prozent an den Nennungen (bei zumindest einem Auswerter) sind zudem die Kategorien *Effekte, Affektauslösung, Inhalt* und *Funktionalität* vertreten. Bei den meisten Kategorien sind die Abweichungen zwischen den Urteilern nur gering. Der größte Unterschied findet sich hier in der Menge der nicht zugeordneten Aussagen, hier ordnet Auswerter A 16 Äußerungen mehr dieser Restkategorie *Allgemeinaussage* zu als Auswerter B. Weitere größere Unterschiede zwischen den Auswertern finden sich bei den Kategorien Passung, Stil, Funktionalität und Inhalt. Zusammenfassend lässt sich feststellen, dass die Übereinstimmung bei den größten sowie im unteren Drittel der Kategorien sehr hoch ist. Im Mittelfeld finden sich vereinzelt größere Unterschiede in der Einteilung. Die Übereinstimmung beider Urteiler lässt sich mittels Cohens Kappa statistisch bestimmen, der Wert liegt hier bei .68. Dies kann als guter Übereinstimmungswert (siehe Wirtz & Caspar, 2002, S. 59) angesehen werden.

25 Diskussion

Eine rein qualitative Untersuchung allein bezogen auf die Wahrnehmung der Ästhetik von Websites war in der Literatur bisher nicht zu finden. Unter diesem Gesichtspunkt ist die vorliegende explorative Studie zu bewerten. In Bezug auf die Eingangsfragen (Kap. 22, S. 151) ist festzustellen, dass die Befragten überraschend viele und teilweise sehr differenzierte Äußerungen zur Ästhetik von Websites vornehmen und ihre eigene Wahrnehmung umfangreich beschreiben (können). Die genannten Begriffe, Ideen und Konzepte ähneln dabei an vielen Stellen den in der bisherigen Forschung diskutierten Aspekten. Dass auch eine vergleichsweise kleine Nutzergruppe einen derartig großen Teil diese Ästhetik-Aspekte diskutiert, ist positiv überraschend. Die Befragten können schon in den Gruppendiskussionen die ästhetischen Aspekte ihrer Wahrnehmungen verbalisieren, es finden sich bei der Betrachtung der Protokolle des lauten Denkens keine weiteren Aspekte.

25.1 Methodenkritisches Fazit

25.1.1 Stichprobe

Aus methodischer Sicht ist die Umsetzung der Untersuchung im Rahmen der Fragestellung gelungen. Es wurde eine nach qualitativen Kriterien ausreichend große und durchaus heterogene Stichprobe befragt. Sicherlich wäre hier eine größere Spanne des Alters der Befragten wünschenswert gewesen, die Studie umfasst aber auch so deutlich unterschiedliche Generationen. Zudem sind eher jüngere Gruppen die intensiveren Nutzer von Online-Medien (van Eimeren & Frees, 2006; Oehmichen & Schröter, 2005), somit bildet ein stärkerer Anteil dieser Gruppe zumindest teilweise die Nutzungsstruktur von Online-Medien ab. Lediglich in der Variable Bildungsstand muss die Stichprobe als zu homogen angesehen werden, hier wären Befragte mit anderen Bildungseigenschaften wünschenswert gewesen.

Weiterhin mögen auf den ersten Blick vollkommen andere Befragungsgruppen interessant gewesen sein, so zum Beispiel Webdesigner oder Multimedia-Experten. Da aber in dieser Untersuchung das Ziel klar die Betrachtung der Rezipientenwahrnehmung war, fallen diese heraus. Auch haben hier J. Kim et al. (2003) bereits erste Ergebnisse vorgelegt; in der Arbeit dieser Autoren wird deutlich, dass der Einbezug von Produzenten von Websites einen guten, aber vollkommen unterschiedlichen Erhebungsweg mit anderer Zielsetzung und Herangehensweise darstellen kann.

25.1.2 Untersuchungsmaterial

Das Untersuchungsmaterial, die Websites, die den Befragten vor den Gruppendiskussionen gezeigt wurden, waren bewusst auf einen bestimmten Pool von Websites eingeschränkt (siehe auch Kap. 11 in Teil II, ab S. 85). Aus einer rein qualitativen Forschungssicht wäre dies nicht unbedingt notwendig und bei anderen Untersuchungszielen ein möglichst breiter Pool unterschiedlicher Websites vielleicht sogar das Mittel der Wahl gewesen. In dieser Studie war aber das vorrangige Ziel, eine gemeinsame Basis bei allen Befragten zu schaffen, um eine Diskussion auch über einzelne konkrete Umsetzungen anzuregen. Die Befragten sollten an einem Startpunkt gemeinsam die Diskussion beginnen und, wenn diese in Gang war, entsprechend fortschreiten. Da alle Befragten selbst umfangreiche Erfahrungen mit Websites hatten, konnten sie im weiteren Diskussionsverlauf gut ihre weiteren individuellen Erfahrungen und Wahrnehmungen einbringen.

25.1.3 Befragungsmethodik

Der gewählte Befragungsablauf bot den Vorteil, dass nach einer eigenen Reflexionsphase und nach den Stellungnahmen in der Gruppe, sich im Laufe der Diskussion einzelne Aspekte verändern oder stärker herausstellten konnten. Auch das ausgewählte Material trug zu dieser Entwicklung bei; sehr anschaulich stellt dies die folgende Äußerung eines Befragten dar:

> „Ich hab am Anfang (...) mir ja fürs Fazit schon so Stichpunkte gemacht, ‚Schrift spricht mich nicht an.' Und dann kam 'ne Seite, (...), da hat mich die Schrift auf einmal *doch* angesprochen. Dann musste ich das ja überdenken, woran das liegt und so weiter, und hab das für mich noch einmal wieder neu erschließen müssen."

Ein derartiger Effekt wäre in einer Befragungsform, die weniger umfangreich als die qualitative ist, wahrscheinlich nicht eingetreten. Dabei soll nicht gesagt werden, dass andere Verfahren grundsätzlich zu schlechteren Ergebnissen kommen, sondern nur betont werden, dass in dieser Studie der Fokus deutlich stärker auf den Nutzer und seine Wahrnehmung, auch über eine gewisse Betrachtungszeit hinweg, gerichtet war. Somit können auch interaktionistische Anteile der Ästhetik-Wahrnehmung (siehe Teil I, Kap. 8 ab S. 74) berücksichtigt werden. Der weitere Versuchsablauf verlief ebenso produktiv und reibungslos, so dass hier kein Anlass zu Kritik, sondern für Lob insbesondere an den ausführenden Versuchsleiterinnen besteht.

25.2 Die gefundenen Kategorien

Die Ergebnisse dieser qualitativen Studie müssen vor dem Ziel der breiten und explorativen Erfassung der Ästhetik-Wahrnehmung bewertet werden. Bei dieser Bewertung stehen im Folgenden zwei Aspekte im Vordergrund: zum einen die Kategorien, die aus den Äußerungen der Befragten abgeleitet wurden, und zum anderen die Quantifizierung der Äußerungen in Bezug auf diese Kategorien.

Betrachtet man zunächst die gefundenen Kategorien und zieht einen Rückvergleich zu anderen empirischen Arbeiten, so fällt ein hoher Anteil von Überschneidungen auf (siehe Tab. 25.1). Alle der hier gefundenen Kategorien wurden auch in anderen Arbeiten zur Ästhetik von Websites genannt. Die meisten der Kategorien beziehen sich auf visuelle Aspekte – besonders die Kategorie Geräusche, die allerdings mit dem geringsten Anteil an Äußerungen vertreten ist, fällt hierbei heraus. Multimediale Kategorien dieser Art werden wahrscheinlich zukünftig mit einer fortschreitenden Multimedialisierung des World Wide Web an Bedeutung gewinnen, haben aber für die vorliegende Arbeit aufgrund der Untersuchung rein *visueller* Ästhetik im Weiteren keine Relevanz.

Tabelle 25.1: Nennungen der Ästhetik-Kategorien in anderen Arbeiten

Kategorien	Nennung in anderen Arbeiten
Affektauslösung	*De Angeli et al. (2006); Hassenzahl (2004); Lavie und Tractinsky (2004)*; Lindgaard und Dudek (2003); *van der Heijden (2003)*
Animation	**Röll (2001); Sutcliffe und De Angeli (2005); Tarasewich et al. (2001)**
Bewegung	**Moshagen (2005)**
Bilder	**De Angeli et al. (2006)**; *Lavie und Tractinsky (2004)*; **Röll (2001)**; *Schenkman und Jönsson (2000); Sutcliffe (2002)*; **Sutcliffe und De Angeli (2005)**; Tarasewich et al. (2001); **Thielsch (2004)**; *Thomas et al. (2002)*
Effekte	**Lavie und Tractinsky (2004)**
Farbe	**Brady und Phillips (2003); De Angeli et al. (2006); J. Kim et al. (2003); Moshagen (2005); Moshagen und Thielsch (2005); Moshagen et al. (2007); Papachristos et al. (2005, 2006); Sutcliffe (2002); Sutcliffe und De Angeli (2005); Tarasewich et al. (2001); Thielsch (2004)**; *Thomas et al. (2002)*
Funktionalität	Siehe Kapitel 7.2 im Teil I (ab S. 60)
Geräusche	Sutcliffe (2002)
Gesamtkonzept	*Hassenzahl (2004); Tarasewich et al. (2001)*
Inhalt	**Cober et al. (2003); Tarasewich et al. (2001); Thomas et al. (2002)**; siehe auch Kapitel 7.1 im Teil I (ab S. 59)
Kognitive Beanspruchung	Siehe Kapitel 7.2 im Teil I (ab S. 60)
Passung	*Moshagen (2005)*
Professionalität	Lavie und Tractinsky (2004); **Moshagen (2005); Moshagen und Thielsch (2005)**
Schrift	**Moshagen und Thielsch (2005); Röll (2001)**; *Schenkman und Jönsson (2000)*; **Tarasewich et al. (2001); Thielsch (2004)**
Seriosität	Siehe Kapitel 7.3 im Teil I (ab S. 66)
Sprache	*Moshagen und Thielsch (2005)*
Stil	**De Angeli et al. (2006)**; *J. Kim et al. (2003)*; **Sutcliffe (2002)**
Struktur	*Lavie und Tractinsky (2004); Lindgaard und Dudek (2003)*; **Schenkman und Jönsson (2000); Sutcliffe (2002)**
Text	*Schenkman und Jönsson (2000)*
Zielgruppenspezifität	Sutcliffe (2002)

Fett = die Kategorie wird in der genannten Arbeit genauso bezeichnet; keine Formatierung = die Kategorie wird in der genannten Arbeit abweichend bezeichnet, bezieht aber die gleichen Inhalte ein; *kursiv* = in der Arbeit werden ein oder mehrere Unterkategorien der Kategorie genannt.

Die vor der Studie angenommene Gefahr, dass bisher stark forscherseitig aufgestellte Instrumente oder Kategoriensysteme wichtige Aspekte in der Wahrnehmung der Rezipienten übersehen haben könnten, ist somit nach dieser Studie unwahrscheinlicher geworden. Die hohen Überschneidungen zwischen Forschern und Rezipienten sprechen hier in der Tendenz eher für eine eher einheitliche Sichtweise beider Gruppen auf den Forschungsgegenstand.

Weiterhin fallen in diesem Datenpool Kategorien auf, die der Ästhetik verwandte Konstrukte bezeichnen: Dies sind *Funktionalität, kognitive Beanspruchung* und *Inhalt*. Hier ist zum einen denkbar, dass Ausprägungen dieser Konstrukte selber als ästhetisch erfunden werden oder aber diese ästhetischen Aspekte eine starke Wirkung auf die verwandten Konstrukte mit sich bringen. Um dies an einem Beispiel zu verdeutlichen: Die leichte Bedienbarkeit und somit hohe Funktionalität einer Webanwendung mag auf den Rezipienten ästhetisch wirken. Es könnte aber auch sein, dass die schlichte Gestaltung selber als bewusst ästhetisches Stilmittel die Arbeit mit einer Software oder Website zusätzlich angenehmer macht und somit funktional wird.
Die Frage nach den Wirkungsbeziehungen zwischen Ästhetik und Usability (siehe hierzu auch Kap. 7.2, S. 60ff.) stellt einen grundlegenden Diskurs zwischen verschiedenen Strömungen der Web-Evaluation dar. Dieses spannende Thema bedarf dringend weiterer Forschungen, eine klare Aussage dazu kann hier im Moment nicht getroffen werden. Diese Fragestellung ist auch weitaus zu differenziert und umfangreich, um in der vorliegenden Arbeit abschließend behandelt werden zu können. Weitere Hinweise in diesem Zusammenhang finden sich in Teil V (siehe insbesondere Kap. 31.4.1, S. 235f.).

Betrachtet man schließlich das gebildete Kategoriensystem genauer (siehe Anhang C), so fallen an manchen Stellen scheinbare Redundanzen oder Überschneidungen zwischen Kategorien auf. Dieses mag zum einen an der Schwierigkeit liegen, immer allgemeinverständliche Begrifflichkeiten für besondere Techniken des Webdesigns zu finden. Zum anderen liegt das Problem hierbei aber auch im Forschungsgegenstand selber: Findet man in den Äußerungen den Aspekt *Schriftfarbe* – ist dieser dann der Kategorie *Schrift* oder *Farbe* zuzuordnen? Ist die Zuordnung zu beiden Kategorien oder die Bildung einer entsprechenden Unterkategorie das Mittel der Wahl? Hier sind einerseits statistische Analysen notwendig, um den Gegenstandsraum sinnvoll zu gruppieren. Zum anderen sollte aber die Praxis nicht aus den Augen verloren werden: Wie immer sich die Beschreibung der Ästhetik von Websites in Zukunft entwickelt, es wäre wünschenswert, dass diese Beschreibung so ausfällt, dass Produzenten und Rezipienten von Websites Nutzen aus dieser Beschreibung ziehen können.

25.3 Quantifizierung und Bedeutung der Kategorien

Ziel der quantitativen Auswertung der Äußerungen der Befragten war es, mittelbar Rückschlüsse auf die Bedeutung der jeweiligen Aspekte aus einer umfassenden qualitativen Befragung heraus zu treffen. Um diese Auswertung methodisch abzusichern, wurde ein zweiter Urteiler hinzugezogen, der unabhängig die getroffenen Zuordnungen weitgehend bestätigte, was sich auch in einem entsprechend hohen Kappa-Koeffizienten von .68 widerspiegelt. Dennoch sollte diese Auswertung nicht zu weit interpretiert werden, die Häufigkeit der Nennung in der Diskussion könnte auch durch andere Gesichtspunkte als die Bedeutung einer Kategorie moderiert sein. Es kann kein direkter kausaler Rückschluss der Äußerungen auf die Bedeutung der Ästhetik-Kategorien in der gesamten Online-Population gemacht werden. An dieser Stelle sollten lediglich die Aspekte identifiziert werden, deren Untersuchung in einem späteren Befragungsschritt besonders lohnenswert sein könnte. Der Umfang und die Güte der qualitativ erhobenen Daten lässt letzteren Schluss hierbei ohne weiteres zu.

25.4 Auswahl bedeutender Kategorien

Bei der Betrachtung der Aspekte fällt mit Abstand *Farbe* heraus, und auch eine Reihe anderer Untersuchungen sprechen für eine ästhetische Bedeutung dieses Aspekts (Brady & Phillips, 2003; De Angeli et al., 2006; J. Kim et al., 2003; Moshagen, 2005; Moshagen & Thielsch, 2005; Moshagen et al., 2007; Papachristos et al., 2005, 2006; Sutcliffe, 2002; Sutcliffe & De Angeli, 2005; Tarasewich et al., 2001; Thielsch, 2004). Dieser Aspekt sollte folglich auf jeden Fall einer weiteren Betrachtung unterzogen werden. Bei den nachfolgenden Aspekten ist es nicht ganz so eindeutig: Die Kategorien *Bilder, Schrift, Struktur* und *Passung* – bei Auswerter B zusätzlich auch noch *Effekte, Affektauslösung, Inhalt* und *Funktionalität* – enthalten alle eine hohe Anzahl von Äußerungen. Aufgrund der herausgestellten Bedeutung und der vergleichsweise leichten experimentellen Manipulierbarkeit sollen im Weiteren die Kategorien *Bilder* und *Schrift* einer experimentellen Prüfung unterzogen werden. *Struktur* soll nicht experimentell geprüft werden, hier ist auch das Risiko einer möglichen Konfundierung mit Usability-Aspekten hoch. Letzteres ist auch bei dem Aspekt *Effekte* zu befürchten, da viele visuelle Effekte auf Websites von den Befragten als eher störend beschrieben werden. *Passung* und *Affektauslösung* sollen ebenfalls in dieser Arbeit nicht weiter untersucht werden. Ein Zusammenhang dieser zu Kategorien wie *Farbe* oder *Bilder* ist stark anzunehmen, zudem sind diese Aspekte experimentell schwerer zu manipulieren.
Der Einfluss des Inhalts auf die Wahrnehmung von Ästhetik ist ein interessantes Thema, aber zu umfangreich, um in der vorliegenden Arbeit differenziert behandelt zu werden. Der Inhalt soll daher im Experiment gleich gehalten und eine mögliche Wirkung so kontrolliert werden; gleiches gilt für die Funktionalität. Hierbei wird aber zumindest der Einfluss der Ästhetik auf Inhalt und Usability untersucht (siehe Teil V).

25.5 Fazit

Die qualitative Untersuchung hat somit die notwendige Absicherung und Grundlage für das weitere experimentelle Vorgehen geboten. Eine der Methodik angemessene Stichprobe von

Befragten brachte dabei überraschend viele Aspekte ihrer Ästhetik-Wahrnehmung zum Ausdruck; die Auswertung dieser erfolgte mit hoher Übereinstimmung zwischen zwei Auswertern. Die genannten Kategorien weisen eine hohe Übereinstimmung mit forscherseitig untersuchten Variablen auf. Die gefundenen Ergebnisse machen zudem keine Überarbeitung der gemachten Annahmen in der Arbeitsdefinition zu visueller Ästhetik von Websites (S. 74) notwendig; diese kann damit unverändert stehen bleiben.
Als Konsequenz der Ergebnisse unter Einbezug von Überlegungen zu möglichen Konfundierungen einzelner Kategorien sollen in der nun folgenden experimentellen Untersuchung die Aspekte *Farbe, Bild-* und *Schriftgestaltung* gezielt untersucht werden.

26 Zusammenfassung

Im Teil IV der vorliegenden Arbeit wurde die erste der beiden durchgeführten empirischen Studien zur Ästhetik von Websites dargestellt. Hierbei erfolgte eine qualitative Betrachtung der Wahrnehmung der Nutzer von Websites unter der Fragestellung, wie diese ihre ästhetische Wahrnehmung beschreiben. Es wurden zwei Gruppendiskussionen sowie Einzelinterviews mit der Methode des lauten Denkens mit insgesamt N = 11 Untersuchungsteilnehmern durchgeführt. Die Auswertung erfolgte anhand der qualitativen Inhaltsanalyse nach Mayring (2001, 2003).

Die Befragten gaben in den Gruppendiskussionen eine Vielzahl von Nennungen zur Ästhetik ab, 452 Paraphrasen wurden durch unabhängige Auswerter zu 86 Unterkategorien verdichtet, aus denen sich 20 übergeordnete Kategorien ergaben. Die Protokolle des lauten Denkens wurden zur Kontrolle der theoretischen Sättigung herangezogen. Um die Gewichtung einzelner Aspekte zu erfassen, wurden durch zwei weitere Auswerter die Anzahl der Nennungen in den 20 Kategorien quantifiziert, hierbei liegt eine gute Auswerterübereinstimmung (Cohens Kappa = .68) vor. Als Konsequenz ergibt sich, dass im folgenden Experiment Gestaltungsvariationen der Kategorien *Farbe, Bilder* und *Schrift* untersucht werden sollen.

Auf einer übergeordneten Ebene zeigt die qualitative Studie, dass die Rezipienten ihre ästhetische Wahrnehmung differenziert benennen können und dabei eine Vielzahl der Aspekte nennen, die bereits in der Forschung diskutiert werden. Dabei ergeben sich allerdings keine neuen Aspekte, die nicht in der bisherigen Literatur zur Ästhetik von Websites zu finden sind. Die Ergebnisse dieser qualitativen Studie legen im Weiteren die Betrachtung der Zusammenhänge zwischen Ästhetik und Aspekten wie Inhalt oder Usability nahe. Bezogen auf die Fragestellung lässt sich festhalten, dass die Rezipienten ihre ästhetische Wahrnehmung umfangreich und differenziert beschreiben (können), neue Aspekte nicht genannt werden und sich einzelne Aspekte wie Farbe, Bilder und Schrift als bedeutungsvoll erweisen. Die genauere Untersuchung dieser drei Gestaltungsaspekte soll anhand des im folgenden Teil V dargestellten Experiments stattfinden. Hierbei wird unter anderem auch der Einfluss von Ästhetik auf Usability und Inhalt betrachtet.

Teil V

Experimentelle Untersuchung der Ästhetik von Websites

27 Einführung

In diesem Teil wird das Experiment zur Website-Ästhetik dargestellt, das an die qualitative Studie (siehe vorheriger Teil IV) anschließt und den zentralen empirischen Teil der vorliegenden Arbeit ausmacht. In dem Experiment soll die Wirkung wichtiger ästhetischer Gestaltungsvariablen in einer Online-Untersuchung betrachtet werden. Ästhetik wird hier durch die experimentelle Variation von Farb-, Schrift- und Bildgestaltung operationalisiert. Es wird die Wirkung dieser Variationen sowohl auf ästhetische Maße als auch auf die Wahrnehmung von Inhalt und Usability betrachtet. Weiterhin wird die Beziehung zwischen Persönlichkeitsmerkmalen und der Wahrnehmung visueller Ästhetik analysiert.

Bei der Darstellung des Experiments wird zunächst anschließend an die Darstellung in Teil I auf die Fragestellungen und Hypothesen eingegangen, danach schließt sich eine Besprechung methodischer Aspekte an. Die Ergebnisdarstellung beinhaltet die zentralen Berechnungen – aus Gründen der Leserlichkeit finden sich die vollständigen Statistiken im Anhang D. Abschließend findet sich die Diskussion der Ergebnisse des Experiments am Ende dieses Teils. Die dargestellte Untersuchung schließt dabei direkt an eine Reihe von Ergebnissen und auch Problemstellungen an, die im ersten Teil der Arbeit im Zuge der Darstellung theoretischer Grundlagen angesprochen wurden. Ein Rückbezug zu den jeweiligen theoretischen Aspekten findet sich im Rahmen der nachfolgenden Fragestellungen und Hypothesen.

28 Fragestellungen und Hypothesen

Die vorliegende Arbeit steht unter der übergeordneten Fragestellung, wie Rezipienten die ästhetische Gestaltung einer Website erleben (siehe Kap. 9 in Teil I, S. 77). Aus dieser allgemeinen Fragestellung ergibt sich die Ableitung spezifischer Fragen, von denen eine qualitative Fragstellung bereits in Teil IV im Rahmen der dortigen Untersuchung behandelt wurde. Es zeigte sich, dass die Rezipienten in der Lage sind, ihre ästhetische Wahrnehmung umfangreich zu beschreiben und dass sie dabei eine ganze Reihe von Aspekten nennen, die bereits in der Forschung diskutiert werden. Im Folgenden sollen nun die weiteren Forschungsfragen (siehe auch Kap. 9.2, S. 78) dargestellt und um konkrete Hypothesen ergänzt werden. Die Fragestellungen und Hypothesen leiten sich dabei aus dem in den Kapiteln 5 (S. 39ff.) und 7 (S. 59ff.) dargestellten aktuellen Forschungsstand zur Website-Ästhetik ab; zentrale Aspekte werden im Rahmen der folgenden Erläuterungen noch einmal herausgegriffen. Ziel ist an dieser Stelle die experimentelle Prüfung der jeweiligen Fragen.

28.1 Die Fragestellungen

Aus der allgemeinen Forschungsfrage nach dem Erleben der ästhetischen Gestaltung einer Website durch die Rezipienten wurden vier Fragestellungen für die experimentelle Untersuchung der Website-Ästhetik abgeleitet:

1. Welche Zusammenhänge finden sich zwischen Persönlichkeitsmerkmalen und ästhetischen Urteilen?
2. Lässt sich die Wirkung einzelner Variablen auf die wahrgenommene Ästhetik einer Website experimentell bestätigen?
3. Welche Beziehung findet sich zwischen Ästhetik und Usability?
4. Welche Beziehung findet sich zwischen Ästhetik und Inhalt?

Zu diesen vier Fragestellungen lässt sich eine Reihe von Hypothesen formulieren, deren Darstellung nun folgen soll. Dabei wird Ästhetik über die Farb-, Schrift- und Bildgestaltung manipuliert, diese drei Gestaltungsmerkmale werden im nachfolgenden Experiment einer besonderen Betrachtung unterzogen.

28.2 Hypothese zu Fragestellung 1

Es finden sich lediglich vereinzelt Hinweise in verschiedenen Studien zur Website-Ästhetik, die einen Zusammenhang von Personenvariablen und ästhetischen Bewertungen möglich erscheinen lassen (siehe Kap. 7.4 in Teil I, S. 67f.). Die Ergebnisse zu demographischen Faktoren sind dabei teilweise widersprüchlich, zum Zusammenhang zu den Big Five finden sich bisher keine Arbeiten in diesem Forschungsbereich. Die Betrachtung dieser Personenvariablen – demographische Faktoren und Big Five – erfolgt daher rein explorativ.

Hinsichtlich des Konstrukts *ästhetische Sensitivität* besteht jedoch insbesondere in der Erforschung von Kunstwerken eine lange Tradition. Ebenso wurde ein Zusammenhang dieser Variable mit ästhetischen Bewertungen erfolgreich im Produktdesign gezeigt: Bloch et al. (2003) finden unter anderem, dass Personen mit hohen CVPA-Werten (CVPA = *Centrality of Visual Product Aesthetics*, siehe Kap. 17 in Teil III, S. 109ff.) bei Produktbewertungen höhere Einschätzungen abgeben als Personen mit niedrigen CVPA-Werten. Die Autoren schließen in ihrem Artikel daraus, dass Ästhetik für Verbraucher mit hohen CVPA-Werten für eine größere Anzahl von Produkten relevant ist und sich dies auch in einer größeren Wichtigkeit der Ästhetik in Hinblick auf die Kaufintention ausdrückt. Bloch et al. (2003) fragen im Schlussteil ihres Artikels: „Do consumers with high CVPA also tend to care about the appearance of store interiors or Web Page layouts?“ Diese Frage soll in Bezug auf Websites erstmalig in der vorliegenden Arbeit untersucht werden, dabei lässt sich die folgende Hypothese formulieren:

Hypothese 1

Es findet sich ein positiver Zusammenhang zwischen der Personenvariablen ästhetische Sensitivität und der Beurteilung der visuellen Ästhetik einer Website.

28.3 Hypothesen zu Fragestellung 2

Die zweite Fragestellung, inwieweit sich die Wirkung einzelner Variablen auf die wahrgenommene Ästhetik einer Website experimentell bestätigen lässt, stellt eine zentrale Forschungsfrage der vorliegenden Arbeit dar. Bereits bei der Darstellung der aktuellen Forschung zur Ästhetik von Websites in Kapitel 5 in Teil I (S. 39ff.) wurde deutlich, dass trotz einer Reihe von Untersuchungen diese Frage bisher nur schwer zu beantworten ist. Es finden sich zwar deskriptive Beschreibungen und auch Vorschläge für Gestaltungsrichtlinien (beispielsweise bei Sutcliffe, 2001, 2002), die wenigen aktuell vorliegenden experimentellen Arbeiten (siehe Kap. 5.3, S. 46f.) sind jedoch eher allgemeiner Natur. Aus diesen bisherigen Experimenten lassen sich nur vereinzelte Aussagen zu den für die Website-Ästhetik relevanten Variablen ableiten. Oft wurden in diesen Arbeiten auch mehrere Variablen gleichzeitig verändert (Haig, 2002; Sutcliffe & De Angeli, 2005; Thielsch, 2004), so dass Aussagen über die letztendlich wirkenden

Variablen schwer fallen. Lediglich aus dem Experiment von Moshagen et al. (2007) lässt sich die Farbgestaltung als ästhetisch relevanter Faktor klar ableiten.

An dieser Stelle soll aufbauend auf den Ergebnissen der qualitativen Untersuchung (siehe Teil IV ab S. 151) eine Betrachtung der Farb-, Schrift- und Bildgestaltung erfolgen. Dabei werden jeweils eine unästhetische und eine ästhetische Ausprägung einer Gestaltungsvariable verglichen. Die Variation des Stimulusmaterials erfolgt dabei durch einen professionellen Webdesigner auf Basis der Daten aus der qualitativen Studie; die jeweiligen Gestaltungsvariationen sind im nachfolgenden Methodenteil (Kap. 29.2, S. 186f.) sowie im Anhang E dargestellt. Es ergeben sich drei gerichtete Hypothesen, zu jeder Gestaltungsvariante entsprechend eine. In diesen Hypothesen wird davon ausgegangen, dass die a priori als ästhetisch eingestufte Variation (siehe Kap. 29.2, S. 186f.) auch von den Befragten als ästhetischer empfunden wird.

Hypothese 2a

Es findet sich ein Einfluss der Variable Farbe auf das ästhetische Urteil. Dabei wird die a priori als ästhetisch eingestufte Variante von den Befragten als ästhetischer eingeschätzt.

Hypothese 2b

Es findet sich ein Einfluss der Variable Schriftgestaltung auf das ästhetische Urteil. Dabei wird die a priori als ästhetisch eingestufte Variante von den Befragten als ästhetischer eingeschätzt.

Hypothese 2c

Es findet sich ein Einfluss der Variable Bildgestaltung auf das ästhetische Urteil. Dabei wird die a priori als ästhetisch eingestufte Variante von den Befragten als ästhetischer eingeschätzt.

28.4 Hypothesen zu Fragestellung 3

In der dritten Fragestellung soll die Beziehung zwischen Ästhetik und Usability im Mittelpunkt der Analysen stehen. In Kapitel 7.2 (Teil I, ab S. 60) werden eine Reihe von Korrelationsstudien vorgestellt, in denen sich ein positiver Zusammenhang zwischen Ästhetik und Usability findet. An gleicher Stelle in Kapitel 7.2.2 (S. 62f.) wird aber auch das Experiment von Moshagen et al. (2007) dargestellt, dieses zeigt varianzanalytisch eine Unabhängigkeit der Usability-Bewertung von einer Ästhetik-Manipulation. Diese Unterscheidung ist wichtig: Zwar finden sich auf der einen Seite hohe Zusammenhänge zwischen den Wahrnehmungen der Konstrukte Ästhetik und Usability, es zeigt sich aber auf der anderen Seite experimentell bisher keine Beeinflussung wahrgenommener Usability durch die Manipulation von Ästhetik.

Dieses Ergebnis findet sich lediglich in Bezug auf Websites, hier liegt bisher nur eine experimentelle Studie vor (Moshagen et al., 2007) – in Experimenten zu anderen Formen von Interfaces findet sich durchaus ein Einfluss von Ästhetik-Manipulationen auf wahrgenommene Usability (siehe Kap. 7.2.2, S. 62f.).

Moshagen et al. (2007) verwerfen die vormals oft angeführte Erklärung, Ästhetik wirke in Form eines Attraktivitätsstereotyps auf Usability. Dieses Ergebnis kann anhand des vorliegenden Experiments in erweiterter Form überprüft werden: Zusätzlich zum Aspekt Farbe bei Moshagen et al. (2007) wird in der vorliegenden Arbeit die Schrift- und Bildgestaltung untersucht. In der nachfolgenden Hypothese 3a wird somit von einem Zusammenhang der Wahrnehmungen beider Konstrukte gemäß früheren korrelativen Studien ausgegangen, in Hypothese 3b aber angenommen, dass dieser Zusammenhang nicht durch die manipulierten ästhetischen Variablen bedingt ist.

Eine Erklärung für die gefundenen Zusammenhänge zwischen den beiden Konstrukten wird von einzelnen Autoren in Urteilsfehlern wie Halo-Effekt oder Attraktivitätsstereotyp gesehen (siehe Kap. 7.2.1, S. 60f.). Wenn dies so wäre, so müssten sich Unterschiede beim Vergleich der Usability-Bewertungen einer unästhetischen und einer ästhetischen Website-Variante finden lassen, dies ist jedoch auf Basis der bisherigen Experimente in diesem Bereich (siehe Kap. 7.2.2, S. 62f.) nicht anzunehmen.

Werden die Hypothesen 3a bis 3c bestätigt, so ist der Darstellungen in Kapitel 7.2.1 (S. 60f.) folgend davon auszugehen, dass die auftretenden positiven Korrelationen zwischen der Wahrnehmung von Ästhetik und Usability möglicherweise auf nicht untersuchten Gestaltungsmerkmalen oder aber Versuchs- und Methodeneffekten wie generelle Zustimmungstendenz oder *common method bias* beruhen. Ein Effekt der Stimmung auf die Usability-Urteile begründet durch die ästhetische Gestaltung gemäß der Stimmungs-Leistungs-Hypothese wird nicht angenommen, da sich dieser bei Moshagen et al. (2007) nicht gefunden hat.

Hypothese 3a

Es findet sich ein positiver Zusammenhang zwischen der wahrgenommenen Ästhetik und der wahrgenommenen Usability.

Hypothese 3b

Es findet sich kein Einfluss der gestalterischen Ästhetik-Variationen auf die wahrgenommene Usability.

Hypothese 3c

Es findet sich kein genereller positiver Einfluss der ästhetischen Gestaltung auf Usability-Bewertungen. Die Wirkung eines Attraktivitätsstereotyps oder eines entsprechenden Halo-Effekts ist somit in Bezug auf die Usability-Bewertung auszuschließen.

28.5 Hypothese zu Fragestellung 4

In der vierten Fragestellung wird die Beziehung zwischen Ästhetik und Inhalt untersucht. Aus den bisher vorliegenden Arbeiten (siehe Kap. 7.1 in Teil I, S. 59) lässt sich keine Hypothese zur Wirkung der Manipulation ästhetischer Variablen auf die Bewertung des Inhalts ableiten. Aus den Überlegungen zu Fragestellung 3 zur möglichen Wirkung eines Methodenbias auf die Korrelation zwischen Ästhetik und Usability jedoch folgt die Ableitung einer Hypothese: Da die gleichen Fragebogenmethoden wie bei der Bewertung von Ästhetik und Usability bei der Inhaltsbewertung zum Einsatz kommen, muss sich entsprechend den Annahmen in Fragestellung 3 logischerweise auch ein positiver Zusammenhang zwischen Ästhetik und Inhaltsbewertungen ergeben.

Inwieweit jedoch Ästhetik und Inhalt darüber hinaus interagieren und womöglich die Ästhetik-Variationen eine direkte Wirkung auf die Inhaltswahrnehmung haben, lässt sich an dieser Stelle nicht abschätzen. Die Wirkung der experimentellen Variation auf die Inhaltswahrnehmung wird daher explorativ betrachtet. Wie bei Fragestellung 3 erfolgt aber auch hier eine zweistufige Betrachtung: Zunächst werden die Zusammenhänge zwischen den Wahrnehmungen von Ästhetik und Inhalt korrelativ betrachtet, hernach folgt die Analyse der Wirkung ästhetischer Gestaltungsvariationen auf die Inhaltsbewertung.

Hypothese 4

Es findet sich ein positiver Zusammenhang zwischen der wahrgenommenen Ästhetik und der Wahrnehmung des Inhalts.

29 Methode

29.1 Stichprobe

Es wurden im Dezember 2006 per E-Mail 2000 Personen zu dem Online-Experiment eingeladen. Diese Personen wurden entsprechend der Verteilung der demographischen Variablen Alter und Geschlecht in der deutschen Online-Population zufällig aus dem Gesamtpool des Online-Panels der Webfrager GmbH ausgewählt. So sollte eine möglichst repräsentative Stichprobe gezogen werden.

29.1.1 Drop-out und Datenbereinigung

Insgesamt begannen N = 509 Personen die Untersuchung, N = 104 der Befragten brachen vor dem Erreichen der letzten Befragungsseite ab. Fast ein Drittel dieser Abbrecher (31.7 Prozent) beendete die Befragung bereits vor dem ersten VAWI-Item (zum Versuchsablauf siehe Abbildung 29.5 auf S. 195).
Die Datensätze von N = 41 Personen mussten aufgrund der a priori gesetzten Filterkriterien (siehe Anhang B) entfernt werden. Hierbei wurden die Datensätze von N = 30 Personen aufgrund der Beantwortungszeit aus der Auswertung ausgeschlossen, diese hatten die gesamte Befragung unter dem gesetzten Limit von 10 Minuten abgeschlossen. Diese Zeitsetzung entspricht einer Bearbeitungszeit von deutlich weniger als fünf Sekunden je Item, da auch die Bearbeitung der Suchaufgaben und die Zeit zum Lesen der Instruktionen und Explorieren der Testwebsites bedacht werden muss. N = 10 Personen wurden aus der Auswertung ausgeschlossen, da sie alle drei Suchaufgaben komplett unbeantwortet ließen. Bei diesen Befragten konnte nicht davon ausgegangen werden, dass sie sich ausreichend mit dem Testmaterial auseinandergesetzt hatten.[1] Ein Untersuchungsteilnehmer wurde aufgrund einer angegebenen Farbfehlsichtigkeit aus der Auswertung herausgenommen.
Es findet sich also in dieser Untersuchung ein für Online-Erhebungen relativ geringer Dropout von lediglich 20.43 Prozent. Zudem mussten 8.06 Prozent der Gesamtdaten ausgeschlossen werden – da dies aus experimenteller Sicht ein relativ hoher Ausschluss ist, soll im Folgenden jeweils auch die Demographie der Abbrecher und der Ausgeschlossenen parallel berichtet werden. Hieran soll verdeutlicht werden, dass kein selektiver Abbruch oder Ausschluss von Daten vorliegt.

[1] Bei weiteren drei Personen wurde – nach Prüfung der Beantwortungszeiten der jeweiligen Aufgaben – die Nichtbeantwortung der Aufgaben auf ein temporäres technisches Problem mit dem Microsoft Internet Explorer zurückgeführt. Die Datensätze dieser drei Befragten wurden nicht ausgeschlossen.

29.1.2 Soziodemographie

Die folgende Tabelle 29.1 gibt einen Überblick über die Variablen Alter, Interneterfahrung, Surfzeit und Geschlecht in der Stichprobe. Unter den 362 Probanden[2], deren Daten in die Auswertung eingehen, befanden sich etwas mehr Männer (N = 189) als Frauen (N = 173). Das Alter der Untersuchungsteilnehmer lag zwischen 14 und 81 Jahren, im Mittel bei 38.60 Jahren ($SD = 15.10$).
Die Interneterfahrung und die wöchentliche Surfzeit sind verglichen mit den Daten der AGOF-Studie (2006) beziehungsweise der ARD/ZDF Online-Studie (van Eimeren & Frees, 2006) fast identisch mit den dort angegeben Werten für die deutsche Online-Bevölkerung. Vergleicht man in Tabelle 29.1 Abbrecher, Ausgeschlossene und Auszuwertende, so fallen Unterschiede nur beim Alter ins Auge. Dieser Unterschied erweist sich aber nur als marginal signifikant ($F = 2.99$, $df = 2, p < .06$, $\eta^2 = .01$), die Unterschiede in Bezug auf Interneterfahrung, Surfzeit oder Geschlecht erweisen sich alle als statistisch nicht bedeutsam (siehe Anhang D). Der leichte Altersunterschied stellt für die weitere Auswertung kein Problem dar, da alle Altersgruppen in der Auswertungsstichprobe ausreichend besetzt sind, wie die nachfolgende Abbildung 29.2 zeigt.

Tabelle 29.1: Demographische Daten der Untersuchungsteilnehmer getrennt nach Abbrecher, Ausgeschlossene und auszuwertende Stichprobe

	Abbrecher		Ausgeschlossene		Auszuwertende	
	M	*SD*	*M*	*SD*	*M*	*SD*
Alter	42.22	15.87	36.44	15.22	38.60	15.10
Interneterfahrung (Jahre)	3.42	5.23	3.12	5.53	3.69	4.78
Surfzeit (Stunden/Woche)	14.25	12.40	17.79	12.28	15.00	12.66
Geschlecht	53 Frauen	51 Männer	23 Frauen	18 Männer	173 Frauen	189 Männer

Angaben von N = 2 Probanden fehlen.

Im Folgenden soll die Repräsentativität der Stichprobe in den Variablen Alter und Geschlecht bezogen auf die deutsche Online-Bevölkerung betrachtet werden. Hierbei zeigt sich, dass die in die Auswertung eingehenden Untersuchungsteilnehmer die deutsche Online-Bevölkerung (nach van Eimeren & Frees, 2006) in den beiden betrachteten Variablen fast perfekt abbilden. Die folgende Abbildung 29.1 gibt einen Überblick über die Variable Geschlecht, es finden sich hier nur geringfügig mehr Frauen (N = 10) in der endgültig resultierenden auszuwertenden Stichprobe als angestrebt.

Auch die Altersverteilung ist hoch repräsentativ (siehe Abb. 29.2), die Differenz schwankt je nach Altergruppe lediglich zwischen N = 1 und N = 7. Nur die Gruppe der über 60-Jährigen

[2] Bei zwei Probanden wurden die demographischen Daten aufgrund eines technischen Defekts nicht gespeichert, alle übrigen Daten liegen bei diesen jedoch in einwandfreier Qualität vor.

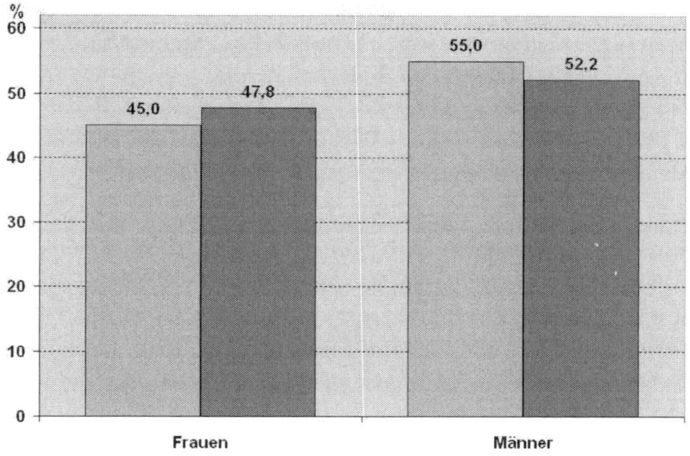

Abbildung 29.1: Die prozentuale Geschlechterverteilung in der auszuwertenden Stichprobe (jeweils rechte Säulen) im Vergleich zur deutschen Online-Bevölkerung (jeweils linke Säulen)

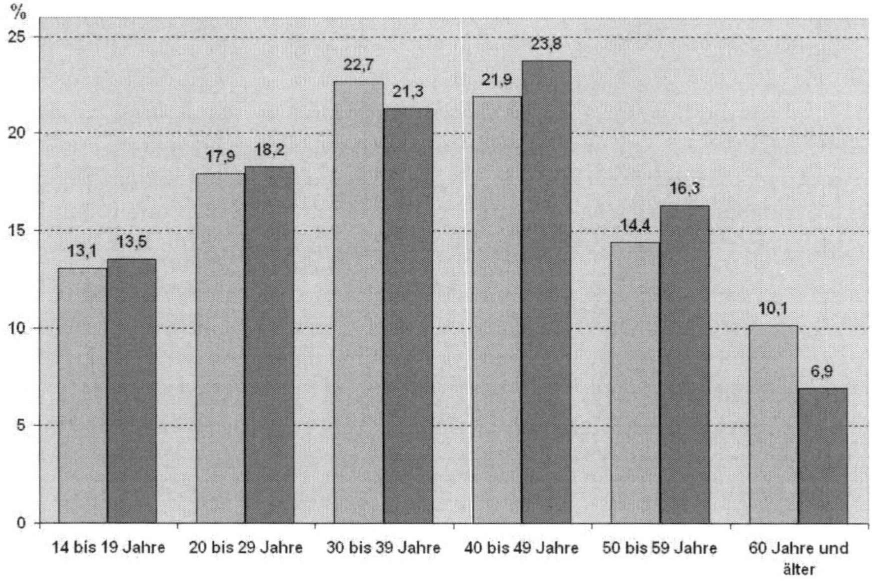

Abbildung 29.2: Die prozentuale Altersverteilung in der auszuwertenden Stichprobe (jeweils rechte Säulen) im Vergleich zur deutschen Online-Bevölkerung (jeweils linke Säulen)

ist etwas zu schwach vertreten, hier fehlen zum Soll N = 12 Personen. Dies mag aber teilweise durch die etwas stärkere Altersgruppe der 50- bis 59-Jährigen ausgeglichen sein, in der sich sehr viele 59-Jährige – an der Schwelle der Kategoriengrenze – befinden. In der oben stehenden Tabelle 29.1 war hier bereits auffällig, dass sich bei den älteren Personen eventuell eine leichte Tendenz findet, eher abzubrechen. Alles in allem ist der Datenpool hier aber sehr heterogen und sehr gut an die Verteilung in der Bevölkerung angepasst.

Betrachtet man in der folgenden Tabelle 29.2 weitere demographische Daten zu Schulabschluss, Ausbildungsstand und Beruf, so fällt wieder die sehr hohe Heterogenität der Stichprobe auf. Alle Schul- und Ausbildungsstufen sind in ausreichender Größe vertreten, ebenso findet sich eine hohe Varianz in den Berufsgruppen. In Tabelle 29.2 ist zudem eine Darstellung des Anteils an Experten bezüglich des Webdesigns eingefügt. Experten wurden hier definiert als Personen mit spezifischer Berufserfahrung, die angaben, haupt- oder nebenberuflich im Bereich Webdesign tätig zu sein.

In diesen soziodemographischen Daten zeigt sich per Augenschein ebenfalls nirgendwo ein größerer erkennbarer selektiver Abbruch oder Ausschluss von Untersuchungsteilnehmern. Bei einer statistischen Betrachtung finden sich auch keine signifikanten Unterschiede, was Ausbildungsstand und Expertise anbelangt (siehe Anhang D, auch für nachfolgende Vergleiche). Beim Schulabschluss fällt jedoch in der auszuwertenden Stichprobe ein erhöhter Anteil an Abiturienten auf, beim Beruf ein größerer Anteil von Personen, die die Angabe „sonstiger Beruf" machen. Der Unterschied beim Schulabschluss erweist sich als statistisch nicht bedeutsam ($\chi^2_{(8,488)} = 12.74$, $p = .12$).[3] Bei der Variable Beruf können aufgrund kleiner Zellengrößen bei einzelnen Berufen nur Abbrecher und Ausgeschlossene gemeinsam mit den Auszuwertenden verglichen werden, der Unterschied erweist sich als signifikant ($\chi^2_{(12,484)} = 22.68$, $p = .03$). Da der Unterschied hier vor allem durch die Angaben der Probanden im Bereich „sonstiger Beruf" entsteht und sich kein Zusammenhang hieraus zu Zielen und Inhalten des Experiments herleiten lässt, stellt dieser Unterschied kein Problem für die weitere Auswertung dar.

Es ist also insgesamt davon auszugehen, dass kein bedeutender Abbruch bedingt aufgrund von soziodemographischen Variablen stattgefunden und die Untersuchung die gesamte Zielgruppe gleichermaßen angesprochen hat. Der marginal signifikante Unterschied bezüglich des Alters stellt wie dargestellt aufgrund der breiten Altersverteilung in der Stichprobe kein Problem dar, ebenso der signifikante Unterschied beim Beruf nicht, der wohl daher rührt, dass Personen sonstiger Berufsgruppen gar nicht abgebrochen haben.

Die einzige verbliebene weitere Quelle, die einen möglichen selektiven Abbruch von Untersuchungsteilnehmern vermuten ließe, wäre die Zuweisung auf die verschiedenen Experimentalbedingungen – die verschiedenen Variationen der Testwebsite. Einen Überblick gibt Tabelle 29.3, wieder getrennt nach den einzelnen Stichprobengruppen.

[3] Aufgrund der kleinen Zellengrößen wurden die Optionen „kein Schulabschluss" und „sonstiger Schulabschluss" aus dieser Auswertung ausgeschlossen.

Tabelle 29.2: Demographische Daten in Bezug auf Schul- und Ausbildungsstand, Beruf sowie Expertise (in Bezug auf Webdesign) der Untersuchungsteilnehmer getrennt nach Abbrecher, Ausgeschlossene und auszuwertende Stichprobe

	Abbrecher		Ausgeschlossene		Auszuwertende	
	N	%	*N*	%	*N*	%
Schulabschluss						
Keinen Schulabschluss	1	0.96	2	4.88	12	3.30
Haupt-/Volksschulabschluss	15	14.42	4	9.76	42	11.54
Mittlere Reife/Realschule	36	34.62	15	36.59	116	31.87
Abschluss der Polytechnischen Oberschule	11	10.58	3	7.32	22	6.04
Fachhochschulreife	18	17.31	8	19.51	43	11.81
Abitur	21	20.19	9	21.95	125	34.34
Sonstiger Schulabschluss	0	0.00	0	0.00	2	.55
Fehlende Werte	2	1.92	0	0.00	2	.55
Ausbildungsstand						
Keine abgeschlossene Berufsausbildung	6	5.77	3	7.32	40	10.99
Noch in Ausbildung/Studium	14	13.46	9	21.95	65	17.86
Lehre abgeschlossen oder Meisterbrief	55	52.88	21	51.22	160	43.96
Berufsakademie-, Fachhochschul- oder Universitätsabschluss	22	21.15	8	19.51	88	24.18
Promotion	1	0.96	0	0.00	6	1.65
Sonstiger Ausbildungsstand	0	0.00	0	0.00	3	0.82
Fehlende Werte	6	5.77	0	0.00	2	.55
Beruf						
Schüler	9	8.65	7	17.07	40	10.99
Auszubildender	4	3.85	1	2.44	15	4.12
Student	5	4.81	4	9.76	32	8.79
Kaufmännischer Beruf	22	21.15	12	29.27	82	22.53
Technischer Beruf	8	7.69	2	4.88	23	6.32
IT-Beruf	3	2.88	2	4.88	14	3.85
Verwaltungsberuf	2	1.92	5	12.20	18	4.95
Beruf in Handwerk/Industrie	7	6.73	1	2.44	28	7.69
Beruf im Gesundheitswesen	9	8.65	1	2.44	20	5.49
Beruf im Bildungswesen	7	6.73	3	7.32	16	4.40
Beruf in der Wissenschaft	4	3.85	0	0.00	5	1.37
Medien- und künstlerischer Beruf	1	0.96	0	0.00	13	3.57
Sonstiger Beruf	0	0.00	3	7.32	56[a)]	15.38
Fehlende Werte	23	22.12	12	29.27	2	0.55
Experte (Berufserfahrung Webdesign)						
Ja	12	11.54	3	7.32	27	7.42
Nein	92	88.46	38	92.68	313	92.03
Fehlende Werte	0	0.00	0	0.00	2	0.55

a) In dieser Kategorie finden sich vor allem Hausfrauen und Rentner sowie Berufe aus dem Dienstleistungsbereich.

Tabelle 29.3: Übersicht über die Zuordnungen der Befragten zu den Testbedingungen

Website-Variante:	1	2	3	4	5	6	7	8
Abbrecher	18	11	10	18	6	16	13	12
Ausgeschlossene	7	5	5	7	4	3	6	4
Auszuwertende	49	45	46	42	52	43	44	43
Gesamtstichprobe	74	61	61	67	62	62	63	59

Tabelle 29.3 zeigt, dass in allen Gruppen eine randomisierte Zuweisung stattgefunden hat, keine Bedingung ist bedenklich stark oder gering vertreten. Dennoch fallen leichte Ungleichgewichte bereits in der Gesamtstichprobe ins Auge – diese können entstehen, wenn viele Probanden gleichzeitig auf die Befragung zugreifen und einzelne bereits abbrechen, bevor demographische Daten gespeichert werden. Diese Probanden tauchen dann nicht in der Abbrecher-Statistik auf, der Zufallsfilter war aber dennoch bereits aktiv und hatte eine Zuweisung vorgenommen. Bei hohem Versuchspersonenandrang, was zu Beginn des Experiments der Fall war, kann so eine leicht ungleichgewichtige Verteilung entstehen.

Es zeigt sich aber über alle Bedingungen ein vergleichbarer gemessener Abbruch beziehungsweise Ausschluss von Datensätzen. Keine Bedingung sticht dabei bedenklich ins Auge, lediglich bei Website-Variante 5 zeigt sich ein leicht geringerer Abbruch. Bedenkt man aber, dass diese Website-Variante nur im Farbaspekt gezielt ästhetisch gestaltet war und auch andere Testseiten diese Eigenschaft teilweise aufwiesen (siehe nachfolgende Tab. 29.4 auf S. 189), so findet sich hier für den leicht verminderten Abbruch keine inhaltliche Erklärung, die Auswirkungen auf die weitere Auswertung hätte. Prüft man statistisch den Unterschied zwischen Abbrechern und Ausgeschlossenen auf der einen[4] sowie den auszuwertenden Daten auf der anderen Seite, so ergibt sich ebenfalls kein signifikanter Unterschied ($\chi^2_{(7,509)} = 9.12,\ p = .24$). Somit liegt insgesamt kein bedeutender selektiver Bias durch Abbruch oder Ausschluss von Daten vor, zudem findet sich in jeder der Versuchsgruppen eine ausreichende Zahl an Probanden ($42 \leq N \leq 52$).

29.2 Material

Bei der Darstellung des Untersuchungsmaterials wird im Folgenden nicht nur auf die Testwebsite, sondern auch auf die Online-Untersuchungsumgebung, die eingesetzten Befragungsinstrumente sowie die Operationalisierung der Fragestellung und den Versuchsablauf eingegangen.

[4] Die Zellengröße in der Gruppe der Ausgeschlossenen ist hier für eine einzelne Betrachtung zu klein.

29.2.1 Die Testwebsite

Für dieses Experiment wurde eigenes Versuchsmaterial neu erstellt, dies hat verschiedene Vorteile: In vielen Ästhetik-Untersuchungen werden den Befragten lediglich Screenshots einzelner Webseiten gezeigt – in der vorliegenden Arbeit sollten die Probanden eine echte Website benutzen können. Dies ermöglicht ein wesentlich realeres „Surferlebnis" für die Befragten. Werden den Probanden jedoch reale Seiten aus dem World Wide Web vorgelegt, ergeben sich zumeist folgende Probleme:

- Echte Websites aus dem World Wide Web können nicht ohne weiteres experimentell manipuliert werden.
- Auf diesen Seiten kann ohne Kooperation mit dem entsprechenden Website-Betreiber kein Fragebogen eingebunden werden; das erschwert eine Online-Untersuchung unter Realbedingungen. Eine lokale Kopie der Seiten ist zwar möglich, aber gegebenenfalls sehr umständlich und kann auch technische Probleme mit sich bringen.
- Vorhandene Websites des World Wide Web bergen die Gefahr von Vertrautheitseffekten in sich, wenn die Probanden die Seiten oder präsentierte Inhalte kennen.

Um diese Probleme zu umgehen, wurde eine eigene Website zu einer fiktiven Stiftung, der *Klaus-Schippner-Stiftung*, erstellt (siehe Abbildung 29.3). Eine Stiftung wurde als Website des Typus Selbstdarstellungsseite einer Organisation gewählt, um ein möglichst alters- und geschlechtsneutrales Thema darzubieten. Um dennoch eine maximal reale Seite zu erzeugen, erfolgten sämtliche gestalterische Maßnahmen sowie die gesamte Programmierung der Website durch einen Diplom-Designer. Dieser besaß eine langjährige Erfahrung und war Junior Art Director einer mittelständischen Werbeagentur. Das Design wurde in Anlehnung an die Gestaltung üblicher institutioneller Websites erstellt. Die Website selber wurde in der Programmiersprache PHP erstellt, die Inhalte wurden mittels eines Content Management Systems (CMS) verwaltet. Screenshots aller Website-Varianten finden sich in Anhang E, die Website selber in Anhang D.

Entsprechend den unter Kapitel 25.4 in Teil IV (S. 167) dargestellten Ergebnissen der qualitativen Befragung wurden die drei Aspekte Farb-, Schrift- und Bildgestaltung variiert. Der Webdesigner erstellte jeweils auf Basis der qualitativen Daten eine a priori als ästhetisch und eine als unästhetisch eingestufte Variante. Alle anderen Inhalte waren bei allen Varianten der Versuchswebsite vollkommen identisch.

Ziel der Variationen waren zwei jeweils möglichst unterschiedliche Ausprägungen der Gestaltungsvariablen zu schaffen, die die verschiedenen Enden des Ästhetik-Kontinuums prototypisch abbilden. Dennoch sollte das Stimulusmaterial (siehe Farbtafeln im Anhang E) so beschaffen sein, dass die Testwebsites auch real im World Wide Web denkbar wären.

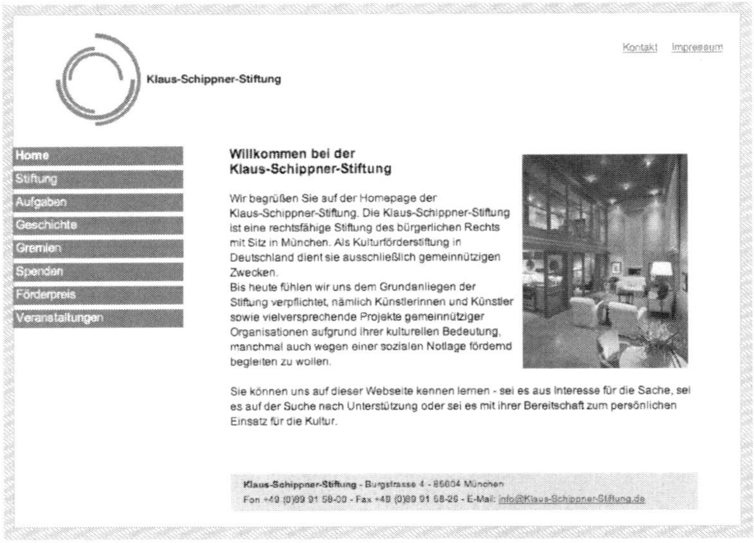

Abbildung 29.3: Screenshot der Testwebsite in der vollständig ästhetischen Variante

Bei der Variation des Aspekts Farbe wurde für die ästhetische Variante eine Kombination von Blautönen gewählt, die unästhetische Farbversion zeichnete sich durch Grüntöne in vergleichbarer Sättigung und Helligkeit aus. Farbig waren dabei Elemente des Logos, der Navigation und des Hintergrunds.

Die Schriftgestaltung wurde in der Wahl des Schrifttyps variiert: Die ästhetische Variante war ein Arial-Schrifttyp, die unästhetische der Schrifttyp Comic Sans Ms. Beide Schriften sind serifenfrei und sowohl bei Windows- als auch bei Apple-Betriebssystemen Standardschrifttypen und somit für das Online-Experiment mit sehr hoher Sicherheit bei den Probanden verfügbar. Für die Bildvariation wurden aus Bilddatenbanken professionell erstellte Bilder entnommen, deren Verwendung im Rahmen einer geschlossenen wissenschaftlichen Versuchsumgebung rechtlich statthaft war. Die ästhetische Variante stellte dabei die professionell gestaltete Bildversion dar. Die unästhetische Bildversion wurde mittels der Software Adobe Photoshop und eines automatisierten Filters erstellt. Dieser Filter belichtete alle Bilder mittels Gradation über, wendete einen Weichzeichner (Unschärfe mit Radius von einem Pixel) an, vergrößerte den Bildausschnitt (automatische Auswahl von 85 Prozent der Vorlage, die Bildgröße insgesamt blieb gleich) und zeichnete die Bilder abschließend erneut scharf. So entstanden Bilder mit dem gleichen Motiv, die aber unästhetisch und unprofessionell erstellt wirkten. Alle Variationen wurden ebenfalls durch den genannten Diplom-Designer vorgenommen.

Die Versuchsanordnung sieht ein vollständig gekreuztes 2×2×2-Design vor, dementsprechend ergeben sich acht verschiedene Variationen der erstellten Testwebsite (siehe Tab. 29.4). Die drei manipulierten Variablen weisen dabei jeweils die Ausprägungen ästhetisch und unästhe-

Tabelle 29.4: Übersicht über alle Permutationen der Testwebsites

Website-Variante:	1	2	3	4	5	6	7	8
Farbe	-	-	-	-	+	+	+	+
Schriftgestaltung	-	-	+	+	-	-	+	+
Bildgestaltung	-	+	+	-	-	+	-	+

Anmerkung: Ein + steht für eine ästhetische Ausprägung des jeweiligen Aspekts, ein - für eine unästhetische.

tisch auf. Die acht Testwebsite-Versionen wurden mehrmals in Einzelbegutachtungen durch außen stehende Personen vorgetestet, dabei sollten auch inhaltliche Aspekte und die Frage nach der glaubwürdigen Umsetzung des Designs geprüft werden.

29.2.2 Die Untersuchungsumgebung

Zur Durchführung des Experiments wurde eigens eine Online-Untersuchungsumgebung erstellt. Diese wurde mittels der Programmiersprache PHP und einer MySQL-Datenbank umgesetzt. Die Datenbank war Passwortgeschützt, um einen Zugriff von außen zu unterbinden und somit die sichere Datenspeicherung zu gewährleisten. Als weitere Besonderheit in dieser Untersuchungsumgebung wurden alle Fragen, die sich auf die zu bewertende Website bezogen, am oberen Bildschirmrand einzeln eingeblendet; der Hintergrund der Fragen war ähnlich zur Navigationsleiste eingegraut. Die Probanden konnten jeweils zur vorherigen Frage zurücknavigieren, allerdings war diese Funktion so eingestellt, dass nur bis zum Anfang des jeweiligen Frageblocks zurückgekehrt werden konnte, bei dem Manipulation Check, der Demographie und den Suchaufgaben war diese Funktion vollständig deaktiviert.
Die Versuchswebsite wurde im Hauptfenster dargeboten. Dies sollte eine möglichst realistische Darstellung der Website durch die Darbietung im üblichen Seitenverhältnis und einem möglichst unauffällig und neutral gestalteten Fragebereich ermöglichen (siehe Abbildung 29.4).

Die Untersuchungsumgebung wurde nach funktionalen Gesichtspunkten optimiert; Ziel war dabei, dass die Befragung selbst möglichst einfach zu bedienen sein und nicht von der Testwebsite ablenken sollte. So wurde beispielsweise zwischen den einzelnen Fragen technisch eine Ladeverzögerung von 250 Millisekunden eingebaut, damit die Probanden das Erscheinen einer neuen Frage leicht erfassen konnten. Durch die Darbietung von jeweils nur einem einzelnen Item während der Website-Bewertung hätte ohne Ladeverzögerung die Gefahr bestanden, dass die Probanden das Erscheinen des neuen Items nicht optimal hätten wahrnehmen können. Die Gestaltung der Befragungselemente selbst war möglichst schlicht gehalten und ähnlich zu üblichen Navigationselementen gefärbt, um möglichst wenig vom eigentlichen Testmaterial abzulenken.

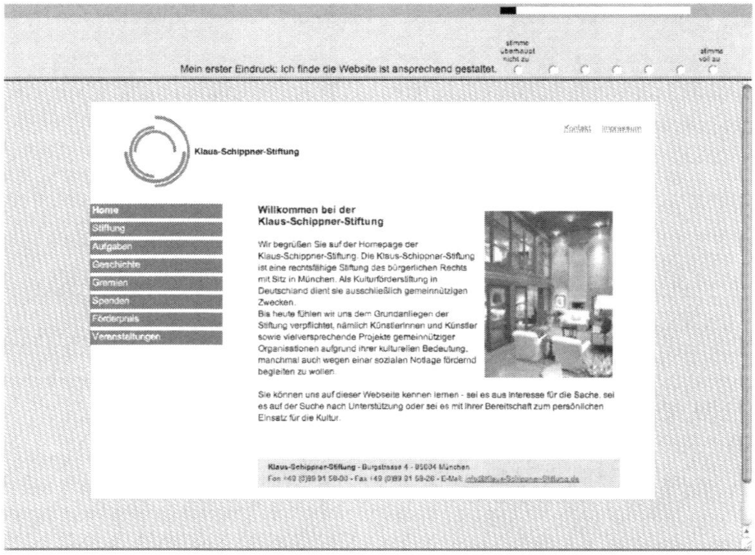

Abbildung 29.4: Screenshot der Untersuchungsumgebung mit Itemdarbietung im oberen Bereich und Testwebsite-Darbietung im Hauptfenster

Die technischen Voraussetzungen auf Seiten der Befragten waren lediglich ein Webbrowser sowie aktivierte Cookies und aktiviertes JavaScript. Ein Cookie ist eine Datei, die auf einem Computer automatisiert abgelegt wird und in der Benutzerinformationen gespeichert werden können. Meistens enthält ein Cookie nur eine Benutzer-ID. Cookies wurden benötigt um die Daten einwandfrei in die Datenbank speichern zu können. JavaScript ist eine eigene Programmiersprache, mit deren Hilfe sich Web-Seiten optimieren lassen. JavaScript läuft in einer so genannten *sandbox*. Das ist eine Art virtueller Sicherheitskäfig, in dem die Programmiersprache isoliert ausgeführt wird, so dass Zugriffe auf den Computer des Nutzers nicht möglich sind. Mittels JavaScript wurde die vollständige Beantwortung aller Items geprüft.

Beide Technologien sind in den Standard-Einstellungen eines Browsers automatisch aktiviert und somit bei der überwiegenden Mehrzahl der Nutzer verfügbar. Kaczmirek und Thiele (2006) zeigen an einer großen, aber nicht repräsentativen Stichprobe (n = 15477) eine Verfügbarkeit der beiden Technologien im Bereich von 98 bis 99 Prozent der untersuchten Webnutzer. Die Online-Untersuchungsumgebung wurde vor dem Einsatz im Feld umfangreich auf verschiedenen Betriebsystemen und mit allen gängigen Browsern getestet. Technische Probleme wurden während der gesamten Befragung nur von einem einzigen Nutzer berichtet, dieser hatte wahrscheinlich Cookies deaktiviert.

29.2.3 Die eingesetzten Befragungsinstrumente

Insgesamt kamen fünf standardisierte Befragungsinstrumente in diesem Experiment zum Einsatz (eine Übersicht gibt auch Tab. 29.5 auf S. 192):

- BFI-K (Big Five Inventory – Kurzform)
- CVPA-g (Centrality of visual product aesthetics – deutsche Version)
- PWU-g (Scale for Measuring Perceived Website Usability – deutsche Version)
- VAWI (Visual Aesthetics of Websites Inventory)
- WWI (Fragebogen zur Wahrnehmung von Website-Inhalten)

Abgesehen vom BFI-K wurden die Instrumente bereits dargestellt – der CVPA-g, die PWU-g-Skala und der WWI in Teil III und das VAWI in Kapitel 6.2.2 in Teil I (S. 55f.). Daher soll im Folgenden nur kurz auf den BFI-K eingegangen werden.

Die so genannten Big Five, ein Fünf-Faktoren-Modell aus der Persönlichkeitspsychologie, haben in den letzten Jahrzehnten eine breite Akzeptanz erreicht (eine Übersicht findet sich z. B. bei McCrae & Costa, 1999). Als Big Five werden dabei die fünf Persönlichkeitsfaktoren *Extraversion, Verträglichkeit, Gewissenhaftigkeit, Neurotizismus* und *Kultur* beziehungsweise *Offenheit für Erfahrungen* bezeichnet (die Bennennung des fünften Faktors unterscheidet sich bei einigen Autoren). Die herkömmlichen Inventare zur Erfassung der Big Five wie beispielsweise der NEO-PI-R mit 240 Items (Costa & McCrae, 1992; deutsche Version von Ostendorf & Angleitner, 2004) oder auch dessen Verkürzung, der NEO-FFI mit 60 Items (Costa & McCrae, 1992; deutsche Version von Borkenau & Ostendorf, 1993) sind sehr lang und somit für Online-Erhebungen nur bedingt geeignet.
Abhilfe schafft hier die Kurzversion des Big Five Inventory (siehe John & Srivastava, 1999) von Rammstedt und John (2005). Anhand der Daten aus mehreren Stichproben (N = 459 und N = 391), die unter anderem auch mehrere Messzeitpunkte oder Fremdbeurteilungen umfassen, führen die Autoren eine Verkürzung des BFI durch. Die so geschaffene Kurzversion BFI-K beinhaltet 21 Items, mit denen die Big Five äußerst ökonomisch, aber (bezogen auf Gruppenvergleiche) hinreichend reliabel und valide erfasst werden können. Die innere Konsistenz fällt im Mittel um .10 niedriger aus als in der BFI-Langversion. Für die einzelnen Skalen schwankt diese laut den Autoren zwischen $.59 \leq \alpha \leq .86$ und liegt im Mittel bei .72 (die Autoren geben dabei die α-Werte zweier Stichproben an, siehe auch folgende Tab. 29.5). Die Testautoren begründen diese teilweise niedrigeren α-Werte mit ihrem Ziel, während der Itemselektion die Heterogenität der ursprünglichen Skalen auch in der Kurzversion abzubilden. Für Gruppenvergleiche, wie sie in dieser Untersuchung vorgenommen werden sollen, ist die mittlere innere Konsistenz aber als ausreichend anzusehen. Die Retest-Reliabilität lagen für die einzelnen Skalen bei einem Zeitintervall von 6 Wochen im Bereich von $.78 \leq r_{tt} \leq .93$, im Mittel bei $r_{tt} = .84$.
Im Bereich Validität wurde zum einen die faktorielle Validität bestimmt: In beiden Stichproben finden sich eindeutige Strukturen im Sinne des 5-Faktoren-Modells sowie in hohem Maße

vergleichbare Ladungsmuster. Weiterhin findet sich hohe Übereinstimmung zwischen BFI-K, BFI und NEO-PI-R, die mittlere Korrelation zwischen BFI-K und BFI liegt beispielsweise bei .91. Die Autoren schlussfolgern „dass das BFI-K die fünf Faktoren hinreichend breit erfasst und dass dessen Bandbreite mit der des Standard-BFI vergleichbar ist" (Rammstedt & John, 2005, S. 204). Auch der Vergleich zwischen Selbst- und Fremdbeurteilung fällt nach Angabe der Autoren zufriedenstellend aus. Hinweise auf die kriterienbezogene Validität finden sich bei Rammstedt, Koch, Borg und Reitz (2004). Eine schriftliche Genehmigung zur Verwendung des BFI-K in dieser Untersuchung lag vor; der Fragebogen findet sich in Anhang A.

Tabelle 29.5 zeigt einen Überblick über die eingesetzten Instrumente sowie deren innere Konsistenzen. Letztere sind überwiegend als ausreichend bis gut zu bezeichnen, einige Werte (insbesondere beim BFI-K) sind lediglich für Gruppenvergleiche im Forschungskontext als ausreichend anzusehen. Da in den folgenden Analysen keine individuellen Aussagen getroffen werden sollen, ist dies aber unproblematisch. Weitere Informationen zu den Instrumenten und deren weiteren Gütekriterien finden sich an angegebener Stelle.

Weiterhin werden zu Inhalt, Usability und Ästhetik globale Einschätzungen der Probanden über einzelne Items erhoben. Hiermit sollen der Ersteindruck und der Gesamteindruck erfasst werden. Jedes dieser drei Konstrukte wird also über ein standardisiertes Erhebungsin-

Tabelle 29.5: Übersicht über die in der experimentellen Untersuchung verwendeten Messinstrumente und deren Konsistenzwerte

Instrument	Skalen	α in Studie der Autoren	α im vorliegenden Experiment
BFI-K	Extraversion	.86 / .81	.76
(Rammstedt & John, 2005)	Verträglichkeit	.64 / .59	.63
	Gewissenhaftigkeit	.70 / .69	.68
	Neurotizismus	.74 / .77	.73
	Offenheit für Erfahrungen	.66 / .70	.68
CVPA-g	Wahrgenommener Wert	.80	.83
(siehe Teil III, Kap. 17 und	Fähigkeit der Bewertung	.82	.81
Moshagen & Thielsch, 2007)	Reaktion	.73	.74
PWU-g (siehe Teil III, Kap. 18)	–	.95	.96
VAWI	Übersichtlichkeit	.83	.78
(siehe Teil I, Kap. 6.2.2 und	Neuartigkeit	.84	.90
Moshagen, 2005)	Dynamik	.80	.76
	Abwechslung	.87	.87
	Farbigkeit	.93	.88
	Balance	.85	.82
	Homogenität	.85	.85
	Professionalität	.83	.88
WWI	Gefallen	.90	.92
(siehe Teil III, Kap. 19)	Verständlichkeit	.78	.81
	Qualität und Nutzen	.71	.73

strument sowie über zwei globale Beurteilungen operationalisiert, dies wird im Folgenden Überblick noch einmal verdeutlicht.

29.2.4 Überblick: Operationalisierung der Fragestellungen

An dieser Stelle sollen noch einmal die Operationalisierungen der verschiedenen Konstrukte zusammengefasst werden: Manipuliert wurde auf der einen Seite Ästhetik über eine Variation von Farb-, Schrift- und Bildgestaltung, als weitere unabhängige Variablen gehen verschiedene Personenmerkmale ein. Als abhängige Variablen wurden wahrgenommene Ästhetik, wahrgenommene Usability und wahrgenommener Inhalt erfasst.

Wahrgenommene Ästhetik ist dabei über verschiedene Bewertungen operationalisiert, zum einen über das Fragebogeninstrument von Moshagen (2005), den VAWI, das aus acht Skalen besteht und auch zu einem Summenwert verrechnet werden kann. Zusätzlich wird eine globale Ästhetik-Einschätzung (ähnlich wie in anderen Studien dieses Bereichs, siehe Kap. 6 in Teil I, ab S. 53) über das Item „Ich finde, die Website ist ansprechend gestaltet" erhoben. Dieses Item wird zweimal abgefragt, einmal direkt beim ersten Sehen der Testwebsite („Mein erster Eindruck: Ich finde ...") sowie abschließend als letzte Bewertung der Testseite („Alles in allem: Ich finde ...").

Der Inhalt der Testwebsites ist in allen Experimentalbedingungen gleichgehalten, ebenso die Usability. Die Wahrnehmung dieser Konstrukte wird erhoben über den WWI beziehungsweise die PWU-g-Skala. Beide Konstrukte werden wie die Ästhetik zusätzlich über ein globales Item am Anfang und am Ende der Darbietungsphase der Testwebsite erfasst. Es werden somit bei allen drei Konstrukten in diesem Forschungsbereich übliche Globalmaße mit differenzierten Messinstrumenten kombiniert.

In der ersten Fragestellung wird nach dem Zusammenhang von Ästhetik und Persönlichkeit gefragt. Die Persönlichkeit der Befragten wird hierbei zum einen über demographische Variablen, zum anderen über den BFI-K und den CVPA-g erfasst. Für die Auswertung der ersten Fragestellung wird der gesamte Datensatz unabhängig von der Versuchsbedingung herangezogen.

Die komplette Permutation der drei Ästhetikaspekte Farbe, Schrift- und Bildgestaltung hat besonders in der zweiten Fragestellung Bedeutung. Hier wird in einem experimentellen $2 \times 2 \times 2$-Design jede Kombination der Aspekte und deren Einfluss auf die wahrgenommene Ästhetik untersucht. Somit ist nicht nur die Auswertung der einzelnen Variablen, sondern auch von Interaktionseffekten möglich.

Die Wirkung der experimentellen Variation ist aber auch in der dritten und vierten Fragestellung von Relevanz. Hier soll zum einen der Zusammenhang zwischen Ästhetik und den beiden anderen Wahrnehmungskonstrukten Inhalt und Usability und zum anderen der Einfluss der Ästhetik-Manipulationen auf diese beiden Konstrukte geprüft werden.

Im Kern des Experiments wird also Ästhetik als unabhängige Variable angelehnt an die Ergebnisse der qualitativen Studie variiert, die gestalterische Umsetzung erfolgt wie unter Kapitel 29.2.1 (S. 187) beschrieben durch einen Webdesigner. Über die Erfassung der verschiedenen Konstrukte gibt die folgende Tabelle 29.6 einen Überblick.

Tabelle 29.6: Überblick über die eingesetzten Instrumente und Messungen

Konstrukt	Erfassung des Konstrukts durch
Ästhetik	Ersteindruck Ästhetik Gesamteindruck Ästhetik VAWI-Skala Übersichtlichkeit VAWI-Skala Neuartigkeit VAWI-Skala Dynamik VAWI-Skala Abwechslung VAWI-Skala Farbigkeit VAWI-Skala Balance VAWI-Skala Homogenität VAWI-Skala Professionalität VAWI-Gesamtwert
Usability	Ersteindruck Benutzbarkeit Gesamteindruck Benutzbarkeit PWU-g-Gesamtwert
Inhalt	Ersteindruck Inhalt Gesamteindruck Inhalt WWI-Skala Gefallen WWI-Skala Verständlichkeit WWI-Skala Qualität und Nutzen
Persönlichkeit	BFI-K-Skala Extraversion BFI-K-Skala Verträglichkeit BFI-K-Skala Gewissenhaftigkeit BFI-K-Skala Neurotizismus BFI-K-Skala Offenheit für Erfahrungen CVPA-g-Skala Wahrgenommener Wert CVPA-g-Skala Fähigkeit der Bewertung CVPA-g-Skala Reaktion CVPA-g-Gesamtwert

29.3 Versuchsablauf

Die Untersuchungsteilnehmer wurden durch ein privates Feldinstitut, die Webfrager GmbH, zufallsbasiert aus dem firmeneigenen Online-Panel rekrutiert. Hierbei wurde lediglich eine Quotierung hinsichtlich der Verteilung der demographischen Variablen Alter und Geschlecht entsprechend der deutschen Online-Bevölkerung vorgenommen. Die Datenerhebung erfolgte im Dezember 2006. Die Probanden erhielten eine Aufwandsentschädigung für eine vollständige Teilnahme.

Die Anonymität der Teilnehmer wurde durch die Vergabe von individuellen Webadressen[5], unter denen die Befragung zu finden war, gewährleistet: Es erfolgte lediglich eine Mitteilung an die Webfrager GmbH, unter welchen Adressen vollständige Dateneingänge zu verzeichnen waren, diese gab dann entsprechend die Aufwandsentschädigung an die Probanden weiter. Die Daten der Befragten wurden nicht an die Webfrager GmbH weitergegeben und befanden sich auf einem getrennten, passwortgeschützten Server.

Abbildung 29.5:
Ablauf des Experiments

Die Untersuchungsteilnehmer wurden per E-Mail durch das Feldinstitut eingeladen und gelangten auf die Instruktionsseite der Befragung. Dort wurden Sie über Ziel, Dauer und Verfasser des Experiments aufgeklärt, über einen Link wurden bei Bedarf technische Hinweise gegeben. Danach begann die eigentliche Untersuchung mit der Erhebung der demographischen Daten, dies waren neun Fragen zu Alter, Geschlecht, Ausbildung, Beruf, Interneterfahrung und -nutzung sowie eine Frage nach gegebenenfalls vorhandenen Sehanomalien oder -störungen.

Durch Klick auf einen Button gelangten die Probanden auf eine weitere Instruktionsseite, in der das Befragungsschema der Untersuchung mit den Fragen am oberen Bildschirmrand und der Testwebsite im Hauptfenster erläutert wurde. Gleichzeitig wurden die Probanden automatisch und randomisiert zu einer der acht Website-Varianten zugewiesen. Die Befragten sahen dann die Testwebsite und wurden gebeten, ihren Ersteindruck auf vier globalen Items anzugeben. Nach der Bearbeitung dreier Suchaufgaben mit dem Ziel, die Probanden zur Auseinandersetzung mit und Nutzung der Testwebsite zu bewegen, folgte das VAWI, der WWI und die PWU-g. Abschließend sollten die Probanden wieder auf vier globalen Items ihr abschließendes Gesamturteil festhalten.

Es folgte der erste Manipulation Check: Hier wurde den Probanden eine Variation der zuerst gesehenen Testwebsite dargeboten. Diese neue Variante war nur in einem der drei Aspekte (Farbe, Schrift- oder Bildgestaltung) verändert, so dass die Wirkung eines einzelnen Aspekts isoliert betrachtet werden kann. Die Probanden wurden auch randomisiert zu einem Manipulation Check der drei Aspekte zugeteilt, ein Drittel der Probanden sah also eine Variation der Farbe, ein Drittel eine Variation der Schriftgestaltung und ein Drittel eine Variation der Bildgestaltung.

Beim zweiten Manipulation Check wurden die veränderten Variablen isoliert dargeboten (siehe Farbtafel im Anhang E): Die Probanden sahen also zuerst zwei Farbbausteine entsprechend der Materialmanipulation und sollten bewerten, welche Farbe ihnen besser gefällt.

[5] Die Befragung fand unter der Adresse www.nutzerbefragung.de statt; die individuellen Adressen wurden mit fortlaufenden Nummern nach dem Schema www.nutzerbefragung.de/index.php?user=0001, www.nutzerbefragung.de/index.php?user=0002, www.nutzerbefragung.de/index.php?user=0003 usw. vergeben.

Darauf folgten die zwei Schriftvariationen und die Bildvariationen in Gegenüberstellung. Bei letzterer wurden drei Bilder gezeigt (Motive waren ein Mann, eine Frau und ein unbelebtes Objekt), um eine mögliche Abhängigkeit der Bewertung zum Bildinhalt zu vermeiden.

Zum Abschluss folgten die beiden Persönlichkeitsfragebögen, der BFI-K und der CVPA-g, sowie die Möglichkeit, in einem Textfeld Anmerkungen zur Befragung zu machen. Auf der letzten Seite der Untersuchung wurde den Probanden gedankt, und es erfolgte eine Aufklärung hinsichtlich der Fiktivität aller Inhalte der Testwebsite. Die Probanden benötigten für die gesamte Untersuchung im Durchschnitt 19.63 Minuten ($SD = 8.27$).

Über einen Cookie wurde ein erneuter Start der Befragung auf dem Computer des Befragten unterbunden. Zusätzlich zur individuellen Befragungsadresse stellte dies eine Absicherung dar, um auch eine versehentliche Mehrfachteilnahme zu unterbinden. Dieses Cookie wurde nur temporär auf dem Rechner der Befragten gespeichert, auf der Startseite der Befragung wurde zudem auf diese (im World Wide Web vollkommen übliche) Cookie-Speicherung hingewiesen.

30 Ergebnisse

Bevor nun im Ergebnisteil die jeweiligen statistischen Auswertungen zu den vier Fragestellungen und zugehörigen Hypothesen präsentiert werden, soll zunächst auf allgemeine und spezifische Voraussetzungsprüfungen, die Interpretation von Varianzaufklärung in multivariaten Analysen und die Ergebnisse des Manipulation Checks eingegangen werden.

30.1 Voraussetzungsprüfungen und Interpretationshinweise

Fast alle im Folgenden berechneten statistischen Verfahren erfordern die Erfüllung mehrerer Voraussetzungen. Dies betrifft insbesondere das Intervallskalenniveau der jeweils eingehenden Messungen, welches für die hier eingesetzten Messinstrumente und weiteren Items angenommen wird (ist dies nicht der Fall, finden sich Hinweise an entsprechender Stelle) sowie die Normalverteilung der Antworten der Befragten. Betrachtet man Tabelle 30.1, so erweisen sich mehrere Skalen als statistisch normalverteilt, dies umfasst fünf VAWI-Skalen und den VAWI-Gesamtwert sowie zwei der WWI-Skalen und den CVPA-g-Gesamtwert. An Schiefe und Exzess lässt sich ablesen, dass auch die übrigen Skalen eher geringe Abweichung von der Normalverteilung besitzen, lediglich die PWU-g-Skala erweist sich hier als eher rechtssteil und breitgipflig. Bei den Messungen über einzelne Items (diese finden sich am Ende der Tab. 30.1) findet sich keine statistisch perfekte Normalverteilung, aber auch hier sind die Verteilungen lediglich als leicht rechtssteil zu bezeichnen. Bimodale Verteilungen liegen an keinem Punkt vor (eine entsprechende grafische Darstellung findet sich in Anhang D).

Zwar reagieren einzelne statistische Verfahren empfindlich auf die Verletzung der Normalverteilungsannahme, dies ist jedoch eher ein Problem kleiner Stichproben. Bei einer großen Stichprobe, wie sie hier vorliegt, ist dieses Problem deutlich verringert (siehe Hair et al., 2006). Zudem erweisen sich die hier eingesetzten statistischen Verfahren und Koeffizienten robust gegen Verletzungen der Normalverteilungsannahme.

30.1.1 Prüfung der spezifischen Voraussetzungen für einzelne Verfahren

Neben Intervallskalenniveau und einer angemessenen Stichprobengröße insgesamt wie auch in den gebildeten Versuchsgruppen (beides ist hier gegeben) erfordern varianzanalytische Verfahren weitere Voraussetzungen (siehe z. B. Bortz, 2005; Hair et al., 2006). Dies ist zum einen die Unabhängigkeit der Beobachtungen vom Treatment, was im vorliegenden Experiment durch die zufällige Zuteilung der Probanden auf die Bedingungen gegeben ist. Des

Tabelle 30.1: Übersicht über Schiefe, Exzess und Prüfung auf Normalverteilung der Items und Skalen im Experiment (N = 364)

	Schiefe	Exzess	K–S
VAWI-Skala Übersicht	−.78	.58	.00**
VAWI-Skala Balance	−.35	−.19	.15
VAWI-Skala Homogenität	−.40	−.14	.06
VAWI-Skala Neuartigkeit	.12	−.83	.18
VAWI-Skala Dynamik	.42	−.62	.00**
VAWI-Skala Abwechslung	.34	−.59	.00**
VAWI-Skala Farbigkeit	−.27	−.57	.20
VAWI-Skala Professionalität	−.27	−.40	.18
VAWI-Gesamtwert	.17	−.55	.22
WWI-Skala Gefallen	.05	−.90	.14
WWI-Skala Verständlichkeit	−.95	.82	.00**
WWI-Skala Qualität und Nutzen	−.01	−.30	.08
PWU-g-Gesamtwert	−1.18	1.19	.00**
CVPA-g-Skala 1 Wert	−.45	−.08	.01**
CVPA-g-Skala 2 Fähigkeit	−.32	.11	.00**
CVPA-g-Skala 3 Reaktion	.15	−.56	.01**
CVPA-g-Gesamtwert	−.13	.02	.72
BFI-K-Skala 1 Extraversion	−.08	−.66	.00**
BFI-K-Skala 2 Verträglichkeit	.02	−.32	.03*
BFI-K-Skala 3 Gewissenhaftigkeit	−.54	.13	.00**
BFI-K-Skala 4 Neurotizismus	.23	−.31	.02*
BFI-K-Skala 5 Offenheit	−.27	−.38	.02*
Ersteindruck Ästhetik	−.19	−.79	.00**
Ersteindruck Usability	−.72	.31	.00**
Ersteindruck Inhalt	−.02	−.76	.00**
Gesamteindruck Ästhetik	−.41	−.77	.00**
Gesamteindruck Usability	−1.03	.74	.00**
Gesamteindruck Inhalt	−.21	−1.08	.00**
Manipulation Check Gesamtnote	−.39	−.37	.00**
Manipulation Check Ästhetik	−.28	−.75	.00**
Manipulation Check Vergleich	−.13	−.21	.00**

$^{*}p < .05$; $^{**}p < .01$; K-S = asymptotische Signifikanz nach Kolmogoroff-Smirnov-Test

Weiteren werden bei ANOVAs homogene Fehlervarianzen vorausgesetzt, diese werden mittels Levene-Tests überprüft. Bei multivariaten Varianzanalysen ist die Gleichheit der Varianz-Kovarianz-Matrizen eine Voraussetzung, diese werden mit dem Box-Test auf Gleichheit der Kovarianzenmatrizen überprüft. Bei einer ausreichend großen Stichprobe und wenn die verschiedenen Vergleichsgruppen annähernd gleich groß sind (größte Gruppe / kleinste Gruppe < 1.5) sind Verletzungen der Homogenität kein Problem (Hair et al., 2006), beides ist in der vorliegenden Stichprobe gegeben. In Vorwegnahme der jeweiligen Ergebnisteile kann an

dieser Stelle zudem gesagt werden, dass diese beiden Voraussetzungen an fast keiner Stelle verletzt werden; die Darstellung der jeweiligen Überprüfung findet sich daher nur in den entsprechenden Anhängen.
Als letztes wird multivariate Normalverteilung als Voraussetzung für multivariate Vergleiche genannt, laut Bortz (2005, S. 450) existiert aber derzeit kein ausgereifter Test, diese zu prüfen; zumeist wird daher lediglich auf univariate Normalverteilung getestet. Verletzungen dieses dritten Kriteriums haben aber bei größeren Stichproben nur einen geringen Effekt (Hair et al., 2006). Zudem erweist sich die multivariate Varianzanalyse und dabei insbesondere das hier genutzte Pillai-Spur-Kriterium als robust gegen die Verletzung des Normalverteilungskriteriums (siehe z. B. Olson, 1976).

30.1.2 Varianzaufklärung und Effektstärke

Im Rahmen der nachfolgenden varianzanalytischen Auswertungen wird η^2 als Maß für die Varianzaufklärung angegeben. Diese Varianzaufklärung lässt sich auch in Effektgrößen umrechnen, die dann unter Zuhilfenahme der Klassifikation von Cohen (1988) interpretiert werden können. Dabei ist jedoch zu beachten, dass Cohen lediglich eine Orientierung bietet – viel entscheidender zur Interpretation einer Effektgröße ist der jeweilige Untersuchungsrahmen. Wird beispielsweise durch eine neue Behandlungsform die Mortalität bei einer Erkrankung auch nur um wenige Prozentpunkte gesenkt, würden dies Ärzte und Patienten wahrscheinlich nicht als nur sehr kleinen Effekt bezeichnen. Die Klassifikation von Effektgrößen ist somit kontextabhängig. Für den Forschungsbereich der Website-Ästhetik liegen bisher keine publizierten Schätzungen zu Effektgrößen vor, die eine spezifische Interpretation dieses Maßes erlauben würden. Somit wird hier eine allgemeine Klassifikation gemäß Bortz und Döring (2006, S. 606) für eine grobe Orientierung verwendet: Nach dieser stellt $\eta^2 = .01$ einen kleinen Effekt, $\eta^2 = .10$ einen mittleren und $\eta^2 = .25$ einen großen Effekt dar.

30.2 Manipulation Check

Es gibt zwei Möglichkeiten, die Wirkung der Manipulation der Variablen zu überprüfen: Zum einen anhand eines globalen Manipulation Checks, inwieweit die Manipulation als Ganzes gewirkt hat, zum anderen durch spezifische Betrachtung der einzelnen Variationen der Gestaltungsvariablen. Der spezifische Manipulation Check umfasste (wie in der Beschreibung des Versuchsablaufs unter Kap. 29.3, ab S. 194 dargestellt) zwei verschiedene Bewertungen, bei denen die Probanden um direkte Einschätzungen der Gestaltungsvariationen gebeten wurden. Beim ersten bewerteten die Teilnehmer eine andere Variante der Testwebsite, beim zweiten wurden die experimentell manipulierten Aspekte einzeln dargeboten.

30.2.1 Globaler Manipulation Check

Aufschluss über die erfolgreiche Manipulation als Ganzes ergibt ein Vergleich der Bewertungen der Website-Variante, auf denen alle drei Variablen unästhetisch ausgeprägt waren, versus die Variante, auf denen die drei Variablen ästhetisch gestaltet waren. Es werden also die Werte in allen Ästhetik-Beurteilungen der Website-Variante 1 (N = 49) direkt mit der Website-Variante 8 (N = 43) verglichen. Dieser Vergleich fällt erfolgreich aus: Eine Analyse mittels MANOVA zeigt hier einen deutlichen und signifikanten Unterschied der beiden Versuchsgruppen ($F = 3.22, df = 10, p < .01, \eta^2 = .28$, siehe auch Anhang D).

Eine Übersicht über die Mittelwerte sowie die jeweiligen univariaten Vergleiche zeigt Tabelle 30.2. Hierbei zeigen sich bei allen Bewertungen höhere Mittelwerte bei der ästhetischen Website-Version. Diese Unterschiede erweisen sich für fast alle VAWI-Skalen (ausgenommen *Neuartigkeit* und *Dynamik*), den VAWI-Gesamtwert und den Gesamteindruck als signifikant. Der größte Effekt findet sich hier bei der Skala *Farbigkeit*; bei dieser Skala sowie der Skala *Homogenität* und dem Ästhetik-Gesamteindruck lassen sich anhand der Varianzaufklärung Effektgrößen im mittleren Bereich ablesen, bei den übrigen Maßen liegen diese eher im Bereich kleiner Effekte.

Tabelle 30.2: Vergleich der Website-Varianten 1 und 8 in Bezug auf die verschiedenen Ästhetik-Bewertungen

	Ästhetische Variante		Unästhetische Variante		Univariate Mittelwertsvergleiche			
	M	*SD*	*M*	*SD*	*df*	*F*	η^2	*p*
Ersteindruck Ästhetik	4.67	1.41	4.24	1.56	1	1.90	.02	.17
Gesamteindruck Ästhetik	5.02	1.44	3.94	1.84	1	9.70^{**}	.10	.00
VAWI-Skala Übersicht	5.87	.76	5.46	.98	1	4.80^{*}	.05	.03
VAWI-Skala Balance	5.37	.99	4.73	1.22	1	7.76^{**}	.08	.01
VAWI-Skala Homogenität	5.47	.86	4.75	1.19	1	11.12^{**}	.11	.00
VAWI-Skala Neuartigkeit	4.22	1.27	3.69	1.41	1	3.53	.04	.06
VAWI-Skala Dynamik	4.34	1.16	4.15	1.16	1	.61	.01	.44
VAWI-Skala Abwechslung	4.02	1.25	3.40	1.47	1	4.60^{*}	.05	.03
VAWI-Skala Farbigkeit	5.25	.86	4.25	1.36	1	17.32^{**}	.16	.00
VAWI-Skala Professionalität	5.10	1.14	4.46	1.34	1	5.88^{*}	.06	.02
VAWI-Gesamtwert	4.98	.84	4.37	1.09	1	8.76^{**}	.09	.00

$^{*}p < .05$; $^{**}p < .01$; η^2 = *partielles Eta-Quadrat*

30.2.2 Spezifischer Manipulation Check: Website-Vergleich

Im ersten direkten Manipulation Check sahen die Probanden eine Variation der zuerst gesehenen Testwebsite; die Bewertung der variierten Gestaltungsvariable erfolgte so im Website-Kontext. Bei jeweils einem Drittel der Probanden war diese zweite Seite entweder bezüglich des Aspekts Farb-, Schrift- oder Bildgestaltung entgegengesetzt ausgeprägt. Eine Übersicht über die Anzahl der Probanden in den verschiedenen Bedingungen des ersten Manipulation Checks gibt Tabelle 30.3. An dieser Stelle beantworteten die Probanden drei Items, hierbei wurde nach der ästhetischen Gestaltung der Website-Variante und einer Gesamtnote sowie einem Vergleich zur vorher gesehenen Variante gefragt.

Tabelle 30.3: Anzahl der Befragten in der jeweiligen Bedingung des ersten Manipulation Checks

	Farbgestaltung	Schriftgestaltung	Bildgestaltung
Bewertung ästhetische Variante	64	74	61
Bewertung unästhetische Variante	51	59	55

Die Ergebnisse bezüglich Gesamtnote und dem Ästhetik-Item fallen gleich aus, im Folgenden wird das letztere Item berichtet. Fragt man die Probanden, ob sie die im Manipulation Check dargebotene Website-Variante als ansprechend gestaltet einstufen, so ergeben sich abhängig von der Versuchsbedingung Unterschiede zwischen den Urteilen. Wird eine Variante gezeigt, die im Aspekt Farbe oder Bildgestaltung verändert ist, so unterscheiden sich die Mittelwerte zwischen den Gruppen statistisch signifikant (siehe Tab. 30.4), dabei erhält die als ästhetisch eingestufte Variante bessere Werte. Wird der Aspekt Schriftgestaltung verändert, so ergeben sich keine signifikanten Unterschiede zwischen den Bewertungen.

Betrachtet man das dritte Item im ersten Manipulation Check – den Vergleich zwischen den beiden Website-Varianten – so ergibt sich ein leicht verändertes Bild: Vergleichen die Probanden zwei Website-Varianten, so entscheiden sie sich in der Tendenz in allen Bedingungen eher

Tabelle 30.4: Bewertungen der im Manipulation Check dargebotenen Website-Variante beim Ästhetik-Item („Ich finde, die Website ist ansprechend gestaltet")

	Ästhetische Variante		Unästhetische Variante		T-Test		
	M	*SD*	*M*	*SD*	*T*	*df*	*p*
Manipulation Check Farbe	4.95	1.34	3.14	1.64	4.97	113	.00
Manipulation Check Schrift	4.42	1.61	4.46	1.45	1.46	131	.15
Manipulation Check Bild	4.67	1.39	3.76	1.63	3.60	114	.00

für die ästhetische Variante (siehe Tab. 30.5). Dies erweist sich für alle drei Materialmanipulationen als signifikant ($p < .01$). Die Überprüfung der statistischen Signifikanz erfolgte hier mit dem Mann-Whitney-Test, da bei diesem Item von einem ordinalen Messniveau auszugehen ist (siehe Anhang D).
Schaut man sich die in Tabelle 30.5 als Prozentwerte abgebildeten Häufigkeiten der Nennungen an, so fällt auf, dass die Manipulation des Materials besonders erfolgreich in Bezug auf den Aspekt Farbe verlaufen ist. Hier geben insgesamt nur ein Drittel der Befragten (33.91 Prozent) an, die ästhetische Variante habe ihnen gleich gut oder schlechter gefallen. Anders bei den beiden anderen Aspekten: Hier sagen jeweils rund zwei Drittel der Befragten (Schriftgestaltung 63.16 Prozent, Bildgestaltung 62.93 Prozent), die ästhetische Variante habe ihnen gleich gut oder schlechter gefallen. Bei der Schriftgestaltung und insbesondere bei der Bildgestaltung fällt der hohe Anteil von Probanden auf, die beide Varianten als jeweils gleich gut eingeschätzt haben.

In einer Analyse dieses Items über die drei verschiedenen Materialmanipulationen hinweg auf der Ebene des Gesamtdatensatzes (siehe Tab. 30.5, Zeile „Gesamt"), zeigt sich nur bei 13.74 Prozent der Befragten (N = 50) eine Bevorzugung der unästhetischen Website-Variante.

Tabelle 30.5: Prozentuale Häufigkeiten der Nennungen beim Item „Diese Gestaltungsvariante gefällt mir ...". Die Antworten wurden so gepolt, dass in der Tabelle die ästhetische Variante mit der unästhetischen verglichen wird.

Die Gestaltung der ästhetischen Variante gefällt mir ...	sehr viel schlechter	2	3	gleich gut	5	6	sehr viel besser
Manipulation Check Farbe	0.00	4.35	8.70	20.87	23.48	20.87	21.74
Manipulation Check Schrift	1.50	4.51	12.78	44.36	17.29	12.03	7.52
Manipulation Check Bild	.86	2.59	5.17	54.31	12.93	16.38	7.76
Gesamt (N = 364)	.82	3.85	9.07	40.11	17.86	16.21	12.09

30.2.3 Spezifischer Manipulation Check: Bewertung der Gestaltungsvariablen

Beim zweiten spezifischen Manipulation Check wurden die drei manipulierten Aspekte (Farb-, Schrift- und Bildgestaltung) isoliert dargeboten, die Probanden sollten jeweils direkt bewerten, welche der beiden Ausprägungen ihnen besser gefällt. Die Darbietung der manipulierten Aspekte erfolgte hier also exemplarisch herausgelöst aus der Website (siehe Farbtafel in Anhang E).

Betrachtet man die Ergebnisse in Tabelle 30.6, fällt bei dieser einzelnen Darbietung der manipulierten Aspekte besonders die klare Bevorzugung der ästhetischeren Variante der Bildgestaltung auf. Auch beim Aspekt Farbe erfolgt eine klare Präferenz der Probanden für die als

Tabelle 30.6: Übersicht über die Ergebnisse im zweiten Manipulation Check

	Ästhetische Variante		Unästhetische Variante	
	N	%	*N*	%
Farbe	258	70.88	106	29.12
Schriftgestaltung	221	60.71	143	39.29
Bildgestaltung	314	86.26	50	13.74

ästhetisch eingestufte Version. Der Aspekt Schriftgestaltung zeigt weniger hohe Werte, dennoch liegt auch hier eine Bevorzugung der ästhetischeren Variante vor.

30.2.4 Fazit

Der globale Manipulation Check fällt positiv aus, hier finden sich deutlich Mittelwertsunterschiede zwischen zwei Probandengruppen. Betrachtet man die drei manipulierten Aspekte, so sprechen alle spezifischen Manipulation Checks uneingeschränkt für eine erfolgreiche Manipulation des Aspekts Farbe. Auch der Aspekt Bildgestaltung erweist sich in den direkten Überprüfungen als erfolgreich manipuliert, hierbei fällt jedoch ein hoher Anteil von Personen auf (54.31 Prozent, siehe Tab. 30.5), die beim direkten Vergleich zweier Website-Versionen beide Bildmanipulationen als gleichwertig erachten.
Die Variation der Schriftgestaltung scheint gewirkt zu haben, erweist sich aber als die schwächste Manipulation der drei Aspekte. In einer direkten Bewertung im ersten Manipulation Check sind die Unterschiede nicht signifikant, im direkten Vergleich beider Varianten im zweiten Manipulation Check ergibt sich ein Verhältnis von rund 60 : 40 zugunsten der ästhetischeren Variante. Beim Vergleich der zwei Website-Versionen führt die Schriftmanipulation allerdings zu signifikant unterschiedlichen Präferenzen in Richtung auf die ästhetischere Variante.

Was ist die Konsequenz hieraus? Alle drei Aspekte erweisen sich als erfolgreich manipuliert, insbesondere die Farbmanipulation zeigt sich als wirksam, ebenso die Bildmanipulation. Die Schriftmanipulation fällt hier ab und führt nur in vergleichenden Bewertungen zu sichtbaren Unterschieden. Hierfür sind drei Erklärungen denkbar: Zum einen könnte die gewählte Manipulation tatsächlich eher schwach sein, beispielsweise hätte vielleicht ein anderer Schrifttyp ein anderes Ergebnis erzeugen können (siehe Kap. 31.1.2 in der Diskussion, S. 228f.). Zum anderen könnte die Variable Schrift langsamer als die Aspekte Bild- oder Farbgestaltung verarbeitet werden und/oder eine geringere Bedeutung für die Ästhetik-Wahrnehmung haben. Dies durch einen statistischen Vergleich mit den Bewertungen der ersten Website-Variante weiter zu analysieren, ist an dieser Stelle allerdings nicht möglich, da die Expositionszeit der zweiten Website-Variante im Manipulation Check deutlich kürzer war als die der ersten Website-Darbietung.

Grundsätzlich spricht aber nichts dagegen, zur weiteren Auswertung den gesamten Datensatz heranzuziehen. Aufgrund der Ergebnisse zur Variable Schriftgestaltung empfiehlt sich jedoch für die Fragestellung 3, zusätzlich eine vergleichende Auswertung eines reduzierten Datensatzes durchzuführen, in dem die Personen ausgeschlossen werden, die die Manipulationen nicht designkonform wahrgenommen haben. Hierbei bietet sich an, als Ausschlusskriterium denjenigen Manipulation Check zu wählen, in dem komplette Website-Varianten (die Variablen also real im Kontext einer kompletten Website) dargeboten wurden. Die beste Entscheidungsgrundlage bieten dabei die Daten des dritten Items des ersten Manipulation Checks. So können die Personen aus einem reduzierten Datensatz ausgeschlossen werden, die bei einem Vergleich eine offensichtliche Bevorzugung einer Website-Variante entgegen den Versuchsannahmen machen, also alle Personen, die die ästhetische Seitenvariante als schlechter einschätzen. Aus dem Vergleich der Auswertungen über diesen reduzierten mit dem gesamten Datensatz lassen sich dann eventuell weitere Aussagen zur Schriftgestaltung ableiten.

30.3 Fragestellung 1: Zusammenhang von Personenmerkmalen und ästhetischen Urteilen

Im ersten Schritt der inhaltlichen Auswertung soll die Frage beantwortet werden, welche Zusammenhänge sich zwischen Persönlichkeitsmerkmalen und ästhetischen Bewertungen von Websites finden lassen. Neben der Betrachtung der Big Five und der ästhetischen Sensitivität wird hierbei auch die Abhängigkeit ästhetischer Einschätzungen von demographischen Variablen (siehe Teil I, Kap. 7.4.2, S. 69) geprüft. Somit werden an dieser Stelle folgende Variablen und Konstrukte betrachtet:

- Alter,
- Geschlecht,
- Bildungsstand,
- Beruf,
- Interneterfahrung,
- aktive Surfzeit pro Woche,
- Expertise im Bereich Webdesign,
- die Big Five und
- ästhetische Sensitivität.

Im Folgenden werden die Einflüsse der jeweiligen Personenmerkmale nacheinander analysiert. Dabei wird jeweils der gesamte Datensatz unabhängig von der Versuchsbedingung betrachtet; die Gesamtstichprobe umfasst eigentlich N = 364 Probanden. Da bei zwei Probanden die demographischen Variablen nicht korrekt gespeichert wurden, basiert der erste Teil dieser Analysen auf N = 362 Befragten.

30.3.1 Vorgehen in der Auswertung

Die Frage nach dem Zusammenhang von ästhetischen Urteilen mit Personenvariablen ist eine größtenteils explorative Forschungsfrage, eine Hypothese ist nur bezogen auf das Konstrukt ästhetische Sensitivität formuliert. Ziel der Analysen ist, Zusammenhänge zwischen Maßen der Ästhetik und verschiedenen Personenvariablen zu finden. Dabei sollen diese Variablen weitgehend einzeln betrachtet werden; zur Vermeidung einer bei Einzelvergleichen mittels T-Test möglichen und schwer kontrollierbaren α-Fehler-Kumulation wird an entsprechender Stelle jeweils eine Bonferoni-Korrektur (siehe Bortz, 2005, S. 129f.) durchgeführt. Eine multivariate Analyse erfolgt nur, wenn im Vorfeld Beziehungen zwischen verschiedenen unabhängigen Variablen vermutet werden müssen oder sich diese aus den vorherigen Analysen ableiten lassen, ansonsten werden zur Beantwortung der Fragestellung 1 univariate Auswertungswege bevorzugt.

30.3.2 Alter und das ästhetische Urteil

Bezogen auf die Variable Alter zeigt sich über alle VAWI-Skalen (und entsprechend dem VAWI-Gesamtwert) hinweg ein schwacher, aber konstanter positiver Zusammenhang ($.14 \leq r \leq .29$, $p < .01$), bei der Skala *Neuartigkeit* erreicht dieser .30, bei der Skala *Abwechslung* .35; bei zwei Skalen treten also Korrelationen in mittleren Höhen auf. Auch beim ästhetischen Ersteindruck ($r = .21, p < .01$) und beim Gesamteindruck ($r = .27, p < .01$) finden sich derartige Zusammenhänge (siehe Tab. 30.7). Somit zeigen sich durchgängig bei allen ästhetischen Bewertungen zumindest geringe und stets signifikante Zusammenhänge in dem Sinne, dass ältere Personen positiver urteilen.

Tabelle 30.7: Korrelationen zwischen Alter und den verschiedenen Ästhetikmaßen (N = 362)

	r	p
Ersteindruck Ästhetik	$.21^{**}$	.00
Gesamteindruck Ästhetik	$.27^{**}$	.00
VAWI-Skala Übersicht	$.14^{**}$	.01
VAWI-Skala Balance	$.18^{**}$	.00
VAWI-Skala Homogenität	$.22^{**}$	.00
VAWI-Skala Neuartigkeit	$.30^{**}$	.00
VAWI-Skala Dynamik	$.29^{**}$	.00
VAWI-Skala Abwechslung	$.35^{**}$	.00
VAWI-Skala Farbigkeit	$.17^{**}$	.00
VAWI-Skala Professionalität	$.22^{**}$	.00
VAWI-Gesamtwert	$.28^{**}$	.00

$^{*}p < .05$; $^{**}p < .01$

30.3.3 Geschlecht und das ästhetische Urteil

Gemäß der dargestellten Vorgehensweise werden hier die verschiedenen Ästhetik-Maße zunächst einzeln betrachtet, es werden T-Tests mit Bonferoni-Korrektur durchgeführt. Hierbei zeigt sich bei fünf Skalen des VAWI und somit auch beim VAWI-Gesamtwert ein signifikanter Geschlechtseffekt. Auf allen VAWI-Skalen weisen Frauen höhere Mittelwerte als Männer auf, dies erweist sich als signifikant bei den Skalen *Balance, Homogenität, Dynamik, Abwechslung, Farbigkeit* sowie dem VAWI-Gesamtwert ($p < .05$). Dieser Effekt zeigt sich nicht bei der Frage nach einem ästhetischen Ersteindruck und nur in einer marginal signifikanten Tendenz bei einer abschließenden globalen Bewertung der Ästhetik (siehe Anhang D).

Da in den Daten allerdings auffällt, dass die Frauen in dieser Stichprobe im Mittel älter als die Männer sind ($M = 41.80$ versus $M = 35.67$), könnte der gefundene leichte Geschlechtseffekt auch durch das Alter und die dort gefundene Mildetendenz bedingt sein. Zur Klärung dieser Frage wird eine multivariate Kovarianzanalyse (MANCOVA) mit Alter als Kovariate durchgeführt. Hierbei erweist sich sowohl in den multivariaten als auch in den univariaten Vergleichen nur das Alter als statistisch signifikant bedeutsam für Gruppenunterschiede, nicht aber das Geschlecht (zusammenfassend siehe Tab. 30.8; eine vollständige Auswertung findet sich in Anhang D).

Tabelle 30.8: Geschlecht und das ästhetische Urteil – Ergebnisse der MANCOVA unter Einbezug der Kovariate Alter

	Wert[a]	*df*	*df Fehler*	*F*	η^2	*p*
Alter	.14	10	350	5.80^{**}	.14	.00
Geschlecht	.03	10	350	.90	.03	.53

[a] *entsprechend dem Pillai-Spur-Kriterium*
η^2 = *partielles Eta-Quadrat;* $^{*}p < .05$; $^{**}p < .01$

30.3.4 Bildungsstand und das ästhetische Urteil

Zur Analyse der beiden demographischen Variablen zum Bildungsstand wurden Varianzanalysen (ANOVAs) durchgeführt. Hinsichtlich der Schulbildung zeigen sich dabei keinerlei Unterschiede, was die Beurteilung der Website-Ästhetik anbelangt. Betrachtet man die Berufsausbildung, so zeigen sich signifikante Unterschiede beim Gesamteindruck Ästhetik und dem VAWI-Gesamturteil, zudem finden sich auch Unterschiede auf den VAWI-Skalen *Neuartigkeit* und *Abwechslung*. Jedoch liegen bei der Variable Ausbildung ebenfalls starke Mittelwertsunterschiede bezüglich des Alters vor ($20.68 \leq M \leq 52.17$), so dass auch hier eine multivariate

Kovarianzanalyse mit der Kovariaten Alter durchgeführt wurde.[1] Wie bereits bei der Variable Geschlecht werden hier alle Gruppenunterschiede allein durch das Alter erklärt (zusammenfassend siehe Tab. 30.9; für eine vollständige Auswertung siehe Anhang D).

Tabelle 30.9: Bildungsstand und das ästhetische Urteil – Ergebnisse der MANCOVA unter Einbezug der Kovariate Alter

	Wert[a]	*df*	*df Fehler*	*F*	η^2	*p*
Alter	.12	10	346	4.60**	.12	.00
Ausbildungsstand	.13	50	1750	.93	.03	.61

[a] *entsprechend dem Pillai-Spur-Kriterium*
*η^2 = partielles Eta-Quadrat; *p < .05; **p < .01*

30.3.5 Ausgeübter Beruf und das ästhetische Urteil

Zur Bestimmung eines möglichen Zusammenhangs zwischen ausgeübten Beruf und ästhetischen Bewertungen wurden zunächst erneut Varianzanalysen (ANOVA) vorgenommen. Hierfür mussten einzelne Berufsgruppen zusammengefasst werden, um eine ausreichende Größe der Vergleichsgruppen (laut Hair et al. [2006] > 20 je Gruppe) zu gewährleisten. So wurden Auszubildende und Studenten, Technische und IT-Berufe sowie Bildungswesen und Wissenschaft zusammengefasst. Verwaltungsberufe sowie Medien- und künstlerische Berufe waren nicht sinnvoll zuzuordnen und wurden der Kategorie „sonstige Berufe" hinzugefügt. Es werden insgesamt acht Berufsgruppen verglichen:

- Schüler (N = 40)
- Auszubildende/Studenten (N = 47)
- Kaufmännischer Beruf (N = 82)
- IT-/Technischer Beruf (N = 37)
- Beruf in Handwerk/Industrie (N = 28)
- Beruf im Gesundheitswesen (N = 20)
- Beruf im Bildungswesen/Wissenschaft (N = 21)
- Sonstige Berufe (N = 87)

[1] Laut Hair et al. (2006, S. 402) sollten in einer MANOVA die Gruppen mindestens größer als die Zahl der abhängigen Variablen sein. Daher wurden N = 6 Personen der Gruppe Promotion der Gruppe Berufsakademie-, Fachhochschul- oder Universitätsabschluss zugeordnet, N = 3 Personen mit der Angabe „sonstiger Ausbildungsstand" wurden aus der Auswertung ausgeschlossen.

Es ergeben sich signifikante Unterschiede in den Ästhetik-Bewertungen, diese finden sich beim VAWI-Gesamturteil sowie bei den VAWI-Skalen *Neuartigkeit, Dynamik* und *Abwechslung* (siehe Anhang D). In den verschiedenen Berufsgruppen finden sich jedoch auch an dieser Stelle deutliche Altersunterschiede ($17.68 \leq M \leq 46.76$), daher erfolgte erneut eine MANCOVA mit Alter als Kovariate. Wie in den vorherigen Analysen werden alle Gruppenunterschiede in dieser multivariaten Analyse allein durch das Alter erklärt (siehe Tab. 30.10, ausführliche Auswertung in Anhang D).

Tabelle 30.10: Beruf und das ästhetische Urteil – Ergebnisse der MANOVA unter Einbezug der Kovariate Alter

	Wert[a]	*df*	*df Fehler*	*F*	η^2	*p*
Alter	.10	10	344	3.69^{**}	.10	.00
Beruf	.23	70	2450	1.17	.03	.16

[a] *entsprechend dem Pillai-Spur-Kriterium*
η^2 = *partielles Eta-Quadrat;* $^{*}p < .05$; $^{**}p < .01$

30.3.6 Interneterfahrung und das ästhetische Urteil

Die meisten Ästhetik-Skalen korrelieren nicht mit der Interneterfahrung (siehe Tab. 30.11), lediglich die Korrelationen mit den Skalen *Dynamik* ($r = .14, p < .01$) und *Abwechslung* ($r = .11, p < .05$) erweisen sich als signifikant. Aufgrund der geringen Höhe der Korrelationen und der somit nur sehr kleinen Effektgröße werden diese Zusammenhänge nicht weiter berücksichtigt.

30.3.7 Aktive Surfzeit und das ästhetische Urteil

Zwischen den Angaben zur wöchentlichen aktiven Surfzeit und den Einschätzungen zur Ästhetik der Testwebsite finden sich keinerlei signifikante Zusammenhänge (siehe Tab. 30.11).

30.3.8 Expertise und das ästhetische Urteil

Hinsichtlich der Frage, ob sich ein Zusammenhang zwischen der Expertise im Bereich Webdesign und den ästhetischen Bewertungen finden lässt, wurde eine Analyse mittels T-Test durchgeführt. Dabei wurden N = 27 Personen mit Expertise mit den übrigen Probanden der Stichprobe (N = 335) verglichen, hierbei zeigt sich kein signifikanter Effekt. Die Mittelwerte der Personen mit und ohne Webdesign-Erfahrung fallen stets sehr ähnlich aus (siehe hierzu Anhang D).

Tabelle 30.11: Korrelationen zwischen Interneterfahrung und wöchentlicher Surfzeit zu den verschiedenen Ästhetikmaßen (N = 362)

	Interneterfahrung		Surfzeit	
	r	*p*	*r*	*p*
Ersteindruck Ästhetik	.07	.20	.03	.61
Gesamteindruck Ästhetik	.08	.13	−.01	.91
VAWI-Skala Übersicht	.04	.49	−.04	.40
VAWI-Skala Balance	.06	.27	−.06	.29
VAWI-Skala Homogenität	.03	.60	−.04	.43
VAWI-Skala Neuartigkeit	.07	.19	−.01	.86
VAWI-Skala Dynamik	.14**	.01	−.04	.45
VAWI-Skala Abwechslung	.11*	.04	−.01	.78
VAWI-Skala Farbigkeit	.08	.12	.02	.69
VAWI-Skala Professionalität	.07	.18	−.08	.14
VAWI-Gesamtwert	.09	.09	−.03	.51

$^{*}p < .05$; $^{**}p < .01$

30.3.9 Big Five und das ästhetische Urteil

Die Zusammenhänge zwischen den Big Five und den ästhetischen Urteilen sind sehr gering (siehe Tab. 30.12), keine Korrelation erreicht eine bedeutende Höhe (> .3), zudem zeigt sich auch kein durchgängiges Muster, wie dies z. B. bei der Variable Alter der Fall war. Die Skala *Extraversion* weist einen sehr kleinen signifikanten Zusammenhang lediglich zur VAWI-Skala *Dynamik* auf ($r = .12, p < .05$). Die Skala *Verträglichkeit* korreliert schwach mit Erst- und Gesamteindruck zur Ästhetik und dem VAWI-Gesamtwert ($.15 \leq r \leq .19, p < .01$) sowie mit vier der VAWI-Skalen ($.12 \leq r \leq .19, p < .05$). Die Skala *Gewissenhaftigkeit* korreliert schwach mit dem Gesamteindruck zur Ästhetik und dem VAWI-Gesamtwert ($.15 \leq r \leq .16, p < .01$) sowie ebenfalls schwach mit vier der VAWI-Skalen ($.12 \leq r \leq .18, p < .05$). *Neurotizismus* korreliert schwach negativ mit den Skalen *Dynamik* und *Abwechslung* ($-.11 \leq r \leq -.12, p < .05$). Die fünfte Big-Five-Skala, *Offenheit für Erfahrungen*, korreliert mit keinem der Ästhetik-Werte.

Dass diese geringen Zusammenhänge zu vernachlässigen sind, zeigen auch die Ergebnisse schrittweise berechneter multipler Regressionen: Hierbei wurde jeweils versucht, anhand der Big-Five-Skalen die verschiedenen Ästhetik-Urteile vorherzusagen. Dabei wird in keinem der berechneten Modelle $R > .23$, dementsprechend übersteigt das korrigierte R^2 in keinem Modell den Wert .05 (die gesamte Auswertung findet sich in Anhang D).

30.3.10 Prüfung der Hypothese 1: Ästhetische Sensitivität und ästhetische Urteile

Laut der ersten Hypothese sollte sich ein positiver Zusammenhang zwischen der ästhetischen Sensitivität und den Beurteilungen der visuellen Ästhetik einer Website finden. Betrachtet

Tabelle 30.12: Korrelationen zwischen den Big-Five-Skalen und den verschiedenen Ästhetikmaßen (N = 362)

	Extraversion		Verträglichkeit		Gewissenhaftigkeit		Neurotizismus		Offenheit	
	r	p	r	p	r	p	r	p	r	p
Ersteindruck Ästhetik	−.01	.90	.17**	.00	.08	.13	−.04	.44	.09	.11
Gesamteindruck Ästhetik	.02	.75	.18**	.00	.16**	.00	−.06	.27	.08	.11
VAWI-Skala Übersicht	.03	.57	.07	.16	.10	.06	−.03	.62	.08	.14
VAWI-Skala Balance	.00	.94	.06	.28	.04	.40	−.02	.68	.04	.42
VAWI-Skala Homogenität	.01	.91	.10	.07	.10	.06	.00	.94	.08	.14
VAWI-Skala Neuartigkeit	.05	.39	.17**	.00	.18**	.00	−.10	.07	.03	.53
VAWI-Skala Dynamik	.12*	.03	.19**	.00	.16**	.00	−.12*	.02	.09	.10
VAWI-Skala Abwechsl.	.09	.07	.16**	.00	.18**	.00	−.11*	.03	.05	.32
VAWI-Skala Farbigkeit	.04	.49	.12*	.03	.12*	.02	−.06	.28	.04	.46
VAWI-S. Professionalität	.07	.17	.10	.07	.09	.08	−.05	.34	.08	.14
VAWI-Gesamtwert	.06	.25	.14*	.01	.15**	.01	−.08	.15	.07	.19

$^{*}p < .05$; $^{**}p < .01$

man jedoch die Angaben im CVPA-g in Korrelation zu den Ästhetik-Einschätzungen, so zeigen sich hier keine bedeutenden Zusammenhänge (keine Korrelation wird auch nur näherungsweise > .3, siehe Tab. 30.13).

Die CVPA-g-Skalen *Fähigkeit der Bewertung* und *Reaktion* korrelieren mit keinem der Ästhetik-Werte. Lediglich die Skala *Wahrgenommener Wert* weist schwache signifikante Korrelationen zu Erst- und Gesamteindruck der Ästhetik und dem VAWI-Gesamtwert ($.12 \leq r \leq .17, p < .05$) sowie zu fast allen VAWI-Skalen ($.09 \leq r \leq .17, p < .05$) auf. Der CVPA-g-Gesamtwert korreliert nur mit dem Ästhetik-Gesamteindruck und der Skala *Abwechslung*, die Korrelationen sind sehr gering ($.09 \leq r \leq .10, p < .05$).

Um diese Ergebnisse zu festigen, erfolgten wie zuvor bei den Big Five eine schrittweise multiple Regressionen der drei CVPA-g-Skalen auf die verschiedenen Ästhetik Urteile; diese bestätigen, dass keine nennenswerten Zusammenhänge bestehen. In keinem der berechneten Modelle wird $R > .21$, dementsprechend übersteigt das korrigierte R^2 in keinem der Modelle den Wert .04 (diese Auswertung findet sich komplett in Anhang D). Bezüglich der aufgestellten Hypothese ist somit festzustellen: Die gefundenen Zusammenhänge sind zwar teilweise positiv, treten aber nur auf einer Skala auf und sind dabei so gering, dass die erste Hypothese als abgelehnt betrachtet werden muss.

Tabelle 30.13: Korrelationen zwischen dem CVPA-g und den verschiedenen Ästhetikmaßen (N = 362)

	Wahrg. Wert		Fähigkeit d. Bewertung		Reaktion		Gesamt CVPA-g	
	r	*p*	*r*	*p*	*r*	*p*	*r*	*p*
Ersteindruck Ästhetik	.12**	.01	.04	.22	.02	.35	.08	.06
Gesamteindruck Ästhetik	.17**	.00	.02	.33	.05	.18	.10*	.02
VAWI-Skala Übersicht	.14**	.00	.01	.41	−.01	.41	.07	.10
VAWI-Skala Balance	.09*	.05	−.03	.31	−.03	.30	.02	.33
VAWI-Skala Homogenität	.16**	.00	.01	.41	−.01	.39	.08	.07
VAWI-Skala Neuartigkeit	.10*	.03	.02	.33	.01	.43	.06	.12
VAWI-Skala Dynamik	.11*	.02	.04	.20	.02	.39	.08	.07
VAWI-Skala Abwechslung	.12*	.01	.05	.15	.04	.22	.09*	.04
VAWI-Skala Farbigkeit	.07	.08	−.03	.32	−.03	.26	.01	.39
VAWI-Skala Professionalität	.14**	.00	.00	.48	.03	.29	.08	.07
VAWI-Gesamtwert	.13*	.01	.01	.41	.00	.49	.07	.09

*p < .05 (1-seitig); **p < .01 (1-seitig)

30.4 Fragestellung 2: Ästhetische Wirkung zentraler Variablen

In der qualitativen Studie zeigten sich unter anderem Farbe sowie Schrift- und Bildgestaltung als wichtige ästhetische Variablen, diese werden auch in der Literatur mehrfach diskutiert (siehe Tab. 25.1 in Teil IV, S. 165). Diese drei Variablen wurden in einem komplett gekreuzten experimentellen Design untersucht, es ergibt sich also ein 2×2×2-Design. Um die Wirkung der einzelnen Aspekte zu bestimmen, erfolgte eine multivariate Varianzanalyse, in der die verschiedenen Ästhetik-Bewertungen als abhängige Variablen eingingen. Da sich im Rahmen der Auswertungen zur ersten Fragestellung eine zumeist geringe aber konstante positive Korrelation zwischen Alter und Ästhetik-Bewertungen gezeigt hat, soll diese Variable als Kovariate eingehen. Es erfolgte somit die Berechnung einer MANCOVA.

Ergebnisse der MANCOVA

Die multivariaten Ergebnisse der MANCOVA fallen eindeutig aus: Es zeigt sich ein signifikanter Effekt hinsichtlich der Kovariate *Alter* und der unabhängigen Variable *Farbe*, beide haben etwa eine mittlere Effektgröße. Es finden sich weder signifikante Effekte hinsichtlich der unabhängigen Variablen Schrift- oder Bildgestaltung, noch Interaktionseffekte (zusammenfassend siehe Tab. 30.14). Dieses Ergebnis findet sich auch, wenn entsprechend dem Fazit zum Manipulation Check nur der Teil der Stichprobe ausgewertet wird, der keine Personen umfasst, die eine den Versuchsbedingungen gegenläufige Einschätzung der Ästhetik des Versuchsmaterials abgaben (siehe Anhang D).

Tabelle 30.14: Ästhetische Wirkung zentraler Variablen – Ergebnisse der MANCOVA unter Einbezug der Kovariate Alter

	Wert[a]	*df*	*df Fehler*	*F*	η^2	*p*
Alter	.15	10	344	6.20^{**}	.15	.00
Farbe	.13	10	344	5.20^{**}	.13	.00
Schriftgestaltung	.04	10	344	1.30	.04	.23
Bildgestaltung	.03	10	344	1.20	.03	.29
Farbe × Schrift	.04	10	344	1.54	.04	.12
Farbe × Bild	.02	10	344	.68	.02	.75
Schrift × Bild	.02	10	344	.70	.02	.73
Farbe × Schrift × Bild	.04	10	344	1.40	.04	.18

[a] *entsprechend dem Pillai-Spur-Kriterium*
η^2 = *partielles Eta-Quadrat;* $^{*}p < .05$; $^{**}p < .01$

Betrachtet man die univariaten Vergleiche, so ergibt sich bezüglich der Kovariaten *Alter* erwartungsgemäß ein signifikanter Effekt in einer geringen bis mittleren Stärke bei allen abhängigen Variablen. Bei der Farbmanipulation lassen sich signifikante Unterschiede beim VAWI-Gesamtwert und dem Gesamteindruck Ästhetik sowie auf den VAWI-Skalen *Balance, Homogenität* und besonders *Farbigkeit* finden. Marginal signifikante Unterschiede ergeben sich auf den Skalen *Übersicht* und *Professionalität* (siehe Tab. 30.15).

Bei allen übrigen Variablen sowie den Interaktionen ergeben sich keine Unterschiede in den univariaten Vergleichen. Hiervon ausgenommen ist lediglich die VAWI-Skala *Übersicht*: Bei dieser zeigt sich ein signifikanter Unterschied in der Bedingung Schriftgestaltung; die Effektgröße ist aber als klein anzusehen (siehe Tab. 30.15). Auch hier finden sich vollkommen identische Ergebnisse bei der Auswertung einer anhand des Manipulation Checks reduzierten Stichprobe (siehe Anhang D).

Die Hypothese 2a ging von einem Einfluss der Farbgestaltung, Hypothese 2b von einem Einfluss der Schriftgestaltung sowie Hypothese 2c von einem Einfluss der Bildgestaltung auf das ästhetische Urteil aus. Betrachtet man die Ergebnisse der multivariaten und univariaten Analysen insgesamt, ist die Hypothese 2a angenommen und die Hypothese 2c klar zu verwerfen. Zu Hypothese 2b findet sich ein Effekt nur auf einer einzelnen VAWI-Skala – die Hypothese ist somit lediglich für die VAWI-Skala *Übersicht* bestätigt und ansonsten abgelehnt. An dieser Stelle ist eine differenzierte Interpretation unter Einbezug der Ergebnisse des Manipulation Checks notwendig (siehe hierzu insbesondere Kap. 30.2.4; S. 202), insgesamt ist die Hypothese 2b damit aber größtenteils zu verwerfen.

Um die Frage nach der Richtung dieser Effekte zu klären, lassen sich die jeweiligen Mittelwerte betrachten; Tabelle 30.16 gibt hierzu einen Überblick. Bei der Farbvariation wird hier stets die ästhetischere Variante auch ästhetischer eingeschätzt, dies fällt besonders deutlich bei der VAWI-Farbskala ins Auge. Bei der Schriftgestaltung findet sich diese Tendenz ebenfalls, wenn auch weniger stark – was sich vereinzelt in den dargestellten univariaten Analysen

Tabelle 30.15: Ästhetische Wirkung zentraler Variablen – Ergebnisse der univariaten Vergleiche zu Fragestellung 2 bezüglich der Kovariate Alter und den unabhängigen Variablen Farb-, Schrift- und Bildgestaltung

Unabhängige Variable	Abhängige Variable	df	F	η^2	p
Alter (Kovariate)	Ersteindruck Ästhetik	1	16.04**	.04	.00
	Gesamteindruck Ästhetik	1	29.30**	.08	.00
	VAWI-Skala Übersicht	1	6.87**	.02	.01
	VAWI-Skala Balance	1	12.14**	.03	.00
	VAWI-Skala Homogenität	1	18.02**	.05	.00
	VAWI-Skala Neuartigkeit	1	34.41**	.09	.00
	VAWI-Skala Dynamik	1	32.19**	.08	.00
	VAWI-Skala Abwechslung	1	50.19**	.12	.00
	VAWI-Skala Farbigkeit	1	12.35**	.03	.00
	VAWI-Skala Professionalität	1	17.67**	.05	.00
	VAWI-Gesamtwert	1	30.06**	.08	.00
Farbe	Ersteindruck Ästhetik	1	.80	.00	.37
	Gesamteindruck Ästhetik	1	6.76**	.02	.01
	VAWI-Skala Übersicht	1	3.69	.01	.06
	VAWI-Skala Balance	1	8.61**	.02	.00
	VAWI-Skala Homogenität	1	12.55**	.03	.00
	VAWI-Skala Neuartigkeit	1	1.36	.00	.24
	VAWI-Skala Dynamik	1	.62	.00	.43
	VAWI-Skala Abwechslung	1	.72	.00	.40
	VAWI-Skala Farbigkeit	1	32.96**	.09	.00
	VAWI-Skala Professionalität	1	3.75	.01	.06
	VAWI-Gesamtwert	1	8.32**	.02	.00
Schrift	Ersteindruck Ästhetik	1	.10	.00	.75
	Gesamteindruck Ästhetik	1	2.56	.01	.11
	VAWI-Skala Übersicht	1	7.46**	.02	.01
	VAWI-Skala Balance	1	2.57	.01	.11
	VAWI-Skala Homogenität	1	2.84	.01	.09
	VAWI-Skala Neuartigkeit	1	1.03	.00	.31
	VAWI-Skala Dynamik	1	.06	.00	.81
	VAWI-Skala Abwechslung	1	.94	.00	.33
	VAWI-Skala Farbigkeit	1	1.32	.00	.25
	VAWI-Skala Professionalität	1	2.41	.01	.12
	VAWI-Gesamtwert	1	2.46	.01	.12
Bild	Ersteindruck Ästhetik	1	.92	.00	.34
	Gesamteindruck Ästhetik	1	1.33	.00	.25
	VAWI-Skala Übersicht	1	.07	.00	.79
	VAWI-Skala Balance	1	.23	.00	.63
	VAWI-Skala Homogenität	1	.02	.00	.87
	VAWI-Skala Neuartigkeit	1	.72	.00	.40
	VAWI-Skala Dynamik	1	.82	.00	.37
	VAWI-Skala Abwechslung	1	2.34	.01	.13
	VAWI-Skala Farbigkeit	1	.02	.00	.90
	VAWI-Skala Professionalität	1	.17	.00	.68
	VAWI-Gesamtwert	1	.25	.00	.62

η^2 = *partielles Eta-Quadrat;* $^{*}p < .05$; $^{**}p < .01$

Tabelle 30.16: Mittelwerte der Ästhetikmessungen in Bezug auf die jeweiligen Gestaltungsvariationen

	Farbgestaltung		Schriftgestaltung		Bildgestaltung	
	unästhetische Variante $N = 182$	*ästhetische Variante* $N = 182$	*unästhetische Variante* $N = 189$	*ästhetische Variante* $N = 175$	*unästhetische Variante* $N = 187$	*ästhetische Variante* $N = 177$
Ersteindruck Ästhetik	4.31	4.43	4.33	4.42	4.31	4.44
Gesamteindruck Ästhetik	4.27	4.69	4.31	4.66	4.40	4.56
VAWI-Skala Übersicht	5.61	5.78	5.57	5.84	5.71	5.68
VAWI-Skala Balance	4.80	5.14	4.86	5.08	4.95	4.99
VAWI-Skala Homogenität	4.89	5.28	4.99	5.19	5.09	5.08
VAWI-Skala Neuartigkeit	3.81	3.94	3.78	3.98	3.83	3.93
VAWI-Skala Dynamik	4.25	4.31	4.24	4.32	4.24	4.32
VAWI-Skala Abwechslung	3.64	3.73	3.58	3.79	3.59	3.77
VAWI-Skala Farbigkeit	4.34	5.06	4.61	4.79	4.70	4.69
VAWI-Sk. Professionalität	4.58	4.82	4.59	4.82	4.74	4.67
VAWI-Gesamtwert	4.49	4.78	4.54	4.74	4.62	4.65

entsprechend widerspiegelt. Bei der Bildgestaltung hingegen zeigen sich auf vier VAWI-Skalen (*Übersicht, Homogenität, Farbigkeit* und *Professionalität*) geringfügig höhere Einschätzungen bezüglich der unästhetischen Variante, auf den übrigen sieben Variablen wird die ästhetische Variante als leicht ästhetischer eingeschätzt.

Eine vollständige Übersicht über die statistischen Auswertungen zu dieser Fragestellung findet sich im Anhang D.

30.5 Fragestellung 3: Ästhetik und Usability

Als nächstes soll mit dem vorliegenden Experiment der Frage nachgegangen werden, welche Beziehung sich zwischen Ästhetik und Usability findet. Hierbei wird in den verschiedenen Hypothesen zum einen eine positive Korrelation zwischen den Ästhetik- und Usability-Maßen vermutet, zum anderen aber davon ausgegangen, dass die gestalterische Ästhetik-Variation selber keinen Einfluss auf die wahrgenommene Usability hat. Eine Wirkung von Halo-Effekten oder eines Attraktivitätsstereotyps wird somit ausgeschlossen. Bevor die Hypothesen 3a bis 3c im Folgenden betrachtet werden können, soll auch an dieser Stelle eine Prüfung des Zusammenhangs von demographischen Variabeln und der Beurteilung der Usability erfolgen. Sollten sich Zusammenhänge finden, müssten die identifizierten Variablen entsprechend als Kovariaten in der nachfolgenden Analyse berücksichtigt werden.

30.5.1 Zusammenhang von Personenmerkmalen und Usability-Bewertungen

Um relevante personenbezogene Kovariaten der Beurteilung der Usability zu identifizieren, werden im Prinzip die gleichen Auswertungsroutinen wie unter Kapitel 30.3 (ab S. 204) bei der Analyse des Zusammenhangs zwischen Personenmerkmalen und wahrgenommener Ästhetik angewendet.
Was die Usability-Bewertungen anbelangt, so finden sich hier insgesamt noch weniger Zusammenhänge mit Personenmerkmalen als bei den ästhetischen Maßen; eine vollständige Darstellung dieser Auswertungen findet sich in Anhang D. Es ergeben sich keinerlei Gruppenunterschiede hinsichtlich Geschlecht, Schulbildung, Ausbildungsstand, Beruf oder Expertise bezüglich Webdesigns. Es finden sich keine Korrelationen zwischen Surfzeit und Internetnutzung auf der einen, und Usability-Bewertungen auf der anderen Seite. Zu den Big Five finden sich nur geringe Korrelationen: Die Skala *Gewissenhaftigkeit* korreliert in geringem Maße mit dem PWU-g-Gesamtwert und dem Gesamteindruck zur Usability ($.11 \leq r \leq .15, p < .05$), mit diesen beiden Maßen korreliert auch die Skala Offenheit schwach (jeweils $r = .11, p < .05$). In einer schrittweisen multiplen Regressionen der Big-Five-Skalen auf die verschiedenen Usability-Urteile ist in keinem Modell $R > .15$, dementsprechend übersteigt das korrigierte R^2 in keinem Modell den Wert .02. Der Zusammenhang zwischen Ästhetik-Urteilen und den Big Five ist hiermit zu vernachlässigen.

Bei der Variable Alter finden sich, ähnlich wie bei den Ästhetik-Urteilen, positive Korrelationen zu den Usability-Maßen. Allerdings betrifft dies nur den PWU-g-Gesamtwert und den Gesamteindruck, nicht aber den Ersteindruck. Die Korrelationen fallen auch insgesamt niedrig aus (siehe Tabelle 30.17). Dennoch soll bei der späteren multivariaten Auswertung des Einflusses von Ästhetik auf Usability Alter als Kovariate berücksichtigt werden, insbesondere auch, weil diese Variable bei der Ästhetik-Wahrnehmung eine Rolle zu spielen scheint.

Tabelle 30.17: Korrelationen zwischen Alter und den drei Usability-Maßen (N = 362)

	r	p
Ersteindruck Usability	−.01	.82
Gesamteindruck Usability	$.15^{**}$	.01
PWU-g-Gesamtwert	$.15^{**}$	.01

$^{*}p < .05$; $^{**}p < .01$

30.5.2 Zusammenhang zwischen Ästhetik und Usability – Prüfung der Hypothese 3a

In Hypothese 3a wurde die Annahme formuliert, dass sich eine positive Korrelation zwischen wahrgenommener Ästhetik und wahrgenommener Usability findet. Dazu wurden Partialkorrelationen berechnet, hierbei wurde der Anteil der Variable Alter herauspartialisiert. Die Hypothese 3a wird für sämtliche Ästhetik- und Usability-Bewertungen bestätigt (siehe Tab. 30.18); die Einschätzungen korrelieren fast vollständig in einem mittleren bis hohen Bereich ($.28 \leq r \leq .65, p < .01$). Inwieweit sich dies jedoch auf einen Einfluss der manipulierten Variablen zurückführen lässt, sollen die nachfolgenden Ergebnisse zu Hypothese 3b zeigen.

Tabelle 30.18: Partialkorrelationen zwischen den Usability- und den verschiedenen Ästhetik-Maßen (N = 364). Einflüsse der Variable Alter wurden herauspartialisiert.

	Ersteindruck Usability		Gesamteindruck Usability		Gesamtwert PWU-g	
	r	*p*	*r*	*p*	*r*	*p*
Ersteindruck Ästhetik	.53**	.00	.38**	.00	.28**	.00
Gesamteindruck Ästhetik	.52**	.00	.62**	.00	.50**	.00
VAWI-Skala Übersicht	.49**	.00	.64**	.00	.65**	.00
VAWI-Skala Balance	.47**	.00	.57**	.00	.53**	.00
VAWI-Skala Homogenität	.53**	.00	.55**	.00	.53**	.00
VAWI-Skala Neuartigkeit	.36**	.00	.40**	.00	.36**	.00
VAWI-Skala Dynamik	.36**	.00	.42**	.00	.37**	.00
VAWI-Skala Abwechslung	.33**	.00	.41**	.00	.36**	.00
VAWI-Skala Farbigkeit	.39**	.00	.40**	.00	.35**	.00
VAWI-Skala Professionalität	.51**	.00	.55**	.00	.44**	.00
VAWI-Gesamtwert	.50**	.00	.57**	.00	.52**	.00

*p < .05 (1-seitig); **p < .01 (1-seitig)

30.5.3 Einfluss der Ästhetik auf die Bewertung von Usability – Prüfung der Hypothesen 3b und 3c

Die Frage nach dem Einfluss der Gestaltungsvariationen auf die wahrgenommene Usability lässt sich zunächst einmal ganz allgemein durch einen Vergleich der Website-Varianten 1 (unästhetisch) und 8 (ästhetisch) beantworten. Hierbei fällt auf, dass der Mittelwert der Usability-Urteile bei der ästhetischen Website-Variante stets geringfügig höher ausfällt ($5.02 \leq M \leq 5.33$ versus $5.66 \leq M \leq 5.68$). In einer varianzanalytischen Betrachtung (MANCOVA, mit den Usability-Bewertungen als abhängige Variablen und Alter als Kovariaten) erweist sich dieser Unterschied aber als nicht signifikant ($F = 2.08, df = 3, p < .11, \eta^2 = .07$). Lediglich die Kovariate *Alter* erklärt hier signifikante Anteile ($F = 5.72, df = 3, p < .01, \eta^2 = .17$).

Betrachtet man in dieser Auswertung die univariaten Vergleiche, so zeigt sich wie zu erwarten nach der vorherigen Analyse von Personenmerkmalen und wahrgenommener Usability kein Zusammenhang zwischen dem Alter der Probanden und dem Usability-Ersteindruck, sehr deutlich aber zum Usability-Gesamteindruck ($F = 12.85, df = 1, p < .01, \eta^2 = .17$) und zum PWU-g-Gesamtwert ($F = 6.80, df = 1, p < .05, \eta^2 = .07$). Der einzige signifikante Unterschied bei diesen univariaten Vergleichen bezüglich der eingeschätzten Usability, der sich auf die Ästhetik-Variation zurückführen lässt, zeigt sich beim Ersteindruck ($F = 5.95, df = 1, p < .05, \eta^2 = .06$). Effekte der Gestaltungsvariationen liegen somit beim Vergleich der ästhetischen mit der unästhetischen Website-Variante nur in einer geringen Höhe vor und erweisen sich nur beim Ersteindruck als signifikant. Dies ist ein erster Hinweis auf die Bestätigung der Hypothese 3c, das kein genereller Attraktivitätsstereotyp wirkt oder ein allgemeiner Halo-Effekt der Ästhetik auf das Konstrukt Usability vorliegt.

Zur näheren Prüfung dieses Zusammenhangs und damit der Hypothesen 3b und 3c wurde eine MANCOVA durchgeführt, um den Einfluss der jeweiligen spezifischen Versuchsmanipulationen (Farb-, Schrift- und Bildgestaltung) zu ermitteln. Die drei verschiedenen Gestaltungsvariationen stellen folglich die festen Faktoren da, während die Usability-Bewertungen als abhängige Variablen eingehen, Alter wird als Kovariate berücksichtigt. Bei den multivariaten Vergleichen zeigt sich hierbei kein signifikanter Einfluss der Ästhetik-Manipulationen auf die wahrgenommene Usability, lediglich die Kovariate Alter erweist sich als signifikant (siehe Tab. 30.19). Dabei findet sich auch hier in den univariaten Vergleichen kein Zusammenhang zwischen Alter und dem Usability-Ersteindruck, sehr wohl aber zum Gesamteindruck Usability ($F = 7.54, df = 1, p < .01, \eta^2 = .02$) und dem PWU-g-Gesamtwert ($F = 7.68, df = 1, p < .01, \eta^2 = .02$).

Ein geringer, aber signifikanter Unterschied der Werte des Ersteindrucks Usability zeigt sich in den univariaten Vergleichen (siehe auch Anhang D) lediglich bei der Bildgestaltung ($F = 5.28, df = 1, p < .05, \eta^2 = .02$). Als zweiter signifikanter Unterschied zeigt sich hier der Gesamteindruck bezüglich der Manipulation der Schriftgestaltung ($F = 4.74, df = 1, p < .05, \eta^2 = .01$), wobei beide Effektgrößen hier als klein zu bezeichnen sind.

Tabelle 30.19: Einfluss der Ästhetik auf die Bewertung von Usability – Ergebnisse der MANCOVA unter Einbezug der Kovariate Alter

	Wert[a]	df	df *Fehler*	F	η^2	p
Alter	.03	3	351	3.81**	.03	.01
Farbe	.01	3	351	.72	.01	.54
Schriftgestaltung	.01	3	351	1.57	.01	.20
Bildgestaltung	.02	3	351	1.94	.02	.12
Farbe × Schrift	.01	3	351	.64	.01	.59
Farbe × Bild	.00	3	351	.14	.00	.93
Schrift × Bild	.00	3	351	.34	.00	.80
Farbe × Schrift × Bild	.01	3	351	1.16	.01	.32

[a] *entsprechend dem Pillai-Spur-Kriterium*
η^2 = *partielles Eta-Quadrat;* $^*p < .05$; $^{**}p < .01$

Die Hypothese 3b ist somit, was die PWU-g-Skala anbelangt, bestätigt – bei dieser führen die Variationen von Farb-, Schrift- oder Bildgestaltung zu keinen signifikanten Veränderungen. Die globalen Einschätzungen von Usability werden jedoch von der Ausprägung der Gestaltungsvariablen Schrift und Bild beeinflusst, allerdings in sehr geringem Maße. Da jedoch die Bildgestaltung im vorliegenden Experiment anscheinend nicht ästhetisch gewirkt hat, bleibt die Hypothese 3b, in der lediglich von einem Ästhetik-Einfluss gesprochen wird, größtenteils bestätigt.

Hypothese 3c, die einen Attraktivitätsstereotyp oder einen allgemeinen Halo-Effekt der Ästhetik auf Usability ausschließt, ist bestätigt. Zwar finden sich gerade bei den Messungen über einzelne Items geringe signifikante Einflüsse einzelner Ästhetik-Variationen, dieser Effekt tritt aber nur vereinzelt auf. Ein durchgängiger Halo-Effekt oder ein konstant wirkender Attraktivitätsstereotyp in signifikanter Höhe finden sich hier nicht. Dies lässt sich auch aus der folgenden Tabelle 30.20 ablesen: In dieser wird zwar ersichtlich, dass die Usability-Bewertungen in der jeweiligen ästhetischen Variante stets leicht höher ausfallen, die nominellen Unterschiede sind aber überwiegend gering.

Tabelle 30.20: Mittelwerte der Usability-Bewertungen in Bezug auf die jeweiligen Gestaltungsvariationen

	Farbgestaltung		Schriftgestaltung		Bildgestaltung	
	unästhetische Variante $N = 182$	*ästhetische Variante* $N = 182$	*unästhetische Variante* $N = 189$	*ästhetische Variante* $N = 175$	*unästhetische Variante* $N = 187$	*ästhetische Variante* $N = 177$
Ersteindruck Usability	5.32	5.48	5.34	5.46	5.26	5.55
Gesamteindruck Usability	5.36	5.49	5.26	5.61	5.39	5.47
PWU-g-Gesamtwert	5.46	5.60	5.40	5.67	5.48	5.59

30.6 Fragestellung 4: Ästhetik und Inhalt

Als letztes soll mit dem vorliegenden Experiment der Frage nachgegangen werden, welche Beziehung sich zwischen Ästhetik und Inhalt findet. Da sich aus der vorhandenen Literatur keine konkreten Hypothesen zum Zusammenhang von Ästhetik und Inhalt ableiten lassen (siehe Kap. 7.1 in Teil I, ab S. 59), erfolgt diese Betrachtung weitgehend explorativ. Aus den Annahmen zur Fragestellung 3 leitet sich jedoch eine Hypothese ab: Es wird eine positive Korrelation zwischen der wahrgenommenen Ästhetik und der Wahrnehmung des Inhalts erwartet. Dieser Zusammenhang wird angenommen, da von einem generellen Methodenbias ausgegangen wird (siehe Kap. 28.4, S. 177), der auch bei der Bewertung der Webinhalte wirksam ist. Vor der Prüfung dieser Hypothese und der weiteren explorativen Betrachtung der Fragestellung 4 soll, wie zuvor unter Fragestellung 3, zunächst eine Prüfung des Zusammenhangs zwischen Inhaltsbeurteilungen und demographischen Variabeln erfolgen.

30.6.1 Zusammenhang von Personenmerkmalen und Inhaltsbewertung

Betrachtet man den Zusammenhang von Personenmerkmalen und Einschätzung der Website-Inhalte, so ergibt sich unter Anwendung der gleichen Auswertungsroutinen ein im Vergleich zu den Analysen zu Usability- und Ästhetik-Maßen leicht unterschiedliches Bild: Insgesamt zeigen sich etwas mehr Zusammenhänge. Eine vollständige Darstellung dieser Auswertungen findet sich in Anhang D.

Bei der Bewertung der Inhalte zeigen sich keinerlei Gruppenunterschiede hinsichtlich des Berufs oder der Expertise bezüglich Webdesigns, und es finden sich keine Korrelationen zu Surfzeit und Internetnutzung. Wie bei den anderen beiden Konstrukten Ästhetik und Usability treten bei der Inhaltsbewertung konstant positive Korrelationen mit dem Alter auf, diese fallen aber insgesamt noch etwas höher aus; drei Korrelationen erreichen dabei eine mittlere Höhe (siehe Tab. 30.21).

Tabelle 30.21: Korrelationen zwischen Alter und den fünf Inhaltsmaßen (N = 362)

	r	p
Ersteindruck Inhalt	$.21^{**}$	.00
Gesamteindruck Inhalt	$.35^{**}$	.00
WWI-Skala Gefallen	$.33^{**}$	.00
WWI-Skala Verständlichkeit	$.15^{**}$	.01
WWI-Skala Qualität und Nutzen	$.30^{**}$	.00

$^{*}p < .05$; $^{**}p < .01$

Ein Zusammenhang zwischen Inhaltsbewertung und Geschlecht lässt sich, wie in Kapitel 30.3 (ab S. 204) bei den Ästhetik-Maßen, in einer multivariaten Analyse über das unterschiedliche Durchschnittsalter von Männer und Frauen erklären. Es findet sich jedoch ein Zusammenhang von Inhaltswahrnehmung und Schulbildung sowie Ausbildungsstand, der unabhängig vom Alter auftritt. In einer multivariaten Analyse mit den Inhaltsbewertungen als abhängigen Variablen, Ausbildungsstand als unabhängiger Variable und Alter und Schulbildung als Kovariaten zeigen sich Alter und Ausbildungsstand als relevant zur Erklärung von Gruppenunterschieden (siehe Tab. 30.22); der Zusammenhang zum Alter erreicht dabei auch hier eine mittlere Effektgröße. Die univariaten Analysen zeigen einen Zusammenhang von Alter und allen Inhaltsmaßen und von Ausbildungsstand und dem Gesamtwert der WWI-Skala *Gefallen* sowie dem Gesamteindruck (siehe Anhang D).

Weiterhin findet sich bei den Inhaltsmaßen eine Reihe von Korrelationen zu den Big Five. Von ihrer Höhe sind diese als gering einzuschätzen, einen Überblick gibt Tabelle 30.23. Es treten insbesondere Korrelationen zu den Skalen *Verträglichkeit, Gewissenhaftigkeit* und *Offenheit für Erfahrungen* auf. In schrittweise berechneten multiplen Regressionen der Big-Five-

Tabelle 30.22: Personenmerkmale und Inhaltsbewertung – Ergebnisse der MANCOVA unter Einbezug der Kovariaten Alter und Schulbildung

	Wert[a]	*df*	*df Fehler*	*F*	η^2	*p*
Ausbildungsstand	.12	25	1770	1.76*	.02	.01
Kovariate: Alter	.12	5	350	9.31**	.12	.00
Kovariate: Schulbildung	.02	5	350	1.24	.02	.30

[a] *entsprechend dem Pillai-Spur-Kriterium*
η^2 = *partielles Eta-Quadrat;* $^*p < .05$; $^{**}p < .01$

Faktoren auf die verschiedenen Inhaltsmaße zeigen sich Werte im Bereich von $.14 \leq R \leq .33$, dementsprechend liegt das korrigierte R^2 in den verschiedenen Modellen im Bereich $.02 \leq R^2 \leq .11$ (siehe auch Anhang D). Dabei zeigen sich in allen Modellen nur die Skalen *Verträglichkeit, Gewissenhaftigkeit* und *Offenheit für Erfahrungen* als relevant.

Als Schlussfolgerung aus diesen Analysen ergibt sich, dass in der unter Kapitel 30.6.3 folgenden multivariaten Auswertung zum Einfluss der Ästhetik auf die Inhaltsbewertungen die Variablen *Alter, Ausbildungsstand* und die drei Big-Five-Skalen *Verträglichkeit, Gewissenhaftigkeit* und *Offenheit für Erfahrungen* als Kovariaten berücksichtigt werden sollten. Bei der nachfolgenden Prüfung der Hypothese 4 kann in der statistischen Auswertung nur das Alter als stärkste Kovariate berücksichtigt werden.

Tabelle 30.23: Korrelationen zwischen den Big-Five-Skalen und den verschiedenen Inhaltsmaßen (N = 362)

	Extraversion		Verträglichkeit		Gewissenhaftigkeit		Neurotizismus		Offenheit	
	r	*p*	*r*	*p*	*r*	*p*	*r*	*p*	*r*	*p*
Ersteindruck Inhalt	.11*	.04	.21**	.00	.24**	.00	−.12*	.02	.21**	.00
Gesamteindruck Inhalt	.08	.12	.05	.32	.14**	.01	−.03	.61	.05	.32
WWI-Skala Gefallen	.08	.14	.14**	.01	.18**	.00	−.05	.31	.16**	.00
WWI-Sk. Verständlichkeit	.05	.38	.17**	.00	.17**	.00	−.10*	.05	.13**	.01
WWI-Sk. Qualität/Nutzen	.09	.10	.21**	.00	.21**	.00	−.08	.12	.22**	.00

$^*p < .05$; $^{**}p < .01$

30.6.2 Zusammenhang zwischen Ästhetik und Inhalt – Prüfung der Hypothese 4

In Hypothese 4 wird ein positiver Zusammenhang der Wahrnehmung von Ästhetik und Inhalt postuliert. Wie in Tabelle 30.24 dargestellt lässt sich die Hypothese 4 klar bestätigen: Es finden

Tabelle 30.24: Partialkorrelationen zwischen den Inhalts- und den Ästhetik-Maßen (N = 364). Einflüsse der Variable Alter wurden herauspartialisiert.

	Ersteindruck		Gesamt-eindruck		WWI-1		WWI-2		WWI-3	
	r	p	r	p	r	p	r	p	r	p
Ersteindruck Ästhetik	$.56^{**}$	.00	$.47^{**}$	.00	$.53^{**}$	.00	$.37^{**}$	.00	$.42^{**}$	.00
Gesamteindruck Ästhetik	$.56^{**}$	.00	$.67^{**}$	.00	$.69^{**}$	.00	$.50^{**}$	.00	$.60^{**}$	.00
VAWI-Skala Übersicht	$.35^{**}$	.00	$.39^{**}$	.00	$.43^{**}$	.00	$.62^{**}$	.00	$.42^{**}$	.00
VAWI-Skala Balance	$.42^{**}$	.00	$.51^{**}$	.00	$.56^{**}$	.00	$.55^{**}$	.00	$.52^{**}$	.00
VAWI-Skala Homogenität	$.39^{**}$	.00	$.50^{**}$	.00	$.55^{**}$	.00	$.52^{**}$	.00	$.53^{**}$	.00
VAWI-Skala Neuartigkeit	$.55^{**}$	.00	$.58^{**}$	.00	$.63^{**}$	.00	$.36^{**}$	.00	$.55^{**}$	.00
VAWI-Skala Dynamik	$.48^{**}$	.00	$.54^{**}$	.00	$.64^{**}$	.00	$.37^{**}$	.00	$.55^{**}$	.00
VAWI-Skala Abwechslung	$.53^{**}$	.00	$.57^{**}$	.00	$.65^{**}$	.00	$.33^{**}$	.00	$.55^{**}$	.00
VAWI-Skala Farbigkeit	$.37^{**}$	.00	$.44^{**}$	.00	$.49^{**}$	.00	$.38^{**}$	.00	$.44^{**}$	.00
VAWI-Sk. Professionalität	$.51^{**}$	.00	$.55^{**}$	.00	$.60^{**}$	.00	$.46^{**}$	.00	$.56^{**}$	.00
VAWI-Gesamtwert	$.54^{**}$	.00	$.60^{**}$	.00	$.68^{**}$	.00	$.52^{**}$	.00	$.61^{**}$	.00

WWI-1 = WWI-Skala Gefallen, WWI-2 = WWI-Skala Verständlichkeit, WWI-3 = WWI-Skala Qualität und Nutzen
$^{*}p < .05$ *(1-seitig);* $^{**}p < .01$ *(1-seitig)*

sich durchgängig positive Partialkorrelationen in einem mittleren bis hohen Bereich ($.33 \leq r \leq .69$, $p < .01$). Bei der Berechnung wurde, wie schon in der vorherigen Analyse zur Hypothese 3a, der Anteil der Variable Alter herauspartialisiert.

30.6.3 Einfluss der Ästhetik auf die Bewertung des Inhalts

Die Betrachtung der Variation von ästhetischen Gestaltungsmerkmalen und der Wahrnehmung von Web-Inhalten erfolgt explorativ. Es werden hierbei jedoch die gleichen Auswertungsprozeduren vorgenommen, wie bei der vorherigen Auswertung zu Ästhetik und Usability (siehe oben Kap. 30.5, ab S. 212).

Inwieweit die Gestaltungsvariationen Einfluss auf die Inhaltswahrnehmung haben, soll zunächst allgemein durch einen Vergleich der Website-Varianten 1 (unästhetisch) und 8 (ästhetisch) geprüft werden. Betrachtet man hier die Mittelwerte bezogen auf beide Website-Varianten im Vergleich, so fällt auf, dass der Inhalt der ästhetischeren Variante nicht durchgängig positiver eingeschätzt wird; auf der WWI Skala *Verständlichkeit* erlangt die unästhetische Variante leicht höhere Werte (siehe Tab. 30.25).

Dementsprechend erweist sich eine multivariate Betrachtung des Unterschieds zwischen der ästhetischen und unästhetischen Website-Variante mit den Inhaltsbewertungen als abhängigen Variable als nur marginal signifikant ($F = 2.28, df = 5, p < .06, \eta^2 = .13$). In dieser MANCOVA wurden, wie in Kapitel 30.6.1 (S. 218f.) diskutiert, die Variablen *Alter* und *Ausbildungsstand* sowie die Big-Five-Skalen *Verträglichkeit, Gewissenhaftigkeit* und *Offenheit für Erfahrungen*

Tabelle 30.25: Übersicht über Mittelwerte und Standardabweichungen der Inhaltsbeurteilungen im Vergleich der Website-Varianten 1 und 8

	Unästhetische Variante		Ästhetische Variante	
	M	*SD*	*M*	*SD*
Ersteindruck Inhalt	4.02	1.48	4.30	1.30
Gesamteindruck Inhalt	4.04	1.77	4.93	1.37
WWI-Skala Gefallen	3.71	1.59	4.23	1.48
WWI-Skala Verständlichkeit	5.69	1.18	5.58	1.11
WWI-Skala Qualität und Nutzen	3.69	1.26	4.22	1.17

als Kovariaten berücksichtigt. Es erweist sich an dieser Stelle im multivariaten Vergleich aber auch keine der Kovariaten als signifikant bedeutsam (siehe Anhang D). Schaut man bei dieser MANCOVA auf die univariaten Vergleiche, so zeigt sich auf allen drei WWI-Skalen ein signifikanter Effekt der Kovariate *Alter* (die Varianzaufklärungen sprechen für kleine Effektgrößen), die übrigen Kovariaten erweisen sich als nicht signifikant (siehe ebenfalls Anhang D). Ein signifikanter Unterschied hinsichtlich des Vergleichs der Website-Varianten findet sich nur beim Inhalts-Gesamteindruck ($F = 5.81, df = 1, p < .05, \eta^2 = .07$).

Um den Einfluss der vorgenommenen experimentellen Variationen der Farb-, Schrift- und Bildgestaltung näher zu bestimmen, wurde eine MANCOVA berechnet, bei der diese Gestaltungsvariablen als feste Faktoren und die Inhaltsbewertungen wieder als abhängige Variablen eingingen. Dabei werden die gleichen Kovariaten wie bei der obigen MANCOVA zu den beiden Website-Varianten berücksichtigt. Es zeigen sich hierbei eine Reihe von signifikanten Effekten (siehe Tab. 30.26): Die Kovariaten *Alter* und *Verträglichkeit* erweisen sich als signifikant, ebenso die festen Faktoren Farb- und Bildgestaltung. Zudem findet sich ein Interaktionseffekt der Gestaltungsvariablen Schrift- und Bildgestaltung, alle Effekte weisen aber nur kleine Größen auf.

Ein leicht verändertes Bild findet sich hier jedoch in den univariaten Vergleichen (auszugsweise siehe Tab. 30.27, eine vollständige Darstellung findet sich in Anhang D). Die Kovariate *Alter* erweist sich dabei wieder als relevant für alle Inhaltsbewertungen. Einen geringen Einfluss auf den Inhalts-Gesamteindruck und die WWI-Skala *Gefallen* hat zudem die Bildgestaltung; auch die Big-Five-Skalen *Verträglichkeit* und *Offenheit für Erfahrungen* begründen hier signifikante Effekte. Die Verträglichkeitsskala erklärt zusätzlich in geringem Maße Gruppenunterschiede beim Inhalts-Ersteindruck. Einflüsse der Farb- und Schriftgestaltung oder Interaktionseffekte zeigen sich in den univariaten Vergleichen aber nicht.

Um die Frage nach der Richtung dieser Effekte – zumindest in Bezug auf die Variation der Gestaltungsvariablen – zu klären, lassen sich die jeweiligen Mittelwerte in Tabelle 30.28 betrachten (die vollständige Statistik findet sich in Anhang D). Bei der Farbvariation findet sich zumeist eine nur geringfügig positivere Bewertung der ästhetischeren Variante, einzelne Bewertungen fallen gleich oder sogar gegensätzlich aus; ähnlich verhält sich dies in Bezug auf

Tabelle 30.26: Einfluss der Ästhetik auf die Bewertung des Inhalts – Ergebnisse der MANCOVA unter Einbezug der Kovariaten Alter, Ausbildungsstand und den drei Big-Five-Skalen *Verträglichkeit, Gewissenhaftigkeit* und *Offenheit für Erfahrungen*

	Wert[a]	*df*	*df Fehler*	*F*	η^2	*p*
Alter	.07	5	342	4.83**	.07	.00
Ausbildungsstand	.03	5	342	1.95	.03	.08
Big Five: Verträglichkeit	.03	5	342	2.47*	.03	.03
Big Five: Gewissenhaftigkeit	.02	5	342	1.59	.02	.16
Big Five: Offenheit	.03	5	342	2.16	.03	.06
Farbe	.03	5	342	2.33*	.03	.04
Schriftgestaltung	.01	5	342	.95	.01	.45
Bildgestaltung	.03	5	342	2.31*	.03	.04
Farbe × Schrift	.02	5	342	1.19	.02	.31
Farbe × Bild	.02	5	342	1.46	.02	.20
Schrift × Bild	.03	5	342	2.31*	.03	.04
Farbe × Schrift × Bild	.02	5	342	1.12	.02	.35

[a] *entsprechend dem Pillai-Spur-Kriterium*
η^2 = partielles Eta-Quadrat; *$p < .05$; ***$p < .01$

Tabelle 30.27: Einfluss der Ästhetik auf die Bewertung des Inhalts – Auszug aus den Ergebnissen der univariaten Vergleiche, eine vollständige Auflistung findet sich in Anhang D

Unabhängige Variable	Abhängige Variable	*df*	*F*	η^2	*p*
Alter (Kovariate)	Ersteindruck Inhalt	1	9.66**	.03	.00
	Gesamteindruck Inhalt	1	22.46**	.06	.00
	WWI-Skala Gefallen	1	19.33**	.05	.00
	WWI-Skala Verständlichkeit	1	4.41*	.01	.04
	WWI-Skala Qualität und Nutzen	1	19.02**	.05	.00
Big Five: Verträglichkeit (Kovariate)	Ersteindruck Inhalt	1	5.75*	.02	.02
	Gesamteindruck Inhalt	1	8.42**	.02	.00
	WWI-Skala Gefallen	1	8.32**	.02	.00
	WWI-Skala Verständlichkeit	1	.12	.00	.73
	WWI-Skala Qualität und Nutzen	1	2.87	.01	.09
Big Five: Offenheit (Kovariate)	Ersteindruck Inhalt	1	1.72	.00	.19
	Gesamteindruck Inhalt	1	7.78**	.02	.01
	WWI-Skala Gefallen	1	6.29*	.02	.02
	WWI-Skala Verständlichkeit	1	.00	.00	.99
	WWI-Skala Qualität und Nutzen	1	3.26	.01	.07
Bild	Ersteindruck Inhalt	1	2.13	.01	.15
	Gesamteindruck Inhalt	1	5.45*	.02	.02
	WWI-Skala Gefallen	1	5.51*	.02	.02
	WWI-Skala Verständlichkeit	1	.26	.00	.61
	WWI-Skala Qualität und Nutzen	1	1.03	.00	.31

η^2 = partielles Eta-Quadrat; *$p < .05$; ***$p < .01$

die Schriftgestaltung. Bei der Bildgestaltung stechen das Item zum Inhalts-Gesamteindruck und die WWI-Skala *Gefallen* ein wenig heraus, hier sind diese Unterschiede größer, aber auch Ersteindruck und die WWI-Skala *Qualität und Nutzen* werden positiver in der ästhetischeren Gestaltungsbedingung bewertet, nicht aber die Skala *Verständlichkeit*. An dieser Stelle muss erneut einschränkend darauf hingewiesen werden, dass die Bildgestaltung selbst keinerlei Veränderung auf den Ästhetik-Maßen hervorgerufen hat.

Tabelle 30.28: Mittelwerte der Inhaltsbewertungen in Bezug auf die jeweiligen Gestaltungsvariationen

	Farbgestaltung		Schriftgestaltung		Bildgestaltung	
	unästhetische Variante $N = 182$	*ästhetische Variante* $N = 182$	*unästhetische Variante* $N = 189$	*ästhetische Variante* $N = 175$	*unästhetische Variante* $N = 187$	*ästhetische Variante* $N = 177$
Ersteindruck Inhalt	4.05	4.00	4.05	4.01	3.91	4.15
Gesamteindruck Inhalt	4.05	4.24	4.08	4.21	3.94	4.36
WWI-Skala Gefallen	3.79	3.79	3.73	3.85	3.60	3.99
WWI-Sk. Verständlichkeit	5.55	5.62	5.55	5.62	5.61	5.56
WWI-Sk. Qualität /Nutzen	3.84	4.03	3.83	4.05	3.86	4.02

30.6.4 Zusammenfassung der Ergebnisse

Betrachtet man die Ergebnisse zusammenfassend, so finden sich eine Reihe der postulierten Hypothesen bestätigt. Lediglich zwei Hypothesen werden klar und eine weitere zum großen Teil abgelehnt. Die explorative Betrachtung einzelner Aspekte liefert darüber hinausgehende Erkenntnisse. Im Folgenden sollen die Ergebnisse zu den vier Fragestellungen des Experiments überblicksartig dargestellt werden.

Bei der ersten Fragestellung, der Frage nach dem Zusammenhang von Persönlichkeitsmerkmalen und den ästhetischen Urteilen, lässt sich lediglich eine geringe, aber konstant bestehende Korrelation zum Alter der Befragten finden. Zu anderen Maßen findet sich kein Zusammenhang, der eine bedeutende Größe erreicht oder nicht durch die Variable Alter erklärt werden könnte. Alter wird dementsprechend als Kovariate in den weiteren Berechnungen berücksichtigt und erklärt dabei auch stets signifikante Anteile der Gesamtvarianz in überwiegend geringer, teilweise aber auch mittlerer Höhe. Mit diesen Ergebnissen ist auch die erste Hypothese, die Annahme eines Zusammenhangs von ästhetischen Bewertungen und der Personenvariablen ästhetische Sensitivität, abgelehnt.

In der zweiten Fragestellung wurde nach einem Einfluss einzelner Variablen auf die Bewertung der Ästhetik gefragt. In einer varianzanalytischen Auswertung erweist sich hier nur die Farbgestaltung als durchgängig relevant. Die jeweiligen Varianzaufklärungen lassen hierbei univariat auf einen kleinen, multivariat auf einen mittleren Effekt schließen. Die Bildgestaltung führt zu keinerlei Gruppenunterschieden, die Gestaltung der Schrift nur bei der Beantwortung der VAWI-Skala *Übersicht*. Dementsprechend erweist sich die Hypothese 2a als bestätigt, Hypothese 2b als größtenteils abgelehnt und Hypothese 2c als komplett abgelehnt (siehe Tab. 30.29).

Als drittes wurde die Frage nach der Beziehung zwischen Ästhetik und Usability gefragt. Hier zeigen sich zum einen erwartungsgemäß und hypothesenkonform hohe Korrelationen zwischen beiden Maßen. Andererseits lässt sich, ebenfalls hypothesengerecht, ein Einfluss der Ästhetik auf die wahrgenommene Usability in der multivariaten Analyse der experimentellen Variation nicht finden. Lediglich in der univariaten Analyse zeigt sich ein sehr geringer Einfluss bei zwei Vergleichen: einmal bezüglich des Ersteindrucks und einmal bezogen auf den Gesamteindruck. Einer dieser Unterschiede ist dabei durch die (im vorliegenden Experiment) ästhetisch irrelevante Bildgestaltung bedingt. Auf der PWU-g-Skala ergeben sich keinerlei Beeinflussungen. Da sich somit ein Einfluss der Gestaltungsvariationen auf nur sehr wenigen Usability-Bewertungen zeigt, ist die Hypothese 3b zum größten Teil, die Hypothese 3c vollständig bestätigt.

In der vierten Fragestellung wurde die Beziehung von Ästhetik und Inhalt betrachtet, hier zeigten sich hypothesenkonform hohe Korrelationen zwischen den Bewertungen beider Konstrukte. In der weiteren explorativen Analyse finden sich in der MANCOVA zum einen geringe, aber signifikante Zusammenhänge von Personenvariablen (insbesondere *Alter*, aber auch die Big-Five-Skala *Verträglichkeit*) und Inhaltsbewertungen. Zum anderen zeigt sich ein geringer Einfluss der Gestaltungsvariation von Farbe und Bildern sowie ein schwacher Interaktionseffekt zwischen Schrift- und Bildgestaltung. Univariat findet sich neben der schwachen Wirkung der Kovariaten Alter und der Big-Five-Skalen *Verträglichkeit* und *Offenheit für Erfahrung*, lediglich ein schwacher Effekt der Bildgestaltung auf den Inhalts-Gesamteindruck

Tabelle 30.29: Übersicht über die Ergebnisse zu den Hypothesen

Nr.	Hypothese	Ergebnis
1	Positiver Zusammenhang zwischen der Personenvariable ästhetische Sensitivität und den Ästhetik-Urteilen	abgelehnt
2a	Einfluss der Variable *Farbe* auf das ästhetische Urteil	bestätigt
2b	Einfluss der Variable *Schriftgestaltung* auf das ästhetische Urteil	größtenteils abgelehnt
2c	Einfluss der Variable *Bildgestaltung* auf das ästhetische Urteil	abgelehnt
3a	Positiver Zusammenhang zwischen wahrgenommener Ästhetik und wahrgenommener Usability	bestätigt
3b	Kein Einfluss der gestalterischen Ästhetik-Variationen auf die wahrgenommene Usability	größtenteils bestätigt
3c	Kein genereller positiver Einfluss der ästhetischen Gestaltung auf Usability-Bewertungen, somit keine Wirkung eines Attraktivitätsstereotyps oder eines Halo-Effekts	bestätigt
4	Positiver Zusammenhang zwischen der wahrgenommenen Ästhetik und der Wahrnehmung des Inhalts	bestätigt

und die WWI-Skala *Gefallen*. Die Varianzaufklärung ist aber hier in allen Analysen eher gering, insgesamt gesehen zeigen sich univariat Einflüsse der Gestaltungsvariationen nur auf sehr wenigen Inhaltsmaßen.

31 Diskussion

Eine abschließende Betrachtung des vorliegenden Experiments fällt positiv aus. Die Befragung einer (online-)bevölkerungsrepräsentativen Stichprobe stellt eine verlässliche Ausgangsbasis zur Prüfung der Hypothesen und Verallgemeinerbarkeit der Auswertungen dar. Dennoch liegen in einem experimentellen Aufbau immer Einschränkungen vor. Nach einem methodenkritischen Fazit sollen im Folgenden die zu den Fragestellungen gefundenen Ergebnisse diskutiert werden. Dabei werden Interpretationen für die gefundenen Ergebnisse zu Personenvariablen, Ästhetikvariablen und Wirkung von Ästhetik auf Usability und Inhalt dargestellt und in diesem Rahmen auch Ansatzpunkte für weitere Forschungen aufgezeigt.

31.1 Methodenkritisches Fazit

Zunächst wird an dieser Stelle die methodische Durchführung des Experiments kritisch reflektiert. Dann erfolgt eine Diskussion von Stichprobe, Testmaterial und eingesetzten Befragungsinstrumenten.
Auf einer übergeordneten Ebene mag an der Methodik kritisiert werden, dass Kontextvariablen wie die technische Ausstattung oder die Rahmenbedingungen der Versuchsdurchführung beim Probanden nicht kontrolliert werden konnten. Dies ist jedoch in einem Online-Experiment grundsätzlich nur schwer möglich. In der vorliegenden Arbeit wird die Online-Methodik aufgrund der Nähe zum Forschungsfeld und einer Reihe weiterer Vorteile (siehe Kap. 13 in Teil II, S. 93f.) bevorzugt. Dabei wird davon ausgegangen, dass sich Kontexteffekte in der vorliegenden großen Stichprobe zufällig verteilen und somit keinen systematischen Einfluss ausüben können.

31.1.1 Zur Stichprobe

Es konnte eine ausreichend große und in zentralen Variablen hoch repräsentative Stichprobe zufällig gezogen werden. Der Einsatz eines Online-Befragungspanels erwies sich hier als wertvolle Grundlage einer optimalen Stichprobe und ermöglichte somit die repräsentative Schichtung sowie die erfolgreiche Kontrolle von Mehrfachteilnahmen. Auch die Drop-out-Quote lag mit rund zwanzig Prozent vergleichsweise niedrig, die Datenqualität wurde durch Ausschluss von Datensätzen anhand klarer A-priori-Kriterien gesichert. Die umfangreiche Darstellung der Soziodemographie sowohl der Probanden als auch von Abbrechern und Ausgeschlossenen sowie der statistische Vergleich dieser drei Gruppen zeigen, dass weder ein selektiver Abbruch noch ein selektiver Ausschluss stattgefunden hat.

Lediglich bei der zufälligen Zuweisung von Probanden auf Versuchsbedingungen fällt auf, dass hier die Probanden nicht vollkommen gleichverteilt sind. Dies lässt sich bei der durchgeführten automatischen Randomisierung technisch nicht ganz vermeiden, insbesondere wenn wie im vorliegenden Experiment sehr viele Probanden gleichzeitig auf den Versuch zugreifen. Brechen einzelne Probanden ab, bevor die Angaben zur Soziodemographie vollständig eingegeben wurden, ergibt sich eine leichte Verzerrung: Der Zufallsfilter war bei diesen Probanden bereits aktiv und hatte eine Zuweisung vorgenommen, die Daten können jedoch noch nicht gespeichert werden, so dass diese Person nicht in der Abbrecherstatistik auftauchen kann. Dieser Aspekt kann aber vernachlässigt werden, da zum einen alle Versuchsgruppen eine ausreichende Probandenzahl erreichen und die Größenunterschiede nicht zu groß werden und zum anderen sich keinerlei inhaltliche Verbindung zwischen Abbruch und der jeweiligen Website-Variante finden lässt (siehe Kap. 29.1.2, S. 182f.). Zudem erweist sich dieser Effekt statistisch als nicht relevant.

31.1.2 Zu Versuchsmaterial und Manipulation Check

Natürlicherweise liegen in jedem Experiment Einschränkungen der Verallgemeinerbarkeit der Ergebnisse durch das gewählte Versuchsmaterial vor. Auch die Ergebnisse des vorliegenden Experiments müssen anhand anderer Materialsets geprüft und weiter untersucht werden. Andererseits sind verlässliche Aussagen ohne eine Einschränkung und klare Kontrolle des Versuchsmaterials, insbesondere bei der Untersuchung von Websites, gar nicht möglich (siehe Teil II, Kap. 11 [S. 85f.] oder auch Ollermann et al., 2005).

Aus experimenteller Sicht ist die Erstellung einer eigenen Seite, und nicht die Verwendung einer existierenden der optimale Weg. So sind Vertrautheitseffekte bei den Probanden ausgeschlossen, und die verschiedenen Versuchsvariablen können optimal variiert werden. Hierbei sicherte im vorliegenden Experiment die Erstellung der Testwebsite durch einen Diplom-Designer mit umfangreicher Berufserfahrung eine reale und typische Gestaltung dieser. Der Einsatz eines professionellen Designers ist nicht nur eine nachvollziehbare Forderung (Haig, 2002); Fischer, Schrepp und Held (2007) finden hier empirische Hinweise: In ihrer Studie zu Benutzeroberflächen werden von einem Designer erstellte Farbkombinationen deutlich ästhetischer bewertet, als über gängige Farbalgorithmen erzeugte Kombinationen.
Die Kommentare der Probanden am Ende des Experiments sind überwiegend positiv, kein Proband äußerte sich dahingehend, die Testsite als unecht erlebt zu haben, im Gegenteil: Vereinzelt wurden die Inhalte der Testwebsite positiv kommentiert, aus manchen Kommentaren (z. B. der Befragten mit den Nummern 85 oder 237) lässt sich ablesen, dass diese die Website für absolut echt gehalten haben.[1] Einzelne Probanden kritisierten in ihren Anmerkungen die schlechte Gestaltung der Testwebsite – diese Probanden waren aber auch fast immer in einer Testbedingung mit vollständig oder größtenteils unästhetischer Ausprägung der Test-

[1] Eine Aufklärung der Probanden über die Fiktivität des Testmaterials erfolgte erst am Ende der Befragung, nach der Erfassung der offenen Anmerkungen.

variablen. Die Wahrnehmung der Probanden entspricht hier durchaus der Intention des Versuchs.

Bezieht man die Ergebnisse des Manipulation Checks ein, so wird deutlich, dass die Manipulation der Variablen Farb- und Bildgestaltung erfolgreich war. Die Schriftvariation hätte vielleicht noch deutlicher sein müssen – hier weist der Manipulation Check aber auf einen interessanten Aspekt hin: Womöglich ergibt sich ein Unterschied, ob eine Variable direkt oder eingebunden in eine Website bewertet wird. Mit anderen Worten: Während einzelne Variablen wie Farb- und Bildgestaltung sehr direkt und offensichtlich wahrgenommen werden und wirken, könnte beispielsweise eine mehr periphäre Wahrnehmung der Schriftgestaltung ein größeres Maß an Interaktion erfordern. Alternativ könnte auch angenommen werden, dass die Schriftgestaltung insgesamt weniger von Relevanz ist als die beiden übrigen hier manipulierten Variablen.
Neben den genannten beiden Möglichkeiten, dass einzelne Variablen (in der vorliegenden Studie die Schriftgestaltung) entweder auf andere Art wirken oder nicht von Relevanz sind, besteht auch die Möglichkeit, dass die Manipulation selber nicht angemessen war. So kann nicht ausgeschlossen werden, dass eine andere Form der (Schrift-)Manipulation zu anderen Ergebnissen führt. Allerdings liegen bei der Schriftgestaltung selber gar nicht so viele Variationsmöglichkeiten vor – im Grunde genommen sind dies vier: Schrifttyp, Schriftgröße, Schriftfarbe sowie die verschiedene Komposition dieser Aspekte.[2] Hier wurde der Schrifttyp variiert und dadurch auch indirekt leicht die Schrifthöhe, die Schriftfarbe wurde gleich gehalten. Inwieweit der geringe Unterschied in der Schrifthöhe nicht eher auf Usability und weniger auf Ästhetik hätte wirken müssen, ist zu überdenken. Schriftfarbe hätte aufgrund der Konfundierung mit Farbe im vorliegenden Experiment nicht variiert werden können, und bevor die Komposition von Schriftgestaltungsaspekten erprobt werden kann, muss Klarheit über die ästhetische Wirkung einzelner Aspekte bestehen. So gesehen hätte die Auswahl eines anderen Schrifttyps womöglich zu anderen Ergebnissen führen können, wobei aber der Kontrast zwischen den gewählten Schrifttypen Arial und Comic Sans MS aus Sicht eines Webdesigners schon die Grenze des real variierbaren darstellt. Alle Manipulationen im vorliegenden Experiment sollten wie eine real mögliche, institutionelle Website wirken, zu radikale Manipulationen wären unglaubwürdig und somit nicht zweckdienlich gewesen. Ein Hinweis auf die erfolgreiche Umsetzung dieses Ziels ist, dass sich beim Vergleich der verschiedenen Variationen der Testwebsite auf der VAWI-Skala Professionalität keine signifikanten Unterschiede ergeben.

Über diese inhaltlichen Aspekte hinaus liefert der Manipulation Check selbst erste Anhaltspunkte zur Wirkung der Variabeln auf die Probanden. Besonders auffällig ist hier, dass beim Vergleich zweier Website-Varianten zur Bildgestaltung mehr als die Hälfte der hier Befragten (54.31 Prozent von N = 116) keinen gestalterischen Unterschied zwischen den Websites identifizieren, dass aber bei der isolierten Darbietung von Bildern starke Unterschiede wahrgenommen werden: Hierbei präferieren 86.26 Prozent aller Befragten die ästhetischere Varian-

[2] Typographische Aspekte wie beispielsweise Laufweite haben im Webdesign noch eine eher untergeordnete Bedeutung.

te. Dieses Ergebnismuster entspricht der in Kapitel 8 in Teil 1 (S. 71) angesprochenen *Nichtsummativität* der Gestaltungsvariablen – die Bewertung des Ganzen ist etwas anderes als die Beurteilung einzelner Gestaltungsvariablen. Eine derartige Idee der *Nichtsummativität* unterscheidet sich dabei von der oben beschriebenen Vermutung zur Wirkung der Schriftgestaltung. Beide Ideen fußen auf einem Unterschied zwischen der isolierten Darbietung und der in eine Website eingebundenen Darbietung, zum einen ist jedoch der Kontext entscheidend für die Wirkung einer Variablen, zum anderen (bei der Schriftgestaltung) womöglich die Interaktion mit dem Medium.

31.1.3 Zu den Befragungsinstrumenten

Die Auswahl der Befragungselemente basierte auf inhaltlichen und versuchsökonomischen Argumenten. Zum Teil wurden Instrumente eigens konstruiert oder übersetzt (wie der WWI, die PWU-g oder der CVPA-g), da im deutschsprachigen Raum keine angemessenen Instrumente vorlagen. An anderer Stelle mussten Instrumente ausgewählt werden; dies betrifft die Erfassung der Big Five und der wahrgenommenen visuellen Ästhetik.

Zur Erfassung der Big Five gibt es eine Reihe von Instrumenten die bessere Gütekriterien als der BFI-K aufweisen (siehe Kap. 29.2.3, S. 191f.) – diese wären aber deutlich zu lang für ein Online-Experiment gewesen. Der BFI-K stellt hier einen versuchsökonomischen Kompromiss dar. Da zudem nur Gruppenvergleiche mit diesem Instrument, nicht aber Individualdiagnostik vorgenommen wurden, erweisen sich dessen Gütekriterien als ausreichend.

Auch hinsichtlich des Konstrukts *ästhetische Sensitivität* hätten eine Reihe von anderen Skalen zur Verfügung gestanden, viele von diesen besitzen aber keine psychometrisch zufriedenstellenden Eigenschaften oder erfassen sehr speziell die Wahrnehmung von Kunst (siehe auch Stich, 2005). Es wurde der CVPA von Bloch et al. (2003) ausgewählt, weil dieser sich durch eine ökonomische Erfassung bei gleichzeitig akzeptabler Güte auszeichnet. Das von Stich (2005) geschaffene Instrument wurde nicht verwendet, weil es zum einen *ästhetische Sensibilität* über ein vollkommen anderes Itemformat (Bewertung bildlicher Darstellungen) erfasst, zum anderen über eine deutlich größere Menge von Items verfügt und die Bearbeitung somit die Probanden mehr Zeit gekostet hätte. Vor dem Hintergrund der nachfolgend unter Kapitel 31.2 (ab S. 232) dargestellten Diskussionspunkte wäre jedoch der Einsatz eines anderen Verfahrens ähnlich dem von Stich (2005) zur Überprüfung der hier gefundenen Ergebnisse interessant.

Bei der Erfassung der visuellen Ästhetik könnte die Frage aufkommen, warum nicht das Instrument von Lavie und Tractinsky (2004), sondern stattdessen das VAWI verwendet wurde. Dies hat verschiedene Gründe: Vor allem ist der Vorteil des VAWI, dass dieser auf Deutsch vorliegt und im deutschsprachigen Kulturkreis entwickelt wurde. Ob Kultur einen Einfluss auf die Ästhetik-Bewertung hat, ist noch relativ unklar, bisher finden sich vereinzelt gegenteilige Hinweise (Tractinsky, 1997). Dennoch betonen mehrere Forscher die Bedeutung kultureller Aspekte für das Design von Interfaces und Websites (z. B. Marcus, 2004; Marcus & Gould, 2000; Simon, 2001; Sun, 2001), so dass dieser Faktor auch Berücksichtigung finden sollte, bis klare empirische Ergebnisse bezüglich der Ästhetik-Wahrnehmung vorliegen. Zudem ließ sich in einer deutschen Übersetzung des Instruments von Lavie und Tractinsky (2004) die im Original angenommene Faktorstruktur nicht bestätigen (Moshagen, 2005). Auch ergeben sich einzelne inhaltliche Probleme bezüglich der Items von Lavie und Tractinsky (siehe hierzu auch Kap. 6.2.1 in Teil I, ab S. 54). Wenn auch weitere Untersuchungen von Reliabilität und Validität wünschenswert sind, so stellt das VAWI insgesamt gegenwärtig das am besten geeignete (deutschsprachige) Instrument zur Untersuchung der Ästhetik von Websites dar.

Zusätzlich zu den standardisierten Instrumenten erfolgte eine Erfassung der Konstrukte bezüglich Erst- und Gesamteindruck über einzelne Items. Eine derartige Operationalisierung ist in der Website-Forschung nicht unüblich, auch wenn bei solchen globalen Items berechtigte Bedenken hinsichtlich Reliabilität und Validität aufkommen können. Die Verwendung derartiger Items erfolgte aus zwei Gründen: Zum einen kann so Vergleichbarkeit zu anderen Forschungen in diesem Bereich hergestellt werden, zum anderen dienen diese Items gut zur Erfassung der allgemeinen, globalen Einschätzung eines Konstrukts. Da alle Konstrukte auch mit differenzierten Messinstrumenten erfasst werden, liegt insgesamt eine hohe Aussagekraft bezüglich der Konstrukte vor.

31.2 Ästhetik und Personenmerkmale

In der ersten Fragestellung wurde der Zusammenhang von Personenmerkmalen zur wahrgenommenen Ästhetik untersucht. Dass sich hierbei (abgesehen vom Alter) kein Zusammenhang der demographischen Variablen mit der Beurteilung der Ästhetik ergibt, entspricht durchaus anderen empirischen Befunden (Parizotto-Ribeiro & Hammond, 2005; Moshagen et al., 2007; Zhang & von Dran, 2000). Auch dass sich kein Zusammenhang zu den Big Five findet – die Korrelationen fallen hier gering und unsystematisch aus – erscheint zumindest aus Sicht neurowissenschaftlicher Ansätze heraus (die Ästhetikempfinden eher mit generellen kognitiven und neuronalen Prozessen verbunden sehen) zunächst plausibel: Je mehr die Bewertung von Ästhetik allgemeinen Wahrnehmungsregeln folgt, desto weniger ist ein Effekt der individuellen Persönlichkeitsmerkmale zu erwarten.
Denkbar ist auch, dass die geringen vorhandenen Korrelationen nur auf einem Methodenfehler wie dem *common method bias* (siehe nachfolgendes Kap. 31.4.1, S. 235f.) beruhen.

Dass sich bezüglich aller Ästhetik-Bewertungen (gleiches gilt auch für fast alle Bewertungen von Usability und Inhalt) eine geringe, aber konstante Korrelation mit dem Alter im Sinne einer Mildetendenz zeigt, ist interessant. Ein vergleichbarer Alterseffekt zeigte sich bereits in Untersuchungen zur Rezeption einzelner Fernsehformate (siehe z. B. Bommert, Kleyböcker & Voß-Frick, 2002; Bommert & Voß-Frick, 2005). Die naheliegende Überlegung, dass dieser Effekt bei der Bewertung von Websites durch die Interneterfahrung der Probanden bedingt sein könnte, greift nicht: Die Variablen Interneterfahrung oder auch aktive Surfzeit pro Woche weisen keinerlei Zusammenhänge zu den Ästhetik-Urteilen auf. Auch mit dem Alter selber korrelieren sie gar nicht (Surfzeit: $r = .04, p < .49$) oder nur gering (Interneterfahrung:

$r = .17, p < .00$). Somit lässt sich zunächst aus den Daten nicht ermitteln, was diesen Mildeeffekt bedingt. Dennoch liefert dieses Ergebnis einen wichtigen Hinweis für spätere Forschungen zur Website-Ästhetik: Die Variable Alter muss auf jeden Fall analysiert und gegebenenfalls als Kovariate berücksichtigt werden. Alternativ sollten sich Versuchsgruppen hinsichtlich ihres Alters nicht unterscheiden.

Website-Ästhetik und ästhetische Sensitivität

Am meisten überrascht bei den Ergebnissen zur zweiten Fragestellung die Ablehnung der Hypothese 1: Ein Zusammenhang zwischen ästhetischer Sensitivität und der Beurteilung von visueller Website-Ästhetik erscheint auf den ersten Blick schon fast trivial – dennoch lässt sich dieser nicht finden. Es treten Korrelationen nur in sehr geringer Höhe auf einer einzigen CVPA-g-Skala auf. Dabei ist sogar nicht auszuschließen, dass diese Korrelationen ebenfalls nur auf einem Methodenfehler wie dem *common method bias* (siehe folgendes Kap. 31.4.1, S. 235f.) beruhen. Was könnte der Grund für die Ablehnung der Hypothese 1 sein? Es lassen sich drei denkbare Erklärungen finden:

1. Der CVPA-g ist nicht valide.
2. Die Operationalisierung der Hypothese war unvollständig.
3. Ästhetische Sensitivität ist nicht relevant für die Beurteilung von Website-Ästhetik.

Alle drei Möglichkeiten sind denkbar und bedürfen weiterer Forschung. Zum einen ist der CVPA im Original zwar gut validiert, aber nicht bezogen auf die Einschätzung von Websites, sondern von Produkten. In der deutschen Version liegen im Moment nur die Ergebnisse einer Extremgruppenvalidierung vor (siehe Teil III, Kap. 17.4.4 auf S. 119); deren Ergebnisse bestätigen sich auch im vorliegenden Datensatz: Es unterscheiden sich Personen mit von solchen ohne Webdesign-Erfahrung in ihrem CVPA-g-Gesamtwert ($t_{(360)} = 2.26, p < .05$), Personen mit Webdesign-Erfahrung haben dabei höhere Werte. Es ist denkbar, dass der CVPA-g nicht in der Lage ist, die Form von ästhetischer Sensitivität zu erfassen, die zur Beurteilung von Websites notwendig ist, sprich Einschränkungen der Validität vorliegen.
Als zweites hätte die Operationalisierung der Hypothese im vorliegenden Experiment differenzierter oder anders erfolgen können. Bloch et al. (2003) validieren den CVPA beispielsweise anhand von Conjoint-Analysen oder betrachten die Spannbreite der Differenzen zwischen der Beurteilung ästhetischer und unästhetischer Objekte in Abhängigkeit zum persönlichen CVPA-Wert. Derartige Vorgehensweisen wären sinnvoll zur weiteren Prüfung des CVPA-g, gehen jedoch an der Zielsetzung des vorliegenden Experiments vorbei und wären nicht ohne weiteren Aufwand im gesetzten Untersuchungsrahmen einzubeziehen gewesen. Es wäre denkbar, dass die genannten Vorgehensweisen zu einem Erfolg führen und sich die Beziehung zwischen ästhetischer Sensitivität und Ästhetik-Beurteilung nicht unbedingt in einer Korrelation abbilden lässt.
Neben den ersten beiden, an dieser Stelle favorisierten Möglichkeiten wäre auch eine dritte

Überlegung denkbar: Ästhetische Sensitivität wurde vor allem in Bezug auf Kunst oder Produkte operationalisiert und untersucht. Eine Website ist in ihren Merkmalen keines von beiden, weder Produkt noch Kunstwerk (auch wenn einige Designer dies anders sehen mögen). Eine Website ist vorrangig ein Medium, das auf bestimmte Art und Weise gestaltet wird – ästhetische Sensitivität in einer klassischen Definition könnte vollkommen irrelevant für diese Wahrnehmung sein. Dies wäre dann denkbar, wenn ästhetische Sensitivität beispielsweise stark an Expertise gebunden wäre, die zumindest bei der Kunstwahrnehmung eine entscheidende Rolle spielt, und zudem Website-Ästhetik auf der anderen Seite entsprechend der dargestellten neurowissenschaftlichen Perspektive mit sehr grundlegenden Wahrnehmungsprozessen verknüpft ist.

31.3 Die Wirkung von Gestaltungsmerkmalen auf die wahrgenommene Ästhetik

Ziel in der Untersuchung der zweiten Fragestellung war, den Einfluss einzelner Gestaltungsmerkmale auf die wahrgenommene Ästhetik zu überprüfen, dabei war von einem Einfluss der gewählten Variablen ausgegangen worden. Betrachtet man im Rahmen der zweiten Fragestellung die Hypothesen 2a bis 2c, so zeigt sich ein durchgängig hypothesenkonformer Effekt nur bei der Farbvariablen. Nur die Farbvariation hat, neben der Kovariate *Alter*, einen substanziellen Effekt (insgesamt mittlerer Größe) auf die Ästhetik-Urteile, in den univariaten Analysen erwartungsgemäß insbesondere auf die VAWI-Farbskala. Farbigkeit beeinflusst dabei auch die Skalen *Balance* und *Homogenität*, die im Modell von Moshagen (2005) beide dem Faktor *Einfachheit* zugeordnet sind. Womöglich kann dies als kleiner Hinweis auf die *Processing-fluency-Theorie* (Reber et al., 2004) gesehen werden (siehe Kap. 4.4 in Teil I, S. 28).
Auf jeden Fall zeigt sich hier, dass die Farbvariation nicht nur die Farbskala, sondern auch eindeutig andere Ästhetik-Skalen und somit zumindest in geringem Maße auch die Wahrnehmung anderer ästhetischer Aspekte neben der Farbe beeinflußt. Dabei ist die Wirkung der Farbvariation auf den genannten VAWI-Skalen gut nachvollziehbar, da neben Farbe jeweils Skalen beeinflusst sind, die sich eher auf die Komposition der Website als Ganzes beziehen. Zudem finden sich keine Veränderungen auf Skalen wie Dynamik oder Abwechslung, die unter anderem die Bewegung oder scheinbare Veränderung von Objekten erfassen – was im Stimulusmaterial in dieser Form auch nicht umgesetzt war.

Bei den anderen beiden Gestaltungsvariablen ergeben sich, zieht man die Ergebnisse des Manipulation Checks hinzu, interessante Ergebnisse: Während der Manipulation Check insgesamt für eine erfolgreiche Variation der Bildgestaltung spricht und beispielsweise im zweiten Manipulation Check rund 86 Prozent der Befragten die ästhetischere Bildvariante besser gefällt, findet sich dies überhaupt nicht in den Ästhetik-Bewertungen des Stimulusmaterials wieder. An keiner Stelle hat hier die Bildgestaltung einen Einfluss, die Mittelwerte aller Ästhetik-Maße liegen in beiden Bedingungen nah beieinander.
Ein etwas anderes Bild ergibt sich bei der Schriftgestaltung: Hier fällt der Manipulation Check

weniger eindeutig aus als bei den anderen beiden Variablen, die Mittelwerte aller Ästhetik-Maße liegen aber in der ästhetischen Schriftvariante leicht höher als in der unästhetischen. Bei der univariaten Betrachtung der VAWI-Skala *Übersicht* wird dieser Unterschied auch signifikant. An dieser Stelle sollte zudem bedacht werden, dass bei der Variation der Schriftgestaltung nicht auf allen VAWI-Skalen signifikante Effekte zu erwarten sind, da einzelne Skalen vollkommen andere Bereiche der Websitegestaltung behandeln (siehe Tab. 6.1 auf S. 56).

Die so gefundenen Ergebnisse verändern sich zudem nicht, auch wenn zur Auswertung zusätzlich eine entsprechend dem Fazit im Manipulation Check (siehe Kap. 30.2.4, S. 202) reduzierte Teilstichprobe herangezogen wird.

Was könnte hierfür die Erklärung sein? Zunächst mag eine methodische Überlegung in Erwägung gezogen werden: Das VAWI enthält keine Skalen, die genuin die Bild- oder Schriftgestaltung erfassen. Das heißt, auch hier mag Validität eine Rolle spielen. Zu dieser Überlegung lassen sich aber verschiedene Gegenargumente anführen: Moshagen (2005) zeigt zumindest inhaltliche und konvergente Validität des VAWI bezüglich der Erfassung visueller Ästhetik auf. Weiterhin wäre ein Effekt einer Bild- oder Schriftvariation auf einer VAWI-Skala wie beispielsweise Professionalität zu erwarten. Selbst wenn die Bild- und Schriftgestaltung nicht über die VAWI-Skalen erfasst werden würde, so wurden doch zusätzlich Erst- und Gesamteindruck abgefragt – zwei Maße, auf denen sich Unterschiede hätten zeigen können.

An dieser Stelle soll eine andere Interpretation bevorzugt werden: Was die Schriftgestaltung anbelangt, so ergibt sich ein signifikanter Gruppenunterschied auf der VAWI-Skala *Übersicht*, bei allen anderen Messungen fallen zumindest die Werte für die ästhetische Schriftvariante positiver aus. Eine mögliche Erklärung wurde bereits unter Kapitel 31.1.2 (S. 228f.) bezüglich der Manipulation der Schriftgestaltung angesprochen: Womöglich hätte die Auswahl eines anderen Schrifttyps oder eine andersartig durchgeführte Manipulation zu stärkeren Effekten geführt. Eine andere Überlegung ist, dass die Schriftgestaltung weniger reflektiert verarbeitet wird als beispielsweise die Farbgestaltung (siehe auch Kap. 30.2.4, S. 202f.). Während Farbe ein klares Gestaltungselement ist, so ist Schrift inhaltstragend. Möglicherweise ist die Gestaltung der Schrift den Rezipienten einer Website weniger bewusst und wird eher nebenbei während der Nutzung der Website wahrgenommen. Eine weitere Interpretation der Ergebnisse besteht also auch darin, zu vermuten, dass die Schriftgestaltung eine geringere, indirektere ästhetische Wirkung als beispielsweise die Farbgestaltung hat.

Betrachtet man die Bildvariation, so ergibt sich eine abweichende Interpretation. Zwar kann auch überlegt werden, ob die ästhetische Variation gelungen ist – allerdings fällt der Manipulation Check sehr eindeutig im Sinne einer gelungenen Umsetzung aus. Somit bleibt an dieser Stelle auch nur die Möglichkeit, dass eine andersartige Variation zu anderen Effekten geführt hätte. Im vorliegenden Experiment ergeben sich bei den ästhetischen Maßen keine nennenswerten Unterschiede bezüglich der Bildvariationen. Bilder und Bildgestaltung werden dennoch in der Literatur häufig als ästhetische Aspekte angegeben (insbesondere Haig, 2002; Sutcliffe, 2001, 2002) und nehmen auch in der qualitativen Studie (siehe Teil IV) einen wichtigen Platz ein. Denkbar sind nun, abgesehen von den genannten Einschränkungen, auf

Basis der vorliegenden Daten zwei Interpretationen: Entweder haben Bilder für die ästhetische Wahrnehmung hier tatsächlich keine Relevanz, oder möglicherweise ist bereits die Verwendung von Bildern (unabhängig von deren Gestaltung) ausreichend, um das Design einer Website anzureichern und attraktiv wirken zu lassen. Letzteres klingt auf den ersten Blick nur wenig plausibel, jedoch mag eine zweite Interpretation diese unterstützen: Die Bildvariation des Experiments hat zu signifikanten Unterschieden bei der Bewertung des Inhalts, insbesondere bei Gesamteindruck und der WWI-Skala *Gefallen* geführt. Bilder werden somit auch als inhaltstragendes Element wahrgenommen. Für die ästhetische Wirkung mag die reine Verwendung von Bildern ausreichend sein (siehe Haig, 2002), deren Gestaltung könnte eher inhaltlich unter Aspekten von Interesse oder Gefallen bewertet werden.

Bei diesen (wie auch bei allen anderen) Interpretationen muss einschränkend betont werden, dass sich alle Aussagen nur auf die vorgenommenen Gestaltungsvariationen beziehen. Weitere Experimente sind notwendig, um die gefundenen Ergebnisse zu prüfen. Zeigen in der vorliegenden Studie einzelne Variablen keine Wirkung, so hat nur die gewählte Variation keine Wirkung gezeigt – die Variable an sich könnte trotzdem von Bedeutung sein. Allerdings muss angemerkt werden, dass die hier gewählten Variationen sehr grundlegender Natur waren und die Variablen diejenigen Manipulationen beinhaltet haben, die sich gut ohne Beeinträchtigung der Benutzbarkeit untersuchen lassen. Eine andersartige Stimulusvariation kann die Gefahr der Konfundierung mit anderen Konstrukten (wie sich dies bezüglich der Bildgestaltung und der Inhaltswahrnehmung bereits andeutet) oder der Variation von vergleichsweise irrelevanten Anteilen der Gestaltung bergen.

31.4 Ästhetik und die Wahrnehmung von Usability und Inhalt

Im Rahmen der dritten und vierten Fragestellung wurde die Beziehung von Ästhetik und Usability beziehungsweise Inhalt untersucht. Auch hier wurden zunächst explorativ die Effekte der verschiedenen Personenmerkmale hinsichtlich eines Zusammenhangs mit den Beurteilungen untersucht, einzelne dieser Personenvariablen wurden in Folge dieser Analysen als Kovariaten in die weiteren Analysen aufgenommen. Während sich hier bei der Usability-Wahrnehmung nur Alter als Kovariate ergibt, zeigen sich bei der Inhaltswahrnehmung in geringem Maße darüber hinaus Zusammenhänge zu Aspekten des Bildungsgrads und der Persönlichkeit. Diese Zusammenhänge erscheinen aber bei dem betrachteten Konstrukt – der Wahrnehmung und Bewertung von Webinhalten – höchst plausibel. Somit ist es für die eingesetzten Instrumente und die erstellte Testwebsite eher positiv zu werten, dass die Analysen zu persönlichen Aspekten und insbesondere dem Bildungsgrad keinen größeren Effekt aufwiesen. So wäre eine denkbare Befürchtung gewesen, dass sich die breite Einsetzbarkeit von Messinstrumenten und Testmaterial als anfälliger für demographische Eigenschaften der Probanden erweist.

31.4.1 Ästhetik und Usability

Entsprechend den früheren Forschungen in diesem Bereich (siehe Kap. 7.2 in Teil I, S. 60ff.) findet sich ein hoher Zusammenhang zwischen der Wahrnehmung von Ästhetik und Usability, gleichzeitig findet sich aber fast kein Einfluss der ästhetischen Gestaltungsvariationen auf die Usability-Bewertungen. Eine generelle, starke Wirkung eines Attraktivitätsstereotyps oder eines Halo-Effekts kann somit bezüglich der untersuchten Gestaltungsvariablen ausgeschlossen werden. Lediglich die Erfassung der Usability über einzelne Items beim Erst- und Gesamteindruck ist vereinzelt durch die Gestaltungsvariation von Schrift und Bild beeinflusst, wobei die Bildvariation im vorliegenden Experiment keine ästhetische Wirkung gezeigt hat. So findet sich an dieser Stelle kein Einfluss der Farbgestaltung, die als die in diesem Experiment am stärksten wirkende ästhetische Variable identifiziert wurde.

Einschränkend muss jedoch gesagt werden, dass alle Mittelwerte sowohl bei der Bewertung von Usability als auch bei der Inhaltsbewertung in der ästhetischen Variante, wenn auch nicht signifikant, doch zumindest stets leicht höher liegen. Da dieser Effekt konstant auftritt kann nicht ausgehend von dessen geringer Höhe über Einschränkungen seitens der Reliabilität der Skalen argumentiert werden. Somit bleibt ein sehr schwach wirkender Attraktivitätsstereotyp oder Halo-Effekt nicht gänzlich auszuschließen; derartige Einflüsse sind aber zu klein, um im vorliegenden Experiment signifikant zu Tage treten zu können. Keinesfalls treten diese Effekte in einer Größenordnung auf, die die hohen Korrelationen zwischen den Wahrnehmungen der Konstrukte auch nur ansatzweise erklären könnte.

Diese Korrelationen zwischen den Bewertungen von Ästhetik und Usability müssen also durch etwas anderes bedingt sein. Unter Kapitel 7.2.1 in Teil I (S. 60f.) wurden hier bereits verschiedene Aspekte, die diese Zusammenhänge begründen könnten, diskutiert:

1. Diese treten infolge von Problemen der unklaren Erfassung der verschiedenen Konstrukte mit konstant gleich gepolten 1-Item-Messungen auf, beziehungsweise aufgrund von Problemen der Reliabilität oder Validität (in Sinne der getrennten Erfassung zweier Konstrukte),
2. bessere Bewertung der Usability in Folge besserer Stimmung im Sinne der Stimmungs-Leistungs-Hypothese (Norman, 2004),
3. Versuchseffekte wie Erwartungseffekte oder hypothesenkonformes Verhalten seitens der Probanden,
4. Methodeneffekte wie beispielsweise eine generelle Zustimmungstendenz oder einen *common method bias* (Podsakoff et al., 2003) oder
5. gemeinsame Gestaltmerkmale von Ästhetik und Usability (Karvonen, 2000; Tarasewich et al., 2001).

Der erste Punkt kann als Erklärung auf Basis der vorliegenden Ergebnisse verworfen werden: Die hohen Korrelationen treten nicht nur zwischen den Bewertungen eines Konstrukts anhand eines Items, sondern auch zwischen den jeweiligen Messinstrumenten auf. Zudem enthält das VAWI eine Reihe von gegensätzlich gepolten Items, auch haben sich die eingesetzten Instrumente an anderer Stelle als für eine derartige Fragestellung valide erwiesen (Moshagen, 2005; Moshagen et al., 2007). Probleme der Reliabilität oder Validität sollen daher an dieser Stelle ausgeschlossen werden.

Gegen die zweite Möglichkeit, eine bessere Bewertung der Usability in Folge besserer Stimmung im Sinne der Stimmungs-Leistungs-Hypothese (Norman, 2004) sprechen die experimentellen Ergebnisse von Moshagen et al. (2007), die eine derartige Beeinflussung der Usability-Urteile nicht finden.

Versuchseffekte sind dagegen nicht gänzlich auszuschließen – aber die Tatsache, dass auch Probanden in einer Versuchsbedingung mit komplett unästhetischer Website-Gestaltung die Usability vergleichbar einschätzen wie Probanden in der entgegengesetzten Experimentalbedingung, spricht gegen diese Möglichkeit.

Als vierte Option bleibt die Erklärung über Methodeneffekte. Es fallen beispielsweise die Korrelationen zwischen den drei Konstrukten Ästhetik, Usability und Inhalt geringfügig höher aus, wenn das Alter der Probanden nicht herauspartialisiert wird. Des Weiteren wird dieser Punkt auch durch die Bestätigung der Hypothese 4 (einer hohen Korrelation zwischen Ästhetik- und Inhaltsmaßen) gestützt, die auf Grund der Annahme derartiger Methodeneffekte formuliert wurde. Einschränkend muss vorweg gesagt werden, dass die Korrelationen zwischen Ästhetik- und Inhaltsbewertungen derart hoch ausfallen, dass Methodeneffekte hier keinesfalls als alleinige Erklärung dienen können.
Podsakoff et al. (2003) stellen die Probleme des so genannten *common method bias* übersichtsartig dar. Die Autoren nennen eine Reihe von potentiellen Quellen für solche Methodeneffekte – einige potentielle Ursachen wie z. B. soziale Erwünschtheit, gleiche Skalenformate und -anker, gleicher Messzeitpunkt sowie Stimmung oder implizite Theorien der Probanden könnten auch im vorliegenden Experiment einen Einfluss gehabt haben. Ein Teil der Faktoren, die Podsakoff et al. (2003) nennen, konnte aber in der vorliegenden Studie methodisch kontrolliert werden: so z. B. Positions- oder Reihenfolgeeffekte, nur positiv (oder nur negativ) formulierte Items oder eine generelle Zustimmungstendenz.
Die Größe des Fehlers aufgrund eines *common method bias* ist dabei abhängig von den Erhebungsmethoden, Podsakoff et al. (2003) liefern hierfür eine Übersichtstabelle. So kann beispielsweise bei zwei Einstellungsmaßen, deren wahre Korrelation null beträgt, dennoch eine Korrelation von .23 aufgrund des *common method bias* beobachtet werden. Ist der wahre Zusammenhang zwischen zwei Konstrukten andererseits sehr hoch, so kann der *common method bias* auch zu geringeren beobachteten Werten führen. Das bekannteste Verfahren zur Kontrolle dieses Problems ist das *multitrait multimethod model* (MTMM) von Campbell und Fiske (1959), in dem verschiedene Eigenschaften über verschiedene Methoden erfasst werden. Ein derartiges Vorgehen wäre für eine nachfolgende Untersuchung des Zusammenhangs zwischen Ästhetik und Usability sehr empfehlenswert.

Eine alternative Erklärung, neben einem reinen Methodeneffekt, wäre die Wirkung von bestimmten Gestaltungsmerkmalen auf beide Konstrukte (siehe auch Karvonen, 2000, oder Tarasewich et al., 2001). Sutcliffe und De Angeli (2005) untersuchten beispielsweise die Gestaltung von Navigationselementen und fanden hierbei Effekte der experimentellen Manipulation sowohl auf Ästhetik- als auch auf Usability-Maßen. Es kann also sein, dass die Gestaltung von Elementen wie z. B. der Navigation die Wahrnehmung von Ästhetik *und* Usability beeinflusst. Dabei ist wichtig zu betonen, dass nicht die Wahrnehmung des einen Konstrukts zu einer veränderten Wahrnehmung des anderen Konstrukts aufgrund von Urteilsfehlern führt, sondern dass es Gestaltungselemente geben kann, deren Beurteilung jeweils unter ästhetischen Aspekten und Aspekten der Benutzbarkeit erfolgen kann. Hohe Korrelationen zwischen den Maßen kommen dann dadurch zustande, dass die Ausgestaltung dieser Elemente für die Wahrnehmung beider Konstrukte ähnlich ausgefallen ist. Diese Annahmen erscheinen plausibel, wenn man zusätzlich bedenkt, dass bisher nur ein Teil der Gestaltungsvariablen experimentell untersucht wurde. Zudem sind die untersuchten Variablen in der vorliegenden Arbeit, wie auch in der Arbeit von Moshagen et al. (2007), die zu vergleichbaren Ergebnissen hinsichtlich der Farbgestaltung kommt, relativ unabhängig von Usability. Bei Gestaltungsmerkmalen wie Navigation oder Objektdichte, -form und -menge mögen sich vielleicht die vermuteten Effekte auf beide Konstrukte zeigen.

Derartige Überlegungen sollten allerdings einer experimentellen Prüfung unterzogen werden, vorher bleiben diese Ideen rein hypothetisch. Zudem wäre auch eine kombinierte Wirkung von gemeinsamen Gestaltungselementen, Methodeneffekten und den in sehr geringem Maße möglicherweise vorhandenen Urteilsfehlern wie Attraktivitätsstereotyp denkbar. Hier können Experimente mit einem auf MTMM-Ansätzen basierten Vorgehen Klarheit schaffen.

31.4.2 Ästhetik und Inhalt

Unter Bezugnahme zu obigen Interpretationen zu Ästhetik und Usability müssen auch die Ergebnisse zur Beziehung zwischen Ästhetik und Inhalt berücksichtigt werden. Hier ergibt sich, wie bereits in Kapitel 30.6.2 (S. 220) dargestellt, eine hypothesenkonforme positive Korrelation zwischen den Bewertungen von Ästhetik und Inhalt. Zur Erklärung der hohen Korrelationen zwischen Ästhetik und Inhalt erscheint zwar ein Methodeneffekt plausibler als gemeinsame Gestaltungselemente, vor allem, da eher kurze Skalen, wie diese im WWI vorliegen, anfälliger für derartige Effekte sind (Podsakoff et al., 2003). Die Korrelationen fallen aber derart hoch aus, teilweise höher als die Korrelationen zwischen Ästhetik- und Usability-Bewertungen, dass Methodeneffekte allein hier nicht als Erklärung für den Zusammenhang dienen können. Somit wirken hier wahrscheinlich weitere Variablen wie die Stimmung der Probanden oder andere emotionale Anteile als Moderator dieser Effekte, fällt doch besonders die hohe Korrelation zwischen den Ästhetik-Maßen und der Inhaltsskala *Gefallen* auf.

Multivariat zeigen sich neben dem Einfluss der zu Beginn dieses Abschnitts besprochenen Personenvariablen ein geringer Einfluss von Farb- und Bildgestaltung sowie ein kleiner Interaktionseffekt von Schrift- und Bildgestaltung. Univariat und bei der Betrachtung der Mittelwerte erweist sich auf gestalterischer Ebene nur die Bildgestaltung als in geringem Maße relevant. Hierbei ist eine mögliche Interpretation die, dass Bilder als inhaltstragendes Element wahrgenommen werden könnten. Auch an dieser Stelle sprechen die Mittelwerte gegen

Halo-Effekte und Attraktivitätsstereotyp. Somit zeigt sich auch die Inhaltswahrnehmung als weitgehend unbeeinflusst durch die gestalterischen Variationen.

Einschränkend muss jedoch hierbei bedacht werden, dass im Gegensatz zu den Instrumenten zur Erfassung von Ästhetik und Usability der WWI noch keiner Validierung unterzogen wurde. Ein großer Effekt der Gestaltungsvariationen bezüglich der Inhaltswahrnehmung in den untersuchten Facetten bleibt allerdings auf Basis dieser Daten auszuschließen.

31.5 Fazit

Insgesamt zeigt sich in den Ergebnissen, dass das Personenmerkmal Alter systematisch mit den Bewertungen der verschiedenen auf Websites bezogenen Wahrnehmungskonstrukte korreliert und somit als Kovariate in späteren Untersuchungen gegebenenfalls berücksichtigt werden muss. Es fällt ins Auge, dass Alter mit allen Maßen zu Ästhetik, Usability und Inhalt in geringer Höhe, aber konstant positiv im Sinne einer Mildetendenz korreliert, ausgenommen der Ersteindruck zur Usability. Der Usability-Ersteindruck korreliert auch deutlich schwächer mit den übrigen Usability-Maßen ($.38 \leq r \leq .49, p < .00$), als diese untereinander korrelieren ($r = .81, p < .00$). Da sich dieses Muster bei der Erfassung von Ästhetik und Inhalt nicht so stark zeigt, wäre folgende Interpretation möglich: Zur Bewertung der Usability ist der erste Eindruck weniger geeignet, da den Nutzern die Interaktion mit der Website fehlt. Den Rezipienten bieten sich weniger Grundlagen für eine Bewertung, diese wird diffuser und oberflächlicher – das Alter hat keinen Effekt mehr. Diese These wird leicht gestützt durch die Beeinflussung des Usability-Ersteindrucks bei der Manipulation der Gestaltungsvariable Bild (siehe Kap. 30.5.3, S. 215). Insgesamt ist dies ist jedoch nur eine mögliche Interpretation, die weiterer empirischer Prüfung bedarf.

Bezüglich der Wahrnehmung von Ästhetik erweist sich vor allem die Farbgestaltung als ein wirksamer Aspekt. Jedoch muss bedacht werden, dass die Effekte der ästhetischen Variation insgesamt oft klein ausgefallen sind, nur multivariat hatte der Einfluss der Farbvariation eine mittlere Effektstärke. Dies spricht entweder dafür, noch deutlichere Variationen des Stimulusmaterials vorzunehmen – was aber dem Ziel widerspricht, real wirkende Websites zu untersuchen. Die Alternative und klare Empfehlung besteht darin, in der Erforschung der Website-Ästhetik ausreichend große Stichproben zu erheben, um auch kleine Effekte identifizieren zu können.

Die Probleme des Erkenntnisgewinns anhand korrelativer Maße wurden im Vergleich der experimentellen Ergebnisse mit den vorhandenen hohen Korrelationen der Bewertungen deutlich. Von den hohen Zusammenhängen allein sollte nicht automatisch auf den Einfluss einer Variablen auf eine andere geschlossen werden, dies zeigen die insgesamt relativ geringen Einflüsse gestalterischer Variation auf Usability- oder Inhaltsbewertungen. Hier kann nur eine experimentelle Untersuchung des Forschungsfelds mit einer klaren Kontrolle der wirkenden Variablen von Erfolg sein.
Das vorliegende Experiment erweist sich als methodisch ausgereift und liefert dank einer

großen und für die Online-Bevölkerung repräsentativen Stichprobe belastbare Ergebnisse. Dieses Experiment stellt somit die erste systematische, experimentelle Untersuchung von Website-Ästhetik in diesem Umfang dar. Die Überprüfung der gefundenen Erkenntnisse und Untersuchung der aufgeworfenen Fragen in weiteren Experimenten ist dabei wünschenswert und kann sich als vielversprechend erweisen.

32 Zusammenfassung

In Teil V wurde das zentrale Experiment dieser Arbeit zur Ästhetik von Websites vorgestellt. Anhand einer für die Online-Bevölkerung repräsentativen Stichprobe von N = 364 Probanden wurde experimentell die gezielte Variation von Farb-, Schrift- und Bildgestaltung untersucht. Dieses 2×2×2-Design wurde entsprechend multivariat ausgewertet, hierbei zeigt sich ein Einfluss der Stimulusvariation hinsichtlich des Aspekts Farbe in mittlerer Größe. Bezüglich der Schriftgestaltung lässt sich nur ein geringer Einfluss auf der VAWI-Skala *Übersicht* finden, die Bildgestaltung hat keine Wirkung auf die wahrgenommene visuelle Ästhetik.

In weiteren Analysen zur Frage nach dem Zusammenhang von Ästhetik-Bewertung und Personenmerkmalen zeigt sich eine geringe, aber konstante positive Korrelation zur Variable Alter im Sinne einer Mildetendenz. In einzelnen Analysen erreichen die Korrelationen sogar mittlere Effektgrößen; derartige Zusammenhänge finden sich auch zu den Bewertungen von Usability und Inhalt. Betrachtet man weitergehend die Beziehung der Ästhetik und deren Variation in Farb-, Schrift- und Bildgestaltung auf die letzteren beiden Konstrukte, so finden sich zum einen hohe Korrelationen zwischen den Messinstrumenten der drei Konstrukte. Varianzanalytisch zeigen sich aber bezüglich der Usability multivariat keine und univariat nur vereinzelte kleine Effekte der Gestaltungsvariationen. Bei der Inhaltswahrnehmung findet sich ein geringer Effekt der Bildvariation sowie weitere kleine multivariate Effekte. Die Ästhetik-Variationen beeinflussen die Usability- und Inhaltsbewertung insgesamt schwach bis gar nicht.

Mit diesen Ergebnissen ist aber die Wirkung genereller Halo-Effekte der Ästhetik oder eines starken Attraktivitätsstereotyps abzulehnen. Eine Tendenz für derartige Effekte lässt sich bei Betrachtung der Mittelwerte finden, diese ist aber nur sehr schwach ausgeprägt und erweist sich als nicht signifikant. An dieser Stelle werden verschiedene mögliche Ursachen für hohe Korrelation zwischen den Wahrnehmungen der Konstrukte diskutiert, insbesondere werden dabei Methodeneffekte wie *common method bias* (Podsakoff et al., 2003) oder auch die Wirkung von nicht untersuchten Gestaltungsvariablen angenommen.

Teil VI

Abschließende Diskussion der vorliegenden Arbeit

33 Einführung

In diesem abschließenden letzten Teil soll die vorliegende Arbeit als Gesamtes noch einmal kritisch diskutiert und die gefundenen Ergebnisse auf einer übergeordneten Ebene betrachtet werden. Eine Reflektion erfolgt zum einen bezüglich der gewählten Methoden, zum anderen wird eine inhaltliche Betrachtung der Ästhetik von Websites auf Basis der vorliegenden Ergebnisse vorgenommen. Abschließend sind Implikationen für Forschung und Praxis sowie Ansatzpunkte für weitergehende Forschungen dargestellt.

Dabei mag es an dieser Stelle lohneswert sein, sich zunächst die Ausgangslage dieser Arbeit in Erinnerung zu rufen: Das Forschungsfeld zur Website-Ästhetik ist noch relativ jung, erste Schwerpunkte liegen auf einer Beschreibung der Ästhetik, sei es durch mathematische oder deskriptive Ansätze, sowie auf der Untersuchung des Zusammenhangs von Ästhetik und Usability. Es herrschen jedoch korrelative und nichtexperimentelle Untersuchungsmethoden vor; insgesamt lassen sich nur wenige Experimente zur Ästhetik von Websites oder deren Beziehung zu anderen Konstrukten finden. An genau dieser Stelle setzt die vorliegende Arbeit an, in dem nach einer qualitativen Analyse gezielt die Wirkung einzelner Variablen und deren Wirkung auf andere Konstrukte untersucht wird. Kommen wir vor einer Bewertung der inhaltlichen Ergebnisse hierzu zunächst zu einer kritischen Gesamtbetrachtung der eingesetzten Methodik.

34 Methodenkritisches Gesamtfazit

Die methodische Vorgehensweise dieser Arbeit zeichnet sich durch die Kombination qualitativer und quantitativer Vorgehensweisen sowie durch eine Prüfung einzelner benötigter Befragungsinstrumente aus. Dabei wurden bewusste Entscheidungen zugunsten bestimmter Vorgehensweisen bei Materialauswahl und -erstellung oder Untersuchungsmethoden getroffen. Im Fokus ist dabei stets die Untersuchung der Ästhetik aus Sicht des Rezipienten. So wurde die qualitative Untersuchung nicht mit Experten (wie bei J. Kim et al., 2003) und das Experiment nicht mit einer speziellen wirtschaftlich relevanten Gruppe, sondern mit einer breiten (online-)bevölkerungsrepräsentativen Stichprobe durchgeführt.
Grundsätzlich ist eine Evaluation von Websites auch unter anderen Perspektiven, beispielsweise einer technologischen oder wirtschaftlich-organisationalen möglich (ein Überblick findet sich bei Riemer & Müller-Lankenau, 2005, oder bei Totz, Riemer & Klein, 2001). Aber Website-Ästhetik ist stark subjektiv rezipientenorientiert definiert, so dass sich die Untersuchung der Rezipientenwahrnehmung als erster Schritt anbietet. Die breite wissenschaftliche Erfassung von Website-Ästhetik steht somit in der vorliegenden Arbeit weitgehend unabhängig von technologischen oder wirtschaftlichen Aspekten an erster Stelle, nichtsdestotrotz ergeben sich natürlich auch weitergehende Implikationen für Forschung und Praxis (siehe Kap. 38.1 und 38.2).

34.1 Verwendete Methoden und Herangehensweisen

Die Operationalisierung der untersuchten Konstrukte sowie deren Erfassung waren in der vorliegenden Arbeit auf die Wahrnehmung und das Empfinden der Rezipienten ausgelegt. Vor diesem Hintergrund eines rezipientenorientierten Ansatzes müssen diese Methoden auch bewertet werden. Kern der Arbeit war dabei die Erfassung und Erforschung von Website-Ästhetik – ein Konstrukt, das in seiner Definition schon die subjektive Wahrnehmung des Rezipienten betont. Wichtig war an dieser Stelle eine qualitative Untersuchung der Rezipientenwahrnehmung. Soll ein Konstrukt untersucht werden, das bereits in seiner Definition das Subjekt und dessen Wahrnehmung betont, so sollte dieser Aspekt zunächst auch mit einer angemessenen Methode untersucht werden. Dieser Schritt ist keineswegs trivial, lagen doch bisher nur vereinzelte und eher globale (Lindgaard & Dudek, 2003) beziehungsweise expertenbasierte (J. Kim et al., 2003) qualitative Studien vor.

Auf der anderen Seite lassen sich nur über eine experimentelle Vorgehensweise sichere Erkenntnisse über die Wirkung einzelner Gestaltungsmerkmale erlangen. Daher schließt sich an die qualitative Untersuchung eine experimentelle Prüfung logisch an. Da in einem Experiment nur eine begrenzte Anzahl von Variablen (und Manipulationen dieser) betrachtet werden können, muss eine Auswahl getroffen werden. Diese wird bereits in der qualitativen Untersuchung durch eine Auswertung der Häufigkeiten von Nennungen vorgenommen und die Analyse dabei durch einen zweiten Auswerter abgesichert (Kappa = .68). Im Experiment selbst liegt die Einbettung der verschiedenen Gestaltungsvariationen in eine reale Website auf der Hand, wenn eine größtmögliche Übertragbarkeit der Ergebnisse gewährleistet werden soll. Auch die unterschiedlichen Ergebnisse der Manipulation Checks abhängig von der isolierten oder eingebetteten Darbietung der Variablen bestätigen dieses Vorgehen (siehe Kap. 30.2 in Teil V, ab S. 199).

Die Erfassung der verschiedenen Wahrnehmungskonstrukte erfolgte über Selbstauskunftsmaße. Objektive Kriterien wurden nicht erhoben, dies fällt aber in Bezug auf Ästhetik im Moment schwer. Inwieweit sich für dieses Konstrukt zukünftig überhaupt vollkommen objektive Kriterien finden lassen, ist unklar (siehe hierzu auch Kap. 7.4.1 in Teil I, S. 68). Usability- und Inhaltsaspekte wurden im Experiment konstant gehalten, daher ergibt sich nicht die Notwendigkeit einer objektiven Erfassung dieser Aspekte.

Zur Untersuchung der verschiedenen Konstrukte finden sich teilweise nur sehr wenige Befragungsinstrumente. Lagen für einzelne ausgewählte Instrumente noch keine (zufriedenstellenden) empirischen Daten vor, um die jeweilige Güte abschätzen zu können, so wurde diese mittels eigener Untersuchungen überprüft, ein Fragebogen zur Inhaltswahrnehmung neu konstruiert. Die Bewertung der überprüften Instrumente in Teil III fällt dort schon grundsätzlich positiv aus, diese Einschätzung kann durch die Ergebnisse im Experiment bestätigt werden. Mag es auch an einzelnen Stellen eine alternative Erklärung für Befunde sein, die mangelnde Validität einer Skala in Betracht zu ziehen, ein empirischen Hinweis hierauf findet sich in den Daten nicht.

Die Umsetzung der meisten hier durchgeführten Untersuchungen als Online-Befragungen beziehungsweise als Online-Experiment war erfolgreich. Nicht nur, dass die Online-Methode zu keinerlei technischen Problemen führte – es mussten insgesamt nur vergleichsweise wenige Datensätze ausgeschlossen werden. Online-Erhebungen waren hier eine Form der Datenerhebung, die zu hochwertigen Daten geführt hat und zudem noch eine besondere Nähe zum Forschungsfeld Websites aufweist. Die Bewertung einer Stimuluswebsite in vertrauter Online-Umgebung wird so die reale Wahrnehmung der Rezipienten gefördert und die Übertragbarkeit der Ergebnisse in die Praxis verbessert haben.

Alles in allem kann somit die gewählte Methodik als für die Fragestellung nach dem subjektiven Erleben von Website-Ästhetik angemessen betrachtet werden. In jeder Untersuchung wurden ausreichend große Stichproben herangezogen, im Experiment war diese zudem repräsentativ für die deutsche Online-Bevölkerung. Das gewählte Vorgehen führt zu einer Reihe von gut brauchbaren Ergebnissen und bietet sowohl praktisch relevante Erkenntnisse als auch Ansatzpunkte für weitere Forschungen. Mehrere Studien zur Überprüfung von Befragungsinstrumenten und eine umfangreiche qualitative Betrachtung münden somit in einem experimentellen Aufbau, der nur wenige Punkte für Verbesserungen offen lässt.

34.2 Das eingesetzte Testmaterial

Einschränkungen liegen seitens der manipulierten Variablen sowie deren Veränderung vor. Es ist nicht auszuschließen, dass eine andere Form von Manipulation der Variablen zu anderen Ergebnissen führt. Das Ziel dieser Arbeit war für das Experiment durch Einbezug eines diplomierten und berufserfahrenen Webdesigners möglichst reales Material zu schaffen. In den übrigen Untersuchungen wurden real existente Websites verwendet, zum Teil waren diese hochwertig gestaltet (z. B. die Werbeagenturseiten in der qualitativen Studie, siehe Anhang D). Mit diesem Vorgehen in den verschiedenen Untersuchungsschritten wurde einem Kritikpunkt begegnet, den bereits Haig (2002) nennt: Viele Forschungen zur Gestaltung von Websites nutzen unprofessionell gestaltetes Testmaterial, da eben nicht Designer einbezogen wurden.

Die Manipulationen der experimentell untersuchten Variablen sollten dabei möglichst stereotyp ästhetische und unästhetische Gestaltung abbilden, aber dennoch in Verwendung auf einer Website im World Wide Web denkbar sein. Andere denkbare Formen der Manipulation als die gewählten würden zum Teil unnatürlich für das Medium World Wide Web wirken – bei einer Reihe von Gestaltungsvarianten sind aber weitere Untersuchungen notwendig. Zumindest was die Farbvariation angeht, decken sich die gefundenen Ergebnisse mit denen von Moshagen et al. (2007), die leicht unterschiedliche Farben mit vergleichbaren Resultaten untersucht haben.

Das Testmaterial in der qualitativen Untersuchung, wo im Vorfeld der Gruppendiskussionen Websites von Werbeagenturen gezeigt wurden, hat selbstverständlich einen deutlich geringeren Einfluss als das Stimulusmaterial im Experiment. Da alle Diskussionsteilnehmer über ausreichende Erfahrung im Web verfügten, dienten die gezeigten Websites in der qualitativen Studie lediglich dazu, eine gemeinsame Ausgangsbasis für die Gruppendiskussion zu schaffen. Anderes Testmaterial aus dem Bereich der Selbstdarstellungsseiten hätte hier wahrscheinlich zu vergleichbaren Ergebnissen geführt. Zudem erweisen sich innerhalb einer Website-Kategorie, wie die hier gewählten Selbstdarstellungsseiten (*corporate websites*), die Unterschiede in der wahrgenommen Ästhetik zwischen verschiedenen Unternehmensbranchen möglicherweise als eher gering (Thielsch, 2004). An dieser Stelle ist man aber an der Frage nach der Generalisierbarkeit der gefundenen Ergebnisse angelangt.

34.3 Generalisierbarkeit der Ergebnisse

Zwar ist auf der einen Seite das Experiment der einzige Weg, gesicherte Erkenntnisse zur Ästhetik von Websites zu gewinnen, anderseits liegen in der experimentellen Vorgehensweise selbst Einschränkungen, was die Generalisierbarkeit der Ergebnisse angelangt. Während über die Personen großer Stichproben relativ mühelos generalisiert werden kann, insbesondere wenn diese wie im vorliegenden Experiment repräsentativ geschichtet sind, ist dies für die eingesetzten Stimuli schwieriger. Hier stellt sich das grundsätzliche Problem der Repräsentativität der verwendeten Stimuli (siehe auch Monk, 2004).

Diesem Problem wurde in der vorliegenden Arbeit auf verschiedenen Wegen begegnet: In den Studien zur PWU-g und zum WWI konnten sich die Probanden reale Seiten nach ihren Wünschen aussuchen (ausgenommen waren private Websites). Hier wurde eine große Menge von verschiedenen Websites betrachtet, was der breiten Anwendbarkeit der Instrumente entsprechen sollte. Aber schon bei der qualitativen Studie und noch stärker beim Experiment mussten Einschränkungen vorgenommen werden. Insgesamt wurde bewusst der Raum der untersuchten Websites auf Selbstdarstellungsseiten, so genannte *corporate websites* von Unternehmen und Organisationen eingeschränkt. Dieser Seitentypus bietet verschiedene Vorteile, wie beispielsweise professionelle Erstellung und breite Zielgruppen der Websites (siehe Kap. 11 in Teil II, S. 85ff.). Die Übertragbarkeit der Ergebnisse auf andere Typen von Websites sollten allerdings optimalerweise im Sinne einer Kreuzvalidierung experimentell empirisch überprüft werden. Bis dies geschehen ist, können die Erkenntnisse dieser Arbeit streng genommen nur als Hypothese für die Wahrnehmung anderer Typen von Websites angenommen werden. Andererseits ähneln sich viele Websites in ihren Grundelementen. Beispielsweise Moshagen et al. (2007) finden bei der Untersuchung der Ästhetik einer Informationsseite bezüglich der Farbmanipulation vergleichbare Ergebnisse. Zudem enthalten die untersuchten Selbstdarstellungsseiten eine relativ ausgewogene Mischung für Websites typischer Gestaltungselemente. Weiterhin dürfte die unter Kapitel 29.2.1 (S. 187) beschriebene Einbindung eines Webdesigners bei der Stimulusgestaltung ebenfalls ein positives Argument darstellen, was die Übertragbarkeit der Ergebnisse anbelangt. Ähneln Website-Typen in ihrer Gestaltung dem eingesetzten Material, so ist eine grundsätzliche Übertragbarkeit der Erkenntnisse anzunehmen.

Ein anderes, nicht zu unterschätzendes Problem, besteht in der technologischen Geschwindigkeit im World Wide Web (siehe hierzu Teil I, Kap. 1.2 [S. 3] oder auch Haig, 2002, S. 27). Websites unterliegen ständigen technologischen Veränderungen, so dass bereits in wenigen Jahren das Web vollkommen anders aussehen könnte als heute. Im Fall grundlegender Designveränderungen von Websites müssten auch entsprechende Studien durchgeführt werden, um festzustellen, inwieweit die aktuellen Erkenntnisse zur Website-Ästhetik noch stimmig sind. Die Frage nach der Generalisierbarkeit ist somit zweigespalten: Während sich für eine Übertragbarkeit der Ergebnisse auf gestalterisch vergleichbare Website-Typen momentan gute Argumente finden lassen, ist die Beständigkeit der Befunde über die Zeit mittelfristig in Frage zu stellen. Diesem Problem würde optimalerweise auf Basis der vorliegenden Ergebnisse mit weiterführenden Experimenten im Rahmen kognitiver und neurowissenschaftlicher Untersuchungen begegnet, welche konstante und zeitüberdauernde Prozesse bei der Wahrnehmung von Ästhetik erfassen.

35 Rezipienteneigenschaften und Ästhetik

In dieser Arbeit wird besonders die Untersuchung der Ästhetik aus Sicht des Rezipienten betont (siehe insbesondere auch Kap. 7.4.1 in Teil I, ab S. 68). Dementsprechend wurde wie beschrieben zunächst ein qualitativer Ansatz gewählt, zudem aber auch im Experiment eine Reihe von persönlichen Daten erhoben. Wie in Teil V im Kapitel 31.2 diskutiert (S. 231), erweist sich bei letzterem lediglich das Alter als relevant bezüglich der Bewertung von Ästhetik. Ein derartiger Alterseffekt zeigt sich nicht nur bei der Bewertung von Websites, auch bei der Rezeption klassischer Medien wie dem Fernsehen lässt sich dieser finden (siehe z. B. Bommert et al., 2002; Bommert & Voß-Frick, 2005).

Die Wahrnehmung des Inhalts scheint insgesamt etwas stärker durch Personenvariablen beeinflusst zu sein als die Ästhetik-Wahrnehmung, hier ergeben sich auch neben dem Alter Zusammenhänge bezüglich Bildungsgrad oder Big Five. Dieses Ergebnis erscheint aber plausibel und entspricht den in der vorliegenden Arbeit gemachten Annahmen, Ästhetik als ein Konstrukt zu sehen, dem objektivierbare neuronale und kognitive Prozesse zu Grunde liegen. Dass die Inhaltswahrnehmung hingegen stärker von persönlichen Eigenschaften und Voraussetzungen beeinflusst wird, ist inhaltlich gut nachvollziehbar. An dieser Stelle genügt, sich hierfür allein die Unterschiede vorzustellen, die durch verschiedene Bildungshintergründe bedingt sein könnten.

Lediglich die Tatsache, dass sich kein Zusammenhang von Ästhetik-Wahrnehmung und der (mittels des CVPA-g erfassten) ästhetischen Sensitivität ergibt, überrascht ein wenig. Verschiedene Gründe wurden hier bereits in Kapitel 31.2 in Teil V diskutiert (S. 232). An genannter Stelle werden Überlegungen zu möglichen Validitätsproblemen und notwendigen weiteren Untersuchungen diskutiert. Auch wenn Ästhetik als subjektive Wahrnehmung definiert ist, so erweist diese sich doch, abgesehen vom Alter, in der vorliegenden Arbeit als weitgehend unabhängig von Personenmerkmalen. Dies ist ein weiterer empirischer Hinweis auf die in Kapitel 8 in Teil I (S. 71f.) dargestellte Annahme, dass Website-Ästhetik nicht im Auge des Betrachters liegt und problemfrei gruppenstatistisch ausgewertet werden kann.

36 Was ist Website-Ästhetik?

Studien zur Website-Ästhetik finden sich in zunehmendem Maße (siehe auch Hassenzahl, in press) – die Frage, was Ästhetik von Websites konkret ausmacht, bleibt bisher aber nur wenig zufriedenstellend beantwortet. Neben den im Teil I in Kapitel 8 (S. 72f.) dargestellten verschiedenen Definitionsversuchen herrscht insgesamt wenig empirische Evidenz zu wirkenden Variablen und deren optimale Ausgestaltung. Spezifische qualitative Arbeiten hierzu lagen bisher keine vor, die wenigen experimentellen Studien haben nur über wenige einzelne Gestaltungsvariablen Aussagen machen können. Die vorliegende Arbeit begegnete diesen Umständen durch eine qualitative und quantitative Untersuchung von Website-Ästhetik.

36.1 Qualitative Erkenntnisse

Zwar findet sich eine zunehmende Anzahl an Arbeiten zur Website-Ästhetik, aber dennoch waren vor der hier durchgeführten qualitativen Untersuchung Zweifel durchaus berechtigt, inwieweit Rezipienten ästhetische Wahrnehmungen bezüglich Websites überhaupt verbalisieren können und in welcher Fülle hier Aspekte zu Tage treten. Nach der qualitativen Studie dieser Arbeit ergibt sich ein positives Bild: Die N = 11 Befragten machen allein in den Gruppendiskussionen insgesamt 452 Äußerungen zur Ästhetik von Websites und decken dabei eine Fülle von Aspekten ab, wie Tabelle 25.1 in Teil IV (S. 165) zeigt. Die genannten Aspekte decken sich dabei mit denen in der Literatur diskutierten, es werden insbesondere die Kategorien *Farbe, Bilder, Schrift, Struktur, Passung, Effekte, Affektauslösung, Inhalt* und *Funktionalität* genannt (jeweils mehr als fünf Prozent zugeordnete Nennungen bei mindestens einem Auswerter). Es ergibt sich inhaltlich an dieser Stelle keine Notwendigkeit, die in Kapitel 8 (S. 74) gemachte Arbeitsdefinition zu verändern.

Die qualitative Untersuchung bestätigt somit auf einer übergeordneten Ebene die grundsätzliche Durchführbarkeit eines rezipientenorientierten Ansatzes in der Forschung zur Website-Ästhetik. Das mag trivial klingen – wäre jedoch die qualitative Untersuchung gegenteilig ausgefallen und die Rezipienten hätten keine oder nur wenige Ideen zur Ästhetik von Websites gehabt, so wären die übrigen Forschungen in diesem Bereich höchst kritisch zu sehen gewesen. Mehr noch: Die rezipientenorientierte Definition von Website-Ästhetik hätte überdacht werden müssen.

Inhaltlich fällt in der qualitativen Studie zudem die Assoziation von anderen Konstrukten wie Inhalt oder Usability mit Ästhetik auf, auch die Passung zwischen diesen verschiedenen Aspekten wird explizit von den Befragten hervorgehoben. Die Bedeutung des Zusammenspiels dieser Aspekte der Website-Gestaltung erscheint intuitiv eingängig, ebenso die Idee, dass sich diese Konstrukte gegenseitig beeinflussen. Dies lässt sich experimentell betrachten; die entsprechenden Ergebnisse sollen im Folgenden noch einmal grundsätzlich diskutiert werden.

36.2 Quantitative Erkenntnisse

Auf Basis der qualitativen Studie erscheint die Ästhetik von Websites durch eine Vielzahl von Aspekten bedingt zu sein. In der vorliegenden experimentellen Betrachtung erweist sich aber von den drei in der qualitativen Studie mit am häufigsten genannten Aspekten nur die Farbgestaltung als eindeutig relevant für die ästhetische Bewertung der Nutzer. Die vorgenommene Farbvariation führt hier zu Effekten mittlerer Größe, während eine Veränderung der Schriftgestaltung nur vereinzelt zu kleinen Effekten führt. Die getesteten Veränderungen der Bildgestaltung haben keinerlei Effekt auf die verschiedenen Ästhetikbeurteilungen, in geringem Maße aber auf die Wahrnehmung von Inhalten (die Diskussion dieser Befunde findet sich in Kap. 31.3, ab S. 233).

Zukünftig ist es erforderlich, diese Ergebnisse in weiteren Untersuchungen mit anderem Testmaterial zu bestätigen und auch andere Gestaltungsvariablen einer experimentellen Prüfung zu unterziehen. Dabei ist nicht auszuschließen, dass andere Variationen der Bild- und Schriftgestaltung eine ästhetische Wirkung haben – an dieser Stelle überrascht aber zunächst der vorliegende Befund, da sehr stereotype Manipulationen vorgenommen wurden und die Bedeutung von Schrift und Bildern von verschiedenen Autoren betont wird (siehe Tabelle 25.1 in Teil IV, S.165). Für den Moment ergibt sich auf Basis dieser Ergebnisse bereits ein erster Vorschlag für eine geringfügige Überarbeitung der in Kapitel 8 in Teil I (S. 74) genannten Arbeitsdefinition zur Ästhetik von Websites. Auf Grundlage der Ergebnisse ist nämlich anzunehmen, dass nicht alle Gestaltungsmerkmale einer Website auch gleichermaßen ästhetisch wirken. Dies sollte im letzten Satz der Arbeitsdefinition zum Ausdruck kommen. Hierfür muss lediglich ein Wort ausgetauscht werden; in der folgenden überarbeiteten Arbeitsdefinition visueller Ästhetik von Websites ist dieses fett hervorgehoben.

> Visuelle Ästhetik bezeichnet das subjektiv empfundene Wohlgefallen an einer Website. Die ästhetische Wahrnehmung einer Website zeichnet sich somit durch einen positiven emotionalen Eindruck sowie eine positive kognitive Bewertung aus. Die affektiven und kognitiven Prozesse werden durch **einzelne** Gestaltungsmerkmale einer Website ausgelöst.

Diese Definition bleibt aber solange eine Arbeitsdefinition, bis mehr Klarheit über die relevanten wirkenden Gestaltungsvariablen, deren Komposition und die zugrunde liegenden kognitiven Verarbeitungsprozesse herrscht. Die vorliegende Arbeit stellt hier nur einen ersten Schritt dar, der die Bedeutung der Farbgestaltung betont, aber die Rolle von Schrift- und Bildgestaltung kritisch beleuchtet (siehe Kap. 31.3, S. 233f.).

37 Ästhetik, Usability und Inhalt

Die Ergebnisse der qualitativen Studie erwecken den Anschein, dass die Ästhetik von Websites durch Konstrukte wie Inhalt oder Usability oder Aspekte dieser beeinflusst wird und daher eine Passung zwischen diesen Konstrukten hergestellt werden muss. Dies erscheint inhaltlich plausibel – die experimentellen Ergebnisse zeichnen aber zumindest aus der Perspektive der Ästhetik gesehen ein anderes Bild: Auf Basis der vorliegenden Daten zeigen sich Inhalt und Usability als weitgehend unbeeinflusst von den vorgenommenen ästhetischen Gestaltungsvariationen. Dies ist umso überraschender, als zwischen der Wahrnehmung der verschiedenen Konstrukte konstant mittlere bis teilweise sehr hohe Korrelationen bestehen.

Theoretisch ist anzunehmen, dass Ästhetik, Inhalt und Usability nicht vollkommen gegenläufig zueinander gestaltet werden sollten, für große Abweichungen bieten hier aber viele Typen von nichtprivaten Websites auch nur wenig Spielraum, ohne dass die entsprechende Website deutlich an Marktpotential verliert. In diesem Rahmen einer gewissen Stringenz in der Gesamtgestaltung einer Website (wie im vorliegenden Experiment) zeigt Ästhetik nicht den von manchen Forschern vermuteten starken Effekt auf Usability in Form eines Urteilsfehlers wie dem Halo-Effekt oder eines Attraktivitätsstereotyps (siehe Kap. 7.2.1 in Teil I, S. 60).

Die Usability- und ebenso die Inhaltsbewertungen zeigen sich weitgehend unbeeinflusst von den gestalterischen Variationen. Lediglich ein geringer, nicht signifikanter, aber relativ durchgängig einheitlicher Mittelwertsunterschied zugunsten der jeweils ästhetischeren Varianten spricht für eine mögliche, aber sehr kleine Wirkung derartiger Urteilsfehler. Dies kann aber die hohen Korrelationen zwischen den Erfassungen der Konstrukte, die sich auch in der vorliegenden Arbeit findet, nicht erklären (siehe hierzu insbesondere Kap. 31.4.1, S. 235f.). Was diesen Zusammenhang bedingt – seien es Methodeneffekte im Sinne eines *common method bias* oder bisher nicht untersuchte Gestaltungsvariablen, die auf beiden Konstrukten wirken – kann nur eine experimentelle Untersuchung klären. Beide Möglichkeiten erscheinen plausibel und stellen sinnvolle Untersuchungsansätze dar. An dieser Stelle muss betont werden, dass die hier untersuchten Gestaltungsmerkmale Variablen darstellen, bei denen eine Wirkung auf Usability oder Inhaltswahrnehmung theoretisch deutlich weniger denkbar ist als bei anderen Gestaltungselementen einer Website. Denkt man z. B. an Navigationselemente, so ist wesentlich einfacher vorstellbar, wie hier die Veränderung von Formen, Farben und Benennungen sowohl Usability als auch die Bewertung des Inhalts beeinflusst. In diese Richtung können auch die Ergebnisse von Sutcliffe und De Angeli (2005, siehe Kap. 5.3.3 in Teil I, S. 49) interpretiert werden, die Veränderungen der Navigationsgestaltung von Websites untersucht haben.

Die vorliegenden Ergebnisse zur Wirkung von Ästhetik auf Usability und Inhalt stützen insgesamt die bisher gemachten Annahmen über die Eigenständigkeit der drei Konstrukte (siehe

z. B. Lindgaard & Dudek, 2003; Tractinsky et al., 2000). Ein grundlegender g-Faktor der Website-Wahrnehmung kann wahrscheinlich ausgeschlossen werden, da einerseits die Variation von ästhetischen Merkmalen unabhängig von den übrigen Konstrukten erfolgen konnte und andererseits die Urteile bezüglich Usability und Inhalt klar divergieren. Welche Faktoren die hohen Zusammenhänge zwischen den Einschätzungen der Konstrukte bedingen, bedarf weiterer Untersuchung.

38 Konsequenzen der Ergebnisse

Aus der vorliegenden Arbeit ergeben sich konkrete Implikationen für Forschung und Praxis. Es ließ sich zeigen, dass Rezipienten die Ästhetik von Websites differenziert wahrnehmen und dass hierbei besonders die Farbgestaltung einen Einfluss hat. Ästhetische Gestaltungsvariationen insbesondere der Farbgestaltung hatten jedoch keinen signifikanten Einfluss auf die Wahrnehmung von Inhalt oder Usability. Die drei Konstrukte werden getrennt wahrgenommen, dabei schätzen die Nutzer, wenn man sie direkt fragt, Inhalt als den wichtigsten Aspekt einer Website vor Usability und Ästhetik ein (siehe Kap. 19 in Teil III, S. 131). Betrachtet man die Daten aus dem Experiment, so zeigen sich jedoch die höchsten Partialkorrelationen (Einflüsse der Variable Alter werden herauspartialisiert) zwischen der Gesamtbewertung einer Website – sei es beim ersten Eindruck oder in einem abschließenden Gesamturteil – zu Einschätzungen der Ästhetik. Auch wenn bei diesen Maßen die Wirkung eines *common method bias* anzunehmen ist, so ist doch die stets höhere Korrelation der Ästhetik-Maße systematisch und somit nicht auf einen Methodeneffekt rückführbar. Dies stellt, neben den im Teil I unter Kapitel 4.7 (S. 36) diskutierten Punkten, einen weiteren Hinweis auf die Bedeutung von Ästhetik dar. Direkte Konsequenzen der Befunde der vorliegenden Arbeit sollen im Folgenden getrennt für Forschung und Praxis besprochen werden.

38.1 Implikationen für die Forschung

In der vorliegenden Arbeit erfolgte zunächst eine qualitative Untersuchung unter anderem der Deckung zwischen Rezipientenwahrnehmung und forscherseitig untersuchten Aspekten. Experimentell wurde der Zusammenhang zu Personenmerkmalen und der Einfluss einzelner Gestaltungsvariablen auf die Ästhetik-Bewertung sowie die Wirkung der Ästhetik auf Inhalt und Usability untersucht. Für spätere Untersuchungen wurde deutlich aufgezeigt, dass auch in diesem Forschungsfeld auf hohen Korrelationen (wie z. B. zwischen den Ästhetik- und Usability-Bewertungen) direkte kausale Schlüsse schwer zu gründen sind. Allein die Unabhängigkeit der Usability-Bewertung von den vorgenommenen Ästhetik-Variationen bei gleichzeitig hohen Korrelationen zwischen den Bewertungen dieser beiden Konstrukte ist ein deutliches Zeichen: Wenn in weiteren Forschungen zur Wahrnehmung von Websites (und auch anderen Formen von Interfaces) die Wirkungsweisen der Konstrukte erforscht werden, so sollten dabei experimentelle Methoden zum Einsatz kommen. Auf anderem Wege lassen sich Wirkungszusammenhänge nicht identifizieren, was für diesen Forschungsbereich bereits von Hassenzahl (2004, S. 344) angemerkt wurde. Gleichzeitig sollte das Alter der Probanden kontrolliert oder als Kovariate beachtet werden, da sich eine zwar geringe, aber substanzielle Mildetendenz findet. Der interessante Fakt, dass nur der Ersteindruck zur Usability nicht von dieser Mildetendenz beeinflusst wird, könnte ebenfalls weiter untersucht werden.

Soll die Ästhetik von Websites untersucht werden, so hat sich die Farbgestaltung als ein gut manipulierbares Gestaltungsmerkmal erwiesen, weitere Variablen und Gestaltungsmanipulationen müssen hier erst noch untersucht werden. Auf Basis der vorliegenden Ergebnisse ist von einer der hier vorgenommenen Manipulation von Schrift- oder Bildgestaltung ähnlichen Variation zunächst abzusehen, wenn klare ästhetische Wirkungen induziert werden sollen. Nichtsdestotrotz sind Studien über die Wirkweise dieser und anderer Variablen und deren Variationen insgesamt auf die Bewertung von Websites höchst interessant. Die qualitative Studie liefert hier einen großen Pool an Ansatzpunkten für die weitere Untersuchung von ästhetischen Gestaltungsmerkmalen von Websites. Auf Basis der vorliegenden Ergebnisse muss bei diesen Forschungen wahrscheinlich weniger Bedacht auf die Kontrolle von Urteilsfehlern wie Halo-Effekten oder Attraktivitätsstereotypen als auf die Kontrolle von Methodeneffekten wie dem *common method bias* gelegt werden. Zudem sind wie in dem hier vorliegenden Experiment auch zukünftig Forschungsdesigns notwendig, die klar identifizieren lassen, welche Variablen auf welche Konstrukte wirken, da anzunehmen ist, dass sich Gestaltungsmerkmale finden lassen, die beispielsweise sowohl auf Ästhetik als auch Usability wirken (siehe Kap. 31.4.1, S. 235).

Für spätere Experimente, aber auch zur Bewertung früherer Studien, ergibt sich ein interessanter Hinweis aus den Ergebnissen des Manipulation Checks im Experiment (siehe hierzu Kap. 31.1.2, S. 228f.): Die Bewertungen der Variation insbesondere der Bildgestaltung unterscheidet sich stark davon, ob der Stimulus isoliert oder eingebunden in die Testwebsite dargeboten wird. In schwächerer Form findet sich ähnliches bei der Schriftgestaltung: Bei der Bewertung verschiedener Websitevariationen ergeben sich keine Unterschiede entsprechend der vorgenommenen Variation, bei einem Vergleich sehr wohl. In Kap. 31.1.2 wird hier unter anderen die Nichtsummativität der ästhetischen Gestaltungsvariablen diskutiert, also das die Bewertung des Ganzen etwas anderes ist als die Bewertung der Teile. Auf jeden Fall sollte das Ergebnis dazu anregen, Manipulation Checks in diesem Forschungsfeld kritisch zu hinterfragen. Wenn diese überhaupt vorgenommen werden, orientieren sich die Autoren zumeist an den Bewertungen der verschiedenen Materialausprägungen. Aus Sicht der vorliegenden Ergebnisse bietet sich eine isolierte Darbietung der einzelnen Stimuli nicht an, sondern vor allem vergleichende Bewertungen der Stimulus-Varianten. Noch besser sind natürlich (nonreaktive) Maße wie Reaktionszeiten, Klickverhalten, Aufgabenerfüllng oder Fehlerzahl – falls derartige Messungen in einem Forschungsdesign als Manipulation Check eingesetzt werden können.

Die hier eingesetzten Messinstrumente, unter diesen auch der neu geschaffene WWI, haben sich weitgehend bewährt. Deren Einsatz in weiteren Untersuchungen ist somit zu befürworten, wobei weitere Validierungsstudien immer wünschenswert, in Bezug auf den CVPA-g aber auch notwendig sind (siehe Kap. 31.2, ab S. 232). Die abgefragten globalen Einschätzungen der Konstrukte führen zu mit den eingesetzten Messinstrumenten vergleichbaren Ergebnissen, weisen aber beispielsweise schlechtere Verteilungseigenschaften auf. Derartige globale

Items können Konstrukte auch nicht so reliabel oder differenziert erfassen wie standardisierte Skalen – letztere sind daher in der Evaluation von Websites vorzuziehen.

38.2 Implikationen für die Praxis

Auch wenn das Vorgehen in dieser Arbeit, vor allem im experimentellen Teil, sehr methodisch und stark wissenschaftlich orientiert ist, lassen sich dennoch (oder auch gerade deshalb) einzelne eindeutige Implikationen für die Praxis ableiten. Die Ergebnisse können dabei aus verschiedenen Perspektiven betrachtet werden.

38.2.1 Webdesigner und Mediengestalter

Diejenigen, die selber Websites erstellen, also vor allem Webdesigner und Mediengestalter, finden zum einen in den Ergebnissen der qualitativen Untersuchungen wertvolle Hinweise über das ästhetische Empfinden der Webnutzer und welche Arten der Gestaltung diese mit ästhetischem Webdesign verbinden. Der Einblick in das Denken typischer Webnutzer und deren exemplarische Äußerungen (als Paraphrasen zu finden in Anhang D) mögen dabei vielleicht sogar eine Quelle für konkrete Ideen sein, zumindest aber den Blick ein wenig dafür schärfen, was Nutzern aus ästhetischer Sicht von Bedeutung ist.

Neben diesen eher inspirativen Aspekten bietet aber das Experiment harte Fakten – und das für einen Website-Typus, mit dem Webdesigner oft zu tun haben: Selbstdarstellungsseiten von Organisationen und Unternehmen. Die Ergebnisse betonen vor allem die Wichtigkeit der Farbgestaltung, geben aber auch tendenzielle Hinweise, die Bildgestaltung nicht nur unter gestalterischen, sondern auch unter inhaltlichen Aspekten zu bedenken. Die klar aufgezeigte Unabhängigkeit der Usability von einzelnen ästhetischen Variationen liefert Designern Argumentationsgrundlagen, wenn es um das mögliche Nebeneinander von Design und Benutzbarkeit geht. Dabei wurden schon in Teil I unter Kapitel 7.2.2 (S. 62f.) eventuelle kompensatorische Effekte der ästhetischen Gestaltung dargestellt und im vorliegenden Experiment aufgezeigt, dass gestalterische Variationen nicht notwendigerweise zu Einschränkungen der Usability führen. Ein weiterer Punkt, der Designer beruhigen mag: Die Bewertungen von Personen mit Webdesign-Expertise unterschieden sich im Experiment nicht von denen anderer Webnutzer; die Wahrnehmung von grundlegenden Faktoren der Website-Ästhetik erscheint somit eher einheitlich.

38.2.2 Markt- und Medienforschung

Gerade die letzteren genannten Aspekte erweisen sich auch aus Sicht der Marktforschung als bedeutsam. Hier wird im Moment oft und insbesondere die Usability betrachtet, Website-Evaluationen erfolgen teils rein qualitativ oder mit starken qualitativen Anteilen. Die experimentellen Ergebnisse zeigen, dass von Befragten häufig genannte Variablen nicht unbedingt so bedeutsam sein müssen, wie es in der qualitativen Betrachtung erscheint. Standardisierte Messungen sind somit von Vorteil, eine Ergänzung um qualitative Anteile erlaubt hierbei Einblicke in das subjektive Empfinden einzelner Nutzer oder Nutzergruppen. Zudem hat sich gerade die Farbe als wirkende Variable erwiesen; eine Variable, die aber in einigen üblichen Usability-Tests nicht adäquat erfasst wird. Die Ergänzung von Marktforschungsinstrumenten um Anteile, die Website-Ästhetik erfassen, ist somit zu empfehlen – hierfür sprechen auch die Ergebnisse zum Ersteindruck (siehe Kap. 38, S. 257).

Sollte man eine in der Markt- und Medienforschung durchaus übliche Zielgruppensegmentierung (siehe z. B. Oehmichen & Schröter, 2004) von Webnutzern in Hinblick auf Ästhetik- oder Usability-Bewertungen planen, so ist hierbei insbesondere die Variable Alter zu berücksichtigen. Die anderen im vorliegenden Experiment untersuchten demographischen Variablen und Persönlichkeitsmerkmale können dabei auf Basis der vorliegenden Ergebnisse eher vernachlässigt werden. Inwieweit die Persönlichkeit eines Webnutzer Einfluss auf sein mittel- und langfristiges Surfverhalten insgesamt hat, ist allerdings eine andere Frage.

38.2.3 Unternehmen und Institutionen

Neben diesen beiden Perspektiven ergeben sich aus den Ergebnissen grundlegende Konsequenzen für Unternehmen und Institutionen, die eigene Websites pflegen: Ästhetische Gestaltung hat einen gewissen Effekt auf die Wahrnehmungen der Nutzer, auch auf den Ersteindruck (siehe z. B. Kap. 38, S. 257). Dies ist ein weiterer empirischer Beleg für die Bedeutung von Ästhetik (siehe Kap. 4.7 in Teil I, S. 36). Zwar sind weitere Studien zum Präferenzverhalten von Webnutzern notwendig, aber bereits jetzt scheint klar zu sein, das Ästhetik ein probates Mittel ist, Nutzer zufriedener zu stimmen und sich so von Konkurrenten im World Wide Web abzuheben. Website-Ästhetik kann so in einzelnen Branchen ein Alleinstellungsmerkmal sein.

38.2.4 Website-Nutzer

Den Rezipienten von Websites kann diese Arbeit lediglich einen indirekten Nutzen bieten. Viele Webnutzer werden sich schon einmal über das wenig ansprechende Design einzelner Websites Gedanken gemacht haben – die Ergebnisse dieser Arbeit betonen die Bedeutung von Ästhetik sowie die teilweise Unabhängigkeit der Konstrukte Ästhetik und Usability. Dies stellt eine weitere empirische Grundlage für ein grundlegendes Umdenken im Design von Interfaces und Websites dar: Es sollten nicht nur negative Belastungen des Nutzers vermieden, sondern auch positive Erlebnisse geschaffen werden. Falls sich die ersten Ergebnisse zu einer Verbesserung der Leistung durch ästhetisches Design (Moshagen et al., 2007) und somit die theoretischen Annahmen von Norman (2004) weiterhin bestätigen lassen, verbessert Ästhetik nicht nur das *look and feel* einer Website, sondern auch Interaktion und Arbeit mit dieser.

39 Abschließende Bewertung und Ausblick

Die vorliegende Arbeit beantwortet eine Reihe von Fragen zur Website-Ästhetik, bietet aber noch mehr Ansatzpunkte für weitere Forschungen zur Wahrnehmung von Websites. Die Ästhetik von Websites stellt sich dabei als ein gleichwie interessantes wie vielversprechendes Forschungsfeld dar. Wie bereits diskutiert, war in dieser Arbeit die Kombination von qualitativen und quantitativen Vorgehensweisen sinnvoll, insbesondere die experimentelle Untersuchung liefert eine Reihe von belastbaren und spannenden Ergebnissen. Farbe wurde als wichtige ästhetisch wirkende Variable herausgestellt, die teilweise Unabhängigkeit von Ästhetik und Usability experimentell gezeigt und der Einfluss ästhetischer Gestaltung auf den Inhalt erstmalig untersucht. Auf Basis der Ergebnisse kann das zu Beginn in Teil I dargestellte Modell an einzelnen Stellen um konkrete Aspekte ergänzt werden (siehe Abbildung 39.1).

In Abbildung 39.1 sieht man jedoch auch einen einschränkenden Punkt, der genannt werden muss: Die Kontextvariablen sind in der vorliegenden Arbeit nicht untersucht worden. Hier wurde von der Annahme ausgegangen, dass sich die Einflüsse dieser Variablen durch die großen und breit zusammengesetzten Stichproben gleich verteilen und die Ergebnisse somit nicht systematisch verzerren können.
Auf weitere methodische Einschränkungen wurde in Kapitel 34 (S. 247f.) bereits eingegangen, abschließend soll lediglich erneut betont werden, dass im Fokus der vorliegenden Arbeit organisationelle und institutionelle Websites standen. Die Übertragbarkeit der Ergebnisse auf gestalterisch sehr divergente Website-Typen mag eingeschränkt sein. Da aber in dieser Arbeit sehr grundlegende und eher prototypische Gestaltungsvariationen vorgenommen und zudem eine onlinebevölkerungsrepräsentative Stichprobe untersucht wurden, wird zunächst von einer recht breiten Generalisierbarkeit der Ergebnisse ausgegangen.

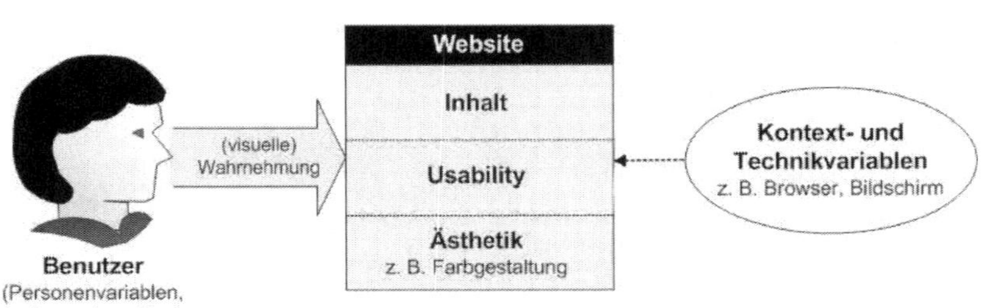

Abbildung 39.1: Um einzelne Ergebnisse ergänzte Übersicht über die zentralen Variablen der Website-Rezeption

An mehreren Stellen haben sich zudem interessante Ansatzpunkte, ja teilweise ein Bedarf für weitere Forschungen gezeigt. Diese liegen auf vielen verschiedenen Ebenen: Zunächst ist die weitere Validierung der in dieser Arbeit erstmals eingesetzten und untersuchten Instrumente wünschenswert; ständige Weiterentwicklung ist ohnehin ein grundlegender Wunsch an alle Formen von Messinstrumenten. Insbesondere zum CVPA-g sind hier (siehe Kap. 31.2 in Teil V, S. 232) weitere Studien notwendig.

Auf Seiten der Ästhetik liefert die qualitative Studie eine Vielzahl von Ideen, welche weiteren Gestaltungsaspekte von Websites untersucht werden könnten. Ebenso ist eine Replikation der Ergebnisse zu den ästhetischen Variablen anhand anderer Testwebsites ebenso sinnvoll wie die Erprobung anderer Gestaltungsvariationen und die genauere Betrachtung des Zusammenhangs von Ästhetik und Usability. An letzterer Stelle bietet sich insbesondere eine Methodik an, die MTMM-Modellen folgt. So könnte die Frage nach dem Ausmaß von Methodeneffekten sowie der Einfluss von auf beide Konstrukte wirkende Gestaltungsvariablen (siehe Kap. 31.4.1, S. 235) geklärt werden.
Der Inhalt hat sich in dieser Arbeit zwar relativ unbeeinflusst von ästhetischer Gestaltung gezeigt, nichtsdestotrotz ist neben der weiteren Untersuchung dieses Zusammenhangs eine Analyse von Aspekten der Passung zwischen beiden Konstrukten (die in der qualitativen Studie aufgeworfen wurden) ein denkbarer weiterer Forschungsansatz. Insbesondere die Wirkung von Inhaltsvariationen auf ästhetische Wahrnehmungen ist hierbei interessant. Überraschend in der vorliegenden Arbeit sind auch die hohen Korrelationen zwischen den Bewertungen von Ästhetik auf der einen und Usability und Inhalt auf der anderen Seite, obwohl sich kein Einfluss der vorgenommenen ästhetischen Gestaltungsvariationen auf die letzteren beiden Bewertungen finden lässt. Somit ist auch die allgemeine Betrachtung der Wirkungszusammenhänge zwischen den drei Konstrukten Ästhetik, Usability und Inhalt ein weiterer Ansatzpunkt für Forschungen, so auch der Einfluss von weiteren technischen oder personenbezogenen Variablen auf diese.

Für die Zukunft bleibt der Wunsch, langfristig jegliche Theorie zur Ästhetik von Websites auch entsprechend über kognitive oder neurowissenschaftliche Modelle begründen zu können – so wären prüfbare Vorhersagen zu den jeweils denkbaren Gestaltungsvariationen möglich. Dies erfordert jedoch noch eine ganze Reihe weiterer Forschungen, sowohl spezifisch in Bezug auf Websites und Interfaces und deren typischen Charakteristika als auch allgemein zur menschlichen Wahrnehmung und Verarbeitung von Ästhetik.

40 Zusammenfassung der vorliegenden Arbeit

Die vorliegende Arbeit geht nach einer allgemeinen Darstellung des World Wide Web auf drei spezifische Wahrnehmungskonstrukte ein: Inhalt, Usability und Ästhetik. Insbesondere die Ästhetik von Websites wird dabei tiefergehend betrachtet, die aktuelle Forschung dargestellt sowie eine Arbeitsdefinition für *visuelle Ästhetik* aufgestellt. Visuelle Ästhetik bezeichnet nach dieser Definition das subjektiv empfundene Wohlgefallen an einer Website. Diese ästhetische Wahrnehmung einer Website zeichnet sich durch einen positiven emotionalen Eindruck sowie eine positive kognitive Bewertung aus. Die affektiven und kognitiven Prozesse werden durch einzelne Gestaltungsmerkmale einer Website ausgelöst. Aus der aktuellen Forschung heraus werden fünf spezifische Fragestellungen abgeleitet, die in einer qualitativen und in einer experimentellen Untersuchung beantwortet werden.

Vor diesen beiden Ästhetik-Untersuchungen werden insgesamt drei Vorstudien durchgeführt, die das Ziel haben, einzelne Befragungsinstrumente zu prüfen, die im Rahmen der experimentellen Untersuchung zum Einsatz kommen sollen.
Die deutsche Version der *Scale for Centrality of Visual Product Aesthetics* (CVPA-g) wird hierbei auf Verständlichkeit überprüft ($N_{ges} = 45$) und einer Itemanalyse unterzogen ($N = 155$). Gleiches wird mit der deutschen Version der *Scale for Measuring Perceived Website Usability* (PWU-g) vorgenommen, hier erfolgte die Verständlichkeitsprüfung mit $N = 35$ Personen, die Itemanalyse mit $n = 324$ Webnutzern. Ein Fragebogen zur *Wahrnehmung von Website-Inhalten* (WWI) wird neu erstellt. Hierzu werden Items anderer Instrumente sowie die Ergebnisse einer Vorbefragung von $n = 25$ Experten und $n = 16$ Webnutzern herangezogen. Die Konstruktion des WWI erfolgt auf Basis von $m = 42$ Items und $n = 322$ Befragten. Das resultierende Instrument besteht aus $m = 9$ Items auf drei Skalen. Alle an dieser Stelle geprüften Instrumente weisen gute Itemkennwerte und zufriedenstellende Faktorlösungen auf. Ausgenommen ist hier der CVPA-g, dessen Faktorstruktur in der vorliegenden Studie nicht eindeutig bestimmt werden kann (siehe Kap. 17.4.1 in Teil III, S. 117).

In der qualitativen Studie wird die erste Fragestellung, wie Rezipienten ihre ästhetischen Wahrnehmungen von Websites beschreiben, untersucht. $N = 11$ Personen werden hierzu in Einzelinterviews und zwei Gruppendiskussionen zu ihrer Wahrnehmung von Website-Ästhetik befragt. Hierbei können die Probanden ihre Empfindungen zur Ästhetik von Websites umfangreich verbalisieren und nennen viele in der Forschung bereits diskutierte Aspekte. Die insgesamt 452 Äußerungen in den Gruppendiskussionen werden nach einer Inhaltsanalyse in einem Kategoriensystem mit zwanzig Kategorien dargestellt, dieses wird im Rahmen der vorliegenden Arbeit durch zwei Auswerter einer Quantifizierung unterzogen (Kappa = .68). Als besonders häufig genannte Kategorien sollen Farb-, Schrift- und Bildgestaltung experimentell untersucht werden.

Das zentrale Experiment der vorliegenden Arbeit untersucht diese drei Gestaltungsaspekte in einem komplett gekreuzten 2×2×2-Design. An einer Stichprobe von N = 364 Probanden, repräsentativ zur deutschen Online-Bevölkerung gezogen, werden insgesamt vier Fragestellungen beantwortet. Zunächst wird der Frage nach dem Zusammenhang von Personenmerkmalen und der Beurteilung von Ästhetik nachgegangen. Hierbei zeigt sich kein bedeutender Effekt von demographischen Variabeln, ästhetischer Sensitivität oder Big Five, sehr wohl jedoch ein geringer, aber konstanter Zusammenhang des Alters und der Bewertung von Ästhetik im Sinne einer Mildetendenz mit steigendem Alter.
Die zweite Frage nach der Wirkung der Variation von Farb-, Schrift- und Bildgestaltung wird mittels einer MANCOVA ausgewertet: Es zeigt sich ein mittlerer Effekt der Farbe. Die Schriftgestaltung hat nur vereinzelt kleine Einflüsse auf die Ästhetik-Bewertungen, die Bildgestaltung hat hier keinen Effekt.
In der dritten und vierten Fragestellung des Experiments wird der Einfluss von Ästhetik auf die Wahrnehmung von Usability und Inhalt betrachtet. Beide Konstrukte werden hierbei weitgehend unabhängig von den Ästhetik-Variationen beurteilt, generell wirkende Urteilsfehler wie Halo-Effekte oder Attraktivitätsstereotypen werden somit abgelehnt. Da sich zwischen den Konstrukten jedoch mittlere bis hohe Korrelationen finden, werden in der abschließenden Diskussion die Wirkung von Methodeneffekten und weiteren noch nicht untersuchten Gestaltungsvariablen angenommen. In der Diskussion werden auch Implikationen für Forschung und Praxis verdeutlicht sowie eine Reihe von Ansatzpunkten für weitere Forschungen dargestellt.

Literaturverzeichnis

ADM Arbeitskreis Deutscher Markt- und Sozialforschungsinstitute e. V., ASI Arbeitsgemeinschaft Sozialwissenschaftlicher Institute e. V., BVM Berufsverband Deutscher Markt- und Sozialforscher e. V. & DGOF Deutsche Gesellschaft für Online-Forschung e. V. (2001). *Standards zur Qualitätssicherung für Online-Befragungen.*

Agarwal, R. & Venkatesh, V. (2002). Assessing a firm's web presence: A heuristic evaluation procedure for the measurement of usability. *Information Systems Research, 13*(2), 168–186.

AGOF. (2005). *internet facts 2005–IV.* Arbeitsgemeinschaft Online-Forschung e.V., Darmstadt. (Verfügbar unter http://www.agof.de)

AGOF. (2006). *internet facts 2006–II.* Arbeitsgemeinschaft Online-Forschung e.V., Darmstadt. (Verfügbar unter http://www.agof.de)

Aladwani, A. M. (2002). The development of two tools for measuring the easiness and usefulness of transactional web sites. *European Journal of Information Systems, 11*(3), 223–234.

Aladwani, A. M. & Palvia, P. C. (2002). Developing and validating an instrument for measuring user-perceived web quality. *Information & Management, 39*(6), 467–476.

Allesch, C. G. (1987). *Geschichte der psychologischen Ästhetik.* Göttingen: Verlag für Psychologie.

Allesch, C. G. (1993). Psychologie und Ästhetik: Zur Geschichte und Gegenwart eines schwierigen Verhältnisses. In W. Schurian (Hrsg.), *Kunstpsychologie heute* (S. 19–48). Göttingen: Verlag für angewandte Psychologie.

Allesch, C. G. (2006). *Einführung in die psychologische Ästhetik.* Wien: WUV.

Alpar, P. (1999). Satisfaction with a Web Site: Its Measurement, Factors, and Correlates. In A.-W. Scheer & M. Nüttgens (Hrsg.), *Electronic Business Engineering. 4. Internationale Tagung Wirtschaftsinformatik 1999* (S. 271–287). Heidelberg: Physica.

Arnheim, R. (2000). *Kunst und Sehen: Eine Psychologie des schöpferischen Auges* (3. Aufl.). Berlin: de Gruyter.

Barnum, C. M. (2002). *Usability testing and research.* New York: Longman.

Batinic, B. (2000). *Internet für Psychologen* (2. überarb. und erw. Aufl.). Göttingen: Hogrefe.

Batinic, B. & Bošnjak, M. (2000). Fragebogenuntersuchungen im Internet. In B. Batinic (Hrsg.), *Internet für Psychologen* (2. überarb. und erw. Aufl., S. 287–318). Göttingen: Hogrefe.

Batinic, B., Reips, U. D. & Bošnjak, M. (2002). *Online social sciences.* Seattle: Hogrefe & Huber.

Baumgarten, A. G. (1750/1758). *Aesthetica.* Frankfurt a. O.: Kleyb.

Beck, K., Schweiger, W. & Wirth, W. (2004). *Gute Seiten – schlechte Seiten: Qualität in der Onlinekommunikation.* München: Reinhard Fischer.

Ben-Bassat, T., Meyer, J. & Tractinsky, N. (2006). Economic and subjective measures of the perceived value of aesthetics and usability. *ACM Transactions on Computer-Human Interaction, 13*(2), 210–234.

Bense, M. (1969). *Einführung in die informationstheoretische Ästhetik.* Hamburg: Rowohlt.

Berlyne, D. E. (1971). *Aesthetics and psychobiology.* New York: Appleton-Century-Crofts.

Berlyne, D. E. (1974). *Studies in the new experimental aesthetics.* Washington D.C.: Hemisphere.

Berners-Lee, T. (1999). *Weaving the web.* San Francisco: Harper.

Bertelsen, O. & Pold, S. (2004). Criticism as an approach to interface aesthetics. In *Proceedings of the third nordic conference on human-computer interaction* (pp. 23–32). New York: ACM Press.

Birkhoff, G. D. (1929). Quelques éléments mathématiques de l'art. In G. D. Birkhoff (1968) (Ed.), *Collected mathematical papers* (Vol. 3, pp. 288–306). New York: Dover Publications.

Birkhoff, G. D. (1933). *Aesthetic measure.* Cambridge: Harvard University Press.

Birnbaum, M. H. (2004). Human research and data collection via the internet. *Annual Review of Psychology, 55,* 803–832.

Bloch, P. H. (1995). Seeking the ideal form: Product design and consumer response. *Journal of Marketing, 59*(3), 16–29.

Bloch, P. H., Brunel, F. F. & Arnold, T. J. (2003). Individual differences in the centrality of visual product aesthetics: Concept and measurement. *Journal of consumer research, 29,* 551 - 565.

Blythe, M., Overbeeke, K., Monk, A. F. & Wright, P. (2003). *Funology: From usability to enjoyment.* Dordrecht: Kluwer.

Bommert, H., Dirksmeier, C. & Kleyböcker, R. (2000). *Differentielle Medienrezeption.* Münster: LIT.

Bommert, H., Kleyböcker, R. & Voß-Frick, A. (2002). *TV-Interviews im Urteil der Zuschauer.* Münster: LIT.

Bommert, H. & Voß-Frick, A. (2005). *Fakten und Images: Interviews im dualen System des deutschen Fernsehens.* Münster: LIT.

Bommert, H., Weich, K. W. & Dirksmeier, C. (2000). *Rezipientenpersönlichkeit und Medienwirkung* (2. Aufl.). Münster: LIT.

Borkenau, P. & Ostendorf, F. (1993). *NEO-Fünf-Faktoren Inventar (NEO-FFI).* Göttingen: Hogrefe.

Bortz, J. (1978). Psychologische Ästhetikforschung: Bestandsaufnahme und Kritik. *Psychologische Beiträge, 20,* 481–508.

Bortz, J. (2005). *Statistik für Sozialwissenschaftler* (6. überarb. und erw. Aufl.). Berlin: Springer.

Bortz, J. & Döring, N. (2006). *Forschungsmethoden und Evaluation für Human- und Sozialwissenschaftler* (4. überarb. Aufl.). Berlin: Springer.

Bosenick, T., Hassenzahl, M., Müller-Prove, M. & Peissner, M. (2006). *Usability Professionals 2006.* Stuttgart: German Chapter der Usability Professionals' Association.

Bošnjak, M. (2002). *(Non)Response bei Web-Befragungen.* Aachen: Shaker.

Bošnjak, M., Galesic, M. & Wittmann, W. W. (2005). Persönlichkeit und Online-Shopping: Vorhersage und Erklärung der Intention, Waren und Dienstleistungen über das Internet zu beziehen, auf Basis eines hierarchischen Persönlichkeitsmodells. In K.-H. Renner, A. Schütz & F. Machilek (Hrsg.), *Internet und Persönlichkeit* (S. 75–89). Göttingen: Hogrefe.

Brady, L. & Phillips, C. (2003). Aesthetics and usability: A look at color and balance. *Usability News, 5*(1).

Brittnacher, H. R. (1995). *Ästhetik des Horrors.* Frankfurt a. M.: Suhrkamp.

Bühner, M. (2006). *Einführung in die Test- und Fragebogenkonstruktion* (2. Aufl.). München: Pearson Studium.

Campbell, D. T. & Fiske, D. W. (1959). Convergent and discriminant validation by the multitrait-multimethod matrix. *Psychological Bulletin, 56*(2), 81–105.

Cheung, C. M. K. & Lee, M. K. O. (2006). Understanding consumer trust in internet shopping: A multidisciplinary approach. *Journal of the American Society for Information Science and Technology, 57*(4), 479–492.

Child, I. L. (1964). Observations on the meaning of some measures of esthetic sensitivity. *Journal of psychology, 57*, 49–64.

Chin, J. P., Diehl, V. A. & Norman, K. L. (1988). Development of an instrument measuring user satisfaction of the human-computer interface. In J. J. O'Hare (Ed.), *Proceedings of the sigchi conference on human factors in computing systems* (pp. 213–218). New York: ACM/SIGCHI.

Cober, R. T., Brown, D. A., Levy, P. E., Cober, A. B. & Keeping, L. M. (2003). Organizational web sites: Web site content and style as determinants of organizational attraction. *International Journal of Selection and Assessment, 11*(2/3), 158–169.

Cohen, J. (1988). *Statistical power analysis for the behavioural sciences.* Hillsdale: Erlbaum.

Costa, P. & McCrae, R. (1992). *Revised NEO personality inventory (NEO PI-R) and NEO five factor inventory. professional manual.* Odessa: Psychological Assessment Resources.

Cupchik, G. C. & Berlyne, D. E. (1979). Perception of collative properties in visual-stimuli. *Scandinavian Journal of Psychology, 20*(2), 93–104.

Cyr, D., Head, M. & Ivanov, A. (2006). Design aesthetics leading to m-loyalty in mobile commerce. *Information & Management, 43*(8), 950–963.

Dahl, G. (1971). Zur Berechnung des Schwierigkeitsindex bei quantitativ abgestufter Aufgabenbewertung. *Diagnostica, 17*, 139–142.

Dahm, M. (2006). *Grundlagen der Mensch-Computer-Interaktion.* München: Pearson Studium.

D'Ambra, J. & Rice, R. E. (2001). Emerging factors in user evaluation of the world wide web. *Information & Management, 38*(6), 373–384.

Davis, F. D. (1986). *A technology acceptance model for empirically testing new end- user information systems: Theory and results.* Unpublished doctoral dissertation, Massachusetts Instituite of Technology.

Davis, F. D. (1989). Perceived usefulness, perceived ease of use, and user acceptance of information technology. *MIS Quarterly, 13*(3), 319–340.

Davis, F. D., Bagozzi, R. P. & Warshaw, P. R. (1992). Extrinsic and intrinsic motivation to use computers in the workplace. *Journal of Applied Social Psychology, 22*, 1111–1132.

De Angeli, A., Sutcliffe, A. & Hartmann, J. (2006). Interaction, usability and aesthetics: What influences users' preferences. In *Proceedings of the 6th ACM conference on designing interactive systems* (p. 271-280). New York: ACM Press.

Deffner, G. (1984). *Lautes Denken – Untersuchung zur Qualität eines Datenerhebungsverfahrens.* Frankfurt a. M.: Peter Lang.

Deffner, G. (1987). Lautes Denken als Methode der Datenerhebung. In S. Börsch (Hrsg.), *Die Rolle der Psychologie in der Sprachlehrforschung* (S. 257–268). Tübingen: Gunter Narr.

Dehm, U., Storll, D. & Beeske, S. (2006). Das Internet: Erlebnisweisen und Erlebnistypen. *Media Perspektiven, 2/2006*, 91–101.

De Marsico, M. & Levialdi, S. (2004). Evaluating web sites: exploiting user's expectations. *International Journal of Human-Computer Studies, 60*(3), 381–416.

De Wulf, K., Schillewaert, N., Muylle, S. & Rangarajan, D. (2006). The role of pleasure in web site success. *Information & Management, 43*, 434–446.

Döring, N. (2003). Methoden der Online-Forschung. In N. Döring (Hrsg.), *Sozialpsychologie des Internet. Die Bedeutung des Internets für Kommunikationsprozesse, Identitäten, soziale Beziehungen und Gruppen.* (S. 201 - 244). Göttingen: Hogrefe.

Duncker, K. (1935). *Zur Psychologie des produktiven Denkens.* Berlin: Springer.

Dzeyk, W. (2001). Ethische Dimensionen der Online-Forschung. *Kölner Psychologische Studien, 6*(1), 1–30.

Egger, F. N. (1999, June). *Human factors in electronic commerce: Making systems appealing, usable & trustworthy.* Paper presented at the 12th Bled International E-Commerce Conference. Bled, Slovenia.

Egger, F. N. (2001). Affective design of e-commerce user interfaces: How to maximise perceived trustworthiness. In M. Helander, H. Khalid & Tham (Eds.), *The international conference on affective human factors design.* Singapore: Asean Academic Press.

Engholm, I. (2002). Digital style history: the development of graphic design on the internet. *Digital Creativity, 13*(4), 193–211.

Ericsson, K. A. & Simon, H. A. (1980). Verbal report as data. *Psychological Review, 87*, 215–251.

Everard, A. & Galletta, D. F. (2005). How presentation flaws affect perceived site quality, trust, and intention to purchase from an online store. *Journal of Management Information Systems, 22*(3), 55–95.

Eysenck, H. (1940). The general factor in aesthetic judgements. *British Journal of Psychology, 31*, 94–102.

Eysenck, H. (1941). Empirical determination of an aesthetic formula. *Psychological Review, 42*, 83 - 92.

Fabrigar, L. R., Wegener, D. T., MacCallum, R. C. & Strahan, E. J. (1999). Evaluating the use of exploratory factor analysis in psychological research. *Psychological Methods, 4*(3), 272–299.

Fechner, G. T. (1860). *Elemente der Psychophysik.* Leipzig: Breitkopf & Härtel.

Fechner, G. T. (1865). Über die Frage des goldenen Schnitts. *Archiv für die zeichnenden Künste, 11*, 100–112.

Fechner, G. T. (1876). *Vorschule der Ästhetik.* Leipzig: Breitkopf & Härtel.

Fernandes, G., Lindgaard, G., Dillon, R. & Wood, J. (2003, January). *Judging the appeal of web sites.* Paper presented at the 4th World Congress on the Management of Electronic Commerce. Hamilton, Canada.

Fischer, P., Schrepp, M. & Held, T. (2007). Farbalgorithmen zur ästhetischen Gestaltung von Benutzeroberflächen. In T. Gross (Hrsg.), *Mensch & Computer 2007* (S. 295–298). München: Oldenbourg.

Fishwick, P. (2006). *Aesthetic computing.* Cambridge: MIT Press.

Flávian, C., Guinalíu, M. & Gurrea, R. (2006). The role played by perceived usability, satisfaction and consumer trust on website loyalty. *Information & Management, 43*(1), 1–14.

Flick, U. (2002). *Qualitative Sozialforschung.* Reinbek bei Hamburg: Rowohlt.

Fogg, B., Kameda, T., Boyd, J., Marshall, J., Sethi, R., Sockol, M. et al. (2002). *Stanford-makovsky web credibility study 2002: Investigating what makes web sites credible today* (Tech. Rep.). Stanford University: Stanford Persuasive Technology Lab and Makovsky & Company.

Fogg, B., Marshall, J., Laraki, O., Osipovich, A., Varma, C., Fang, N. et al. (2001). *What makes web sites credible? A report on a large quantative study* (Tech. Rep.). Stanford University: Stanford Persuasive Technology Lab.

Fogg, B., Soohoo, C., Danielsen, D., Marable, L., Stanford, J. & Tauber, E. (2002). *How do people evaluate a web site's credibility? Results from a large study.* (Tech. Rep.). Stanford University: Stanford Persuasive Technology Lab.

Fogg, B. & Tseng, H. (1999). The elements of computer credibility. In *Proceedings of the SIGCHI conference on human factors in computing systems: the CHI is the limit* (pp. 80–87). New York: ACM Press.

Gediga, G. & Hamborg, K.-C. (1999). IsoMetrics: Ein Verfahren zur Evaluation von Software nach ISO 9241-10. In H. Holling & G. Gediga (Hrsg.), *Evaluationsforschung* (S. 195–234). Göttingen: Hogrefe.

Gediga, G. & Hamborg, K.-C. (2002). Evaluation in der Software Ergonomie: Methoden und Modelle im Software-Entwicklungsprozess. *Zeitschrift für Psychologie, 210*(1), 40–57.

Gediga, G., Hamborg, K.-C. & Duntsch, I. (1999). The IsoMetrics usability inventory: an operationalization of ISO9241-10 supporting summative and formative evaluation of software systems. *Behaviour & Information Technology, 18*(3), 151–164.

Geißler, H., Donath, T. & Jaron, R. (2003). Von der Schwierigkeit Websites benutzerfreundlich zu gestalten. *Planung & Analyse, 2/2003.*

Gelfert, H.-D. (1998). *Im Garten der Kunst: Versuch einer empirischen Ästhetik.* Göttingen: Vandenhoeck & Ruprecht.

Gerhards, M. & Klingler, W. (2006). Mediennutzung in der Zukunft. *Media Perspektiven, 2/2006,* 75–90.

Göritz, A. S. & Moser, K. (2002). Personalmarketing im Internet – Eine Untersuchung des Auftritts der 100 größten deutschen Unternehmen. *Zeitschrift für Personalpsychologie, 3,* 141–148.

Gosling, S. D., Vazire, S., Srivastava, S. & John, O. P. (2004). Should we trust web-based studies? A comparative analysis of six preconceptions about internet questionnaires. *American Psychologist, 59*(2), 93–104.

Götz, K. O. (1985). *VAST: Visual Aesthetic Sensitivity Test* (4th ed.). Düsseldorf: Concept Verlag.

Götz, K. O., Borisy, A. R., Lynn, R. & Eysenck, H. J. (1979). A new visual aesthetic sensitivity test: I. construction and psychometric properties. *Perceptual and Motor Skills, 49,* 795–802.

Green, W. S. & Jordan, P. W. (2002). *Pleasure with products. Beyond usability.* London: Taylor & Francis.

Guadagnoli, E. & Velicer, W. F. (1988). Relation of sample-size to the stability of component patterns. *Psychological Bulletin, 103*(2), 265–275.

Haig, A. (2002). *The design & aesthetic performance of web sites.* Unpublished master's thesis, Swinburne University of Technology.

Haig, A. & Whitfield, T. W. A. (2001, March). *Predicting the aesthetic performance of web sites: What attracts people?* Paper presented at the International Symposium on Smart Graphics. Hawthorne, USA.

Hair, J. F., Black, B., Babin, B., Anderson, R. E. & Tatham, R. L. (2006). *Multivariate data analysis* (6th ed.). Upper Saddle River, NJ: Prentice Hall.

Hall, R. H. & Hanna, P. (2004). The impact of web page text-background colour combinations on readability, retention, aesthetics and behavioural intention. *Behaviour & Information Technology, 23*(3), 183–195.

Hammer, P. (2004). Die Top-50-Agenturen. *werben & verkaufen, 11/2004,* 50–52.

Harbich, S. & Auer, S. (2005). Rater bias: The influence of hedonic quality on usability questionaires. In M. Costabile & F. Paternò (Eds.), *Proceedings of human computer interaction – INTERACT 2005* (pp. 1129–1133). Berlin: Springer.

Hartmann, J. (2006). Assessing the attractiveness of interactive systems. In *CHI '06 extended abstracts on human factors in computing systems* (pp. 1755–1758). New York: ACM Press.

Hartmann, J., Sutcliffe, A. & De Angeli, A. (2007). Investigating attractiveness in web user interfaces. In *CHI2007 proceedings of the sigchi conference on human factors in computing systems* (pp. 387–396). New York: ACM Press.

Hassenzahl, M. (2001). The effect of perceived hedonic quality on product appealingness. *International Journal of Human-Computer Interaction, 13*(4), 481–499.

Hassenzahl, M. (2004). The interplay of beauty, goodness, and usability in interactive products. *Human Computer Interaction, 19,* 319–349.

Hassenzahl, M. (2006). Hedonic, emotional, and experiential perspektives on product quality. In C. Ghaoui (Ed.), *Encyclopedia of human computer interaction.* Hershey: Idea Group.

Hassenzahl, M. (in press). Aesthetics in interactive products: Correlates and consequences of beauty. In H. Schifferstein & P. Hekkert (Eds.), *Product experience.* Amsterdam: Elsevier.

Hassenzahl, M., Burmester, M. & Koller, F. (2003). AttrakDiff: Ein Fragebogen zur Messung wahrgenommener hedonischer und pragmatischer Qualität. In *Mensch & Computer 2003: Interaktion in Bewegung* (S. 187–196). Stuttgart: B.G. Teubner.

Hassenzahl, M. & Peissner, M. (Hrsg.). (2005). *Usability Professionals 2005.* Stuttgart: German Chapter der Usability Professionals' Association.

Hayes, A. F. (2005, November). *A computational tool for survey shortening applicable to composite attitude, opinion, and personality measurement scales.* Paper presented at the meeting of the Midwestern Association for Public Opinion Research. Chicago, IL.

Hekkert, P., Snelders, D. & Wieringen, P. C. W. van. (2003). Most advanced, yet acceptable: Typicality and novelty as joint predictors of aesthetic preference in industrial design. *British Journal of Psychology, 94,* 111–124.

Ho, C.-F. & Wu, W.-H. (1999, January). *Antecedents of customer satisfaction on the internet: An empirical study of online shopping.* Paper presented at the 32nd International Conference on System Sciences. Hawaii.

Hoffmann, D. L., Novak, T. P. & Chatterjee, P. (1995). Commercial scenarios for the web: Opportunities and challenges. *Journal of Computer Mediated Communication, 1*(3).

Höge, H. (1984). *Emotionale Grundlagen des ästhetischen Urteils.* Frankfurt a. M.: Peter Lang.

Hong, S. Y. & Kim, J. (2004). Architectural criteria for website evaluation – conceptual framework and empirical validation. *Behaviour & Information Technology, 23*(5), 337–357.

Horn, J. L. (1965). A rationale and test for the number of factors in factor-analysis. *Psychometrika, 30*(2), 179–185.

Hsiao, S. W. & Chou, J. R. (2006). A gestalt-like perceptual measure for home page design using a fuzzy entropy approach. *International Journal of Human-Computer Studies, 64*(2), 137–156.

Huang, M. H. (2003). Designing website attributes to induce experiential encounters. *Computers in Human Behavior, 19*(4), 425–442.

Huang, M. H. (2005). Web performance scale. *Information & Management, 42*(6), 841–852.

Huizingh, E. K. R. E. (2000). The content and design of web sites: an empirical study. *Information & Management, 37*(3), 123–134.

ISO. (1998a). *ISO 9241: Ergonomic requirements for office work with visual display terminals (VDTs) – part 10: Dialogue principles.* Geneve: International Organization for Standardisation.

ISO. (1998b). *ISO 9241: Ergonomic requirements for office work with visual display terminals (VDTs) – part 11: Guidance on usability.* Geneve: International Organization for Standardisation.

ISO. (2006a). *ISO 9241: Ergonomics of human-system interaction – part 110: Dialogue principles.* Geneve: International Organization for Standardisation.

ISO. (2006b). *ISO 9241: Ergonomics of human-system interaction – part 151: Guidance on world wide web user interfaces.* Geneve: International Organization for Standardisation.

Ivory, M. Y. & Megraw, R. (2005). Evolution of web site design patterns. *ACM Trancactions on Information Systems, 23*(4), 463–497.

Jackson, L. A., von Eye, A., Biocca, F., Zhao, Y., Barbatsis, G. & Fitzgerald, H. E. (2005). Persönlichkeit und Nutzung von Informations- und Kommunikationsmöglichkeiten im Internet: Ergebnisse aus dem HomeNetToo Projekt. In K.-H. Renner, A. Schütz & F. Machilek (Hrsg.), *Internet und Persönlichkeit* (S. 93–105). Göttingen: Hogrefe.

Jacobsen, T., Schubotz, R. I., Hofel, L. & von Cramon, D. Y. (2006). Brain correlates of aesthetic judgment of beauty. *Neuroimage, 29*(1), 276–285.

John, O. P. & Srivastava, S. (1999). The big five trait taxonomy: History, measurement, and theoretical perpectives. In L. A. Pervin & O. P. John (Eds.), *Handbook of personality theory and research* (2nd ed.). New York: Guilford Press.

Jordan, P. W. (2000). *Designing pleasurable products.* London: Taylor & Francis.

Juckl, G. (2001). Psychologische Aspekte des Webdesigns unter besonderer Berücksichtigung der Gestaltpsychologie. In P. Vitouch (Hrsg.), *Psychologie des Internet: Empirische Arbeiten zu Phänomenen der digitalen Kommunikation.* (S. 206–241). Wien: WUV.

Jude, N., Hartig, J. & Rauch, W. (2005). Erfassung von Persönlichkeitsmerkmalen im Internet und deren Bedeutung bei computervermittelter Kommunikation. In K.-H. Renner, A. Schütz & F. Machilek (Hrsg.), *Internet und Persönlichkeit* (S. 119–133). Göttingen: Hogrefe.

Kaczmirek, L. & Thiele, O. (2006, March). *Flash, JavaScript or PHP? Comparing the availability of technical equipment among university applicants.* Poster presented at the 8th General Online Research (GOR06). Bielefeld, Germany.

Kampf, M. (2004). *What is usable is usable.* Unpublished master's thesis, Utrecht University.

Karvonen, K. (2000). The beauty of simplicity. In *Proceedings on the 2000 conference on universal usability* (pp. 85–90). New York: ACM Press.

Kawabata, H. & Zeki, S. (2004). Neural correlates of beauty. *Journal of Neurophysiology, 91*(4), 1699–1705.

Kim, J., Lee, J. & Choi, D. (2003). Designing emotionally evocative homepages: an empirical study of the quantitative relations between design factors and emotional dimensions. *International Journal of Human-Computer Studies, 59*, 899–940.

Kim, S. Y. & Lim, Y. J. (2001). Customers? Perceived importance of and satisfaction with internet shopping. *Electronic Markets, 11*(1), 148–154.

Kirakowski, J. & Cierlik, B. (1998, June). *Measuring the usability of web sites.* Paper presented at the 4th Conference on Human Factors & the Web. Basking Ridge, NJ, USA.

Kirakowski, J. & Claridge, N. (2001, September). *A professional tool for evaluation web sites.* Paper presented at the IHM-HCI. Lille, France.

Kirakowski, J., Claridge, N. & Whitehand, R. (1998, June). *Human centered measures of success in web site design.* Paper presented at the 4th Conference on Human Factors and the Web. Basking Ridge, NJ, USA.

Kirakowski, J. & Corbett, M. (1993). SUMI – the Software Usability Measurement Inventory. *British Journal of Educational Technology, 24*(3), 210–212.

Kobbert, M. (1986). *Kunstpsychologie.* Darmstadt: Wissenschaftliche Buchgesellschaft.

Koffka, K. (1935). *Principles of gestalt psychology.* London: Kegan.

Konradt, U. & Rack, O. (2006). Personalrekruitierung im Internet: Einfluss der Qualität von Recruiting-Sites auf die Arbeitgeberattraktivität. *Zeitschrift für Personalpsychologie, 5*(2), 53–59.

Krauss, K. (2003, January). *Testing an e-government website quality questionnaire: a pilot study.* Paper presented at the 5th Annual Conference on World Wide Web Applications (WWW2003). Durban, South Africa.

Kreitler, H. & Kreitler, S. (1980). *Psychologie der Kunst.* Stuttgart: Kohlhammer.

Krug, S. (2005). *Don't make me think: A common sense approach to web usability* (2. ed.). Berkeley: New Riders.

Kurosu, M. & Kashimura, K. (1995). Apparent usability vs. inherent usability: experimental analysis on the determinants of the apparent usability. In *Conference companion on human factors in computing systems* (p. 292-293). New York: ACM Press.

Lamnek, S. (2005). *Qualitative Sozialforschung* (4. überarb. Aufl.). Weinheim: Beltz PVU.

Laugwitz, B. (2001). *Experimentelle Untersuchung von Regeln der Ästhetik von Farbkombinationen und von Effekten auf den Benutzer bei ihrer Anwendung im Benutzungsoberflächendesign.* Berlin: dissertation.de - Verlag im Internet GmbH.

Laugwitz, B., Schrepp, M. & Held, T. (2006). Konstruktion eines Fragebogens zur Messung der User Experience von Softwareprodukten. In A. M. Heinecke & H. Paul (Hrsg.), *Mensch & Computer 2006: Mensch und Computer im StrukturWandel* (S. 125–134). München: Oldenbourg.

Lavie, T. & Tractinsky, N. (2004). Assessing dimensions of perceived visual aesthetics of web sites. *International Journal of Human-Computer Studies, 60*, 269 - 298.

Leder, H., Belke, B., Oeberst, A. & Augustin, D. (2004). A model of aesthetic appreciation and aesthetic judgements. *British Journal of Psychology, 95*, 489–508.

Leder, H. & Carbon, C. C. (2005). Dimensions in appreciation of car interior design. *Applied Cognitive Psychology, 19*(5), 603–618.

Leopold, H. (2004). *Rücklauf bei Online Befragungen im Online Access Panel.* Hamburg: Verlag Dr. Kovač.

Li, N. (in preparation). *Assessing initial perceived affective quality of e-commerce websites: Instrument development and validation.* To be submitted to the International Conference on Information Systems (ICIS), Montréal, Canada, December 2007.

Li, N. & Zhang, P. (2005, August). *A research agenda toward assessing perceived affective quality of IT.* Paper presented at the 11th America Conference on Information Systems (AMCIS). Omaha, NE, USA.

Lindgaard, G. & Dudek, C. (2003). What is this evasive beast we call user satisfaction? *Interacting with Computers, 15,* 429–452.

Lindgaard, G., Fernandes, G., Dudek, C. & Browñ, J. (2006). Attention web designers: You have 50 milliseconds to make a good first impression! *Behaviour & Information Technology, 25,2,* 115 - 126.

Liu, C. & Arnett, K. P. (2000). Exploring the factors associated with web site success in the context of electronic commerce. *Information & Management, 38*(1), 23–33.

Liu, C., Arnett, K. P., Capella, L. M. & Taylor, R. D. (2001). Key dimensions of web design quality as related to consumer response. *Journal of Computer Information Systems, 42*(1), 70–82.

Logan, R. (1994). Behavioral and emotional usability: Thomson Consumer Elektronics. In M. Wiklund (Ed.), *Usability in practise: how companies develop user-friendly products* (pp. 59–82). San Diego, CA: Academic Press.

Loiacono, E. T., Watson, R. T. & Goodhue, D. L. (2002, February). *WebQual: A web site quality instrument.* Paper presented at the American Marketing Association Winter Marketing Educators' Conference. Austin, Texas.

Mahlke, S. & Thüring, M. (2007). Studying antecedents of emotional experiences in interactive contents. In *Proceedings of the SIGCHI conference on human factors in computing systems* (pp. 915–918). New York: ACM Press.

Mangold, R. (2004). Infotainment und Edutainment. In R. Mangold, P. Vorderer & G. Bente (Hrsg.), *Lehrbuch der Medienpsychologie* (S. 527–542). Göttingen: Hogrefe.

Marcus, A. (2004). User interface design and culture. In N. Aykin (Ed.), *Usability and internationalization of information technology* (pp. 51–78). Mahwah, NJ: Lawrence Erlbaum.

Marcus, A. & Gould, E. (2000). Crosscurrents: Cultural dimensions and global web user-interface design. *Interactions, 7*(4), 32–46.

Martindale, C. (1984). The pleasures of thought – a theory of cognitive hedonics. *Journal of Mind and Behavior, 5*(1), 49–80.

Martindale, C. (2007). Recent trends in the psychological study of aesthetics, creativity, and the arts. *Empirical Studies of the arts, 25*(2), 121–141.

Mathwick, C., Malhotra, N. & Rigdon, E. (2001). Experiental value: conceptualization, measurement and application in the catalog and internet shopping environment. *Journal of Retailing, 77,* 39–56.

Mayring, P. (2001). Kombination und Integration qualitativer und quantitativer Analyse. *Forum Qualitative Sozialforschung / Forum: Qualitative Social Research [Online-Journal], 2*(1).

Mayring, P. (2003). *Qualitative Inhaltsanalyse: Grundlagen und Techniken* (8. Aufl.). Weinheim: Beltz.

McCrae, R. & Costa, P. T. (1999). A five-factor theory of personality. In L. A. Pervin & O. P. John (Eds.), *Handbook of personality theory and research* (pp. 139–153). New York: Guilford Press.

McKnight, D. H., Choudhury, V. & Kacmar, C. (2002). Developing and validating trust measures for e-commerce: An integrative typology. *Information Systems Research, 13*(3), 334–359.

Metzger, W. (1941). *Psychologie. Die Entwicklung ihrer Grundannahmen seit der Einführung des Experiments.* Darmstadt: Steinkopff.

Metzger, W. (1975). *Gesetze des Sehens* (3. Aufl.). Frankfurt a. M.: Kramer.

Molich, R., Ede, M. R., Kaasgaard, K. & Karyukin, B. (2004). Comparative usability evaluation. *Behaviour & Information Technology, 23*(1), 65 - 74.

Monk, A. (2004). The product as a fixed-effect fallacy. *Human-Computer Interaction, 19*, 371–375.

Moshagen, M. F. (2005). *Konstruktion eines Instrumentes zur Erfassung der visuellen Ästhetik von Webseiten.* Unveröffentlichte Diplomarbeit, Westfälische Wilhelm-Universität Münster.

Moshagen, M. F., Musch, J. & Göritz, A. S. (2007). When aesthetics fosters performance: Experimental evidence for beneficial effects of visual aesthetics on performance. *Manuscript submitted for publication.*

Moshagen, M. F. & Thielsch, M. T. (2005, March). *Aspects underlying the aesthetic quality of web sites.* Paper presented at the 7th General Online Research (GOR). Zurich, Switzerland.

Moshagen, M. F. & Thielsch, M. T. (2007). Translation and validation of the centrality of visual product aesthetics scale (CVPA). *Manuscript submitted for publication.*

Moshagen, M. F. & Thielsch, M. T. (in preparation). The visual aesthetics of website inventory.

Müller-Lankenau, C., Kipp, A., Steenpaß, J. & Kallan, S. (2005). *Web-Evaluation: Erhebung und Klassifikation von Evaluationsmethoden.* Arbeitsbericht Nr. 22 des Kompetenzzentrums Internetökonomie und Hybridität, Westfälische Wilhelms-Universität Münster.

Mundorf, N., Westin, S. & Dholakia, N. (1993). Effects of hedonic components and user's gender on the acceptance of screen-based information services. *Behaviour & Information Technology, 12*(5), 293–303.

Nake, F. (1974). *Ästhetik als Informationsverarbeitung: Grundlagen und Anwendungen der Informatik im Bereich ästhetischer Produktion und Kritik.* Wien: Springer.

Ngo, D. C. L., Samsudin, A. & Abdullah, R. (2000). Aesthetic measures for assessing graphic screens. *Journal of Information Science and Engineering, 16*, 97–116.

Ngo, D. C. L. & Teo, L. S. (2000). A mathematical theory of interface aesthetics. *Visual mathematics [Online-Journal], 2*(4).

Ngo, D. C. L., Teo, L. S. & Byrne, J. G. (2002). Evaluating interface esthetics. *Knowledge and Information Systems, 4*, 46–79.

Ngo, D. C. L., Teo, L. S. & Byrne, J. G. (2003). Modelling interface aesthetics. *Information Sciences, 152*, 25–46.

Nielsen, J. (1994). Heuristic evaluation. In J. Nielsen & R. L. Mack (Eds.), *Usability inspection methods* (pp. 25–62). New York: J. Wiley & Sons.

Nielsen, J. (2000). *Designing web usability: The practice of simplicity.* Indianapolis: New Riders.

Nielsen, J. & Loranger, H. (2006). *Web usability.* Indianapolis: New Riders.

Norman, D. A. (2004). *Emotional design: Why we love (or hate) everyday things.* New York: Basic Books.

O'Connor, B. P. (2000). SPSS and SAS programs for determining the number of components using parallel analysis and Velicer's MAP test. *Behavior Research Methods Instruments & Computers, 32*(3), 396–402.

O'Connor, P. (2004). Conflicting viewpoints on web design. *Journal of Travel and Tourism Marketing, 17*(2/3), 225–230.

Oehmichen, E. & Schröter, C. (2004). Die OnlineNutzerTypologie (ONT). *Media Perspektiven, 8/2004*, 386–393.

Oehmichen, E. & Schröter, C. (2005). Junge Nutzertypen: Aktiv-dynamischer Umgang mit dem Internet. *Media Perspektiven, 8/2005*, 396–406.

Oehmichen, E. & Schröter, C. (2006). Internet im Medienalltag: Verzögerte Aneignung des Angebots. *Media Perspektiven, 8/2006*, 441–449.

Ollermann, F., Reinecke, S. & Hamborg, K.-C. (2005). Visuelles Orientierungsverhalten auf Webseiten. *i-com, 1/2005*, 20–25.

Olson, C. L. (1976). Choosing a test statistic in multivariate-analysis of variance. *Psychological Bulletin, 83*(4), 579–586.

Organisation Européenne pour la Recherche Nucléaire. (1993). *Statement concerning CERN W3 software release into public domain.* Geneve, Switzerland: Organisation Européenne pour la Recherche Nucléaire (CERN).

Ostendorf, F. & Angleitner, A. (2004). *NEO-Persönlichkeitsinventar nach Costa und McCrae, revidierte Form (NEO-PI-R).* Göttingen: Hogrefe.

Palmer, J. W. (2002). Web site usability, design, and performance metrics. *Information Systems Research, 13*(2), 151–167.

Pandir, M. & Knight, J. (2006). Homepage aesthetics: The search for preference factors and the challenge of subjectivity. *Interacting with Computers, 18*, 1351–1370.

Papachristos, E., Tselios, N. & Avouris, N. (2005). Inferring relations between color and emotional dimensions of a web site using bayesian networks. In M. Costabile & F. Paternò (Eds.), *Proceedings of human computer interaction – INTERACT 2005* (pp. 1075–1078). Berlin: Springer.

Papachristos, E., Tselios, N. & Avouris, N. (2006). Modeling perceived value of color in web sites. In G. Antoniou (Ed.), *Advances in artificial intelligence* (pp. 567–570). Berlin: Springer.

Parizotto-Ribeiro, R. & Hammond, N. (2005, July). *Does aesthetics affect users' perceptions of VLEs?* Paper presented at the 12th International Conference on Artificial Intelligence in Education. Amsterdam.

Parizotto-Ribeiro, R., Hammond, N., Mansano, J. & Cziulik, C. (2004). Aesthetics and perceived usability of VLE's: preliminary results. In S. Fincher, P. Markpoulos, D. Moore & R. Ruddle (Eds.), *HCI 2004 proceedings: Design for life* (pp. 217–221). Berlin: Springer.

Piecha, A. (2002). *Die Begründbarkeit ästhetischer Werturteile.* Paderborn: Mentis.

Podsakoff, P. M., MacKenzie, S. B., Lee, J. Y. & Podsakoff, N. P. (2003). Common method biases in behavioral research: A critical review of the literature and recommended remedies. *Journal of applied psychology, 88*(5), 879–903.

Pomerantz, J. R. & Kubovy, M. (1986). Theoretical approaches to perceptual organization: Simplicity and likelihood principles. In K. R. Boff, L. Kaufman & J. P. Thomas (Eds.), *Handbook of perception and human performance: Vol. 2. Cognitive processes and performance* (pp. 1–46). New York: Wiley.

Prümper, J. & Anft, M. (1993). Die Evaluation von Software auf Grundlage des Entwurfs zur internationalen Ergonomie-Norm 9241 Teil 10 als Beitrag zur partizipativen Systemgestaltung – Ein Fallbeispiel. In K.-H. Rüdiger (Hrsg.), *Software-Ergonomie '93* (S. 145–156). Stuttgart: Teubner.

Puscher, F. (2001). *Das Usability-Prinzip. Wege zur benutzerfreundlichen Website.* Heidelberg: dpunkt-Verlag.

Ramachandran, V. S. & Hirstein, W. (1999). The science of art: A neurological theory of aesthetic experience. *Journal of Consciousness Studies, 6,* 15–51.

Rammstedt, B. & John, O. P. (2005). Kurzversion des Big Five Inventory (BFI-K): Entwicklung und Validierung eines ökonomischen Inventars zur Erfassung der fünf Faktoren der Persönlichkeit. *Diagnostica, 51*(4), 195–206.

Rammstedt, B., Koch, K., Borg, I. & Reitz, T. (2004). Entwicklung und Validierung einer Kurzskala für die Messung der Big Five Persönlichkeitsdimensionen in Umfragen. *ZUMA Nachrichten, 55,* 5–28.

Ranganathan, C. & Ganapathy, S. (2002). Key dimensions of business-to-consumer web sites. *Information & Management, 39*(6), 457–465.

Reber, R., Schwarz, N. & Winkielman, P. (2004). Processing fluency and aesthetic pleasure: Is beauty in the perceiver's processing experience? *Personality and Social Psychology Review, 8, No. 4,* 364–382.

Reeps, I. (2004). *Joy-of-Use - eine neue Qualität für interaktive Produkte.* Unpublished master's thesis, Universität Konstanz.

Reips, U. D. (2000). Das psychologische Experimentieren im Internet. In B. Batinic (Hrsg.), *Internet für Psychologen* (2. überarb. und erw. Aufl., S. 319–344). Göttingen: Hogrefe.

Reips, U. D. (2002). Standards for internet-based experimenting. *Experimental Psychology, 49*(4), 243–256.

Reips, U. D. & Bošnjak, M. (2001). *Dimensions of internet science.* Lengerich: Pabst.

Renner, K.-H., Schütz, A. & Machilek, F. (2005). *Internet und Persönlichkeit.* Göttingen: Hogrefe.

Riemer, K. & Müller-Lankenau, C. (2005). *Web-Evaluation: Einführung in das Internet-Qualitätsmanagement.* Arbeitsbericht Nr. 21 des Kompetenzzentrums Internetökonomie und Hybridität, Westfälische Wilhelms-Universität Münster.

Ritterfeld, U. (1996). *Psychologie der Wohnästhetik: Wie es uns gefällt.* Weinheim: Beltz PVU.

Roast, C., Evriviades, M., Purcell, M. & Steele, B. (2001, December). *Interaction media – using IT and liking IT.* Paper presented at the Pan Hellenic Conference on Human Computer Interaction. Patras, Greece.

Robbins, S. & Stylianou, A. (2003). Global corporate web sites: an empirical investigation of content and design. *Information & Management, 40,* 205–212.

Röll, F. J. (2001). Zur Ästhetik des Internets – Wahrnehmungsdispositive eines neuen Mediums. *Medien Praktisch, 3,* 13–17.

Roth, P. L. (1994). Missing data – a conceptual review for applied psychologists. *Personnel Psychology, 47*(3), 537–560.

Schenkman, B. N. (2004, January). *Aesthetic aspects on web design.* Invited paper presented at Interactive Society with Information Commons. Keio University, Tokyo.

Schenkman, B. N. & Fukuda, T. (2001). Aesthetic appreciation of web-pages as determined by category scales, magnitude estimations and eye movements. In M. Helander, H. Khalid & T. Po (Eds.), *Proceedings of the international conference on affective human factors design.* London: ASEAN Academic Press.

Schenkman, B. N. & Jönsson, F. U. (2000). Aesthetics and preferences of web pages. *Behaviour & Information Technology, 19*(5), 367–377.

Schmitt, B. & Simonson, A. (1997). *Marketing aesthetics: The strategic management of brands, identity, and image.* New York: The Free Press.

Schmitt, M. (2004). Persönlichkeitspsychologische Grundlagen. In R. Mangold, P. Vorderer & G. Bente (Hrsg.), *Lehrbuch der Medienpsychologie* (S. 151–173). Göttingen: Hogrefe.

Schreier, M. (2004). Qualitative Methoden. In R. Mangold, P. Vorderer & G. Bente (Hrsg.), *Lehrbuch der Medienpsychologie* (S. 377–399). Göttingen: Hogrefe.

Shedroff, N. (2001). *Experience design.* Indianapolis: New Riders.

Shneiderman, B. (1987). *Designing the user interface: Strategies for effective human-computer interaction.* Boston: Addison-Wesley.

Shneiderman, B. & Plaisant, C. (2005). *Designing the user interface* (4th ed.). Boston: Addison-Wesley.

Siegel, D. (1996). *Creating killer web sites.* Indianapolis: Hayden Books.

Simon, S. J. (2001). The impact of culture and gender on web sites: an empirical study. *ACM SIGMIS Database, 32*(1), 18–37.

Srivastava, S., John, O. P., Gosling, S. D. & Potter, J. (2003). Development of personality in early and middle adulthood: Set like plaster or persistent change? *Journal of Personality and Social Psychology, 84*(5), 1041–1053.

Statistisches Bundesamt. (2006). *Datenreport 2006: Zahlen und Fakten über die Bundesrepublik Deutschland.* Bonn: Bundeszentrale für politische Bildung. Schriftenreihe Bd. 544.

Stich, C. (2005). *Development of scales for aesthetic research.* Unpublished doctoral dissertation, Freie Universität Berlin. (Available at http://www.diss.fu-berlin.de/2005/40/index.html)

Sullivan, L. H. (1896, March). The tall office building artistically considered. *Lippincott's Magazine.*

Sun, H. (2001). Building a culturally-competent corporate web site: an exploratory study of cultural markers in multilingual web design. In *Proceedings of the 19th annual international conference on computer documentation* (pp. 95–102). New York: ACM Press.

Sutcliffe, A. (2001). Heuristic evaluation of website attractiveness and usability. In C. W. Johnson (Ed.), *Proceedings: 8th workshop on design, specification and verification of interactive systems* (pp. 188–199). Berlin: Springer.

Sutcliffe, A. (2002). Assessing the reliability of heuristic evaluation for website attractiveness and usability. In *Proceedings HICSS-35: Hawai international conference on system science* (pp. 1838–1847). Honolulu: University of Hawai.

Sutcliffe, A. & De Angeli, A. (2005). Assessing interaction styles in web user interfaces. In M. Costabile & F. Paternò (Eds.), *Proceedings of human computer interaction – INTERACT 2005* (pp. 405–417). Berlin: Springer.

Tarasewich, P., Daniel, H. Z. & Griffin, H. E. (2001). Aesthetics and web site design. *Quarterly Journal of Electronic Commerce, 2*(1), 67–81.

Thielsch, M. T. (2004). *„Webästhetik"- Eine empirische Untersuchung zur wahrgenommenen ästhetischen Qualität von Webseiten.* Unveröffentlichte Diplomarbeit, Westfälische Wilhelms-Universität Münster.

Thomas, B., Gold-Smith, S. B., Forrest, A. & Marshall, R. (2002). Web site development: Applying aesthetics to promote breast health education and awareness. *CIN: Computers, Informatics, Nursing, 20*(5), 184–190.

Thüring, M. & Mahlke, S. (2007). Usability, aesthetics, and emotion in human-technology interaction. *International Journal of Psychology, 42,* 253–264.

TNS Infratest & Initiative D21. (2005). *(N)Onliner Atlas 2005: Eine Topographie des digitalen Grabens durch Deutschland.* Bielefeld.

TNS Infratest & Initiative D21. (2006). *(N)Onliner Atlas 2006: Eine Topographie des digitalen Grabens durch Deutschland.* Bielefeld.

TNS Infratest & Initiative D21. (2007). *(N)Onliner Atlas 2007: Eine Topographie des digitalen Grabens durch Deutschland.* Bielefeld.

Totz, C., Riemer, K. & Klein, S. (2001). Web-evaluation. In P. Lowry, J. Cherrington & R. Watson (Eds.), *The e-business handbook* (pp. 45–66). Boca Raton: St. Lucie Press.

Tractinsky, N. (1997). Aesthetics and apparent usability: Empirically assessing cultural and methodological issues. In S. Pemberton (Ed.), *Proceedings of the SIGCHI conference on human factors in computing systems* (pp. 115–122). New York: ACM Press.

Tractinsky, N. (2004). Toward the study of aesthetics in information technology. In J. I. DeGross (Ed.), *Proceedings of the 25th ICIS* (pp. 771–780). Washington, DC: ICIS Press.

Tractinsky, N. (2005). Does Aesthetics Matter in Human-Computer Interaction? In C. Stary (Hrsg.), *Mensch & Computer 2005: Kunst und Wissenschaft – Grenzüberschreitungen der interaktiven ART* (S. 29–42). München: Oldenbourg.

Tractinsky, N., Cokhavi, A. & Kirschenbaum, M. (2004, December). *Using ratings and response latencies to evaluate the consistency of immediate aesthetic perceptions of web pages.* Paper presented at the Third Annual Workshop on HCI Research in MIS. Washington, DC.

Tractinsky, N., Cokhavi, A., Kirschenbaum, M. & Sharfi, T. (2006). Evaluating the consistency of immediate aesthetic perceptions of web pages. *International Journal of Human-Computer Studies, 64*(11), 1071–1083.

Tractinsky, N. & Hassenzahl, M. (2005). Arguing for aesthetics in human-computer interaction. *i-com, 3/2005,* 66–68.

Tractinsky, N., Katz, A. S. & Ikar, D. (2000). What is beautiful is usable. *Interacting with Computers, 13*(2), 127–145.

Tractinsky, N. & Lowengart, O. (2007). Web-store aesthetics in e- retailing: A conceptual framework and some theoretical implications. *Academy of Marketing Science Review [Online-Journal], 11*(1).

Tractinsky, N. & Zmiri, D. (2006). Exploring attributes of skins as potential antecedents of emotion in HCI. In P. Fishwick (Ed.), *Aesthetic computing* (pp. 405–422). Cambridge: MIT Press.

van der Heijden, H. (2000, June). *The impact of perceived website characteristics on website traffic.* Paper presented at the 13th Bled International E-Commerce Conference. Bled, Slovenia.

van der Heijden, H. (2003). Factors influencing the usage of websites: the case of a generic portal in the netherlands. *Information & Management, 40,* 541–549.

van der Heijden, H. (2004). User acceptance of hedonic information systems. *MIS Quarterly, 28*(4), 695–704.

van Eimeren, B. & Frees, B. (2005). ARD/ZDF-Online-Studie 2005: Nach dem Boom: Größter Zuwachs in internetfernen Gruppen. *Media Perspektiven, 8/2005,* 362–379.

van Eimeren, B. & Frees, B. (2006). Schnelle Zugänge, neue Anwendungen, neue Nutzer? *Media Perspektiven, 8/2006,* 402–415.

van Schaik, P. & Ling, J. (2005). Five psychometric scales for online measurement of the quality of human-computer interaction in web sites. *International Journal of Human-Computer Interaction, 18*(3), 309–322.

Vazire, S. & Gosling, S. D. (2004). e-Perceptions: Personality impressions based on personal websites. *Journal of Personality and Social Psychology, 87*(1), 123–132.

Velicer, W. F. (1976). Determining number of components from matrix of partial correlations. *Psychometrika, 41*(3), 321–327.

Velicer, W. F., Eaton, C. A. & Fava, J. L. (2000). Construct explication through factor or component analysis: A review and evaluation of alternative procedures for determining the number of factors or components. In R. Goffin & E. Helmes (Eds.), *Problems and solutions in human assessment* (pp. 41–71). Boston: Kluwer.

von Kutschera, F. (1998). *Ästhetik* (2. Aufl.). Berlin: de Gruyter.

Wang, F. & Head, M. (2007). How can the web help build customer relationships? An empirical study on e-tailing. *Information & Management, 44*(2), 115–129.

Wathen, C. N. & Burkell, J. (2002). Believe it or not: Factors influencing credibility on the web. *Journal of the American Society for Information Science and Technology, 53*(2), 134–144.

Welker, M., Werner, A. & Scholz, J. (2005). *Online-Research: Markt- und Sozialforschung mit dem Internet.* Heidelberg: dpunkt-Verlag.

Wertheimer, M. (1923). Untersuchungen zur Lehre von der Gestalt II. *Psychologische Forschung, 2*(4), 301–350.

West, S. G., Finch, J. F. & Curran, P. J. (1995). Structural equation models with nonnormal variables: Problems and remedies. In R. H. Hoyle (Ed.), *Structural equation modelling. concepts, issues, and applications* (pp. 56–75). Thousand Oaks: Sage.

Willumeit, H., Gediga, G. & Hamborg, K.-C. (1996). IsoMetrics(L): Ein Verfahren zur formativen Evaluation von Software nach ISO 9241/10. *Ergonomie und Informatik, 27,* 5–12.

Winterhoff-Spurk, P. (2004). *Medienpsychologie: Eine Einführung* (2. überarb. und erw. Aufl.). Stuttgart: Kohlhammer.

Wirth, T. (2004). *Missing Links: Über gutes Webdesign* (2. erw. Aufl.). München: Hanser.

Wirtz, M. (2004). Über das Problem fehlender Werte: Wie der Einfluss fehlender Informationen auf Analyseergebnisse entdeckt und reduziert werden kann. *Rehabilitation, 43,* 109–115.

Wirtz, M. & Caspar, F. (2002). *Beurteilerübereinstimmung und Beurteilerreliabilität.* Göttingen: Hogrefe.

Wittwer, J., Bromme, R. & Jucks, R. (2004). Kann man dem Internet trauen, wenn es um die Gesundheit geht? Die Glaubwürdigkeitsbeurteilung medizinischer Fachinformationen im Internet durch Laien. *Zeitschrift für Medienpsychologie, 16*(2), 48–56.

Wundt, W. (1874). *Grundzüge der physiologischen Psychologie.* Leipzig: Engelmann.

Yang, Z. L., Cai, S. H., Zhou, Z. & Zhou, N. (2005). Development and validation of an instrument to measure user perceived service quality of information presenting web portals. *Information & Management, 42*(4), 575–589.

Zajonc, R. B. (1968). Attitudinal effects of mere exposure. *Journal of Personality and Social Psychology Monographs Supplements, 9,* 1–27.

Zeki, S. (1999). *Inner vision: An exploration of art and the brain.* New York: Oxford University Press.

Zeki, S. (2001). Artistic creativity and the brain. *Science, 293,* 51-52.

Zhang, P., Dran, G. M. von, Blake, P. & Pipithsuksunt, V. (2001). Important design features in different web site domains. *e-Service Journal, 1*(1), 77–91.

Zhang, P. & Li, N. (2005). The importance of affective quality. *Communications of the ACM, 48*(9), 105–108.

Zhang, P. & von Dran, G. M. (2000). Satisfiers and dissatisfiers: A two-factor model for website design and evaluation. *Journal of the American Society for Information Science, 51*(14), 1253–1268.

Zhang, X., Keeling, K. B. & Pavur, R. J. (2000). Information quality of commercial web site home pages: An explorative analysis. In *Proceedings of the 21st anniversary international conference on information systems* (pp. 164–175). Atlanta: Association for Information Systems.

Zviran, M., Glezer, C. & Avni, I. (2006). User satisfaction from commercial web sites: The effect of design and use. *Information & Management, 43*(2), 157–178.

Anhang

Anhang A – Befragungsinstrumente

BFI-K (Form S)

Big Five Inventory – kurz
Original: John und Srivastava (1999);
Deutsche Version: Rammstedt und John (2005)

Inwieweit treffen die folgenden Aussagen auf Sie persönlich zu? Wählen Sie dazu bitte die entsprechende Kategorie und kreuzen Sie sie rechts neben der jeweiligen Aussage an. Ein Beispiel:

Ich ...
... verbringe gerne Zeit mit anderen.

Kreuzen Sie z. B. das 2. Kästchen an, wenn Sie meinen, dass diese Aussage eher unzutreffend für Sie ist.

Ich ...

1. ... bin eher zurückhaltend, reserviert.
2. ... neige dazu, andere zu kritisieren.
3. ... erledige Aufgaben gründlich.
4. ... werde leicht deprimiert, niedergeschlagen.
5. ... bin vielseitig interessiert.
6. ... bin begeisterungsfähig und kann andere leicht mitreißen.
7. ... schenke anderen leicht Vertrauen, glaube an das Gute im Menschen.
8. ... bin bequem, neige zur Faulheit.
9. ... bin entspannt, lasse mich durch Stress nicht aus der Ruhe bringen.
10. ... bin tiefsinnig, denke gerne über Sachen nach.
11. ... bin eher der „stille Typ“, wortkarg.
12. ... kann mich kalt und distanziert verhalten.
13. ... bin tüchtig und arbeite flott.
14. ... mache mir viele Sorgen.
15. ... habe eine aktive Vorstellungskraft, bin phantasievoll.

16. ... gehe aus mir heraus, bin gesellig.
17. ... kann mich schroff und abweisend anderen gegenüber verhalten.
18. ... mache Pläne und führe sie auch durch.
19. ... werde leicht nervös und unsicher.
20. ... schätze künstlerische und ästhetische Eindrücke.
21. ... habe nur wenig künstlerisches Interesse.

Skalierung:

sehr unzu-treffend	eher unzu-treffend	weder noch	eher zutreffend	sehr zutreffend
❍	❍	❍	❍	❍

CVPA-g

Scale for centrality of visual product aesthetics – german
Original: Bloch et al. (2003);
Deutsche Version: Moshagen und Thielsch (2007)

Skala Wahrgenommener Wert
1. Es gibt mir ein gutes Gefühl, Produkte mit hochwertigen Designs zu besitzen.
2. Ich schaue mir gerne hochwertig gestaltete Produkte an.
3. Das Design eines Produktes bereitet mir Freude.
4. Schönes Produktdesign macht die Welt lebenswerter.
9. Manchmal kann mich das Aussehen eines Produktes regelrecht fesseln.

Skala Fähigkeit der Bewertung
5. Ich habe mit der Zeit die Fähigkeit entwickelt, feine Unterschiede im Design von Produkten zu erkennen.
6. Mir fallen am Design von Produkten Dinge auf, die andere eher nicht bemerken.
7. Ich besitze die Fähigkeit mir vorzustellen, wie ein Produkt zum Design meiner anderen Sachen passt.
8. Ich habe eine ziemlich genaue Vorstellung davon, was ein Produkt besser aussehen lässt als andere vergleichbare Produkte.

Skala Reaktion
10. Wenn mich das Design eines Produktes wirklich anspricht, habe ich das Gefühl, es kaufen zu müssen.
11. Das Design eines Produkts ist für mich der wichtigste Grund es zu kaufen. **
12. Ich kaufe manche Produkte nur wegen ihres guten Aussehens. **

*** = Item nach der Analyse der Erstversion des CVPA-g in Teil III hinzugefügt*

Skalierung:
stimme überhaupt nicht zu ❍ ❍ ❍ ❍ ❍ stimme voll zu

PWU-g

Scale for measuring perceived website usability – german
Original: Flávian et al. (2006);
Deutsche Version: Morten F. Moshagen

1. Auf dieser Webseite ist alles leicht zu verstehen.
2. Die Webseite ist einfach zu benutzen, sogar wenn sie zum ersten Mal besucht wird.
3. Es fällt mir leicht, die gesuchten Informationen zu finden.
4. Die Struktur der Webseite ist leicht nachvollziehbar.
5. Es ist einfach, sich auf der Webseite zurechtzufinden.
6. Die Inhalte sind so organisiert, dass ich jederzeit weiß, wo ich mich befinde.
7. Man kann die gesuchten Informationen schnell erreichen.

Skalierung:
stimme überhaupt nicht zu ❍ ❍ ❍ ❍ ❍ ❍ ❍ stimme voll zu

VAWI

Visual Aesthetics of Website Inventory
Moshagen (2005); Moshagen und Thielsch (in preparation)

Skala Übersicht
Die Seite ist kaum zu überschauen. (-)
Die Seite ist angenehm einfach aufgebaut.
Die Seite ist zu unübersichtlich. (-)
Die Seite wirkt überladen. (-)
Das Layout ist gut zu erfassen.
Die Seite ist zu unruhig. (-)

Skala Balance
Die Seite wirkt schlecht ausbalanciert. (-)
Die Seitenaufteilung ist attraktiv.
Das Layout erscheint angenehm gegliedert.
Die Anordnung der Elemente ist unattraktiv. (-)
Einige Elemente wirken deplaziert. (-)

Skala Homogenität
Die Elemente passen zueinander.
Die Seite erscheint zu uneinheitlich. (-)
Die Seite wirkt zusammengewürfelt. (-)
Auf der Seite passt alles zusammen.
Das Zusammenwirken der Elemente ist gelungen.

Skala Neuartigkeit
Die Seite wirkt angenehm lebendig.
Das Layout ist ideenlos. (-)
Die Seitengestaltung ist uninteressant. (-)
Das Layout ist originell.
Die Gestaltung wirkt einfallslos (-)
Das Layout ist innovativ.

Skala Dynamik
Auf der Seite geschieht zu wenig. (-)
Die Seite wirkt zu statisch. (-)
Es gibt zu viele Animationen. (-)
Das Layout wirkt dynamisch.
Die Seite verfügt über attraktive visuelle Effekte.

Skala Abwechslung
Das Layout wird schnell langweilig. (-)
Die Seite ist angenehm vielseitig.
Das Layout verfügt über interessante gestalterische Details.
Die Seite ist angenehm abwechslungsreich gestaltet.
Man kann auch beim längeren Betrachten Neues entdecken.

Skala Farbigkeit
Die farbliche Gesamtgestaltung wirkt attraktiv.
Die Farben sind zu kühl. (-)
Die Farben passen nicht zueinander. (-)
Die einzelnen Farben sind attraktiv.
Der Farbeinsatz ist gelungen.
Die Farbgebung ist zu aufdringlich. (-)

Skala Professionalität
Das Layout ist professionell.
Das Layout wirkt amateurhaft. (-)
Das Layout ist modern.
Das Layout ist nicht zeitgemäß. (-)
Die Seite erscheint mit Sorgfalt gemacht.
Das Layout wirkt konzeptlos. (-)

(-) = Umgepoltes Item

Skalierung:
stimme überhaupt nicht zu ❍ ❍ ❍ ❍ ❍ ❍ ❍ stimme voll zu

WWI

Fragebogen zur Wahrnehmung von Website-Inhalten
Autor: Meinald T. Thielsch

Skala 1: Gefallen
Die Website weckt mein Interesse.
Der Inhalt der Website gefällt mir.
Ich lese diese Website gerne.

Skala 2: Verständlichkeit
Die einzelnen Sätze sind einfach zu lesen.
Die Texte liefern mir kurz und bündig die wichtigsten Informationen.
Der Sprachgebrauch in den Texten ist geläufig und allgemein verständlich.

Skala 3: Qualität und Nutzen
Die Informationen sind qualitativ hochwertig.
Ich finde die Informationen auf der Website nützlich.
Die Inhalte der Website erscheinen mir so wichtig, dass ich sie mir ausdrucken oder speichern würde.

Skalierung:
stimme überhaupt nicht zu ❍ ❍ ❍ ❍ ❍ ❍ ❍ stimme voll zu

Anhang B – Ausschlusskriterien

PWU-g-Studie: Ausschlusskriterien für Datensätze

K.O.-Kriterien
(sofortiger Ausschluss des Datensatzes)

- Beantwortungszeit unter 100 Sekunden
- Abbruch der Befragung vor Beendigung der inhaltlichen Items (zur Usability)
- VP hat private oder keine Website als Bewertungsgrundlage gewählt
- Altersangabe unter 14 Jahren

Weitere Kriterien
(je Kriterium 1 Punkt, bei 3 Punkten und mehr Ausschluss des Datensatzes)

- Abbruch der Befragung nach den inhaltlichen Items vor dem Erreichen der Endseite
- Beantwortungszeit zwischen 100 Sekunden und 3 Minuten
- Beantwortungszeit über 30 Minuten
- Altersangabe über 80 Jahren
- Sinnlose Eingaben in Textfeldern
- Sinnlose demografische Angaben (z.B. Interneterfahrung = 0 Jahre, 0 Monate)
- Monotones Antwortverhalten
- Bei mehr als 50 Prozent der inhaltlichen Items Angabe „nicht sinnvoll beantwortbar“

WWI-Studie: Ausschlusskriterien für Datensätze

K.O.-Kriterien
(sofortiger Ausschluss des Datensatzes)

- Beantwortungszeit unter 3 Minuten
- Abbruch der Befragung vor Beendigung der inhaltlichen Items (zur Wahrnehmung des Website-Inhalts)
- VP hat private oder keine Website als Bewertungsgrundlage gewählt
- Altersangabe unter 14 Jahren
- Keinerlei Antwortvarianz über alle Inhaltsitems innerhalb eines Datensatzes

Weitere Kriterien
(je Kriterium 1 Punkt, bei 3 Punkten und mehr Ausschluss des Datensatzes)

- Abbruch der Befragung nach den inhaltlichen Items vor dem Erreichen der Endseite
- Beantwortungszeit zwischen 3-5 Minuten beim Inhaltsfragebogen
- Beantwortungszeit über 30 Minuten
- Altersangabe über 80 Jahren
- Sinnlose Eingaben in Textfeldern
- Sinnlose demografische Angaben (z. B. Interneterfahrung = 0 Jahre, 0 Monate)
- Monotones Antwortverhalten
- Bei mehr als 50 Prozent der inhaltlichen Items Angabe „nicht sinnvoll beantwortbar“

Experimentelle Untersuchung: Ausschlusskriterien für Datensätze

K.O.-Kriterien
(sofortiger Ausschluss des Datensatzes)

- Beantwortungszeit unter 10 Minuten (weniger als 5 Sekunden/Item)
- Abbruch der Befragung vor Erreichen des Manipulation Checks
- Altersangabe unter 14 Jahren
- Keinerlei Antwortvarianz über 90 Prozent der Items bei den verwendeten Instrumenten (BFI-K, CVPA-g, PWU-g, VAWI, WWI)
- Die drei Suchaufgaben werden komplett nicht beantwortet
- Der/Die Befragte gibt an, Farbfehlsichtig zu sein.

Weitere Kriterien
(je Kriterium 1 Punkt, bei 3 Punkten und mehr Ausschluss des Datensatzes)

- Abbruch der Befragung nach Erreichen des Manipulation Checks aber vor dem Erreichen der Endseite
- Beantwortungszeit im Bereich 10 bis 12 Minuten
- Beantwortungszeit über 60 Minuten
- Sinnlose Eingaben in Textfeldern
- Sinnlose demografische Angaben (z. B. Interneterfahrung = 0 Jahre)
- Monotones Antwortverhalten
- Die drei Suchaufgaben werden bearbeitet aber alle falsch beantwortet

Anhang C – Qualitative Untersuchung: Kategorien der Ästhetik von Websites

Tabelle C.1: Übersicht über die in der qualitativen Untersuchung gebildeten Kategorien

Kategorien	Unterkategorien
Affektauslösung	Spannung, Spontaneindruck, Attraktion, Spaß, Aufdringlichkeit, persönliche Bereicherung
Animation	Menge, Originalität, Fotos, Personen
Bewegung	Qualität, Geschwindigkeit, räumliche Begrenzung, Plötzlichkeit, Wechsel, Menge, Gegenstand
Bilder	Originalität, Funktionalität, Sinnhaftigkeit, Logo, Fotos, Comics, Bildschärfe, Bekanntheit
Effekte	Mouseover-Effekte, manieristisch, Pop-ups, Flasheffekte, Klickeffekte
Farbe	Anzahl, Wechsel, Kontrast, Abstimmung, Assoziationen, Kombinationen, Übergänge, Sättigung, Qualität, Helligkeit
Funktionalität	Orientierung, Aufmerksamkeitslenkung
Geräusche	-
Gesamtkonzept	Stimmigkeit der Einzelaspekte, Kontextkomposition
Inhalt	–
kognitive Beanspruchung	Beschäftigung
Passung	▪ Inhalt und Gestaltung (Animation, Schrift, Farbe, Sprache); ▪ Farbe und Inhalt, Farbe und Schrift, Farbe und Hintergrund, Farbe und Vordergrund; ▪ Affekt und Inhalt ▪ Gestaltung und Funktion ▪ Gestaltung und User ▪ Farbe und Gestaltung allgemein ▪ Innerhalb der Gestaltung: Farbe und ▪ Animation
Professionalität	-
Schrift	Art, Menge, Kontrast, Lesbarkeit, Farbe, Größe, Schnitt, Abstimmung
Seriosität	-
Sprache	Wortwahl, Formulierung, Schriftbild, Grammatik, Klarheit, Zielgruppenspezifität, Anglizismen, Vielfalt, Bekanntheit
Stil	Schlichtheit, Brüche, futuristisch, Änderungen
Struktur	Anordnung, Aufteilung, Untermenüs, direkte Erkennbarkeit, Orientierungshilfen, Nummerierung, Übersichtlichkeit, Full-Screen, Funktionalität, Sinnhaftigkeit
Text	Menge, Positionierung
Zielgruppenspezifität	-

Aussagen mit einem allgemeinen Charakter, die sich nicht in obige Kategorien einordnen ließen, wurden in eine weitere Kategorie „Allgemeinaussage" eingeordnet.

Anhang D – Weitere Materialien und Auswertungen

Anhang D kann für wissenschaftliche Zwecke über den Autor bezogen werden. Ein Kontaktformular findet sich auf http://www.meinald.de. Dieser Anhang umfasst:

- Stimulusmaterial der qualitativen Untersuchung (Testwebsites der Gruppendiskussion und des lauten Denkens)
- Instruktionstexte und Befragungsinhalte (beziehungsweise Testhefte) der jeweiligen Untersuchungen
- Graphiken zur demographischen Zusammensetzung der Stichproben aus Teil III
- Ergebnisausgaben der Untersuchungen des Teil III: Faktorenanalsen, Parallelanalysen und MAP-Tests
- Die 38-Item Vorversion des WWI, die 42-Item Vorversion des WWI und die Kennwerte aller 42 WWI-Urprungsitems
- Auswertung der qualitativen Untersuchung (Teil IV) mit den Ratings beider Beurteiler
- In einem Ordner *Testwebsite* eine funktionsfähige lokale Kopie aller acht Varianten der Experimentalwebsite aus Teil V
- Ergebnisausgaben der Analysen der experimentellen Untersuchung (Teil V)

Alle Ausgaben liegen in den jeweiligen Ordnern als Bild- oder PDF-Format sowie teilweise auch im SPSS-Ausgabeformat vor. Die Ordner sind entsprechend den jeweiligen Teilen der vorliegenden Arbeit benannt. Anhang D hat insgesamt eine Größe von 17.5 MB.

Anhang E – Farbtafeln

Im folgenden Screenshots der acht verschiedenen Versionen der Testwebsite aus dem durchgeführten Experiment (Darstellung in Teil V ab S. 175).

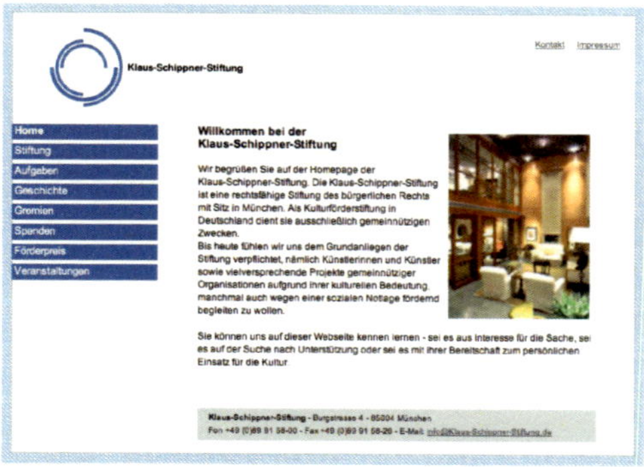

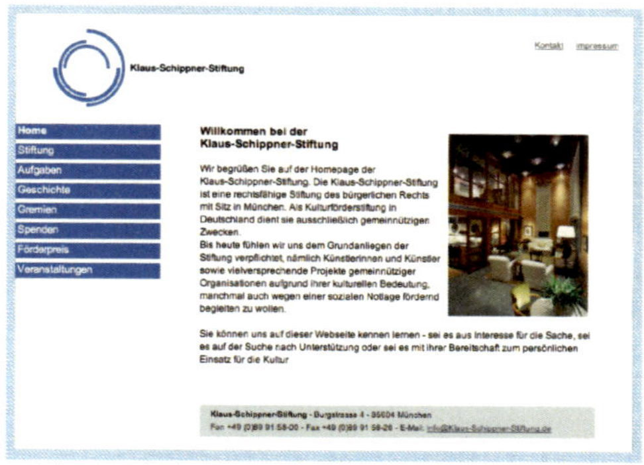

Die Darbietung der Gestaltungsvariationen im zweiten Manipulation Check (siehe Kap. 29.3, S. 194f.) am Beispiel von Farb- und Schriftgestaltung – für die Abbildung so verändert, dass jeweils links die unästhetische Variante steht.

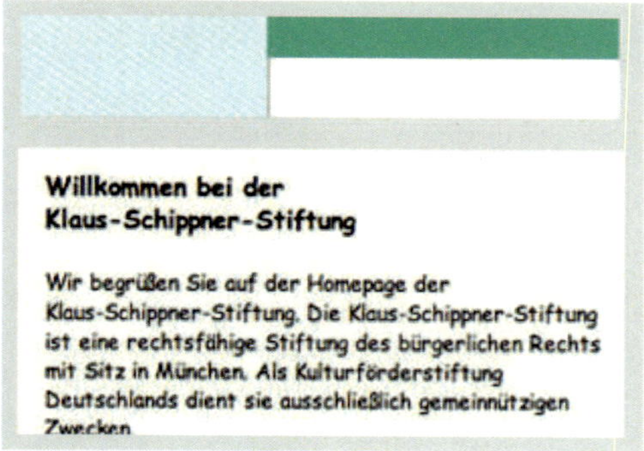

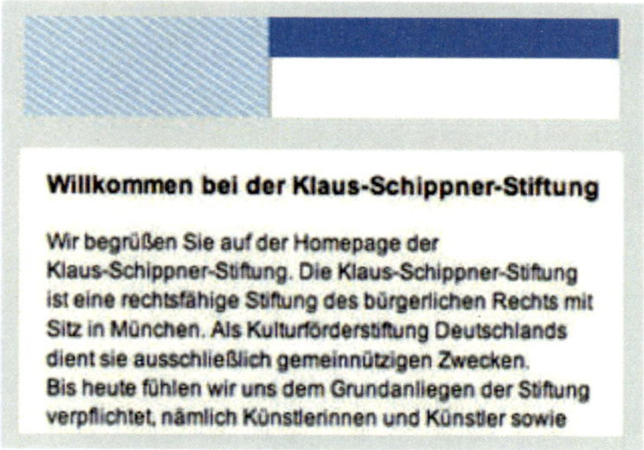

Das von Moshagen et al. (2007) verwendete Stimulusmaterial (siehe Kap. 7.2, S. 64). Links: ein Screenshot der unästhetischen Variante, rechts: die ästhetische Variante.

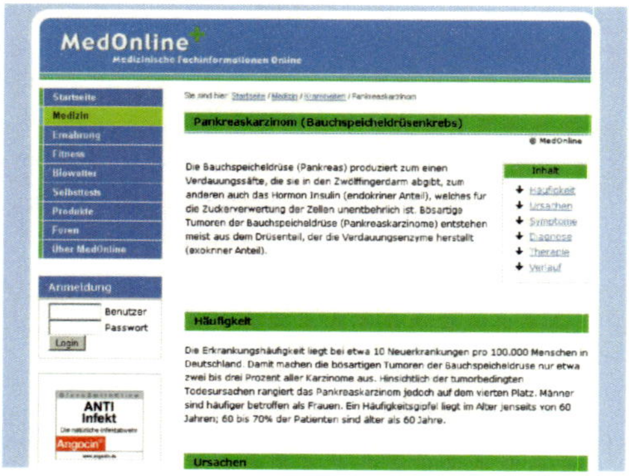

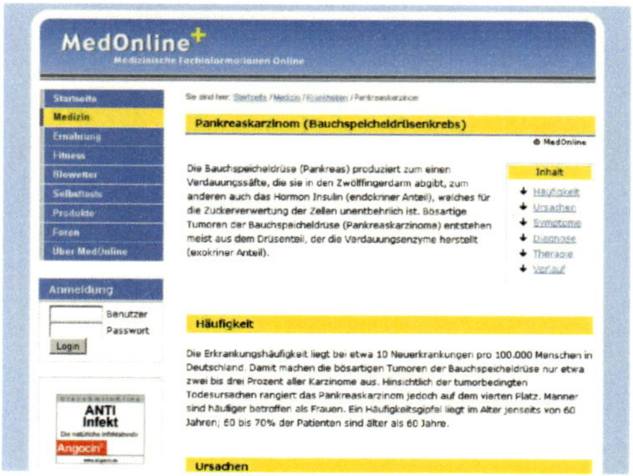